INHALT
Jahrbuch Polen 2014
Männer

Jahrbuch Polen 2014
Band 25 / Männer

Herausgegeben vom Deutschen Polen-Institut Darmstadt
Begründet von Karl Dedecius
Redaktion: Andrzej Kaluza, Jutta Wierczimok
www.deutsches-polen-institut.de

Die Bände 1–6 des Jahrbuchs erschienen unter dem Titel »Deutsch-polnische
Ansichten zur Literatur und Kultur«, die Bände 7–16 unter dem Titel »Ansichten.
Jahrbuch des Deutschen Polen-Instituts Darmstadt«.

Das Jahrbuch Polen erscheint jeweils im Frühjahr.

Zu beziehen über den Buchhandel oder beim Verlag: verlag@harrassowitz.de
Einzelpreis € 11,80, Abonnementspreis € 9,-

Gedruckt auf alterungsbeständigem Papier.
Layout: Tom Philipps, Darmstadt, und Willi Beck, Dachau
Umschlagabbildung: Agata Endo Nowicka
Abbildungen s. Bildnachweis
Satz: *fio & flo*, Thorn, Polen
Druck und Verarbeitung: Memminger MedienCentrum AG
Printed in Germany
www.harrassowitz-verlag.de

Das Deutsche Polen-Institut dankt der Merck KGaA für die Unterstützung des Pro-
jekts Jahrbuch Polen.

ISSN 1863-0278
ISBN 978-3-447-10143-1

Einführung

Zwar gab es bereits vor dem politischen Umbruch 1989/1990 in der Epoche des
Sozialismus gesellschaftliche und kulturell-zivilisatorische Veränderungen in Polen,
eine rasante Entwicklung in Richtung »Modernisierung« trat aber erst seit den
1990er Jahren ein, vor allem bei jungen Menschen in den Städten. Fragte Tadeusz
Szawiel im »Jahrbuch Polen 2008 Jugend« noch nach den Chancen eines konserva-
tiv-religiösen »Werte-Exports« im Sinne eines massenhaften Einschwörens auf die
Lehre des unlängst verstorbenen polnischen Papstes (»Generation JP2«), so findet
gerade unter polnischen Jugendlichen und jungen Erwachsenen nach 2010 ein
dramatischer Wertewandel statt, der von konservativen Beobachtern als Wertever-
fall beklagt wird. Zwar war auch früher die Diskrepanz zwischen Anspruch und
Wirklichkeit der traditionellen polnischen Kultur, die stark mit dem Katholizismus
verbunden ist, deutlich. Davon drang aber nur wenig nach außen. Heute ist das
anders: Junge Menschen gehen nicht mehr in die Kirche, sie holen sprungartig all
das nach, was die westlichen Gesellschaften seit dem Ende der 1960er Jahre
umtreibt: Sie lassen die Tradition als »unnützen Ballast« hinter sich und praktizieren das, was vor Kurzem noch tabuisiert war und exotisch erschien – informelle
partnerschaftliche Beziehungen, »uneheliche« Kinder, Patchwork-Familien, häufige
und schnelle Scheidungen, aber auch homosexuelle *coming outs*, Schwulen- und
Lesben-Paraden, eingetragene Lebensgemeinschaften, nicht selten auch bewussten
Verzicht auf Kinder. Die Debatten um Verhütung und Sexualerziehung, das rigide
Abtreibungsgesetz und die In-Vitro-Fertilisation auf Rezept, sie sind nicht aufzuhal-
ten und werden von den Konservativen als Krise der traditionellen moralischen und
religiösen sowie familien- und kinderbezogenen Werte angesehen. Und wenn die
traditionelle Ordnung wankt, wanken auch die bisherigen Geschlechterrollen: In
der traditionellen Welt genoss der polnische Mann eine privilegierte Stellung, die
ihm heute auf allen Ebenen, etwa im Beruf, in den persönlichen Beziehungen, in
der Familie und der öffentlichen wie veröffentlichten Meinung, streitig gemacht
wird.

Die aktuelle Debatte findet in einer stark polarisierten polnischen Öffentlichkeit
statt, in der sich bis dato die Einflüsse von »Konservativen« und »Modernisten« in
etwa die Waage halten; angesichts der hohen Ideologisierung findet allerdings kein

wirklicher Dialog statt. Das Jahrbuch analysiert die Quellen der »Krise« oder des »Wandels« der polnischen Männlichkeit (je nach Betrachtungsweise), auf jeden Fall aber der bisher nicht gekannten »Leiden des polnischen Mannes« aus unterschiedlichen Perspektiven: Zu Wort kommen Soziologen wie engagierte Feministinnen, bekennende Konservative und Aktivisten der Schwulenbewegung. Sie alle fragen nach den Ursachen und suchen nach Lösungsansätzen für die veränderte Lage des polnischen Mannes. Und diese ist nicht etwa das Ergebnis einer ideologischen Verschwörung, sondern vielmehr der veränderten ökonomischen Basis, wie Adam Leszczyński schreibt. Junge Polinnen haben ihre männlichen Kollegen im Bildungsbereich heute weit abgehängt und rücken mit der besseren Qualifikation selbstbewusst in die Chefetagen auf. Da, wo es aufs Köpfchen ankommt, erzielen sie genauso hohe Einkommen wie die Männer. Gerade über die Arbeitswelt gerät in einem Land, wo junge Leute bis zu 90 Prozent mit prekären Beschäftigungsverträgen abgespeist werden, die traditionelle Rolle des Mannes als Familienoberhaupt zunehmend ins Hintertreffen. Diese Entwicklung ist die Konsequenz des wirtschaftlichen Paradigmenwechsels, nach dem traditionell »männliche« Berufe, bei denen physische Stärke vorausgesetzt wird, stärker unter Druck geraten als qualifizierte Jobs in den Unternehmenszentralen. Und da haben Frauen nicht selten die besseren Karten.

Tomasz Szlendak erörtert in seinem Beitrag einen ganzen Katalog männlicher Leiden und Krisensymptome: von der schwächelnden Physis, der nachlassenden intellektuellen Präsenz über die angeschlagene psychische Konstitution bis hin zur allgegenwärtigen Tendenz, sich abzukapseln und dem »schwachen Geschlecht« aus Versagungsängsten ganz zu verweigern. Der Autor sieht die Krise vor allem in der Spannung begründet, die sich zwischen dem immer noch existierenden herkömmlichen Bild des Mannes (zumal in den konservativen Familien und in der polnischen Provinz) und der immer selbstbewusster, ja bisweilen auch immer aggressiver vorgetragenen, an die Adresse der Männer gerichteten »Wunschliste« polnischer Frauen ergibt. Dabei wollen moderne Polinnen keinesfalls auf die »harten« Männer-Attribute (Geld, Kraft, Verantwortung) verzichten; zum ersten Mal aber verlangen sie dem Mann Qualitäten ab, die er so nicht gelernt hat und die er sich in einem beschleunigten Emanzipationskurs aneignen müsste. Da die Frau in den gegenwärtigen Rollenkonflikten fast immer die fordernde Rolle übernimmt, sieht sich der Mann ständig gezwungen, Kompromisse mit seiner eingeübten Identität zu schließen. Adam Leszczyński pointiert: »Während die gesellschaftliche und berufliche Emanzipation der Frauen fortschreitet, haben die Männer immer mehr Schwierigkeiten, ihrer Rolle gerecht zu werden. Junge Männer verbringen ihre Zeit mit Computerspielen und unproduktiven Beschäftigungen und geben ihre Träume und ihre Karrieren kampflos auf. Die emanzipierte Mutter-Polin muss ihren Partner also immer öfter bemuttern. Doch im Gegensatz zu den vergangenen Generationen erträgt sie das immer schlechter.«

Der neue Mann ist somit ein »zerrissenes« Wesen: Die erwähnten konservativen Attribute sind angesichts der Lage in der Arbeitswelt nur schwer zu realisieren, und die gleichzeitig eingeforderten »neuen« Tugenden werden zumeist als »weiblich« wahrgenommen (Gefühle, Zärtlichkeit, Empathie, Hausarbeit, Kindererziehung), sodass in der neuen Partnerschaft die Frau als Gewinnerin des von ihr angezettelten Geschlechterkonflikts dasteht. Sie nimmt nun endlich die Möglichkeit wahr, sich bisher für Männer reservierte Eigenschaften anzueignen bzw. in neue »Domänen« vorzudringen, die allgemein als spannend, interessant und deswegen auch in der Gesellschaft als erstrebenswert gelten (Karriere, Geld, Öffentlichkeit).

Die neuen männlichen Identitäten stehen noch nicht fest. Nach Szlendak werden sie allerdings nur von einer kleinen Minderheit der Männer thematisiert, und zwar von denen, die sich der Krise bewusst werden. Die Debatte um die neue Identität ist seines Erachtens insoweit ein Phantom, als Männer in den seltensten Fällen nach dem gedruckten Wort greifen. Mit anderen Worten: Die Debatte um den neuen Mann wird von Frauen ausgelöst, in Frauenmagazinen erörtert und in der Regel von Frauen diskutiert (überhaupt werden Männer in den Medien ständig von Frauen »beurteilt«). Eine Ausnahme unter den Männern stellt sicher der Autor Mariusz Sieniewicz dar, der im Gespräch mit Dorota Wodecka über die neue männliche Identität meint: »Mit Gombrowicz gesagt, es muss ein Mensch sein, der in seiner Schwachheit eine Stärke erkennt. Also ein eher selbstironischer Mensch, der sich seiner Grenzen bewusst ist, ein existenzieller Pazifist, der auf die ganze Staffage der symbolischen Werkzeuge verzichten kann, die ihm bis jetzt *ex definitione* einen Vorsprung gegenüber der Welt der Frauen verschafft haben. [...] Ich arbeite daran. Ich drehe die Totempuppe des polnischen Mannes in mir und durchsteche sie immer hemmungsloser mit Nadeln!« Dem hält Jacek Masłowski, der Chef der Stiftung Maskulinum, entgegen, dass Männer nicht einfach auf ihre psychischen und physischen Eigenschaften verzichten sollten, denn: »Frauen sind nach einer Weile frustriert von einem Partner, der ausschließlich fürsorglich und behütend ist. Dieser hört dann auch auf, sexuell attraktiv zu sein. Den Frauen beginnt das zu fehlen, was für einen Mann wesentlich ist: Mut, Entschlossenheit, Stärke.«

Wenn auch alle Autorinnen und Autoren die »Krise des Mannes« an sich nicht infrage stellen, so fallen ihre Analysen und vor allem ihre Diagnosen doch sehr unterschiedlich aus. Marek Rymsza, ein katholischer Publizist, beklagt die Verwandlung des polnischen »Ritters« in ein metrosexuelles, konsumgetriebenes Mannwesen, dessen Leben sich um Kleidungs- und Parfüm-Marken dreht und der sich vor der Verantwortung im Leben drückt. Rymsza sieht in der Gender-Ideologie, die seines Erachtens nicht mehr nur an den Universitäten, sondern auch in den polnischen Leitmedien Einzug gefunden hat, einen wichtigen Aspekt männlicher Ängste und Fluchtstrategien. Die Gender-Ideologie, mittlerweile zum »Schreckgespenst« konservativer Debatten avanciert, wird hier jedoch ausschließlich mit Argumenten der katholischen Soziallehre einer spitzen Kritik unterzogen. Rymsza stellt als Lösung der »Krise« einen Katalog an männlichen Verhaltensweisen auf, ohne die Errungenschaften der Emanzipation gänzlich zu verwerfen. Dieser Kompromiss fällt allerdings dem Dichter Dariusz Muszer schwer: In seinen Gedichten bringt er den Unmut darüber zum Ausdruck, dass er sich von den Frauen vorschreiben lassen soll, inwieweit er seine männliche Identität aufgeben hat. Auch Andrzej Stasiuk gibt in dem Gespräch mit Dorota Wodecka zu, dass »ein Mann sterblich« sein müsse und dass es seiner Würde abträglich sei, übertrieben auf sein Äußeres zu achten: »Unglaublich! Das Verlangen nach diesem Scheißzeug, nach Gegenständen, nach diesen Fetzen. Ein Mann darf doch keine Kleidung begehren, um Gottes willen! Ein Mann kann eine Frau begehren oder ein Auto. Aber keine Kosmetika!«

Das Jahrbuch hat noch weitere spannende Essays zu bieten: Brigitta Helbig-Mischewski schaut aus einer »feministischen« Distanz auf die Geschichte und Gegenwart des polnischen »Patriarchats«, Anika Keinz zeichnet den polnischen Mann aus der Sicht einer deutschen »Kulturanthropologin«, Błażej Warkocki stellt die wichtigsten Entwicklungsstränge der polnischen Schwulen-Emanzipation dar, Peter Oliver Loew schaut auf den polnischen Mann aus der Sicht der Deutschen und Adam Gusowski spricht in der Rubrik »Mein Jahr« über den (unvorhergesehenen) Erfolg der polnischen »Versager« und ihres Buchs in Deutschland. Das Gespräch mit dem Historiker und Diplomaten Stefan Meller bringt uns die partnerschaftlichen Realitäten, wie sie in der jüngsten Geschichte der Volksrepublik Polen üblich waren, eindringlich näher. Und eine Typologie polnischer Männer-Muster liefert Krzysztof Arcimowicz.

Der Literaturteil stellt wieder interessante Texte und Autoren vor: Janusz Głowackis Männerepisoden aus dem Buch *Z głowy* (Aus dem Kopf) sind ein Panoptikum polnischer Künstler, Literaten, Zensoren und Krimineller aus der Jugendzeit des Autors. Sie sind hier eine Ergänzung zu seiner Erzählung *Die untreue Klaudia* aus eben diesem Buch, die wir im »Jahrbuch Polen 2006 Frauen« veröffentlicht haben. Szczepan Twardochs Sicht auf den »oberschlesischen« Mann zeigt ein Stück vermeintlicher Tradition in einer sich wandelnden Provinzwelt, in der überkommene Rituale zwar immer noch geachtet, aber nicht mehr ernst genommen werden. Dabei nutzt der Autor die Gelegenheit, die Vorfahren und Nachkommen des Protagonisten Jakub Biela (und ihn selbst) zeitgemäß und spitzfindig zu porträtieren. Die Autorin Hanna Samson wartet mit einer grotesken Kurzgeschichte auf, die sich auf die Spuren polnischer Männer»denke« und -tradition begibt. Und diese entpuppen sich als Fassade, hinter der sich erbärmliche Machtspiele und kleinliche Ansprüche verbergen. Und schließlich steht der »Mann aus Papier«, den sich die Protagonistin aus Miłka Malzahns Erzählung selber aus Karton ausschneidet, symbolisch für den hier so oft schon beklagten »Mann ohne Eigenschaften«, der lustlos und unentschlossen durchs Leben geht und als Partner von der Frau (vergeblich) herbeigesehnt wird. Was ihm fehlt, ist Seele und der Mut, sein Schicksal in die eigenen Hände zu nehmen. Diese Figur könnte stellvertretend als Motto für diese Jahrbuch-Ausgabe stehen ... ein Klagelied eben.

Die Redaktion bedankt sich an dieser Stelle bei allen Autoren und Übersetzern dieser Ausgabe sowie bei allen mitwirkenden Kolleginnen und Kollegen sowie Praktikantinnen und Praktikanten am Deutschen Polen-Institut, bei Verlags- und Medienmitarbeitern, die uns Texte, Bilder und Grafiken zur Verfügung gestellt haben. Unser besonderer Dank geht an die Zeichnerin Agata Endo Nowicka, die den Umschlag und die Galerie des Jahrbuchs gestaltete.

Andrzej Kaluza, Jutta Wierczimok

Agata Endo Nowicka

Illustratorin, Zeichnerin und Comicstripartist. Sie begann ihre Karriere im Jahre 2001 mit der Veröffentlichung von online-Comics in Form eines Comic-Blogs, dessen Bilder teilweise bereits im Jahrbuch Polen 2008 Jugend erschienen sind. Dank eines unverwechselbaren Grafikstils und selbstironischer Bemerkungen erlangte sie schnell internationales Ansehen.

Nowicka ist die Autorin eines Illustrationszyklus, der ihrer Schwangerschaft gewidmet ist (publiziert in der Zeitungsbeilage Wysokie Obcasy und im Album *Projekt człowiek*, Kultura Gniewu 2006) und ihr in Polen den Durchbruch brachte. Heute arbeitet sie für viele renommierte Medien, u.a.: Lampa, Elle, Przekrój, The New Yorker, New York Times. Ihre Comicstrips wurden in Sammelwerken wie *44* (Muzeum Powstania Warszawskiego, 2007), *Chopin New Romantic* (Ministerstwo Spraw Zagranicznych, 2010) und *Złote Pszczoły* (Gmina Wyznaniowa Żydowska, 2011) publiziert.

In den Jahren 2006 bis 2008 war sie Chefredakteurin der Zeitschrift Exklusiv, 2008 gehörte sie zu den Mitbegründern der Zeitschrift Gaga. Im Jahre 2011 gründete sie zusammen mit Maria Zaleska die Illustratoren-Agentur ILLO. Im September 2011 wurde sie vom Magazin Press als beste polnische Presse-Illustratorin geehrt.

Nowicka war Kuratorin und Co-Produzentin der Ausstellungen Illustration de 2010 (Warschau 2010), Figure UK 2012 (Warschau 2012), All Spielen No Work (Berlin 2011), New Chaos (Kattowitz 2011), Dług / Debt (New York 2012) und Where I Come From auf der Illustrative 2013 in Berlin.

In der aktuellen Jahrbuch-Galerie präsentieren wir Porträts polnischer Männer aus dem Kulturbereich, die bereits als Covers der Zeitschrift Lampa bzw. Bluszcz erschienen sind.

www.agatanowicka.com
http://www.flickr.com/photos/agatendo
www.illo.pl

Kim Novak
2008 von den Brüdern Piotr und Bartosz Waglewski sowie
Michał Sobolewski gegründete Rockband. Der Name der
Band bezieht sich direkt auf die amerikanische Schauspiele-
rin Kim Novak. Die Musik der Band geht auf Vorbilder wie
Jimi Hendrix, Black Sabbath, Ten Years After und 13th Floor
Elevators zurück.
www.kimnovak.pl

Tomasz Szlendak

Die Leiden des jungen P.

Es bedarf keiner raffinierten soziologischen Analysen, um zu verstehen, worin sich der polnische vom nichtpolnischen Mann unterscheidet. Es reicht aus, sich Czesław Mozil anzusehen, der gegenwärtig als »Czesław Śpiewa« (Czesław singt)[1] in Polen eine Musik-Karriere macht. Mozil ist in Polen geboren und als Kind mit seinen Eltern nach Dänemark ausgewandert. Durch seine Erziehung in diesem skandinavischen Land hat er die Merkmale des dänischen Mannes angenommen, der sich in vielerlei Hinsicht radikal vom traditionellen polnischen Mann unterscheidet. Der Mittdreißiger Mozil hat kein Interesse an einer festen Beziehung (obwohl die Klatschportale berichteten, einer Polin sei es gelungen, ihn gefühlsmäßig zu umgarnen); Sex betrachtet er als ein unkompliziertes Vergnügen, dem Herren und Damen sich ruhig hingeben sollten, sooft man Lust hat und sich eine Gelegenheit findet; mit Religion hat er nichts am Hut; Zukunftspläne schmiedet er nicht, sondern lebt im Augenblick; selbst die offenen Kredite, die er noch in Dänemark für die Eröffnung einer Kneipe aufgenommen hat, können seine Lockerheit keineswegs beeinträchtigen, und das einzige, was ihm wirklich zu schaffen macht, ist der fortwährende Rückzug seines Haaransatzes.

Ein Teil der polnischen Männer, insbesondere die Großstädter, leben immer mehr in der Mozil-Welt. Sie ziehen sich vom Heiratsmarkt zurück, wollen keine Verantwortung in Gestalt einer Familie übernehmen und wohnen massenhaft bis zum 35. Lebensjahr mit Mama und Papa unter einem Dach. Männer, die etwas älter sind, sowie die Bewohner kleinerer Ortschaften leben dagegen in einem äußerst schwierigen gesellschaftlichen Umfeld, das gebildet wird von alten, patriarchalen männlichen Verpflichtungen sowie lawinenartig anwachsenden Ansprüchen seitens der Frauen, die emanzipiert sind und sich in der postmodern-kapitalistischen Welt im Allgemeinen besser zurechtfinden. In Westeuropa hat sich der neue, weiche Mann durchgesetzt, der sich um sich selbst und sein Aussehen kümmert, die Emanzipation unterstützt und die Krise der männlichen Identität wohl schon hinter sich hat. In Polen, besonders in der polnischen Provinz, dominiert nach wie vor ein Männertyp, der von seiner kulturellen und gesellschaftlichen Dominanz überzeugt ist, sich jedoch im Arbeitsstress befindet, kränkelt, kürzer lebt als die Frauen und durch seine Pflichten und das Planen für die Zukunft erschöpft ist. Es scheint, alle polnischen Männer plagen sich heute mit einer ernsthaften Krise der männlichen Identität, wenn sie sich dessen auch oft nicht bewusst sind. Soviel zu beiläufigen Beobachtungen und einfachen Interpretationen.

Indessen lohnt es sich, in seriöse soziologische Zeitschriften und in Forschungsberichte hineinzuschauen und auf dieser Grundlage die Lage der polnischen Männer im Vergleich mit anderen Männern im Westen und Osten unseres Kontinents zu

---

1   Vgl. http://www.czeslawspiewa.com/#/bio

sehen. Beim Systematisieren dieses Bildes der polnischen Männlichkeit vermag der hervorragende Schriftsteller Tom Robbins behilflich zu sein, der in seinem Roman *sogar cowgirls kriegen mal blues* (in etwas freier Übersetzung) Folgendes schreibt: »Wir müssen die Angelegenheit kühl und objektiv betrachten, mit einer Philosophie umfassender Effektivität. Verzichten wir vorübergehend auf den kritischen und analytischen Ansatz. Sammeln wir also Fakten – alle Fakten, ohne Rücksicht auf ihre ästhetischen Wirkungen oder ihren Wert für soziologische Theorien. Und diese Fakten dürfen wir nicht so ausbreiten wie ein Wahrsager die Innereien eines Truthahns, sondern so, wie eine Zeitung ihre Spalten vor uns ausbreitet. Lasst uns Journalisten sein. Und wie alle Journalisten werden wir die Fakten so darstellen, dass sie den berühmten fünf Ws entsprechen: Wen interessiert das? Welchen Sinn hat das? Wann hört das auf? Wie soll man das aushalten? Warum müssen wir uns damit herumschlagen?« Versuchen wir also den polnischen mit dem nichtpolnischen Mann anhand der von Robbins angeführten fünf Kernfragen zu vergleichen, wenn auch in etwas anderer Reihenfolge.

Wen interessiert das?

Die Antwort auf diese Frage ist kurz und einfach: Die Lage der Männer interessiert einzig und allein die gut ausgebildeten Frauen, denn die polnischen Männer selbst interessiert kaum etwas außer ihrer eigenen Person und ihrer Arbeit, die schlecht ausgebildeten Frauen wiederum haben entweder noch nie etwas von einem »alternativen«, nichtpatriarchalen und nichtpolnischen Männlichkeitsmodell gehört oder davon als Neuheit gelesen, die hie und da auf den Straßen der Großstädte zu finden sei. Dabei ist jedoch zu bedenken, dass es in Polen von Jahr zu Jahr immer weniger schlecht ausgebildete Frauen gibt, ganz im Gegensatz zu den Männern. Von anderthalb Millionen Studierenden sind (je nach Jahrgang) 700.000 bis 900.000 Frauen. Die Folge ist, dass eine immer größere Anzahl von Frauen sich mit der Lage der Männer aus ganz praktischen Gründen befasst: Sie sind außerstande, auf der gesellschaftlichen Bühne solche zu finden, die in ihren Augen attraktiv genug sind (also mindestens genauso gut ausgebildet), um sich zum »Aufbau einer Beziehung« zu eignen.

Man kann es so ausdrücken: Kein sozialer Fortschritt für die Frauen ohne Krise bei den Männern. Es steht zu befürchten, dass wir es hierbei in Polen mit einem Nullsummenspiel zu tun haben. In Westeuropa herrscht – zumindest in der offiziell propagierten Ideologie – der »Hetero à la Zapatero« vor. Dieser Typ von Mann ist dort keineswegs erst mit der Regierungsübernahme des sozialistischen spanischen Premierministers aufgetaucht, sondern wesentlich früher. Er ist so »soft«, dass bereits im Jahre 1999 der berühmte Romanschriftsteller Arturo Pérez-Reverte in seinen Feuilletons über die Sehnsucht der Frauen nach ölverschmierten Kerlen sprach. Er beschrieb dort eine Schönheit, die um des Vergnügens des Umgangs mit »echten« Männern willen ihren Kaffee in einer Bar für nach Schweiß riechende Lastwagenfahrer und Baumaschinenführer trank. Nirgendwo sonst war sie imstande, echte Männer zu treffen, die sie so ansahen, wie echte Männer echte Frauen anzusehen pflegten. Das Unglück der Heldin von Pérez-Revertes Feuilleton bestand darin, dass in Spanien der neue Typ des Softies aufgetaucht war. Die Probleme der

Czesław Mozil

Polinnen mit den Männern sind etwas anderer Natur oder auf einer etwas früheren Etappe anzusiedeln.

Seit einigen Jahren wird in Polen (zum Beispiel auf dem Forum der GAZETA WYBORCZA, einer der meistgelesenen Tageszeitungen) eine öffentliche Diskussion geführt über die wachsenden Missverständnisse zwischen den immer besser ausgebildeten, immer emanzipierteren, immer besser verdienenden und im Zusammenhang damit immer anspruchsvolleren Frauen und den Männern, die immer weniger den weiblichen Vorstellungen vom »Idealpartner« entsprechen.

Allgemein gesprochen, scheinen die meisten Männer nicht zu wissen, dass die Erwartungen der Polinnen an sie von Jahr zu Jahr wachsen. In der Regel wissen sie auch nur wenig von den weiblichen Klagen über die sinkende »Qualität« der Männer, denn in ihrem Fall fehlt – anders als bei den Frauen – die sogenannte Reflexivität des psychologisch-soziologischen Wissens, da sie im Allgemeinen entweder gar nichts lesen – am allerwenigsten zu diesem Thema (etwa in der Frauenpresse, in populärpsychologischen Ratgebern u. dgl.) – oder allenfalls ausgewählte, kurze und stark vereinfachte Texte zum Wandel des Modells der Männlichkeit, z.B. im PLAYBOY oder in MEN'S HEALTH.

Auf welche Weise das soziologische und psychologische Wissen über den Wandel von Frauen- und Männerrollen Einfluss auf Frauen nimmt, rekonstruiert neben anderen die israelische Forscherin Eva Illouz.[2] Sie ist der Auffassung, dass sich heutzutage eine Rationalisierung der Intimität vollziehe, die zwei Meta-Ursachen habe: die Psychologie/Psychotherapie und den Populärfeminismus, die beide seit vielen, vielen Jahren in vereinfachter Form in Frauenzeitschriften, auf Portalen

---

2   Vgl. Eva Illouz: Uczucia w dobie kapitalizmu [Gefühle in der Zeit des Kapitalismus]. Warszawa 2010.

und in populärpsychologischen Ratgebern massenwirksam verbreitet würden. Die Rationalisierung der Intimität habe zur Folge, dass es in der täglichen intimen Praxis – sowohl bei Männern als auch bei Frauen – zu einem Verschwinden des Geheimnisvollen und zu Langeweile komme; am wichtigsten sei jedoch, dass sich die Männer vom Sex- und Heiratsmarkt zurückzögen. Sie verstünden Frauen nicht mehr, die (wie sie es im populären, auf sie ausgerichteten Diskurs gelernt hätten) »gesunde, auf Kommunikation beruhende Beziehungen aufbauen« wollten. Das Emotionale solle in diesen neuen Beziehungen »präpariert« und einer kühlen Kommunikation unterworfen werden. Von nun an sollen in Beziehungen »gesunde« Relationen und emotionale Gesundheit herrschen. Von nun an müsse in Beziehungen alles durchgesprochen werden.

In Ländern wie Polen, wo Männer im Allgemeinen nichts lesen (wie alle Studien über die Leserschaft von Büchern und Presseerzeugnissen in Polen beweisen), betrifft dieser Diskurs (dieses Problem?) nur Frauen. Auf diese Weise entsteht ein gefährlicher Unterschied in der Art und Weise, wie Frauen und Männer Beziehungen auffassen. Und zwar handelt es sich bei diesen für die Frauen um ein Feld rationaler Handlungen, für die Männer dagegen um einen Raum, in dem unverständliches Chaos (und insbesondere eine unverständliche Kommunikation) herrscht. Einfacher gesagt, die Frauen wissen, dass sich die Männerrolle gewandelt hat und dass man diesen Wandel bewältigen muss, indem man rationalisiert, redet und die Männer aufklärt. Die meisten polnischen Männer hingegen haben davon keine Ahnung, obwohl sie spüren, dass irgendetwas nicht mehr stimmt, dass sie auf irgendeine Sandbank zusteuern. Im Ergebnis leben zahlreiche Polen (insbesondere aus dem einfachen Volk) in der Vorstellungswelt des traditionellen Mannseins, kümmern sich aber zugleich in obsessiver Weise um ihren Körper. Polen aus den unteren Schichten der Gesellschaftshierarchie sorgen sich um ihre Bräune und Muskulatur und tragen rosa T-Shirts mit V-Ausschnitt sowie große Sonnenbrillen. (Nebenbei bemerkt: Polen ist schon lange nicht mehr das Land, in dem Männer weiße Socken zu Sandalen anziehen würden ...) Zugleich verharren diese sich zum Teil obsessiv um ihren Körper sorgenden Männer mental in einer patriarchalen Utopie, die sie glauben lässt, dass nach wie vor sie am wichtigsten seien.

Von hier ist es nur ein kleiner Schritt zu Missverständnissen zwischen den Geschlechtern oder sogar zu einem offenen Konflikt. Denn die polnischen Männer sind – nach dem Urteil der sich massenhaft in Internet-

Gleich nach der Wende stellten die Soziologen fest, dass es für die Männer schwieriger war, sich in der neuen Wirklichkeit zurechtzufinden, als für die Frauen. Die Frauen stören die Anspruchslosigkeit der Männer, ihre emotionale Leere und geistige Stagnation. Die Männer haben einerseits ihre Rolle als Patriarchen verloren, andererseits jedoch noch nicht gelernt, Partner zu sein.

Was ist also mit den Männern los, mit den 40-, 50- und 60-Jährigen? Zu den Alpha-Tieren, die sich hervorragend in den leitenden Geschäfts- und politischen Positionen behaupten und für ein komfortables Familienleben aufkommen können, gehört nur ein geringer Prozentsatz der Bevölkerung (2–3%). Viele sind Opfer der Berufswelt, die nach den »Männer-Regeln«, d.h. nach einem starken Konkurrenzkampf, aufgebaut ist (in den USA geben 80% der Männer an, ihr Beruf sei sinnlos und lästig, in Polen sagen 40%, sie seien im Job nur mäßig bzw. überhaupt nicht zufrieden). Scharfe Konkurrenz am Arbeitsplatz (heute nicht selten mit ausgezeichnet ausgebildeten und ehrgeizigen Frauen) bewirkt, dass die Männer im engen Sinne des Wortes schwächer sind: Sie leben im Durchschnitt 7 Jahre kürzer als die Frauen, sie begehen öfter Suizid, sterben an Krebs und erleiden einen Herzinfarkt. Sogar die Gehaltsunterschiede zwischen Männern und Frauen gleichen sich allmählich aus. Nicht zuletzt sind Männer von etwas betroffen, was in ihrer Sicht die Männlichkeit am meisten infrage stellt: der Potenzschwäche.

Ewa Wilk: *Beznadziejni* [Hoffnungslose Fälle]. In: POLITYKA Nr. 16 vom 17. April 2013, S. 23.

Um eine angesehene gesellschaftliche Position und alles, was mit ihr verbunden ist, wird rücksichtslos gekämpft, nicht selten mit den Nächsten, mit der eigenen Ehefrau und dem Ehemann. In unserer Gesellschaft strebt jeder Einzelne nach Erfolg. Erfolgreich sein bedeutet nicht, zwei oder fünf Kinder zur Welt zu bringen.
Erfolg sollte man auf jedem anderen Gebiet haben. Die Frau sollte erfolgreich als Mutter, als attraktive Frau und als hervorragende Angestellte sein. Der Mann sollte nicht altern, körperlich in Form und potent sein. Der Mann ist erfolgreich, wenn er viel Geld verdienen kann. Beim besten Willen der Eheleute ist unter dem enormen Konkurrenzdruck eine für beide Seiten gerechte Lösung nicht zu finden.

Figa z makiem! [Abgeschminkt!] Mit dem Psychotherapeuten Andrzej Leder sprach Katarzyna Kubisiowska. In: TYGODNIK POWSZECHNY Nr. 23 vom 3. Juni 2012, S. 7.

foren äußernden Frauen – selbstbezogen, unkommunikativ, unverantwortlich, uninteressant, ungebildet usw. usf. Nach Ansicht der Männer wiederum – zumindest derjenigen, die merken, dass es ein allgemeines Problem mit dem Mannsein und dem Verhältnis der Geschlechter gibt – sind die polnischen Frauen einfach übergeschnappt, denn plötzlich wollen sie alles: Die neuen Polen sollen gleichzeitig verantwortungsbewusst und amüsant, emotional und bestverdienend, kinderlieb und in leitender Position (die schließlich Zeit kostet) sein. Sie sollen Feuer und Wasser vereinen. Dabei gab es eine Zeit, in der sie nur den Wunsch hatten, der Mann möge ein wenig besser aussehen als der Teufel, eine solide Arbeit haben und für den Unterhalt der Familie sorgen. Von Sinn für Humor, einer exzellenten Ausbildung und Engagement in der Kindererziehung wagten die meisten Polinnen nicht einmal zu träumen. Und heute? Zu den alten Anforderungen an die Männer sind eine ganze Menge neue hinzugekommen.

Eine solche Situation muss Probleme bei der Bestimmung dessen aufwerfen, was im gegenwärtigen Polen männlich und was unmännlich ist. Was ist, was soll ein Mann sein? Was soll er tun, welche Merkmale soll er aufweisen?

Welchen Sinn hat das?

Der Sinn liegt im Versuch sich anzupassen. Bis jetzt jedoch beruht das Sich-Anpassen der polnischen Männer an die neuen Zeiten und Ansprüche grob gesagt darauf, das alte Patriarchat mit einer duftenden Creme aus scheinbarer Gleichberechtigung zu bestreichen. Der gesellschaftliche Wandel im Hinblick auf die Rolle der Männer und die in Polen geltende Männlichkeitsideologie beschränkt sich daher auf diese dünne Schicht duftender Gleichberechtigungscreme.

Um sich davon zu überzeugen, dass es sich bloß um eine »Creme« handelt, reicht ein Blick auf die Statistiken von Morden und anderen Verbrechen oder auf das Geschlecht der meisten Gefängnisinsassen. Man sieht, dass die Männer sich im Grunde kaum geändert haben. Trotz des Mediengetöses zu Verhaltensänderungen bei Frauen, z.B. zum schlagartig ansteigenden Prozentsatz von Raucherinnen, sind es doch nach wie vor allem Männer, die Schindluder mit ihrer Gesundheit treiben. Im Jahre 2009 hatten wir in Polen unter allen Männern fast 34% täglicher Raucher, während der Prozentsatz von Raucherinnen unter allen Frauen bei 21% lag. Interessanterweise gilt Ähnliches für Männer aus dem Westen. Betrachten wir nur den alten männlichen Hang zum Risiko, etwa mit Hilfe der Statistiken zu den Verursachern von Autounfällen. In den alten Ländern der Europäischen Union, also in denen, wo die Männer den Schock des Abschieds vom Patriarchat angeblich schon hinter sich haben, sind nach wie vor sie es, und nicht die Frauen, die riskant Auto fahren. Bei Autounfällen kommen am häufigsten Männer zwischen 20 und 34 Jahren ums Leben. Auf vier tödlich verunglückte Fahrerinnen im Alter von 30 Jahren kommen zwanzig tote Fahrer. Es scheint, dass evolutionär bedingte männliche Verhaltensweisen wie Risikofreude und Gewaltbereitschaft heute lediglich »eingecremt« sind, nur wenig verborgen unter gutem Benehmen, Bildung und Rechtsvorschriften. Man kann die berechtigte Befürchtung haben, dass die Männer – und zwar nicht nur die polnischen – ihre von der Evolution vorprogrammierten Verhaltensweisen keineswegs aufgeben. Die kulturelle Regulierung des Hangs zur Gewalt oder zum gefährlichen Autofahren im Stil eines Besessenen stellt lediglich eine soziale Kosmetik dar.

Der kosmetische Wandel des polnischen Patriarchats kann verschiedene Sphären betreffen: das Private, den häuslichen Bereich, die Arbeit oder unser Verhalten (bzw. Nicht-Verhalten) im öffentlichen Raum. Sehen wir uns die Privatsphäre genauer an: Haushalt, Familie und Kindererziehung. Soziologischen Studien zufolge sind die Veränderungen in diesem Bereich oberflächlich.[3] Im Westen sind die Männer sich darüber völlig im Klaren, dass ihr Engagement für die Kindererziehung von entscheidender Bedeutung ist. Erziehungsarbeit ist hier nicht ohne Folgen geblieben. Selbst sehr junge Männer sprechen von der Verantwortung des Vaterseins. Vielleicht ist das einer der Gründe dafür – möchten wir boshaft hinzufügen –, dass sie die Entscheidung für eine ernsthafte Beziehung und für eine Vaterschaft so lange aufschieben. In Polen dagegen hat die Erziehung natürlich andere Ziele, und die Polinnen »gehen in die Ehefalle« – selbst diejenigen, die sich vielversprechende, gut ausgebildete Männer aus Großstädten als Ehepartner auswählen. Knapp 70% der polnischen Frauen und Männer sind vor der Hochzeit überzeugt davon, dass sie sich die Hausarbeit und die ehelichen Pflichten, einschließlich der Kindererziehung, gerecht teilen sollten. Nach der Hochzeit kehrt die Situation zur patriarchalen Norm zurück, obwohl in dieser immer größere Lücken entstehen: Die Männer kochen häufiger und kümmern sich, nach der Arbeit, mit größerer Bereitschaft um die Kinder. Hier drängt sich (und zwar in unwiderstehlicher Weise) die Interpretation auf, dass das größere Interesse der gut ausgebildeten polnischen Väter an der Kindererziehung mit der Tatsache zusammenhängt, dass es ganz einfach weniger Kinder gibt, um die man sich kümmern muss. (Polen hat gegenwärtig die niedrigste Geburtenrate in der EU.) Wenn statt eines Kindes in Polen drei oder vier geboren würden, wären die Männer mit Sicherheit wesentlich seltener im Haus anzutreffen.

Es gibt Orte auf der sozialen Landkarte Polens, wo selbst von einer Kosmetik des Patriarchats kaum die Rede sein kann. Vom Wandel der Beziehungen zwischen Männern und Frauen zeugt zum Beispiel die ansteigende, brutale und spektakuläre Formen annehmende Gewalt gegen Frauen auf den unteren Stufen der sozialen Hierarchie, wo die Männer ihre Vorrechte verlieren, die sich früher daraus ergaben, dass sie mehr verdienten als die Frauen. Dieser Verdienst hat sich heute entweder

---

3   Vgl. Anna Titkow; Danuta Duch-Krzystoszek; Bogusława Budrowska: Nieodpłatna praca kobiet.
     Mity, realia, perspektywy [Die unbezahlte Arbeit der Frauen. Mythen, Realitäten, Perspektiven].
     Warszawa 2004; Danuta Duch-Krzystoszek: Kto rządzi w rodzinie. Socjologiczna analiza relacji
     w małżeństwie [Wer herrscht in der Familie. Soziologische Analyse der Familienverhältnisse].
     Warszawa 2007.

Hausarbeiten in Familien (in %)

Typ der Arbeit	Ist die Frau berufstätig?	Wird von der Frau erledigt	Wird von dem Mann erledigt
Mittag kochen	Ja	86,9	4,5
	Nein	93,6	1,2
Geschirr spülen	Ja	77,9	7,9
	Nein	81,9	4,7
Fußböden saugen	Ja	59,7	17,6
	Nein	71,3	7,6
Toilette reinigen	Ja	78,5	5,6
	Nein	83,2	4,8
Wäsche waschen	Ja	94,9	-
	Nein	94,8	1,2
tägliche Einkäufe machen	Ja	74,7	18,0
	Nein	73,8	18,0

Tomasz Szlendak: *Socjologia rodziny* [Familiensoziologie]. Warszawa 2012, S. 197.

zur Gänze in Luft aufgelöst, weil sie arbeitslos geworden sind, oder demjenigen der Partnerinnen und Frauen angeglichen. Im Jahre 2010 war in Polen mit 29% der Prozentsatz der Paare, in denen die Frauen besser ausgebildet waren und damit (meistens) besser verdienten, im europäischen Vergleich erstaunlich hoch. Indessen nehmen Unterdrückung und Gewalt gegen Frauen überall dort zu, wo die Männer Probleme mit der Emanzipation haben. Überall dort, wo die Männer ihre Arbeit verlieren, während die Frauen weiterhin verdienen (oder auch einfach mehr verdienen), ist festzustellen, dass Beziehungen wieder mit Hilfe direkter Gewalt geregelt werden. So war es in Großbritannien zur Zeit des Thatcherismus, so ist es in Polen seit Anfang der 1990er Jahre. Mit dem Problem der häuslichen Gewalt sind in ihrem Leben 11% der Polinnen und Polen konfrontiert gewesen, wobei die Frauen ihren Partnern immer öfter nichts schuldig bleiben. Immer häufiger sind es die Männer, die sich über Gewalt, auch über körperliche Gewalt, vonseiten ihrer Partnerinnen beklagen. Im Jahre 2012 entfielen nach Angaben der Polizei über die gemeldeten Fälle auf 50.000 Frauen, die Opfer häuslicher Gewalt wurden, mehr als 7.500 Männer. Die Anzahl männlicher Opfer häuslicher Gewalt stieg rapide von 4.000 im Jahre 1999 auf über 10.000 im Jahre 2011.

Wie dem auch sei, das Problem der zunehmenden Gewalt in Beziehungen hängt ganz offensichtlich mit der sich wandelnden gesellschaftlichen Position der Männer zusammen. Dem britischen Forscher Andrew Tolson zufolge brauchten die britischen Männer lange, um den als Schock empfundenen Verlust des Imperiums zu verdauen.[4] Die Krise des Mannseins war durch ein Fehlen männlicher Herausforderungen – wie Dominanz, Krieg oder Machtausübung – bedingt. Vielleicht machen den polnischen Männern immer noch solche Dinge zu schaffen wie die Krise der Freiheit, die fehlende Möglichkeit, gegen das kommunistische System

4   Vgl. Jeff Hearn: What Future for Men? In: ACHILLES HEEL. THE RADICAL MEN'S MAGAZINE, Nr. 10, Herbst 1990, www.achillesheel.freeuk.com/article10_1.html

(oder irgendeinen anderen Okkupanten) zu
kämpfen, oder die fehlende Erfahrung des
Lebens in der Opposition (bzw. des Schlagens
und Bekämpfens der Oppositionellen ...).
Und wie einst die Briten finden sie es nach
wie vor schwierig, mit dem Schock fertigzu-
werden, den es für sie bedeutete, plötzlich in
eine neue Welt geworfen zu sein, in der es
keine traditionellen männlichen Herausforderungen mehr gibt – in eine Welt, die es in
dem von Kriegen geschüttelten und ständig
unter diversen Besetzungen leidenden Polen
nie gegeben hatte.

Vor dem Hintergrund der männlichen
Neigung zu Gewalt und der in der Tradition
verankerten starken Position des »strengen«
Vaters innerhalb der Familie wird in Polen
ein kultureller und juristischer Krieg um eine
neue Männer- und Vaterrolle geführt. Vom
tiefgreifenden Wandel des polnischen Patriarchats zeugt etwa das vor einigen Jahren
verhängte gesetzliche Verbot der körperlichen Bestrafung von Kindern. Das scharfe
Verpönen sexueller Belästigung, insbesondere
bei Kindern, sowie körperlicher Strafen im

Weibliche Arbeitnehmer sind relativ gesehen teurer, als aus
ihrem Gehalt hervorgeht, weil sie öfter Privilegien genießen,
die das Gesetz für Eltern vorsieht. Arbeitgeber schicken
Frauen seltener auf Schulungen und daraus folgt, dass sich
Männer in einem größeren Ausmaß solche Fähigkeiten
aneignen, zudem entlassen Arbeitgeber Frauen eher als
Männer – so schreiben es die Autorinnen des Berichts
(I. Kotowska, U. Sztanderska, I. Wóycicka: »Zwischen Haus
und Arbeit«, 2007).
In Verbindung mit der relativen Rückständigkeit der polnischen Wirtschaft, in der immer noch zum Großteil gering
bezahlte Beschäftigungen mit geringen Voraussetzungen
korrespondieren, bildet das einen Teufelskreis, auf den sich
unser polnisches Patriarchat stützt. Der polnische Arbeitsmarkt blockiert die Emanzipation auf vielen Wegen – nicht
nur weil er den Frauen weniger zahlt.
Polinnen reagieren darauf rational: Sie wandern in andere
Länder aus, in denen es besser ist, oder sie verzichten auf
Kinder. Aus soziologischen Untersuchungen geht hervor, dass
junge Frauen sich öfter für eine langfristige Ausreise – in eine
größere Stadt, ins Ausland – entscheiden, während Männer
eher Saisonarbeit bevorzugen: Sie reisen für ein paar Monate
ins Ausland und kehren dann wieder in die Heimat zurück.
Die GAZETA WYBORCZA hat kürzlich von Ehen polnischer
Emigrantinnen geschrieben: Sie suchen sich oft Ausländer
aus, während die polnischen Männer sich eher mit Polinnen
verbinden – und es gibt daran nichts Verwunderliches.

Adam Leszczyński: *Mocna płeć* [Das starke Geschlecht]. In:
GAZETA WYBORCZA vom 27.–28. Oktober 2012, S. 21.

familiären und schulischen Bereich ist Vorbote einer nichtpatriarchalen Welt, zugleich aber auch ein Versuch, die Aufmerksamkeit auf das zu lenken, was in Polen
weiterhin ein Problem darstellt. Wie man sieht, vollziehen sich in Polen seit einigen
Jahren (von oben mit Hilfe politischer Edikte verstärkte) Prozesse, in denen die
Männerrolle »aufgeweicht« wird, wobei dies nicht ohne den Widerstand in rechten
Parteien angesiedelter konservativer Kräfte erfolgt, die eine Umkehr dieser Prozesse
anstreben. Die eifrigsten Fürsprecher eines Beibehaltens der alten Rolle des Famili-
envaters als Versorger und Tugendmuster für die Kinder waren im Rahmen der vom
Präsidialamt geleiteten Arbeiten an der »Strategie zur Familienpolitik« katholische
Vertreter von Vereinen kinderreicher Familien sowie selbstverständlich ... Priester.
Das sogenannte neue Elternmodell, das auf einer Abmilderung der strikten, am
Geschlecht orientierten Rollenteilung in der Familie und auf einem Bemühen um
ein möglichst intensives Engagement der Väter in der unmittelbaren Kinderbetreuung beruht, schmeckt den nach wie vor zahlenmäßig starken und einflussreichen
konservativen Fraktionen der polnischen Gesellschaft gar nicht.

Warum müssen wir uns damit abplagen?
(Und wie plagen wir uns damit in der Praxis ab – in der Arbeit und zuhause?)

Natürlich müssen wir alle – sowohl Männer wie Frauen – uns damit abplagen, im Namen der Gleichberechtigung und einer gerechten Verteilung aller Ressourcen zwischen den Geschlechtern. Wir wissen bereits, dass dieses Abplagen zum großen Teil zusammenhängt mit dem halsbrecherischen Versuch, die alten männlichen Verhaltensweisen fortzusetzen und den alten männlichen Gewohnheiten in einer Welt zu frönen, die – zumindest in der Sphäre rechtlicher Regelungen und gemäß der offiziellen, in liberalen Medien verkündeten Gleichberechtigungsideologie – den Frauen gehört, die immer besser ausgebildet sind und immer besser in allen Lebensbereichen zurechtkommen. Welche Plagen den Männern die so umkonstruierte Welt bereitet, ist in den Bereichen der Arbeit, der Gesundheit, der Kinderbetreuung und im Phänomen des sogenannten Nesthockertums hervorragend sichtbar.

Die Sphäre der Berufsarbeit ist gegenwärtig in einem Wandlungsprozess begriffen. Die Hierarchisierung nimmt ab, die Vernetzung und die Projektorientiertheit steigen, ebenso wie die Bedeutung menschlicher Kontakte und der Anteil der Dienstleistungen. Mit einem Wort, sie wird immer »weiblicher«, entspricht immer mehr weiblichen Vorlieben und Kompetenzen. Arbeit für Männer gibt es immer weniger, insbesondere in Arbeiterberufen; Arbeit für Frauen (oder für solche Männer, die sich »weibliche« Verhaltensweisen rasch aneignen) immer mehr. Die Soziologin Sue Lees stellte im Jahre 1999 fest, dass britische Männer immer häufiger stranden.[5] Sie seien außerstande, eine gutbezahlte Arbeit zu finden, was dazu führe, dass kaum eine Frau sich für sie als Partner interessiere. Im Endergebnis arbeite ein immer größerer Prozentsatz der schlechter ausgebildeten Männer gar nicht und habe daher auch keine Chance auf eine Frau. Bei den polnischen Männern im unteren Segment der Gesellschaftspyramide sieht es ganz ähnlich aus.

Für alle Männer liegt ein Problem darin, dass sie ihr »Ich«, ihre Identität, über ihre Arbeit definieren. In Russland etwa ist die arbeitszentrierte Definition des Mannseins absolut vorherrschend. Eine ähnliche Situation liegt immer noch in Polen vor. Polnische Männer, die ihre Identität auf die Familie und das Privatleben gründen würden, sind nach wie vor extrem selten. Männer konzentrieren sich in Polen in extremer Weise auf ihre eigene Karriere, was im Übrigen für alle, durch ökonomischen Nachholbedarf geprägten, mittel- und osteuropäischen sowie lateinamerikanischen Länder zutrifft.

Da es immer weniger gute, hochbezahlte Männerarbeit gibt und sich zudem die »klassischen« Ehepräferenzen der Frauen – Männer müssen arbeiten und gut verdienen, um eine wertvolle Partnerin anzuziehen – um keinen Deut geändert haben, geht es polnischen Männern schlechter als denjenigen in der alten EU, was zum Teil an Arbeitsstress und Überarbeitung liegt. Sie fühlen sich schlechter als die

---

5   Vgl. Sue Lees: Will boys be left on the shelf? In: Gill Jagger; Caroline Wright (Hrsg.): Changing
     Family Values. London, New York 1999, S. 59–76.

westlichen Männer, obwohl sie – im Einklang mit der patriarchalischen Tradition – selbstverständlich in allen Untersuchungen betonen, die Gesundheit selbst zu sein. Alan White und Keith Cash haben Berichte zur Lage der männlichen Gesundheit in siebzehn westeuropäischen Ländern analysiert.[6] (Die Berichte wurden im Auftrag verschiedener Institutionen in den Jahren 1999–2003 angefertigt.) Wie stellt sich vor diesem Hintergrund die Gesundheit des heutigen polnischen Mannes dar?

Nun, die Polen haben ein kurzes Leben. Am längsten leben die Schweden (77,5 Jahre), am kürzesten in der »alten EU« die Iren (73 Jahre). Die geschätzte Durchschnittslebensdauer eines im Jahre 2006 geborenen Polen beträgt leider nur knapp 71 Jahre. Die größte Differenz zwischen dem Durchschnittslebensalter von Männern und Frauen in der alten EU tritt in Frankreich mit 7,5 Jahren auf. In Polen ist sie selbstverständlich höher und beträgt fast 9 Jahre. Man muss allerdings hinzufügen, dass der polnische Mann immer noch jung ist, beispielsweise im Vergleich zum Italiener, denn in diesem Land gibt es ebenso viele alte wie junge Männer.

Obwohl die polnischen Männer im Hinblick auf Arbeit, Gesundheit, Wohlbefinden und Identität schlechter dastehen als die Männer in Westeuropa, so gibt es doch eine Vergleichsfolie, vor welcher der Pole besser aussieht. Diese Folie stellen die russischen Männer dar. Nach Ansicht von Sarah Ashwin und Tatyana Lytkina finden in Russland zur Zeit eine Demoralisierung von Männern mit niedrigem Status und ein doppelter Ausschließungsprozess statt.[7] Der doppelte Ausschluss beruht darauf, dass die vom Arbeitsmarkt eliminierten Männer auch zuhause nicht arbeiten – sie liegen herum und machen absolut nichts, was die Frauen ihnen im Übrigen erleichtern, indem sie zwei Arbeitsstellen ausfüllen: im Beruf und zuhause. Noch im Jahre 2001 bestand die einzige Aufgabe des russischen Mannes weiterhin darin, Geld zu verdienen. Und dies ist in Russland bis heute seine soziale Rolle. Ganz wie noch bis vor Kurzem in Polen. Das bedeutet: Selbst wenn in einer russischen Ehe nur die Frau beruflicher Arbeit nachgeht und Einkommen erzielt, so verbringt sie dennoch mehr Zeit als der Mann mit Hausarbeit. Nichtberufstätige Ehemänner arbeiten 15,4 Stunden wöchentlich, berufstätige Frauen arbeiten daneben 22 Stunden im Haushalt.

Man sieht leicht, dass die Polen sich momentan zwischen dem Modell der Alt-EU und dem russischen Modell befinden. Hinzu kommt, dass das Gefühl des Mannseins nach wie vor stark von der sozialen Stellung, dem Bildungsgrad und dem Wohnort abhängt. Am schnellsten verläuft der Wandel hin zu einem »eingecremten« weichen Männlichkeitsmodell unter gut ausgebildeten jungen Großstädtern. Dennoch handelt es sich nicht um dasselbe »lockere« Mannsein wie im Westen.

Die polnischen Männer bemühen sich, sehr lange bei ihren Eltern wohnen zu bleiben. Der Anteil der sogenannten Nesthocker im Alter zwischen 18 und 34 an der Gesamtbevölkerung ist in Polen einer der höchsten in Europa und beträgt 56%.

6   Vgl. Alan White; Keith Cash: The State of Men's Health in Western Europe. In: »JMHG« Bd. 1, Nr. 1/2004, S. 60–66.
7   Vgl. Sarah Ashwin; Tatyana Lytkina: Men Crisis in Russia. The Role of Domestic Marginalization. In: Gender & Society Bd. 18, Nr. 2/2004, S. 189–206.

Mit anderen Worten, wegen des eingeschränkten Zugangs zur eigenen Wohnung (Mangel an günstigen Wohnungen auf dem Markt sowie an Arbeitsstellen, die es erlauben würden, finanziell auf eigenen Füßen zu stehen und einen Wohnungskredit abzuzahlen) verlassen junge Menschen, insbesondere junge Männer, ihr Elternhaus sehr spät und bleiben lange im familiären Nest. Die jungen Polen minimieren das Risiko, in Armut zu geraten, indem sie ihre Eltern dazu zwingen, die Zeit des ökonomischen Transfers zu verlängern. Polen ist eines der wenigen Länder, in denen das Verlassen des Elternhauses mit einem Armutsrisiko verbunden ist. Angesichts dieser Tatsache ist es nicht verwunderlich, dass die jungen Leute dieses Risiko vermeiden möchten, indem sie ihren Eltern bis zum 30. oder 35. Lebensjahr auf der Tasche liegen (wobei dies wesentlich häufiger und länger von jungen Männern als von jungen Frauen praktiziert wird).

Wie in Italien drängen die polnischen Eltern wegen des in beiden Ländern gleichermaßen herrschenden Systems von Familiennormen und -werten ihre schon sehr erwachsenen Kinder nicht dazu, das Elternhaus zu verlassen, und sind gerne mit wirtschaftlichen Entbehrungen einverstanden, ja bestreiten *de facto* deren Unterhalt. Auf diese Weise verstärken sich noch die in Polen ohnehin ausgeprägten Bande zwischen Söhnen und Müttern.

Im Westen (mit Ausnahme Italiens) leben die Männer für einen längeren Zeitraum alleine (und zwar schon seit langer Zeit), gehen später feste Bindungen ein und heiraten sehr spät. In Polen steigt das Heiratsalter zwar rasch und systematisch an, ist jedoch weiterhin nicht so hoch wie z.B. in Dänemark (die erste Ehe schließen polnische Männer heute im Alter von etwa 28 Jahren). Dadurch, dass sie alleine wohnen und daher lange Zeit ohne Unterstützung vonseiten ihrer Mutter oder Ehefrau auskommen müssen, haben die westeuropäischen Männer reichlich Zeit, um alles zu lernen: Kochen, Putzen, Abwaschen, Einkaufen. Männer müssen heute Dinge kaufen, die ihre Väter in einem Geschäft niemals in die Hand genommen hätten, selbst wenn sie irgendwie in das Geschäft geraten wären. Und so kaufen sie heutzutage Kleidung, Bettlaken, Vorhänge, tiefgefrorene Lebensmittel, Basilikum im Topf, Geschirrspülmittel und Klobürsten. Danach heiraten diese Männer Frauen, die genauso schwer (und lange) arbeiten wie sie selbst, was zur Folge hat, dass die neuen Konsumfertigkeiten, die sie im Laufe ihres Singledaseins erworben haben, Anwendung finden und weiterentwickelt werden können, denn ihre Gattinnen haben zu solchen Einkäufen ebenso wenig Lust (und vor allem Zeit) wie sie selbst. Der »neue europäische Mann« muss folglich selbst kochen, Geschirr spülen und Wäsche waschen. Was früher bei Männern bloß als sexy galt (z.B. Kochen bei besonderen Gelegenheiten), ist zur Notwendigkeit geworden. Damit ändert sich auch das Design von Produkten, die in Geschäften bisher nur Damen angeboten wurden. Kühlschränke sind heutzutage groß, verchromt, haben im Inneren reichlich Glas und Metall und auf der Tür eine Flüssigkristallanzeige, damit die Männer nicht merken, dass sie etwas von Natur aus Unmännliches kaufen.

Männer werden durch technische Feinheiten der modernen Haushaltsgeräte angesprochen

In Polen sind die Männer erst dabei, das Alleinleben zu lernen. Bei vielen, insbesondere bei den unter 35-Jährigen, sind die Ergebnisse sehr bescheiden, sodass das italienische Modell gang und gäbe ist: Not lehrt zu Mama rennen. Mama wäscht die Socken, steckt einem ein Taschengeld zu, um den erbärmlichen Lohn aufzubessern, und bekocht einen. Mama liebt einen grenzenlos, was man von Freundinnen und Partnerinnen nicht behaupten kann, die unselbstständige junge Männer ohne Einkommen rasch aus ihrem Leben entfernen.

Immer weniger polnische Männer gründen überhaupt Familien und immer weniger haben Kinder. Die von den Polinnen zu Langzeitpartnern erwählten sind überdies einem Druck ausgesetzt, den ihre Väter und Großväter nicht kannten. Sie werden sogenannte neue Väter und praktizieren das sogenannte neue Vatermodell. Wobei hinzugefügt werden muss, dass es nicht leicht ist, ein neuer Vater zu sein.

Mit den »neuen Vätern« als vollberechtigten und -beruflichen Kinderbetreuern begann man sich erst Mitte der 1980er Jahre zu befassen, als – wie allgemein bekannt – die Frauen massenhaft anfingen zu arbeiten, zumindest im Westen. Im Osten, beispielsweise in Polen, bekamen die Frauen langen Mutterschafts- und Erziehungsurlaub, was zur Folge hatte, dass trotz allem sie es waren, die sich um die Kleinkinder kümmerten (was sich in den Wohnblocksiedlungen der VR Polen hervorragend beobachten ließ); infolgedessen beschränkte sich die Rolle der Väter auf dasselbe wie bei den westeuropäischen Vätern noch in den 1960er Jahren: aufs Geldverdienen. Heute dagegen entsteht in Polen ein neues Vatermodell, das sich nicht an Muster anlehnen kann, die von den Vätern der älteren Generationen überliefert worden wären – letztere wurden erst dann mit den Kindern betraut, wenn diese die Einhaltung sozialer Normen erlernt hatten, also spät. Und so war bis vor Kurzem ein Mann in einem polnischen Haushalt selten von Nutzen, und wenn, dann gewöhnlich, um die Kinder bei Laune zu halten. Heute kommt zu dieser Rolle (die im Übrigen sehr an Umfang zugenommen hat, seit es in den Familien weniger Kinder gibt und sie daher seltener untereinander spielen können) noch eine ganze Reihe anderer, die sich die Männer mit den Frauen teilen. Der Wandel geht rapide vonstatten, wodurch den neuen Vätern viele Pflichten entstehen, die ihre Väter und Großväter nicht kannten. Diese wickelten und fütterten nicht, gingen mit ihren Frauen nicht in Geburtsvorbereitungskurse und waren folglich auch nicht bei der

Geburt dabei, wärmten keinen Brei auf, nahmen keine Stuhluntersuchungen vor, schoben keine Kinderwagen (oder höchstens selten) und nahmen ganz bestimmt keinen Vaterschaftsurlaub. Gleichzeitig wachsen heute die Ansprüche der Frauen an das Leben und an die eigenen Partner, wodurch die neuen Väter allerlei Leiden ausgesetzt sind, wie etwa Unzufriedenheit und Klagen vonseiten ihrer Partnerinnen, trotz des (im Vergleich mit anderen Zeiten) enormen männlichen Engagements in der Kindererziehung.

Die neue Vaterrolle bringt also trotz ihres unbestrittenen gesellschaftlichen und kulturellen Mehrwertes gewisse Schwierigkeiten mit sich. Wenn sich der gut ausgebildete Pole aus der Mittelschicht heutzutage gezwungen sieht, bei der Kindererziehung in all ihren Etappen mitzumachen (ja sogar »mitzugebären«), darf er kaum eingestehen, dass ihm der Umgang mit Kindern wenig Freude macht. Dies ändert aber nichts an der Tatsache, dass Männer, die eigene (geschweige denn fremde) Kinder nervtötend und anstrengend finden, beileibe keine Seltenheit sind. Erschöpft kommen sie von der Arbeit nach Hause und sehen sich gezwungen – von ihren Ehefrauen, von der medienbeherrschenden Ideologie und von ihren nicht mehr so zahlreichen Kindern, die alle möglichen Rechte genießen und Anspruch auf reichlich väterliche Zeit haben –, den täglichen Papa-Tanz vorzuführen: wie ein Kamel mit dem Kind auf dem Rücken durch alle Zimmer und Dielen zu reiten, alle Bewohner des kindlichen Plastik-Zoos akustisch nachzuahmen oder sich beim wiederholten Vorlesen des für einen Erwachsenen äußerst ermüdenden »Werkes«, das von den Feen des Zauberwalds oder von einem Hund namens Kaktus handelt, das Gähnen zu verkneifen.

Der polnische neue Vater stellt also eine recht ratlose und gestresste Figur dar, weil ihm – ähnlich wie allen Männern in allen Lebensbereichen – etliche neue Pflichten aufgebürdet werden, ohne dass er die alten damit los wäre. Wir kümmern uns

Der polnische Haushaltswarenhersteller Amica spricht mit seinen Produkten gezielt Männer an

wie nie zuvor um unsere Kinder. Zusätzlich
erfüllen die Frauen in Polen nicht mehr nur
eine einzige Rolle (die der Mutter). Dies
hat zur Folge, dass der Vater nicht nur Geld
verdienen (und damit viel arbeiten), sondern
sich auch noch aktiv an der Kinderbetreuung
beteiligen muss, wenn die Frau im Erziehungsurlaub ist, zumal seine an berufliche
und öffentliche Aktivitäten gewöhnte Frau
das häusliche »Alleinsein« mit dem Kind
schlecht verträgt. Der Vater soll sowohl in der
Erziehung als auch in der Betreuung voll und
ganz »partnern«. Er soll demnach einerseits
der »alte« Mann sein und dieser Rolle gemäß
in aggressiver Weise Geld verdienen – und
andererseits von Koliken geplagte schreiende
Säuglinge in den Schlaf lullen. Für sehr viele
Männer bedeutet das eine schwierige Aufgabe. Die Soziologin Małgorzata Sikorska[8] zeigt,
dass die heutigen Mütter von den heutigen
Vätern ein viel größeres Engagement fordern,
als dies in der Generation ihrer Eltern der
Fall war. Im Allgemeinen kam damals der
Vater von der Arbeit heim und kümmerte

> **Verschworen mit dem Papa**
>
> Elżbieta: Ich kann mit Jarek über Erziehungsmethoden
> streiten, nur wozu? Er wird eh so handeln, wie er denkt,
> nachdem ich weggegangen bin. Als ich wieder in den Beruf
> einsteigen wollte, schrieb ich ein Büchlein, ein »Antek-Vade-
> mecum«: *Drei Löffel Milchbrei mit 100 ml Wasser aufgie-
> ßen. Der Schnuller liegt auf der Kommode.* Ich wollte damit
> den hysterischen Anrufen vorbeugen: *Er weint, was soll ich
> tun?* Und Jarek rief mich vielleicht nur zwei Mal an, obwohl
> das Büchlein verlorenging. Ich unterschätzte ihn. Schließlich
> ist Antek auch sein Kind.
> Jarek: Dass ich den Erziehungsurlaub genommen habe,
> beschäftigt am meisten meine Kollegen. Ab und zu hörte ich,
> als bei einem der Kollegen ein Kind geboren wurde, er habe
> auch überlegt, den Erziehungsurlaub zu nehmen. Das hat er
> aber nicht gemacht und jetzt bereut er es.
> Elżbieta: Ich bin stolz auf Jarek, dass er selbst diese Lösung
> vorgeschlagen hat. Es nervt mich, wenn ich reden höre:
> *Ich hätte den Erziehungsurlaub genommen, aber …* Dann
> nimm!, antworte ich. Ihr werdet weniger verdienen. Ich
> verstehe, dass man diese Entscheidung nicht trifft, wenn das
> monatliche Einkommen von 7 auf 2 Tausend Złoty sinken
> sollte. Aber einige Leute schreckt die Reduzierung von 15
> auf 6 Tausend ab. Da übertreiben die aber.
>
> Joanna Cieśla: *Sztama z tatą* [Verschworen mit dem Papa]. In:
> POLITYKA Nr. 10 vom 6. März 2013, S. 25.

sich um nichts weiter. Nun beginnen für den Ehemann oder Partner nach seiner
Heimkehr erst die Pflichten, die mit seiner zweiten – häuslichen – Arbeitsstelle zu-
sammenhängen. Er bereitet das Frühstück vor, begleitet das Kind bei den Mahlzei-
ten (und wendet diverse Tricks an, um den Nachwuchs zum Essen zu bringen), er
zieht es an, badet es, bringt es am Abend zu Bett und steht nachts auf, wenn es sein
muss. Ausschließlich ihm obliegen das Spielen mit dem Kind sowie die Spazier-
fahrten und -gänge, damit die Mama sich erholen kann. So etwas hat man bei den
Vätern der heute 30- bzw. 20-Jährigen doch wohl nur sehr selten gesehen.

Daneben muss festgehalten werden, dass in Polen – wie in der gesamten westlichen
Welt – immer weniger Männer überhaupt Väter werden, dass sie dabei immer älter
sind und immer seltener mit ihren Kindern unter einem Dach leben. Mitte der
1960er Jahre lebten in den USA sechs von zehn Männern in einem gemeinsamen
Haushalt mit ihren Kindern; Ende der 1990er Jahre war dies bereits eine Minderheit von 45%.[9] Ähnlich wie in den Vereinigten Staaten fallen dabei in Polen die
immer häufigeren Scheidungen entscheidend ins Gewicht; doch die Abneigung
der polnischen Männer gegenüber einer Familiengründung wurzelt darüber hinaus

---

8   Vgl. Małgorzata Sikorska (Hrsg.): Z macierzyństwem na co dzień. Raport z badania na potrzeby
     programu AXA Wspieramy mamy [Jeden Tag Mutter sein. Forschungsbericht im Rahmen des
     AXA-Programms »Die Mütter unterstützen«]. Warszawa 2008.
9   Vgl. Scott Coltrane; Randall Collins: The Sociology of Marriage and the Family. Gender, Love,
     and Property. Belmont, CA 2001; David J. Eggebeen; Chris Knoester: Does Fatherhood Matter
     for Men? In: JOURNAL OF MARRIAGE AND FAMILY Bd. 63, Nr. 2/2001, S. 381–393.

noch in dem Wissen davon, vor welche Anforderungen die Männer heutzutage gestellt werden: Sie sollen arbeiten, glänzend verdienen und dafür sorgen, dass es ihren emanzipierten Frauen nicht an regelmäßiger Unterhaltung mangelt. Im Nest hocken zu bleiben ist da wesentlich einfacher.

Wie soll man das aushalten?

Eben. Das ist die Schlüsselfrage, insbesondere wenn man das Pech hat, in Polen ein Mann zu sein. Wie soll man das Leben in einer Welt aushalten, die von Männern immer mehr verlangt? In einer Situation, die Männern ständig neue Lasten aufbürdet, ohne die alten von ihren Schultern zu nehmen? In einer Kultur, in der es immer schwieriger wird, ein Mann zu sein, denn es fehlen jegliche konkreten Vorbilder für die Männerrolle? Was soll man tun, meine Herren, was soll man tun?

Allem Anschein nach kann man entweder einfach vor den neuen Anforderungen fliehen, oder man muss – angesichts der völligen Unklarheit über das, was heute als männlich und was als unmännlich gilt – seine männliche Identität in hybrider Weise konstruieren. Der erstere Ausweg ist der leichtere und wird von einer Mehrheit der polnischen Männer eingeschlagen. Der andere stellt nach wie vor eine sehr schwierige Aufgabe dar, der lediglich ein kleiner Teil der Polen gewachsen ist. Nur wenige Männer, in erster Linie Angehörige jüngerer Altersgruppen, bemühen sich, ihre Identität nach dem Do-it-yourself-Prinzip aus zufälligen Puzzleteilen zusammenzubasteln, die sie in den Medien, bei Gleichaltrigen, in einem modischen Foto-Portal (fotka.pl) u. dgl. aufschnappen. Es gibt keine allgemeingültigen männlichen Ideale, die sie nachahmen könnten, denn mediale Entwürfe sind an Frauen adressiert und werden von der Frauenpresse kreiert (wie der neue Vater oder der gleich zu besprechende metrosexuelle Mann). Wesentlich öfter ist als männliche Haltung die Flucht zu beobachten – Männer suchen Zuflucht vor Frauen und vor Beziehungen in der Pornografie; vor der weiblich dominierten Kultur fliehen sie in gesellschaftliche Nischen männlicher Unterwelten.

Polnische Männer fühlen sich unter Frauen, die neue und aggressive Rollen übernehmen, zunehmend schlecht. Sie beginnen sich zu wehren, indem sie einschlägige Vereine gründen, z.B. die Stiftung Masculinum, deren Mitglieder darauf aufmerksam machen, dass es Männern heutzutage schlechter gehe als Frauen, oder andere, welche sich in Form von männlichen Subkulturen gegenüber dem weiblich dominierten Alltag »abkapseln«.[10] Diese Fahnenflucht bedeutet keinen Kampf gegen die neue Frauenwelt, sondern einen Rückzug in gut abgedichtete Mikro-Welten, die den Frauen keinen Zugang bieten. Wenn Frauen dennoch in Erscheinung treten, z.B. als Kommentatorinnen in einem rein männlichen Blog, werden sie von den männlichen Nutzern unbarmherzig »runtergemacht«.

Mit anderen Worten: Die Männer in Polen gehören einer Reihe neotribaler Gruppierungen an, die ihnen eine Flucht aus der zerfallenden Männerrolle erlauben. Die polnische Männerwelt erinnert allmählich an eine Föderation zahlreicher männlicher Subkulturen, die sich durchaus dessen bewusst sind, dass die patriarchale Welt und die überlieferten männlichen Werte sich wandeln, dass sie verloren gehen, verschwinden, verblassen und dass man etwas dagegen tun sollte. Jeder versucht mit dem Andrang des Neuen auf andere Art und Weise zurechtzukommen; die meisten fliehen ganz einfach – vor Frauen, Beziehungen, Pflichten, Familien, vor dem medialen, weiblich zentrierten Informationsfluss, der alle Lebensbereiche beherrschenden Emanzipation und vor den unklaren Anforderungen, welche an sie gestellt werden.

Allem Anschein zum Trotz handelt es sich bei der immer stärker ausgeprägten Tendenz zur Pflege des Körpers und des Images, die polnischen Männern bis vor Kurzem fremd war, um die Flucht in eine männliche Subkultur. Gängige Erklärungen legen nahe, dass für diese Tendenz entweder Frauen verantwortlich sind, die in den Medien für schicke Kleidung und Männer-Gesichtscremes werben, oder Homosexuelle, welche in denselben Medien eine für Schwule attraktive männliche Körperlichkeit lancieren. Die Psychologen (oder wohl eher häufiger: Psychologinnen) und Journalistinnen der Frauenzeitschriften führten lange Zeit das massiv steigende Interesse der Männer an ihrem eigenen Körper, an gutem Aussehen und modischer Kleidung auf die Existenz des metrosexuellen Mannes zurück – einer Hybride der herkömmlichen Heterosexualität mit einer homosexuellen Körperfixiertheit sowie einer – angeblich weiblichen – Sensibilität.

In Wirklichkeit reagieren die Männer mitnichten auf die wachsenden Anforderungen der Frauen, zumal diese in den meisten Fällen widerspruchsvoll sind. So wählen die Polinnen als langjährigen Partner nach wie vor nicht die »übertrieben« gepflegten Männer, denn sie befürchten bei ihnen Egozentrik und Selbstsucht an Stelle der erwünschten Sorge um die Frau und die Beziehung. Im System der polnischen Monogamie kümmern sich die fest liierten Frauen gar nicht so sehr um eine hohe Attraktivität ihrer Partner, denn diese würde das Risiko erhöhen, dass der Mann seine Partnerin für eine andere verließe. Der Mann sollte lediglich sauber sein und »einigermaßen« aussehen. »Einigermaßen« – aber nicht so, dass er fremde Blicke auf sich ziehen und eine »feindliche Übernahme« durch Konkurrentinnen provozieren würde.

---

10 Siehe das Interview mit Jacek Masłowski in diesem Jahrbuch.

Um Barcz zu sein, gebe ich eine Unmenge Geld aus. Ania weiß nichts davon. Wieso sollte sie wissen, wie viel meine Anzüge, meine Hemden und Schuhe kosten? Barcz liebt Schuhe mehr als irgendetwas anderes auf der Welt. Zwei Paar Kielman-Schuhe im Jahr: Oxford, Brogue, cap toe, angenähte Kappe, gelochtes Leder, glattes Leder, sein Fuß im Kielman-Archiv. Guten Morgen, Maestro, guten Morgen, Herr Doktor. Barcz fängt mit Schuhen an und endet mit einer schmalen Brille mit einer schwarzen Fassung und einer einmal pro Woche aufgefrischten Frisur. [...]
Ich bin ein Mann. Ich bin Architekt, meine Kleider sind wie meine Projekte, sie müssen aus einem edlem Stoff genäht sein, dessen Grammgewicht mit der Jahreszeit übereinstimmt: Flanell für den Winter, Fresco für den Sommer, leichtes Gewebe, dichtes Gewebe, die Kleider müssen gut entworfen sein. Eine Rosshaareinlage verstärkt das Revers wie der Stahlbeton meine in den Himmel reichenden Gebäude. Ich werde nicht durch meine Projekte geprägt, der Architekt ist ein Gesamtbild. Barcz ist Architekt. Alles andere: Barcz als Mann, als Pole, als Ehemann und Vater, und was es noch für Identitäten für mich gibt – heterosexuell vielleicht –, ist zweitrangig in Anbetracht dessen, dass ich Architekt bin. Ich bin Architekt, so wie Gott Gott ist. Ich habe mich selbst entworfen und die Ausführung beaufsichtigt, genauso wie ich meine Wohn- und Bürohäuser entwerfe. Meine Kielman-Schuhe sind wie eine Fundamentplatte. Ich bin, der ich bin. JHWH.

Szczepan Twardoch: *Uderz mnie* [Schlag mich]. Aus dem Erzählband *Tak jest dobrze* [So ist es gut]. Warszawa 2011, S. 163.

Auf der anderen Seite verstärkt sich, insbesondere in den niedrigeren Gesellschaftsschichten, das Interesse der Frauen an männlicher Sexualität und Körperlichkeit. Männer werden seit Kurzem als »Törtchen« zum Vernaschen angesehen. Hässliche, schief oder schlecht gebaute, körperlich wenig anziehende Herren sind bei Schülerinnen der Mittel- und Oberstufe sowie bei Studentinnen unten durch. Damit polnische Frauen sich für uns interessieren, müssen wir »hübsch« sein – doch wenn ihr Interesse dauerhaft wird, fängt die männliche Schönheit an zu stören. Daher fällt den Männern das geschickte Verwalten des eigenen Aussehens, welches »sexuelle Tüchtigkeit« bzw. Attraktivität signalisieren soll, angesichts der aus männlicher Sicht ganz und gar merkwürdigen und völlig verworrenen weiblichen

Anforderungen besonders schwer. Im Endeffekt beginnen die Männer, woanders als bei Frauen – seien es die Partnerin, die Ehefrau, die Mutter oder die für Mode und Schönheitspflege zuständige Redakteurin – nach Maßstäben ihrer Attraktivität zu suchen. Sie kümmern sich um ihren Körper nun ebenfalls quasi in Opposition zur Frauenwelt, fernab davon.

Websites von Männern mit Interesse an Kleidung und Männlichkeitsidealen von früher (sprich: aus der Vorkriegszeit) schießen wie Pilze aus dem Boden. Es gibt jetzt im Netz beispielsweise den Blog von Walter Szarmant (so das Pseudonym des Anthropologen Roman Zaczkiewicz, vgl. www.szarmant.pl), der sich selbst und seinen männlichen Lesern zu erklären sucht, worauf die Vorkriegseleganz beruht, deren Schwinden im heutigen Alltagsleben er beklagt. Weiter gibt es die Mitglieder des Vereins »But w Butonierce« (»Schuh im Knopfloch«), die ähnlich wie Szarmant eine Wiederbelebung der früheren männlichen Eleganz anstreben und ausschließlich maßgeschneiderte Anzüge tragen. Durch den Überfluss an angebotenen Männlichkeitsmustern verwirrt und sozialisierender Erfahrungen beraubt, die bei der Konstruktion einer männlichen »Außenseite«, einer »Verpackung« für die eigene Identität, helfen könnten, greifen die Männer auf die heuristischen Möglichkeiten des Internets zurück, z.B. auf Modeblogs. Den größten (über 50.000 individuelle Nutzer) und wohl auch instruktivsten Blog betreibt Michał Kędziora (vgl. mrvintage.pl/). Es zeigt sich, dass polnische Männer kompetente Führer durch die Welt der Mode und Schönheit brauchen, dabei allerdings nicht von Frauen geführt werden wollen. Das männliche Interesse an Kleidung und Kosmetika wächst in Polen von Jahr zu Jahr, was von einflussreichen Männern – z.B. den genannten Bloggern – als Retro-Männlichkeit interpretiert wird, auf keinen Fall aber als etwas Weibliches oder gar als Verweiblichung.

Die Retro-Männlichkeit stellt im Übrigen zur Zeit das dominierende Männlichkeitsmodell dar, weil es den männlichen Körper zu pflegen und zu verpacken erlaubt, ohne dass man in den Verdacht kommt, homosexuell oder metrosexuell zu sein. Da in Polen homosexuelle Männlichkeitsmuster in den Medien immer stärker präsent sind und durch ihr (über dieselben Medien vermitteltes) Eindringen ins Bewusstsein der Frauen einen bedeutenden Einfluss auf den kulturellen Mainstream ausüben, suchen heterosexuelle Polen nach eigenständigen Modellen, die im Gegensatz zu den homosexuellen Inhalten in der Kultur und in den Medien stehen würden. Eine Methode, homosexuelle Muster zu vermännlichen, besteht insbesondere in der von den Angehörigen männlicher Modesubkulturen propagierten Rückkehr zu Retro-Stilmustern. Die bunten Chinos an seinen Beinen hat also ein gepflegter Pole keinem Schwulen abgeschaut, sondern als Element der traditionellen männlichen Bekleidung aus der Preppy-Subkultur übernommen, die in den 1950er Jahren an US-amerikanischen Universitäten verbreitet war. Ähnlich verhält es sich mit der Fliege um den Hals oder mit den Mokassins an nackten Füßen. Darin, dass sich um ihr Aussehen bemühte Männer von derartigen Motiven leiten lassen, zeigt sich völlig klar, wie die ältere, »Unmännlichkeit« und Homosexualität ablehnende patriarchale Welt mit dem durch Frauenzeitschriften und das Fernsehen lancierten »Schwulenstil« ringt.

Über das Interesse der Männer an Kosmetikartikeln, Kleidung oder Körperpflege-
techniken entscheidet – neben anderen Männern, welche in immer zahlreicheren
Blogs entsprechende Anleitungen geben – auch das Berufsleben. Es sind heutzutage
gar nicht mehr die Frauen, die für das Aussehen polnischer Männer verantwortlich sind, sondern es ist die Arbeit; denn auch in Männerberufen geht man immer
mehr mit Menschen statt mit Maschinen um. Immer weniger Polen sind heute
noch in Werkstätten oder Fabriken tätig, wo es kaum eine Rolle spielt, wie man
aussieht. Eine Versorgung der Männer mit Kleidung und Kosmetikartikeln durch
ihre Partnerinnen findet nur noch bei den über 50-Jährigen statt, und auch dort
eher in unteren gesellschaftlichen Schichten. Mit Ausnahme des einfachen Volkes
sind die vor 1970 Geborenen in den neuen beruflichen Umgang mit Menschen
integriert und müssen weitgehend selbstständig für sich sorgen. Die Mitglieder der
sogenannten »Neobourgeoisie« – am besten ausgebildet, am besten verdienend,
verheiratet, mit Kindern – müssen ebenfalls gut aussehen, weil das in ihrem Beruf
zählt, außerdem steigert gepflegtes Aussehen die Stellung in der gesellschaftlichen
Hierarchie. Im Übrigen haben wir es in Polen allem Anschein nach mit einer stark
ausgeprägten Differenzierung der Männer unter dem Gesichtspunkt des Aussehens
zu tun: Einerseits gibt es Männer aus dem einfachen Volk, andererseits diejenigen
aus mittleren und höheren Gesellschaftsschichten. Die ersteren sehen in sexueller
Hinsicht herausfordernder aus (dazu gehören eng anliegende T-Shirts mit tiefem
Ausschnitt, hautenge Hosen, Besuche im Sonnenstudio, Haargel u. dgl.), die letzteren zurückhaltender (wobei auch sie immer mehr für ihr Aussehen tun, wenn auch
diskreter, ohne in der Öffentlichkeit offensiv als sexy aufzutreten).

Indem sie also in männliche Subkulturen fliehen, versuchen die Männer eine Welt
zu »ertragen«, in der Männlichkeitsideale und -modelle verschwommen geworden
sind; Probleme mit den aus ihrer Sicht immer komplizierter werdenden intimen
Beziehungen zu Frauen suchen sie indes auf radikale Weise zu lösen, indem sie vor
diesen in Internetpornos flüchten.

So seltsam das auch klingen mag, stellt die Pornografie im Internet einen der
wichtigsten Faktoren dar, durch welche sich das gegenwärtige Mannsein verändert.
Die Pornografie beeinflusst in einem doppelten und widersprüchlichen Sinne die
Körperlichkeit und die soziale Einstellung von Männern auf dem Sex- und Heiratsmarkt. Einerseits suchen Männer medizinische, kosmetische und chirurgische Me-
thoden, um sich dem unrealistischen Porno-Ideal des männlichen Körpers anzupassen (alle möglichen Cremes und Vorrichtungen zur Penisvergrößerung sind in den
Werbeanzeigen auf Pornoseiten allgegenwärtig). Der andere Aspekt ist soziologisch
interessanter: Dank billiger, allgemein zugänglicher Pornografie gehen Männer ganz
einfach keine Beziehungen mit Frauen mehr ein. Weil sie diese nicht brauchen.
So gesehen liefert die im Überfluss vorhandene Internetpornografie den Männern
einerseits eine süchtig machende Fülle superstarker Reize, die vom Sex und von
intimen Beziehungen in der realen Welt ablenken; zum anderen präsentiert sie
ihnen tagtäglich ein unerreichbares Ideal des männlichen Körpers (durchtrainierte
Muskeln, Waschbrettbauch, großes Glied, jederzeit automatisch einsatzbereite
sexuelle Potenz).

Die heutigen Männer vermeiden nach Möglichkeit intime Verpflichtungen und feste Beziehungen. Die Gründe dafür sind leicht zu rekonstruieren: Die Frauen von heute sind schwierig und anspruchsvoll, man weiß nicht, wie man sie »bedienen« soll. Beziehungen mit ihnen nehmen Männer nicht als Vergnügen, sondern als Schwerstarbeit wahr. Das Konsumdenken lässt die Männer außerdem überall Spaß suchen und Verbindlichkeiten vermeiden. Kinder kosten viel Zeit, Kraft und Geld, während der Beruf einen Mann restlos in Anspruch nehmen kann (manchmal sogar einschließlich der Freizeit), weshalb viele Männer ganz einfach keine Zeit für feste Beziehungen haben.

Wann hört das auf?

Wie man sieht, führt der Wandel der Männerrolle in Polen bei den Männern zu kleineren Identitätskrisen und größeren Problemen mit dem Leben. Vor langer, langer Zeit hat Henry David Thoreau festgestellt, dass Tausende Männer in stiller Verzweiflung leben. Nur hat diese Verzweiflung heute einen spezifischen Hintergrund. Der männliche Stress resultiert hauptsächlich daraus, dass man an alten männlichen Verhaltensregeln festhält sowie alte männliche Herausforderungen weiterhin annimmt, obwohl eine ganze Menge neuartiger Herausforderungen und Ansprüche aufgetaucht sind. Die Frauen verlangen von den Männern mehr und immer mehr. Letztere wiederum, von den Frauen angespornt, bringen sich – und werden gebracht – in eine Lage, die nur Chuck Norris siegreich meistern könnte. Denn nur er allein war imstande, im Wandtennis gegen die Wand zu gewinnen. Die Probleme werden folglich dann aufhören, wenn Männer es bleiben lassen, Chuck Norris zu imitieren, und Frauen nicht mehr verlangen, dass die Männer Altes und Neues verbinden. Der Weg dahin aber ist in Polen noch sehr lang.

Aus dem Polnischen von Sven Sellmer

Von Hektor zu Paris

Dorota Wodecka im Gespräch mit Mariusz Sieniewicz[1]

Dorota Wodecka: Sind Sie auf dem Rückzug?

Mariusz Sieniewicz: Als Mann, Geliebter, Eroberer, Entdecker und mit Beutestücken behängter Jäger, der von der Jagd nach Hause zurückkehrt. Ich weiß jedoch nicht, wohin dieser Rückzug führen wird.

Wodecka: Nicht zu vorhersehbaren Positionen?

Sieniewicz: Die gibt es nicht, alles verändert sich viel zu dynamisch. Heutzutage ist insbesondere das weibliche Geschlecht das wohl dynamischste, und man könnte auch sagen: das expansivste seit der Zeit der Hexenverfolgungen. Meine Frau hat bei allen Entscheidungen die Hosen an, die Töchter tanzen mir auf der Nase herum, ich verdiene lächerlich wenig Geld, was die traurige Schlussfolgerung nahelegt, dass mein Urgroßvater mich einen gewöhnlichen Versager und eine Schande für die ganze Familie genannt hätte. Das Sein bestimmt mein männliches Bewusstsein, weshalb ich es immer häufiger zugunsten eines von »männlichen« Prägungen befreiten Bewusstseins zurückdränge. Selbstverständlich könnte man annehmen,

---

1 Siehe auch Sieniewiczs Erzählung »Der vierte Himmel« im Jahrbuch Polen 2012 Regionen, Wiesbaden 2012, S. 174–180.

dass mein »Versagertum« ein individuelles Merkmal ist. Ich sehe darin jedoch ein höheres Ordnungsprinzip: Einigen meiner Kumpels geht es genauso, egal ob ebenfalls verheiratet und mit Kindern oder »unabhängige« Singles. Das Patriarchat liegt in den letzten Zügen, es ist ein Spiel mit gezinkten Karten. Auf der anderen Seite sehe ich allerdings die Radikalisierung der alten phallozentrischen Geschichte: in der Politik, in der polnischen Kirche, unter den Hütern der Moral des 19. Jahrhunderts. Sie ist marginal, denke ich, aber sehr vernehmlich, denn sie bringt den in ihrer Männlichkeit »erniedrigten und beleidigten« Männern auch die Hoffnung auf Wiedergutmachung.

Wodecka: Und somit Zerrissenheit?

Sieniewicz: Auf den heutigen Mann wirken zwei gegensätzliche Kräfte ein: Soll er kapitulieren und sich dem Unbekannten öffnen, der Möglichkeit, eine neue Form zu erschaffen? Oder soll er mit der Sturheit eines Besessenen die alte Performance des Macho-Priesters mit seiner Führungsrolle in der Gesellschaft spielen?

Wodecka: Denken Sie, dass die Situation des polnischen Mannes schlechter ist als die des amerikanischen oder des westeuropäischen Mannes?

Sieniewicz: Natürlich ist sie schlechter. Denn während der Franzose sich mit seinem eigenen Stereotyp des Liebhabers messen muss, während der Amerikaner ein Cowboy im Stile von Bush oder ein intellektueller Tollpatsch vom Typ Woody Allens sein muss, während der Italiener oder der Spanier als charmanter Macho-Taugenichts gelten muss, so hat der polnische Mann für sich das himmelhohe Ideal des Polen-Katholiken entworfen und dabei übernatürliche und transzendente Kräfte genutzt. Wenn er zur Begründung seiner Existenz über Jahrhunderte hinweg Gott bemühte, die Ehre, das Vaterland und alle Heiligen, erfordert die Realisierung dieses Ideals ebenso wie seine Negierung Hingabe, um nicht zu sagen: ein Opfer. Insbesondere deshalb, weil er von dieser verhassten postmodernen Mehrdeutigkeit umgeben ist. Armes Würstchen, er ist zu bedauern ... Seine Lage ist so schwierig wie ungewiss.

Wodecka: »Der Homo erectus streckt sich nicht mehr«, schrieben Sie in Ihrem Roman »Spowiedź śpiącej królewny« [Die Beichte der schlafenden Königin]. Ich gebe zu, dass ich so meine Zweifel habe, wenn ich mir das gesellschaftliche Leben in Polen anschaue.

Sieniewicz: Er streckt sich nicht, um es so zusammenzufassen, subjektiv, autonom. »Auf Teufel komm raus« (keine glückliche, aber sicher passende Umschreibung) muss er seine Existenz rechtfertigen. Von daher schaut sich der »Homo erectus« so intensiv, so fieberhaft nach der Welt der Ideen um. Da er aber keine neuen Ideen zu erschaffen vermag, beruft er sich auf die alten der vergangenen Jahrhunderte. Etwa auf die »nationalen« Ideen, die Ideen der einen Gemeinschaft sind – einer normalerweise phallischen bzw. bis ins »Mark der Erektion« polnischen Gemeinschaft. Diese Ideen haben die Kraft von Viagra: Sie stützen etwas, das im natürlichen Zustand keine Chance hat, in der gegenwärtigen Form fortzubestehen. Dazu kommt dieses durchdringende Bewusstsein, dass, da wir in einer »Gesellschaft des Spektakels« leben, das eine Art Theatralisierung ist. Die Nationalisten sind für mich gespenstische Chippendales aus einer Welt fester Identitäten. Gespenstische, vielleicht sogar tragikomische, daher darf man sie auch nicht unterschätzen. Insbesondere deshalb, weil es häufig junge Leute sind, die sich nicht bewusst sind, dass jene »Metaerzählungen« sich erschöpft haben – die großen Erzählungen, die die Welt ordnen, über die schon Lyotard vor vielen Jahren schrieb.

Wodecka: In Ihrer Klassifikation der polnischen Männer gibt es außer Nationalisten auch die »Botox-Bärchen«. Was sind deren Qualen?

Sieniewicz: In erster Linie die Qualen der Vergänglichkeit. Wir haben vergessen, wie schön und zugleich unbekümmert es ist zu altern. Wir sind gezwungen, nach Jugend zu streben, kapitulieren vor der Erpressung einer infantilen und botoxierten Kultur. Du wirst älter, du hörst auf zu existieren, du wirst durchscheinend, so wie bei älteren Frauen. Bei den Botox-Bärchen gibt es gewiss eine Art Übertreibung, eine ästhetische, metrosexuelle Überspitzung. Das ist die zweite Qual. Die dritte Qual aber ist der finanzielle Aspekt. Zur Avantgarde der mentalen und ästhetischen Wandlungen zu gehören ist kostspielig.

Wodecka: Endet jetzt die Welt der Männer vom Typ »Liebes Bärchen«? Setzen die Herren auf die äußere Schönheit?

Sieniewicz: Die Welt der Bärchen in ihrer alten, oft plumpen und schlampigen Form geht zu Ende, die Welt unserer Väter und Großväter, nicht selten die von uns selbst, die wir nach alten patriarchalischen Modellen erzogen wurden. Die Botoxe schlagen ein neues Kapitel der männlichen Geschichte auf, wenngleich ich denke, dass es nicht das wichtigste ist, eher ein marginales. Vor allem verändern sie jetzt das Männerbild, indem sie die ästhetische Empfindsamkeit aus der Welt der Frauen nutzen. Die Männer wollen genauso hübsch sein wie … die Frauen. Paradoxerweise stellen sie sich gerade in die Ecke, aus der die Frauen heraus wollen. Die Botoxe wollen nämlich »Hingucker« sein. Auch wenn es vielleicht daran nichts Originelles gibt, so zeigt es sich doch mit Macht. Die heutigen Botoxe sind Kopien antiker Parisse und Narzisse, die verliebt in ihre Reize sind. Wie auch immer, solange man kein Hektor sein kann, sollte man wenigstens ein Paris sein.

Wodecka: Sie sagen von sich »Ich bin Feminist«. Spüren Sie hier auch eine kulturelle Zerrissenheit?

Sieniewicz: Überhaupt nicht, im Gegenteil: Die Welt erscheint voller, reicher, obwohl sie mehr Achtsamkeit erfordert. Wissen Sie, ich gehe eher nicht durch die Stadt und rufe: »Schaut her, schaut her, ich bin Feminist!« Das ist eine gewisse natürliche Reaktion, nichts Großartiges. Jeder Mann, der eine Mutter hat, der mit einer Frau zusammenlebt, der Töchter hat, sollte – wenigstens insgeheim – Feminist sein. Ich will ja nicht, dass irgendein Onkel oder Pfaffe meinen Töchtern die Hand unter das Kleid schiebt, dass in der Zukunft irgendein Arbeitgeber ihren Hintern tätschelt und sie dabei auch noch übers Ohr haut, dass jemand sie belehrt, wie sie zu leben, was sie zu tun und woran sie zu glauben haben, dass sie sich einreden, dass ihr Leben ein öffentliches Gut ist, reduziert auf gesetzlich geregelte Fragen, wie beispielsweise in vitro, Abtreibung, Glaube an diesen und keinen anderen Gott. Sie sollen das Leben in vollen Zügen genießen, wenn sie möchten. Mit Bauch oder ohne, mit Freund oder ohne, ohne Gott oder auf gutem Fuß mit Gott. Das ist ihre Entscheidung. Unsere Kultur hat furchtbare Angst vor einzelnen Entscheidungen einzelner Frauen, sie versucht, für sie zu entscheiden. Wenn also in gewisser Weise irgendein Phallus-Mentor, der sich hinter der Tradition, der Geschichte, der Sprache oder Religion versteckt, sagt, wie oder was die Frau sein sollte, so behandelt er sie ganz unverhohlen als behindertes Wesen.

Natürlich hat der Feminismus verschiedene Gesichter: Zum einen gibt es den radikalen, der mir eher unzugänglich ist, denn aus Gründen des Geschlechts sehen die Feministinnen in mir einen Feind. Aber es gibt auch den offenen Feminismus, der die Subjektivität beider Geschlechter zulässt. Die Subjektivität und die Achtung für die gegenseitige Subjektivität sind für mich der Kern des offenen Feminismus.

Wodecka: Die Feministinnen werden in Polen herablassend, mit Argwohn oder aggressiv behandelt. Wird man als Mann für sein Feminist-Sein von den Männern eher bewundert oder eher beschuldigt, dass man den männlichen Genotyp verrät?

Sieniewicz: Wenn Sie das noch ein paar Mal wiederholen, werde ich die stigmatisierende Kraft des »Feminist-Seins« spüren. Als gehörte ich einer anderen Menschenrasse an. Manchmal hat man den Eindruck, dass das Feminist-Sein so ist, als wäre man ein Marxist, ein Linksradikaler, ein Fanatiker, ein kämpferischer Atheist ... Dass es eine Art Ideologie ist – aber es ist genau umgekehrt: Feminist-Sein ist eine bestimmte Art der Sensibilität und sonst nichts.

Zurück zu Ihrer Frage: Männer sprechen selten über solche Dinge, fast gar nicht, als ob sie davon nicht betroffen wären, als ob sie sich in einer entlegenen Parallelwelt abspielten. Ich denke hier natürlich an normale Männer und nicht an rechtsgerichtete Betonköpfe. Mit denen führe ich ständig Krieg. Sie werfen mir Verrat vor und ich ihnen im Gegenzug Angst und den Verrat an den eigenen Müttern.

Wodecka: Glauben Sie, dass die Gender-Ideologie für sie ein Grund zur Beunruhigung ist?

Sieniewicz: Wenn man an den Blödsinn denkt, den die Krone der polnischen Geistlichkeit zuletzt abgesondert hat, dann ist sie das ganz sicherlich. Beunruhigung, Panik, Arroganz und totale Desorientierung. Völlig unbegründet, denn der Gender-Begriff sollte unaufgeregt die oppressiven Rollen bewusst machen, in denen wir befangen sind. Erzbischof Michalik beispielsweise ist in diesem Kontext ein Opfer seiner selbst. Gender bedeutet, eine ironische Distanz zu den Rollen einzunehmen und – zumindest partiell – auf die symbolische Macht zu verzichten, die das Mannsein einst verliehen bekommen hat. Wo es eine ironische Distanz gibt – zu uns selbst, die wir in diesen gesellschaftlichen, kulturellen Geschlechterrollen verankert sind –, da wird es umso weniger Aggression, weniger Hierarchie geben, und der Nächste wird immer weniger als Objekt behandelt werden. Natürlich würden Tomasz Terlikowski und andere konservative Hardliner wahrscheinlich feststellen, dass nicht der Mann in der Krise steckt, sondern die ihn umgebende Kultur, und daher müsste man gegen sie zu Felde ziehen. Ich habe einen völlig anderen Eindruck. Der Kultur geht es wohl gut, sofern man sie als bereit für das Andere begreift, für die Übernahme von auf ihrem Gebiet bisher ausgeschlossenen peripheren Phänomenen, insofern, als man bislang »nicht dargestellten« Welten eine Stimme gibt. Nur der Mann, dieser »echte« Kerl aus Fleisch und Blut, kommt damit nicht zurecht. Der Mann, der nach dem Vorbild und Ebenbild seines Vorfahren aus dem 19. Jahrhundert geschaffen wurde.

Wodecka: Also eine Identitätskrise.

Sieniewicz: Ja, eine Krise, genauer gesagt: Abnutzung. Dariusz Nowacki führt das erhellend vor in seinem Buch »Ukosem« [Quergelesen], in dem er die männlichen Protagonisten der jüngsten Romane analysiert. Von Twardoch über Kalwas, Witkowski, Kobierski bis zu Chmielewski und Orłoś. Bei ihnen allen ist dieser Mann nach traditioneller Auffassung in der Defensive. Ich denke hier natürlich an die Krise der harten Identität. Ich entscheide mich also für eine weiche Identität aus Rücksicht auf den anderen Menschen: Das Geschlecht hat schließlich einen relationalen und reaktiven Charakter, es erschafft sich im Kontext, in der Tätigkeit, durch Vergleich. Das ist nichts anderes als der – bei den Ajatollah-Katholiken verhasste – Gender-Begriff im Sinne von Judith Butler. Prompt zeigt sich, dass dieses Geschlecht nicht-evident sein kann, uneindeutig, dass man es sich immer wieder aufs Neue und auf seine Art definieren muss, denn ich kann hetero sein, bi, homo- oder transsexuell. Bislang hat sich die Identität des Mannes auf eine starke und monströse expansive Subjektivität gestützt, die sich andere unterordnete: Frauen, Familie und Kinder. Heute nähert sich diese Subjektivität gefährlich einer grotesken Pathologie an. Und vor allem wird sie von einer empathischen Subjektivität verdrängt – die typisch für Frauen ist. Ich riskiere die Behauptung, dass sie der Grund dafür ist, warum Frauen besser in der Wirklichkeit zurecht kommen, warum sie diese besser spüren, offen für das Andere und den Dialog sind. Die Männer müssen diese Art von Subjektivität erst noch lernen, und dieser Prozess verläuft sehr langsam.

Wodecka: Wenn ich Frauenzeitschriften lese und sogenannte Frauenromane, habe ich den Eindruck, dass die Sehnsucht nach den im Patriarchat konservierten Beziehungsmustern den Leserinnen nicht fremd ist.

Sieniewicz: Boshaft könnte man sagen, das ist das klassische Opfer-Syndrom: Das Opfer liebt seine Fesseln. Man darf nicht vergessen, dass diese Sehnsucht sehr selektiv ist und in der Regel keine negativen, für die Frauen häufig selbstmörderischen Folgen des Patriarchats an sich heranlässt. Im Übrigen präsentiert sowohl die Frauenpresse wie auch die Frauenliteratur in der Regel eine gespenstische nicht-existente Welt im Stil von »Haus am See« oder »Reich und Schön«. Das ist einerseits eine sentimentale Ästhetisierung der Welt, andererseits das Erschaffen idealisierter Klischees, die Erneuerung so starker Stereotype, dass nicht mehr klar ist, was ein authentischer Wunsch, was Druck von außen und was eine hinterhältige Form der pädagogischen Indoktrination ist, der der Mensch seit seiner Kindheit unterliegt. Wenn es dadurch allerdings leichter für die Frau ist, die Welt zu ordnen, dann sehe ich keinen Grund, warum sie nicht nach ihrem Ritter auf dem weißen Pferd suchen sollte. Wir kommen wieder auf die Frage der Entscheidung zurück oder auch darauf, worauf die Kirche hinauswill, wenn sie von der Beziehung zwischen dem Menschen und Gott spricht, also vom freien Willen. Das ist eine ungewöhnlich interessante Sache: Da der freie Wille auf der Ebene der Transzendenz wirkt, muss er umso mehr in der irdischen Welt zum Ausdruck kommen. Unterdessen haben die Frauen im Patriarchat selbstverständlich einen freien Willen, solange es kein Mittagessen zuzubereiten gibt, nicht gewaschen, geputzt oder fabelhaft ausgesehen werden muss. Der freie Wille verwandelt sich unbemerkt in eine Pflicht, und diese wiederum wird gewöhnlich die weibliche Erfüllung genannt.

Ich schlage vor, dass man sich in der Frage, was die Frauen von den Männern erwarten, bitte an Coelho oder Janusz Leon Wiśniewski wendet. Wenn man nur für eine kurze Zeit die Topoi von der Matka Polka, der Mutter Polen, der Hure oder Heiligen beiseitelässt, sind die Frauen keine einheitliche, ununterscheidbare weibliche Masse, und ihre Erwartungen bleiben in ihrer eigenen weiblichen Sprache weiterhin unbenannt. Ich würde es vorziehen, wenn dieser Wandel selbst auf den Mann gerichtet wäre. Ich denke, dass die Männer in den Augen der Frauen an Glaubwürdigkeit gewinnen würden, und das ist schon viel. Denn die Glaubwürdigkeit des heutigen Mannes ist höchst verdächtig. Im umgekehrten Fall kann sich herausstellen, dass dieser Wandel eine weitere gespenstische Projektion ist, die unbedingt die Frau glücklich machen sollte, und zwar, wie zu erwarten, mit Gewalt.

Wodecka: An welchen Vorbildern könnten sie sich orientieren?

Sieniewicz: Auch hier haben Sie mich bei hermeneutischen, humanistischen Verrenkungen à la Gadamer erwischt. Wo gibt es da etwas Konkretes, nicht wahr? Das Problem liegt genau darin, dass die meisten Vorbilder in der Vergangenheit verwurzelt sind und nach Mottenkiste riechen. Wenigstens für mich. Aber vielleicht beruht darauf das Außergewöhnliche des Moments, in dem wir uns befinden. Die Suspendierung »alter Vorbilder«, die Öffnung für das Unbekannte, für einen Prozess, aus dem erst noch etwas entstehen und sich entwickeln wird. Wie auch sonst? Etwa der romantische Seher, der Tribun, der Prophet? Hört bloß auf! Wokulski, mit seinem Minderwertigkeitskomplex und der heuchlerisch versteckten Misogynie? Bloß nicht! Die Kolumbusse – hoffentlich gibt es davon in der Zukunft möglichst wenig. Der Gombrowiczsche Miętus – viel zu neurotisch in seiner Unreife. Und so weiter und so fort. Man könnte endlos so weitermachen und immer mehr »Contras« als »Pros« finden. Ich kann kein konkretes Vorbild nennen, vielleicht gibt es so etwas überhaupt nicht. Es muss erst noch erschaffen werden, und zwar am besten so, dass es von diesen Vorbildern so viele wie möglich gibt.

Wodecka: Liegt hier eine Aufgabe für die Literatur?

Sieniewicz: Diese Aufgabe wird seit etlichen Jahren von der Literatur »abgearbeitet«. Das Problem ist, dass die »Hörbarkeit« solcher Literatur in der gesellschaft-

lichen Kommunikation von heute sehr schwach ist. Sie schlägt sich nicht unmittelbar in der Herausbildung neuer Vorbilder nieder. Denn auch die Literatur selbst verzettelt sich oft, indem sie immer wieder harmlose Anekdoten produziert, nur um ihre »kleinbürgerliche« Selbstzufriedenheit zu bestätigen, oder aber sie verfällt in einen hermetischen, von der Wirklichkeit abgelösten Parnassismus. Was aber nicht bedeutet, dass man die Waffen niederlegen sollte. Im Gegenteil, je mehr es von diesen besorgniserregenden »nationalen« Deformationen gibt, je bedrohlicher das Grollen der alten gespenstischen Klischees vom »männlichen Polentum« ist, desto mehr sollte die Literatur Sturm gegen sie laufen und sie offenlegen, indem sie mögliche Alternativen schafft. Ja, ich weiß, dass das Wort »sollte« im Zeitalter der allgegenwärtigen Beliebigkeit nach Archaismus riecht und *passé* ist. Ich möchte dennoch daran glauben, dass noch so etwas wie ein innerer Imperativ der Literatur existiert, ihr moralischer Genotyp, den viele am liebsten vergessen würden, weil sie in Büchern allein eine unterhaltsame Belanglosigkeit sehen, etwas für das Kopfkissen, etwas für die snobistische – wenn auch schwindende – Teilhabe an der Hochkultur.

Wodecka: Wie stellen Sie sich also den neuen, gebildeten polnischen Mann vor?

Sieniewicz: Mit Gombrowicz gesagt, es muss ein Mensch sein, der in seiner Schwachheit eine Stärke erkennt. Also ein eher selbstironischer Mensch, der sich seiner Grenzen bewusst ist, ein existenzieller Pazifist, der auf die ganze Staffage der symbolischen Werkzeuge verzichten kann, die ihm bis jetzt *ex definitione* einen Vorsprung gegenüber der Welt der Frauen verschafft haben.

Wodecka: Sind Sie das?

Sieniewicz: Ich arbeite daran. Ich drehe die Totempuppe des polnischen Mannes in mir und durchsteche sie immer hemmungsloser mit Nadeln!

Aus dem Polnischen von Jutta Conrad

Marek Raczkowski (1959)
Bildender Künstler, Illustrator und Satiriker. Studierte
Innenarchitektur an der Akademie der Künste in Warschau.
Seit den frühen 1990er Jahren veröffentlicht er seine Zeich-
nungen in Zeitungen und Zeitschriften, darunter in Życie
Warszawy, Życie, Polityka und Przekrój.
www.raczkowski.soup.io

Brigitta Helbig-Mischewski

Das polnische Patriarchat und die Krise der Männlichkeit

> *Ich pinkle im Stehen, / ihr schafft es nicht, mich aufs Brett zu setzen. / Ich weine nicht nachts, / zwingt mich also nicht zu weinen. / Wenn mich jemand schlägt, / schlage ich doppelt zurück. / Wenn jemand versucht, / meine Frau und meine Kinder zu töten, / schneide ich ihm die Kehle durch. / Ich bin böse, / weil ich im Stehen pinkle. / Wenn ihr mich dazu bringt, / dabei zu sitzen, / werde ich noch/ böser.[1]*

In Dariusz Muszers Gedicht wird die von vielen Soziologen der letzten Jahre und Jahrzehnte heraufbeschworene Krise des Mannes, in diesem Fall des polnischen Mannes, artikuliert. Der Mann erfährt eine tiefe Verunsicherung in Bezug auf seine angestammte Rolle. Er spürt, dass die patriarchalen Rollenmuster nicht mehr greifen, dass eine Veränderung von ihm erwünscht wird – und wehrt sich dagegen. Das Pinkeln im Sitzen wird zum Symbol seiner Entmachtung. Der Widerstand dagegen erklärt sich aus der Angst vor der Feminisierung des Mannes und seinem Identitätsverlust. Muszers Mann erklärt, was er über die herkömmliche Identität des Mannes gelernt hat und woran er festhalten will: Er hat seine Emotionen im Griff und ist jederzeit bereit zu kämpfen, z.B., um Schwächere zu verteidigen. Sollte man ihm dieses Selbstverständnis wegnehmen wollen, wird er erst recht »böse«, d.h. frustriert und aggressiv – warnt er. Hier werden bezeichnenderweise die Ängste der Männer zum Ausdruck gebracht, die der nach der Wende von 1989 in Polen aus dem Schatten kommende und recht selbstbewusst auftretende (wenn auch keineswegs breit vertretene) Feminismus und die damit verbundenen Forderungen nach einer neuen, sanften Männlichkeit auslösten. Diese Forderungen werden in Polen in genderfreundlichen Kreisen heute immer lauter. Gerade eben erschien das Buch der Psychologin Hanna Samson *Den Macho töten*[2].

Ganz anders als Muszer äußerte sich zu dieser Problematik 1984, in der Zeit der Zuspitzung der atomaren Bedrohung und des Kalten Krieges, der westdeutsche Liedermacher Herbert Grönemeyer. In einem der bekanntesten Songs, *Wann ist ein Mann ein Mann*, stellte er das patriarchale Männerideal (Schwächere in den Arm nehmen, Frauen kaufen, ackern, allzeit bereit sein, Muskeln haben, durch jede Wand müssen, Raketen bauen) und die Sozialisation der Männer (schon als Baby blau) infrage, wies auf deren verheerende Folgen hin (Lügen, Herzinfarkt, dünnes Haar) und forderte das Recht des Mannes auf den Ausdruck seiner Gefühle ein (außen hart und innen ganz weich, weinen heimlich, brauchen viel Zärtlichkeit). Was

---

1   Dariusz Muszer: Jestem chłop [Ich bin ein Kerl]. Szczecin 2004, S. 6.
2   Hanna Samson: Zabić twardziela [Den Macho töten]. Warszawa 2013.

der Bochumer Grönemeyer für die Männer einforderte, davon will Muszers Mann nichts wissen. Die westlich liberale, feministische Weltanschauung widerstrebt ihm zutiefst. Dabei haben Soziologen herausgefunden, dass das patriarchale Männeride-al (Rivalität, Hauptverantwortung für die Versorgung und Sicherheit der Familie und der Erfolgszwang im Berufsleben) vor allem den Männern selbst schadet, zu Krank-heiten, Potenzproblemen und kürzerer Lebenserwartung beiträgt.[3] Der polnische Sexuologe Zbigniew Izdebski äußert sich dazu: »Der Mann muss das Familienober-haupt sein, muss Geld verdienen, Sex initiieren, potent und verlässlich sein, er darf sich nicht beklagen. Ein solches Männlichkeitsstereotyp haben wir in Polen. Wie im Lied *Jungs weinen nicht*. Ich ergänze: Sie weinen nicht, aber sie sterben früher. Alles hat seinen Preis.«[4]

Muszers Gedichte, die unter dem bezeichnenden Titel *Ich bin ein Kerl* die Konditi-on des heutigen Mannes sarkastisch-bitter reflektieren, sind zum Glück von Selbstironie geprägt. Protagonist und Autor scheinen bereits in Kontakt mit ihren Gefühlen und in der Lage zu sein, diese von außen zu betrachten, schaffen also das, womit viele Männer in unserer Gesellschaft große Schwierigkeiten haben. Und doch ist es kein Zufall, dass auf dem Titelbild seines Gedichtbandes ein dreckiger, gebückter, alter »Penner« zu sehen ist – ein Sinnbild der Obdachlosigkeit des Mannes in der Zeit des »Gender-Troubles« (Judith Butler), der Verwischung der Geschlechtsunterschiede, der »Normalisierung der Homosexualität«[5], der emanzi-pierten Weiblichkeit, der Vielfalt an Lebensmustern. Der Mann habe, wie der polnische Soziologe Zbigniew Melosik ausführt, an seiner Macht bedeutend eingebüßt und sei desorientiert, von widersprüchlichen Forderungen verunsichert, fühle sich bedroht und zu Unrecht attackiert, da doch zahlreiche Männer sowieso nicht in den Genuss der Privilegien der Männlichkeit (Macht, Geld) kommen würden.[6] Die aktuelle Ausgabe des polnischen NEWSWEEK stellt in dem Artikel *Der polnische Komplex* folgende Diagnose auf: »Scham wegen eines zu kleinen Gliedes und ein schwaches Selbstbewusstsein – die polnischen Männer haben ein riesiges Problem. Im psychischen Bereich werden sie zum immer schwächeren Ge-schlecht.«[7] Internet-Diskutanten sind noch radikaler. In dem Internetportal »Salon 24. Unabhängiges Publizisten-Forum« ist zu lesen: »Alle Angriffe der gesellschaftli-chen Freiheitskämpfer sind gegen den weißen heterosexuellen Mann gerichtet, der christlich ist. Alle anderen können ruhig leben, wenn sie nicht zu sehr aufmucken. [...] Polen ist ganz besonders von den Konsequenzen dieser Krise betroffen. [...]«[8]

Seit Langem gibt es aber auch eine Bewegung zur »Verteidigung der Männlichkeit« in den USA.[9] In Deutschland wird ebenfalls die Krise des Mannes konstatiert und

3   Krzysztof Arcimowicz: Obraz mężczyzny w polskich przekazach medialnych na przełomie stuleci [Das Bild des Mannes in den polnischen Medien zur Jahrhundertwende]. In: M. Dąbrowska; A. Radomski: Męskość w kulturze współczesnej. Lublin 2010, S. 10–24.
4   Małgorzata Świętochowicz: Kompleks polski [Der polnische Komplex]. In: NEWSWEEK vom 16.–22.9.2013, S. 41.
5   Zbigniew Melosik: Kryzys męskości w kulturze współczesnej [Die Krise der Männlichkeit in der zeitgenössischen Kultur]. Kraków 2006, S. 39–51.
6   Ebenda.
7   Świętochowicz, Kompleks polski (wie Anm. 4), S. 38.
8   Äußerung von Gabriel Maciejewski, http://coryllus.salon24.pl/365923,kryzys-meskosci.
9   Dazu mehr in: Ireneusz Krzemiński: Der polnische Mann und die Neudefinition der Rolle der

der männliche Opferstatus in manchen Kreisen kultiviert. Die Akteure stellen den Feminismus im Ganzen »als männerhassend, allmächtig und nur auf weibliche Vorteile bedacht« dar, schreibt der Sozialpsychologe Hinrich Rosenbrock.[10] Nicht wenige deutsche Männer scheinen sich nach den alten Mustern zu sehnen, was u.a. im Sextourismus und in der Popularität von osteuropäischen oder asiatischen Frauen auf dem Heiratsmarkt zum Ausdruck kommt. Man schaue sich die Vielfalt der Formulierungen an, die den »neuen«, nicht dominierenden, partnerschaftlichen Mann verspotten. Neben dem traditionellen »Weichei« und »Schlappschwanz« kamen in der letzten Zeit viele weitere dazu, die auf großen Mainstream-Shows für Lachsalven sorgen: Frauenversteher, Warmduscher, Hustensaftschmuggler, Im-Sitzen-Pinkler, Bei-der-Geburt-dabei-Seier, Mit-Alu-Grillschale-Griller. (Das Grillen scheint eine der letzten Bastionen des deutschen Mannes zu sein.) Gerade unter den Ostdeutschen sind solche Formulierungen sehr populär – als ein Teil des Widerstandes gegen die Hegemonie der westlichen Kultur mit ihrer politischen Korrektheit und ihrem neuen Männerideal.

»Der zeitgenössische Mann ist ein zerrissener Mann«, schreibt der polnische Soziologe Andrzej Radomski.[11] Einerseits sollten sich Männer mehr zu Hause engagieren, andererseits werde das Rentenalter verlängert und die soziale Unterstützung gemindert. Einerseits sollten die Männer sanfter und gefühlvoller werden, andererseits stehe die westliche Welt unter dem Vorzeichen der Bedrohung durch andere Zivilisationen wie China, Indien, Brasilien und man höre Stimmen, dass mit der Verweichlichung des Mannes der Westen weiter geschwächt und Europa marginalisiert werde und es daher an der Zeit sei, dass sich die westlichen Männer wieder in die globale Rivalität einreihen. Auch von den Frauen selbst kämen, so Radomski, widersprüchliche Signale – die Männer sind sich nicht sicher, ob ihnen ein »weicher« Mann auch wirklich gefällt, oder ob er ihnen letztlich zum Gespött wird, und beschweren sich, es den Frauen nie recht machen zu können.

Beispielhaft zeigen Muszers Protagonisten diese Befürchtungen: die Angst, den sexuellen Anforderungen der Frau nicht gerecht zu werden[12], die Angst vor sexueller Lustlosigkeit der Frau, die Angst vor den wirtschaftlichen Ansprüchen der Partnerin u dgl. Muszers Männer haben eine Wut den Frauen (Sex-Partnerinnen, Müttern) gegenüber und zugleich sehnen sie sich nach ihnen. Der Vater ist bezeichnenderweise in diesen Gedichten nicht anwesend, nur die herrschsüchtige Mutter und die berechnende Partnerin. Dieser Mann ertränkt sein Leid im Alkohol und wird letztlich zum Mörder. Die Vision der Rache am weiblichen Geschlecht ist hier genauso deutlich wie die Gewaltphantasien in den Liedern der ostdeutschen Heavy-Metal-Band »Knorkator«, auf die ich noch zu sprechen komme. Man hat Muszers Helden ein bestimmtes Männerbild beigebracht (Arbeiten bis zum Umfallen z.B.),

---

Frau. In: Jahrbuch Polen 2006 Frauen, hrsg. vom Deutschen Polen-Institut, Darmstadt 2006, S. 95ff.

10 Hinrich Rosenbrock: Die antifeministische Männerrechtsbewegung. Denkweisen, Netzwerke und Online-Mobilisierung. Eine Expertise für die Heinrich Böll Stiftung, S. 154. http://www.gwi-boell.de/downloads/antifeminismus_i_neu_1.pdf

11 Dąbrowska; Radomski, Męskość ... (wie Anm. 3), S. 7.

12 »Er hat einen kleinen Penis / und würde gerne einen größeren haben. / Seine Frau hat einen großen Fuß, / sie tritt ihn oft.« In: Muszer, Jestem chłop (wie Anm. 1), S. 20.

aber für ihre Anstrengungen ernten sie keinen Dank: »Und jetzt sagt mein Weib noch / dass ich immer ein Arschloch war / und nur an mich selbst gedacht hätte / und meldet sich zum Workshop ab / für Seidenmalerei.«[13]

Die westdeutsche Gesellschaft ist schon länger mit den feministischen Forderungen und dem Wandel des Männerbildes vertraut, spätestens seit der Revolte von 1968 – man denke an das in den 1970er Jahren erschienene Buch von Klaus Theweleit *Männerphantasien*.[14] Wie der Historiker Sven Reichardt unter Rückgriff auf Cora Stephan treffend zusammenfasst, »untermauerte Theweleit dabei die Kritik der linksalternativen Männer an den herkömmlichen Männerbildern, weil er den soldatischen Mann als einen *Gefühlskrüppel im Charakterpanzer* schildert, der mit der NS-Zeit zwar seine Blüte erlebt habe, aber bis in die Gegenwart nachwirke«.[15] In Polen wurde dieser Prozess (des Vertraut-Werdens mit dem linksliberalen Gedankengut) durch die Ära des realen Sozialismus unterbrochen. Die Soziologin Sławomira Walczewska betont, dass die damalige theoretische Gleichberechtigung der Frau auf die Doppelbelastung der Frauen im Beruf (mit geringeren Aufstiegs-chancen und Löhnen als die Männer) und zu Hause hinauslief.[16] Der Zusammen-stoß des immer noch recht traditionellen Rollenbildes der Geschlechter in der polnischen Gesellschaft mit den Vorstellungen westdeutscher Feministinnen scheint für die meisten polnischen Migranten-Schriftsteller und Migranten überhaupt ein

---

13 Ebenda, S. 19.
14 Klaus Theweleit: Männerphantasien. Bd. 1: Frauen, Fluten, Körper, Geschichte. Frankfurt am Main 1977; Bd. 2: Männerkörper. Zur Psychoanalyse des Weißen Terrors. Frankfurt am Main 1978.
15 Sven Reichardt: Klaus Theweleits »Männerphantasien« – ein Erfolgsbuch der 1970er-Jahre. http://www.zeithistorischenforschungen.de/site/40208708/default.aspx. Vgl. auch Cora Stephan: Gefühlskrüppel im Charakterpanzer. »Männerphantasien« von Klaus Theweleit. In: FREITAG vom 17.4.1992, S. 13.
16 Sławomira Walczewska: Ritter und Damen? Für einen neuen Geschlechtervertrag. In: Jahrbuch Polen 2006 Frauen (wie Anm. 9), S. 24–33.

Problem zu sein, das einer symbolischen Kastration (doppelt – als Mann und Ausländer) gleichkommt.[17] Dies wurde nicht ohne Humor sowohl von Muszer als auch von Wojciech Stamm, Leszek Oświęcimski, Krzysztof Niewrzęda und Janusz Rudnicki literarisch verarbeitet. In Stamms *Czarna matka* wird der Penis des Protagonisten von einem Bankautomaten eingezogen und damit sein Versagen als Mann sinnbildlich in Szene gesetzt.[18] Der Held von Oświęcimskis *Heartbreak-Fabrik* wiederum schreibt in seiner »Ecke des Antifeministen« Folgendes über die Frauen: »Sie haben weniger Gewissen. Das zeigte der Bewunderer der Weiblichkeit Pedro Almodovar im *Volver*. Mutter und Tochter bringen den Partner der Mutter um, einen Schuft und Säufer. [...] In einer freien Minute bringen sie den Leichnam an seinen Lieblingsort am Seestrand und begraben ihn dort. Sie sprechen sogar ein Gebet für seine Seelenruhe und kehren dann heim, um mit dem Belegen von Butterbroten fortzufahren. Zweihundert Jahre der Emanzipation und so ein winziger Effekt! Und doch haben wir Männer eine ganze Menge dabei gelernt. [...] Nicht nur das Pinkeln im Sitzen, was die Prostata ruiniert. Wir sind emphatischer geworden, folgsam und kuschelig, obwohl die Frauen solche Kerle gar nicht heiß finden.«[19] »Denn aufgrund deiner Erbanlagen / Willst du Männer, die Bären jagen«, singt im selben Tenor »Knorkator«.[20] In einem anderen Lied verkündet die Band noch radikaler, die Einschüchterung des Mannes weit von sich zu weisen: »Ich hab die ganze Scheiße satt. / Ab heute wendet sich das Blatt. / Nun werden mit harten Drogen / andre Seiten aufgezogen: / Hemmungslos mein Geld verprassen, / Frauen an die Titten fassen, / [...] / endlich so sein, / wie sich's gehört, / und nicht mehr verhaltensgestört! / Ein wilder, starker Tiger, / ein Supermann, ein Sieger, gelenkt von seinen Trieben / wie es die Frauen lieben.«[21] Dagegen klingt Muszers Protagonist beinahe harmlos, wenn er bittet: »Schimpft mit mir nicht / nur deshalb / weil ich / mit Eiern und Penis / auf die Erde geschickt wurde.«[22]

Vor nichts fürchte sich der heutige Mann so wie davor, ein Versager zu sein, schreibt der Soziologe Zbigniew Melosik.[23] Anders aber als »Knorkator« ergreifen die Mitglieder des von Oświęcimski mitbegründeten Clubs der Polnischen Versager in Berlin die Flucht nach vorne und schreiben gerade das Versagen trotzig auf ihre Fahnen.[24] Der Sarkasmus und der Hang zum Absurden tun den polnischen Migranten-Schriftstellern gut. Sie machen ihre Frustration produktiv und wandeln

17 Vgl. Brigitta Helbig-Mischewski: Emigration als Kastration. Polnische Migrantenliteratur in Deutschland (Oświęcimski, Niewrzęda, Stamm, Muszer, Rudnicki). In: Daniel Henseler; Renata Makarska (Hrsg.): Polnische Literatur in Bewegung. Bielefeld 2013, S. 161–176.
18 Wojciech Stamm: Czarna matka [Die schwarze Mutter]. Warszawa 2008.
19 Leszek Oświęcimski: Heartbreak-Fabrik. Kindle Edition 2012. Vgl. Brigitta Helbig-Mischewski: Migrant mesjaszem. Fobie, obsesje i kreacje autobiograficzne Leszka Oświęcimskiego [Der Migrant als Messias. Autobiografische Phobien, Obsessionen und Kreationen von Leszek Oświęcimski]. In: Ewa Teodorowicz-Hellmann; Janina Gesche (Hrsg.): Między językami, kulturami, literaturami. Stockholm 2013, S. 198–208.
20 Knorkator: Der ultimative Mann, 2003.
21 Knorkator: Schüchtern. In: Ich hasse Musik, 2013.
22 Muszer, Jestem chłop (wie Anm. 1), S. 7.
23 Melosik, Kryzys męskości ... (wie Anm. 5), S. 7–11.
24 Vgl. Leszek Hermann: Der Wurstmenschenclub. Berlin 2004; Adam Gusowski; Piotr Mordel: Der Club der polnischen Versager. Reinbek 2012; Brigitta Helbig-Mischewski: Blödsinn begeisterte Berlin ... In: Alicja Nagórko; Magdalena Marszałek: Berührungslinien. Hildesheim 2006, S. 315–322.

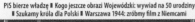

Aggression in Kreativität um – eine durchaus sinnvolle Strategie, wenigstens für die
Übergangszeit. Die von den »Versagern« angenommene Rolle des Clowns bietet erst
einmal einen Ausweg aus dem Dilemma »Macho« oder »Weichei«. Auch den sich
langsam anbahnenden Trend zum Zölibat in der heutigen Gesellschaft beschreibt
Melosik als eine Art Flucht nach vorne (besser keinen Sex haben als im Sex
versagen). Interessanterweise wird das Zölibat auch im Roman von Oświęcimski als
eine logische Konsequenz der Enttäuschung über die »Emanzen« angepriesen, die
ihre »schlappen« Männer im Eifer des Befreiungskampfes vorschnell verlassen.[25]
Die Frau bei Oświęcimski ist, wie bei Muszer, kaltblütig und gefühllos. Almodovars
Volver wird für ihn zum Sinnbild eines rituellen Mordes am Mann. Diese Ängste
und Phantasien sollten meines Erachtens auch von den Feministinnen, zu denen
ich mich zähle, durchaus ernst genommen werden. Wenn wir das nicht tun,
können wir mit einer aggressiven Gegenoffensive der Männer bzw. mit ihrem
Versinken in die Resignation rechnen.

Schauen wir uns nun die Geschlechterordnung, die Rollen und Muster, wie sie sich
in der polnischen Gesellschaft im Lauf der Geschichte herausgebildet haben, etwas
genauer an. In der Zeit der polnischen Adelsrepublik (16.–18. Jahrhundert) haben
sich, wie die Soziologinnen Anna Titkow und Sławomira Walczewska beschreiben,
die Geschlechter-Muster des charmanten *Ritters* und mutigen Kämpfers einerseits
und der eleganten, sensiblen, schutzbedürftigen, aber dem Manne moralisch
überlegenen *Dame* herausgebildet, die bis heute lebendig sind.[26] Dennoch, so
Walczewskas und Titkows viel zitierte These, sei das polnische Patriarchat eine Art
»sanftes Patriarchat« gewesen. Die polnische Frau, vor allem die Adlige, sei in Polen

25 Vgl. Leszek Oświęcimski; Brigitta Helbig-Mischewski: Der Tränenpalast. In: Der Tagesspiegel
    vom 25.6.2006, S. 12.
26 Anna Titkow: Co to znaczy być kobietą w Polsce [Was es heißt, in Polen eine Frau zu sein].
    Warszawa 1995; Sławomira Walczewska: Damy, rycerze, feministki [Damen, Ritter, Feministin-
    nen]. Kraków 1999. Vgl. auch Gertrud Pickhan: Frauenrollen, Geschlechterdifferenz und Nation
    Building in der Geschichte Polens. In: Jahrbuch Polen 2006 Frauen (wie Anm. 9), S. 7–18.

Angeblich hat das Sperma der Polen schlechte Qualität?

Das Sperma eines Polen enthält drei bis fünf Mal weniger Spermien als das eines Kanadiers oder eines Finnen. [...] Die Ursache ist höchstwahrscheinlich die Umweltverschmutzung. Kanada und Finnland sind ökologisch saubere Länder. [...]

Also sind die Männer in Polen immer weniger männlich?

Im gewissen Sinne. Ja. Der Testosteronspiegel sinkt und das Problem sehen wir bei vielen und sehr jungen Männern auch vor dem 30. Lebensjahr. Die Folge ist, dass die Libido kleiner wird und die Spermienproduktion gestört ist. [...]

Was konkret gefährdet die Männer?

Das Östrogen, also das weibliche Hormon. Für die Samenproduktion sind die Zellen verantwortlich, die verschwinden, wenn der Östrogenspiegel zu hoch ist. Gefährlich ist auch der Überschuss an Testosteron, weil es sich in diesem Fall in das Östradiol, also in ein weibliches Hormon verwandelt. [...] Der Überschuss an Testosteron wirkt wie ein Verhütungsmittel. Der Mann verweiblicht, die Genitalien verkleinern sich. Der Mann wächst an einer Stelle, an der anderen schrumpft er leider.

Lech Bojarski; Maria Bielicka: *Polacy tracą męskość* [Die Polen verlieren die Männlichkeit]. Gespräch mit Prof. Maciej Kurpisz, Androloge und Genetiker. In: GAZETA WYBORCZA vom 25. Mai 2012, S. 25.

dem Manne nicht so stark untergeordnet gewesen, wie es in anderen Kulturen bzw. in anderen Gesellschaftsschichten, z.B. im deutschen Bürgertum (»Kinder, Kirche, Küche«), der Fall war. Dies drückte sich u.a. im Erbrecht aus – die Töchter erbten gleichberechtigt mit den Söhnen. (Die Ehefrauen erbten von ihren verstorbenen Ehemännern allerdings nicht.) Die in Polen im Vergleich zu anderen europäischen Ländern größere Gleichheit, Partnerschaft und Solidarität zwischen den Geschlechtern sei in der polnischen Gesellschaft dadurch möglich geworden, dass man, insbesondere in der Teilungszeit, ein unterdrücktes Volk war und Männer wie Frauen im Kampf um die gemeinsame Sache vereint waren. Die Frauen solidarisierten sich mit den von den Teilungsmächten gedemütigten Männern, spendeten Trost und Unterstützung. Die relativ hohe Stellung der polnischen Adelsfrau in dieser Zeit erwuchs aber vor allem aus ihrer Rolle als Hüterin der polnischen Nation. Die berühmte »Mutter-Polin« (Matka Polka), von dem polnischen Nationaldichter Adam Mickiewicz in dem gleichnamigen Gedicht gepriesen, war – angesichts fehlender Bildungsinstitutionen – für die patriotische und religiöse Erziehung der Kinder zuständig. Ihre Aufgabe, die polnische nationale Identität im familiären Bereich zu bewahren und an die nächsten Generationen weiterzugeben, war hoch angesehen und politisch. Darüber hinaus regelte die Adelsfrau während der Abwesenheit ihres Mannes (der in der Außenwelt kämpfte, z.B. bei einem der Aufstände) alle wirtschaftlichen Angelegenheiten alleine und erlangte dadurch hohe Kompetenzen und eine gewisse Selbstständigkeit. Dennoch waren Machtverhältnisse, Privilegien und Wirkungsbereiche zwischen den Geschlechtern klar verteilt, sonst hätte sich die durch patriarchale Gewalt körperlich und seelisch tief verletzte Dichterin Maria Komornicka im Jahr 1907 wohl nicht eines Tages rebellisch zum Mann erklärt.[27]

Doch die Teilungszeit wirkte sich nicht nur positiv auf das Selbstbewusstsein der polnischen Frauen aus, sie hatte auch eine Dämpfung der frauenemanzipatorischen Bewegungen zur Folge. Ein zu aktives feministisches Engagement hätte man als Verrat an Polen empfunden, denn es galt, sich vor allem für die Befreiung des Vaterlandes und nicht die der Frauen zu engagieren. Und so konnte die Frauenbewegung im 18. und 19. Jahrhundert nur eingeschränkt voranschreiten, musste

27 Vgl. Brigitta Helbig-Mischewski: Ein Mantel im Sternenstaub. Geschlechtstransgress und Wahnsinn bei Maria Komornicka. Norderstedt 2005; Dies.: Stracona bogini. Rzecz o Marii Komornickiej [Die gestürzte Göttin. Die Akte Maria Komornicka]. Kraków 2010.

bestimmte Themen (z.B. Eherecht, Sexuali-
tät, Sittlichkeit) meiden und sich auf das
Bildungsrecht und die ökonomische Gleichberechtigung konzentrieren. In ihrem Roman
Am Njemen-Fluss (Nad Niemnem) zeigt die
Schriftstellerin und Vertreterin der polnischen Frauenbewegung Eliza Orzeszkowa im
Korsett der damaligen Moral gefangene
Frauen, die sich entweder in die Hysterie
(wie Pani Emilia) oder in die Mystik (wie
Pani Andrzejowa) flüchten. Selbst von
Orzeszkowa werden dabei Frauen, die sich
mit ihren Männern nicht solidarisieren und
sie nicht in ihrem Kampf unterstützen,
unsympathisch dargestellt, Frauen hingegen,
die als Witwen ihren im Aufstand gefallenen
Männern bedingungslos treu bleiben, als
nachahmungswürdig. Die vorbildliche
Erfüllung der Rolle der Mutter und Ehefrau
sowie die eheliche Treue waren Pflicht,
zumindest auf dem Papier, da das Leben der
Schriftstellerinnen dieser Zeit oft ganz andere
Seiten schrieb. Orzeszkowa selbst folgte
ihrem Mann nicht in die sibirische Verban-
nung und trennte sich später von ihm.

Die Teilung Polens und die kollektive
Demütigung polnischer Männer, aber auch
die Mobilisierung von Männern und Frauen
im Kampf um die Bewahrung der nationalen

Frauen leben in ständiger Anspannung. Sie versuchen, die Hausarbeit, die Kindererziehung und den Beruf miteinander zu verbinden. Diese enorme Anstrengung führt dazu, dass sie keine Kinder haben wollen.

In Polen haben wir es mit einem zweideutigen Modell der männlichen Dominanz zu tun, das auf die nationalen Nieder-lagen im 19. und 20. Jahrhundert zurückgreift. Traditionell und symbolisch gesehen, schwächt eine Niederlage vor allem die Männer. Darüber hinaus wurde in Zentral- und in Ostpolen erst in der 2. Hälfte des 19. Jahrhunderts die Leibeigenschaft abgeschafft. Bis zu diesem Zeitpunkt hatten die Männer keinen Bürgerstatus. Sie waren Sklaven. Deshalb musste die Frau die Verantwortung für die private Sphäre, für die Familie übernehmen. Anders gesagt, es existierte damals ein gesellschaftliches Patriarchat und ein psychologisches Matriarchat.
Als Beispiel dient hier der polnische Adel, der in den Aufständen fiel bzw. nach Sibirien verbannt wurde. Die Frauen blieben zu Hause und mussten mit ihrer Situation zurechtkommen. Identisch verlief es in der bäuerlichen Gesellschaft und in den nachfolgenden Gesellschaftsformen. Die Männer arbeiteten bei einem Landwirt bzw. in der Volksrepublik Polen in einer Staatsfabrik, nach der Arbeit gingen sie einen trinken. Es wurde der Frau überlassen, den Alltag zu meistern. Die Frauen besorgten das Essen und die Kleidung, sie schickten die Kinder zur Schule, was bedeutet: Sie trafen Entscheidungen, sie trugen die Verantwortung und schließlich – wohl oder übel – banden sie die Kinder emotional an sich.
Dieses psychologische Matriarchat, verdeckt durch das gesell-schaftliche Patriarchat, besteht bis heute.

Figa z makiem! [Abgeschminkt!] Mit dem Psychotherapeuten Andrzej Leder sprach Katarzyna Kubisiowska. In: Tygodnik Powszechny Nr. 23 vom 3. Juni 2012, S. 6.

Identität bewirkten also, dass sich Frauen einerseits stärker mit den Männern
identifizierten, was ihren eigenen Befreiungsbestrebungen enge Grenzen setzte,
ihnen aber andererseits auch ebenbürtiger waren. Und so wundert sich am Ende des
19. Jahrhunderts die Dichterin Maria Komornicka, die sich am Frauen-College in
Cambridge für ein Studium vorbereitet, in ihren ironischen Reportagen *Paradies der
Jugend*[28] über den großen Abgrund, der in England zwischen den Geschlechtern
klafft. Sie hat den Eindruck, dass man in der polnischen Gesellschaft einen offene-
ren, gleichberechtigteren Umgang unter den Geschlechtern praktiziert: »Nirgendwo
anders ist die Trennung zwischen Frau und Mann größer als in England. Nirgendwo
wurden zwischen ihnen so viele althergebrachte gesellschaftliche Barrieren
errichtet. Nirgendwo sind ihre Welten so unmissverständlich ›zwei Welten‹. Und
letztlich ist der Mann nirgendwo brutaler und hegt so viel verborgene Verachtung
für das andere Geschlecht, und die Frau hat nirgendwo mehr Ehrfurcht vor seiner
›Macht‹ [...]. Auch ist sie nirgendwo stärker in den Mauern des Hauses, im ›Lehm‹

---

28 Maria Komornicka: Raj młodzieży. Wspomnienia z Cambridge [Das Paradies der Jugend. Erinne-
    rungen aus Cambridge]. In: Przegląd Pedagogiczny Nr. 5–7.

des Tratsches und in den faden Wolken sentimentaler Liebelei eingekerkert.«[29] In ihrem eigenen Leben jedoch verschließt Komornicka die Augen davor, dass es auch in Polen enge sittliche Grenzen für Frauen gibt. Sie bricht mutig die herrschenden Regeln (die Sexualmoral war damals für Frauen und Männer vollkommen anders und ist es zum Teil heute noch), unterbricht ihr Studium in Cambridge, um in Warschau zusammen mit ihren beiden verheirateten männlichen Förderern Wacław Nałkowski und Cezary Jellenta ein rebellisches Buch, *Die Vorposten* (Forpoczty), zu schreiben, verzichtet damit auf den paternalistischen Schutz ihres Vaters und auf ihre Bildung und setzt sich damit gesellschaftlichen Restriktionen aus, die ihre Existenz als Schriftstellerin und Mensch zerstören. Für ihre Überschätzung der Situation in der polnischen Gender-Landschaft muss sie einen hohen Preis bezahlen.

Fest steht, dass sich in Polen (möglicherweise aufgrund der Erfahrungen aus der Zeit der Adelsrepublik) der Typus einer aufopferungsvollen, aber auch tüchtigen, verantwortungsbewussten und handelnden Frau, die den Mann von unten zu lenken versteht, herausgebildet hat – einer Frau also, die die geheimen Waffen der Sklaven perfekt beherrscht. Für die Bezeichnung dieses gängigen Rollenmusters gibt es in Polen den Begriff »Siłaczka« (Athletin), so der Titel einer Novelle von Stefan Żeromski von 1895. Die polnische »Athletin« muss immer elegant und schick sein, moralisch einwandfrei, am besten religiös, fleißig und niemals müde – sowohl zu Hause als auch im Beruf. Ihr wichtigster Machtbereich, in dem sie als »kulinarische Mutter« (Walczewska) uneingeschränkt regiert, ist die Küche. Sie ist auch für den Bereich der Kindererziehung in erster Linie zuständig, die polnischen Väter scheinen mit ihren Kindern weniger zu unternehmen, als es in Deutschland üblich ist. Auch die Trennungskultur und damit ein entspannterer Umgang mit der Elternschaft nach der Scheidung sind in Polen weniger ausgeprägt, und so bleiben viele Väter außen vor. Erst in der jüngsten Zeit gibt es auch in Polen Bewegungen, die mehr Rechte für die Väter einfordern. Polnische Männer fangen erst jetzt damit an, die Vaterschaft für sich zu entdecken. Wie der Psychologe Wojciech Eichelberger schon vor einigen Jahren diagnostizierte, wird der polnische Mann oft von seinem Vater »verraten«[30], beim Aufwachsen im Stich gelassen, und hat keine akzeptablen Muster der Initiation, der Mannwerdung, denen er folgen kann, etwa so, wie es in Wojciech Kuczoks verfilmtem Roman *Dreckskerl* (Gnój) ins Bild gesetzt wird[31]. Einen Teil der Verantwortung für diesen Zustand sucht Eichelberger (der von den polnischen Feministinnen argwöhnisch betrachtet wird) bei den oft allein erziehenden Müttern (oft Frauen von Alkoholikern), die ihren Söhnen ein feindliches Bild vom Vater vermitteln und ihnen den Kontakt zu ihm verweigern, den Sohn von sich abhängig machen und den Abnabelungsprozess verhindern. Auswege sucht Eichelberger u.a. in der Mythen- und Archetypenauslegung, wie sie z.B. von Robert Bly im *Eisenhans*[32] praktiziert wird.

---

29 Zit. nach: Helbig-Mischewski, Ein Mantel … (wie Anm. 27), S. 136.
30 Wojciech Eichelberger: Zdradzony przez ojca [Vom Vater verraten]. Warszawa 1998.
31 Wojciech Kuczok: Gnój. Warszawa 2001, dt.: Dreckskerl. Frankfurt am Main 2007; Verfilmung: Pręgi [Striemen], Regie: Magdalena Piekorz, 2004.
32 Original: Robert Bly: Iron John. A book about Men. New York 1990.

Wojciech Kuczoks Buch »Dreckskerl«
und seine Verfilmung durch Magdalena
Piekorz (»Pręgi«) haben eine Diskussion
über »männliche« Erziehungsmethoden
ausgelöst.

Die polnische »Athletin« ist zwar erschöpft, würde dem Mann jedoch ungern ihren
Machtbereich, die Küche bzw. die Kindererziehung, überlassen. Sie ist es, die die
Beziehungen zur Familie und zu den Freunden pflegt, die Weihnachtskarten
schreibt und die Pflege für kranke Angehörige organisiert. Gleichzeitig hat sie
Angst, ihren Mann zu verlieren, ist eifersüchtig, kontrolliert ihn, spornt ihn zur
Arbeit an, denn sie braucht seinen beruflichen und finanziellen Erfolg, um gesellschaftlich anerkannt zu werden. Ihre eigenen Erfolge zählen in der Gesellschaft
immer noch weniger als die ihres Mannes, durch die sie sich aufwerten kann.
Wenn der Mann seine Rolle gut erfüllt, ist sie mit ihm solidarisch, tröstet ihn, leckt
seine Wunden, behandelt ihn mitunter wie ein Kind, setzt ihre Ideen durch, indem
sie ihm vortäuscht, es wären seine. Bis heute werden viele polnische Männer der
mittleren Generation von ihren Frauen nicht nur »gefüttert«, sondern auch
»angezogen«. Allzu oft verwandelt sich die polnische Frau, sobald sie verheiratet
ist, in eine überfürsorgliche, überbehütende, leidende Mutter[33], die über ihre
Kinder und ihren Mann wacht und masochistische Züge aufweist. (Eine solche
Mutter wurde in den Kultfilmen *Tag des Verrückten* und *Wir sind alle Christusse*
porträtiert.[34]) In der älteren Generation kommt noch die Religiosität hinzu, denn
die Kirche gibt älteren Frauen Halt. Die polnische Mutter ist vielen verhasst (man
schaue sich Muszers Gedichtband an), der Hass wird jedoch oft auf die Schwieger-
mutter verlagert. Der Vater bzw. Schwiegervater weckt viel weniger Emotionen, oft
allein dadurch, dass er nicht anwesend ist.

Der polnische Patriarch scheint also nicht so bedrohlich zu sein, die »Athletin« hat
sich mit ihm arrangiert, ihn »domestiziert« und erreicht ihre Ziele z.B. dadurch,

---

33 Vgl. Wojciech Eichelberger: Kobieta bez winy i wstydu [Frau ohne Schuld und Scham]. Warszawa
    1997.
34 Dzień świra [Der Tag eines Spinners], Regie: Marek Koterski, 2002; Wszyscy jesteśmy Chrystusa-
    mi [Wir sind alle Christusse], Regie: Marek Koterski, 2006.

dass sie Sex als Waffe einsetzt. Schlimm wird es dann, wenn der Mann seiner Männerrolle nicht gerecht wird und seinen Versager-Frust in Alkohol ertränkt bzw. zur Gewalt neigt. Der Alkohol hilft auf destruktive Weise, die angestauten Gefühle auszudrücken. Der polnische Mann ist im Umgang mit Gefühlen ungeschickt, kann sie oft gar nicht erst identifizieren und erst recht nicht darüber sprechen. Alkoholkonsum ist ein verbindendes Motiv der meisten polnischen Migranten-Schriftsteller. Nicht selten anzutreffen in der polnischen Gesellschaft sei, nach der Meinung von Psychologen, das folgende Partnerschaftsmuster: ein zur Gewalt und mitunter zum Alkoholismus neigender Mann und eine Frau, die in der Opferrolle stecken bleibt und daraus eine moralische Genugtuung zieht. Eichelberger sagt dazu: »Das Patriarchat demoralisierte die Männer. [...] Der Herrschende braucht sich nicht um Tugenden oder Werte zu kümmern, wenn er sich des Terrors [...] bedienen kann. [...] Die Frauen wiederum wurden vom vererbten Fluch der Versklavung [...] demoralisiert. Das Bewahren von minimaler Kontrolle über ihr Leben verlangte von ihnen den Einsatz von Intrigen und List.«[35] Der »patriarchale Komplex« der Frauen, der auf dem ihnen eingeimpften Schuld- und Schamgefühl fußt, führe dazu, dass sich Frauen manchmal destruktiverweise von Männern angezogen fühlen, die Gewalt ausüben und sie damit symbolisch »bestrafen«.

Dieser psychologische Mechanismus erklärt, so Eichelberger, warum manche Männer immer noch denken, Frauen würden brutale oder gar gewalttätige Männer mögen. Es ist ein großes Missverständnis, das es aufzuklären gilt. Auf dieser Basis ist natürlich keine Beziehung und keine Begegnung zwischen den Geschlechtern möglich.

Junge Frauen werden in Polen (natürlich nicht nur in Polen) hauptsächlich als Körper wahrgenommen. Die Sprache spiegelt es wider, man nennt sie schlicht und einfach »Ärsche« (dupy). Wenn sie älter (und manchmal aufgrund der Übererfüllung ihrer Rolle der »Athletin« auch unerfüllt und verbittert) werden, büßen sie stark an ihrer Attraktivität ein. Liebschaften älterer Männer mit ganz jungen Frauen sind an der Tagesordnung, umgekehrt gilt das kaum. Es ist nicht anders als in Deutschland, nur dass sich in Polen alles oft im Geheimen abspielt und nicht unbedingt zur Trennung führt. Und doch akzeptieren die meisten Frauen in Polen die herrschende Rollenverteilung, da sie diese zum einen mit der Muttermilch aufsaugen, ohne es überhaupt zu merken, und zum anderen, weil man in den Schulen die Gender-Problematik in keiner Weise problematisiert (in Deutschland übrigens auch nicht). Die Geschlechterrollen erscheinen als naturgegeben. Die Kirche tut ihren Teil dazu, allerorten wird vor der gefährlichen »Gender-Ideologie« gewarnt.[36] Es gibt aber noch einen anderen Grund, warum die meisten Frauen in Polen die herrschende Geschlechterordnung akzeptieren. Im polnischen »sanften Patriarchat« wird ausreichend für Ausgleich bzw. für Entschädigung gesorgt. Vor den Frauen werden immer noch Türen aufgemacht, das Gepäck wird für sie getragen, »ältere Semester« küssen ihnen noch die Hand. Durch die Ritterlichkeit der Männer im Alltag wird die Benachteiligung in anderen Bereichen kompensiert.

35 Kobiety w drodze. Z Wojciechem Eichelbergerem rozmawia Beata Pawłowicz [Frauen unterwegs. Mit Wojciech Eichelberger spricht Beata Pawłowicz]. In: ZWIERCIADŁO 10/2013, S. 153–155.
36 Vgl. Inga Iwasiów: Ideologia gender [Gender-Ideologie]. In: http://www.ingaiwasiow.pl/

Frauenchor

Der Frauenchor (Chór Kobiet) ist eine moderne Form des Theaterchors. Die Gruppe besteht aus 26 Frauen im unterschiedlichen Alter, die verschiedene Berufe ausüben. Das Libretto des Spektakels ist eine Collage aus Kultur-Texten. Fragmente aus Antigone, aus Werken von Agamben, Barthes, Jelinek, Butler verbindet der Chor mit umgangssprachlichen Wendungen, Werbeslogans, Kochrezepten, Computer-Tönen, Zitaten aus Filmen und Märchen. www.chorkobiet.pl

Frauenchor von Marta Górnicka, eine echte Entdeckung und wahrscheinlich bahnbrechend fürs polnische Theater. 25 Frauen [...] sprechen im Chor zunächst von guten Kochrezepten und guten Männern, bis sich die exzellente Chorarbeit den Frauenbildern in der Konsumgesellschaft zuwendet, dem Zwangshandeln für Schönheitsideale und der Verzweiflung daran. Das geht zwischen Flüstern und Schreien, starken Gruppenformationen und zerbrechlich am Boden liegen. [...] Mit dem letzten Wort »metoikias« wird auf Antigone Bezug genommen, auf ihre Behandlung als rechtlose Fremde im eigenen Land – eine wirklich starke, hinreißende Arbeit.

Thomas Irmer: *Panzersoldaten, ein Hund und Jelineks Sofa* auf www.nachtkritik.de

Aus all diesen Gründen hat der Feminismus in Polen im Moment keine so große Chance, egal, wie radikal er auftritt, möglicherweise je radikaler, desto weniger.

Den polnischen (und nicht nur polnischen) Männern fehlen positive Muster einer verantwortungsvollen Männlichkeit und Väterlichkeit. Wie sich ein Nutzer im Internet beklagt, gibt es z.B. kaum nachahmungswürdige literarische bzw. filmische Vorbilder, und zwar »wegen der verschiedenen Feminismen«. Auf der einen Seite werde durch den Lektürekanon *nationales Märtyrertum* als Lebensweg propagiert (dafür steht das Gedicht *Elegie von einem polnischen Jungen* von Krzysztof Baczyński, dem Dichter des Warschauer Aufstands), auf der anderen Seite stehe bloß noch der neurotische, immer noch an der Mutterbrust hängende *Clown* zur Verfügung (exemplarisch dafür steht der Film *Tag des Verrückten* von Marek Koterski).[37] Allerdings beobachtet der Internetnutzer auch in der amerikanischen Massenkultur einen Niedergang des männlichen Mythos – vom unerschrockenen, geheimnisvollen Reiter, der keine Zweifel kennt, bis hin zu Woody Allen, »einem Tölpel mit intellektuellen Ambitionen«.[38] Soweit die Stimme des Volkes.

Es scheint nicht die Lösung zu sein, in Anlehnung an Judith Butler den Männern zu erklären, dass das Geschlecht real nicht existiert, nur ein mentales Konstrukt ist – das bringt sie nur zur Abwehrhaltung und Wut. Die meisten von ihnen haben Angst vor »Verweichlichung«, da sie spüren, dass Frauen widersprüchliche Forderungen an sie stellen. Immer öfter greifen sie z.B. aus Verunsicherung zu Viagra.[39] Das radikale Auftreten der polnischen Feministinnen nach 1989 in den Medien (vertreten u.a. durch Kazimiera Szczuka bzw. Agnieszka Graff) war bisher nicht besonders hilfreich. Die Wut der Feministinnen war natürlich gerechtfertigt und hat sich in der Zeit des realen Sozialismus angestaut. Wir erinnern uns an den Ausspruch, der an der Danziger Werft angebracht wurde: »Frauen, stört uns nicht, wir kämpfen um Polen.«[40] Wir wissen um die Marginalisierung der Bedeutung von Frauen im antikommunistischen Widerstand, um ihre Entmündigung beim Abtreibungsgesetz kurz nach der Wende, ihre Abwesenheit in den höchsten Etagen der Politik und Wirtschaft. Seit den 1990er Jahren stellen polnische Feministinnen unter Rückgriff auf linksliberale Ideologien und postmoderne Identitätstheorien die Geschlechterrollen infrage. Damit geht eine Öffnung gegenüber fremden Kulturen einher. Vielen meiner Studenten an der Universität Stettin ist das unsympathisch. Junge männliche Studenten verstehen nicht, was die Feministinnen von ihnen wollen, und fragen ratlos: »Ich habe doch den Frauen nie etwas getan, woran soll ich denn schuld sein?« Genauso wenig Verständnis gibt es von Seiten der weiblichen Studentinnen, die sich gar nicht benachteiligt fühlen.[41] Zahlreiche, besonders jüngere Männer fliehen vor realen Beziehungen, entscheiden sich in ihrer Orientierungslosigkeit für die Rolle des Playboys oder Peter Pans, haben Angst vor Nähe, vor Verbindlichkeiten, flüchten ins Internet und in virtuelle Beziehungen, wie in dem

---

37 Dzień świra (wie Anm. 34).
38 http://coryllus.salon24.pl/492949,kryzys-meskosci
39 Vgl. Melosik, Kryzys męskości ... (wie Anm. 5), S. 71–98.
40 Walczewska, Ritter und Damen? (wie Anm. 16), S. 31.
41 http://www.students.pl/kultura/details/25222/Magdalena-Sroda-Kobiety-i-wladza-Przeczytaj-fragmenty Was Środa von ihren Studentinnen berichtet. Schlimm, Feministin zu sein.

Roman *Wirrwarr* (Zamęt) von Krzysztof Niewrzęda, versagen im realen Leben oder verwechseln Liebe mit Gewalt, wie der Batman-Fan in dem Theaterstück *Der Sandkasten* von Michał Walczak[42]. Die Soziologen Magdalena Środa und Tomasz Szlendak beobachten, dass immer mehr junge Männer den bildungshungrigen, sich emanzipierenden und entschlossen qualifizierenden Frauen in ihrem Alter hinterherhinken.[43]

Der polnische Mann spürt eine große Beunruhigung. Er hat schon verstanden, dass er die Frau nicht mehr auf die Hand küssen muss, das hat ihm Kazimiera Szczuka besonders eindrücklich vermittelt, als sie dem Schriftsteller Janusz Wiśniewski in einer Fernsehsendung öffentlich die Hand küsste, nachdem sie von ihm einen Handkuss bekommen hatte. Darüber beklagte sich Wiśniewski in der Presse – denn so etwas empfinden Männer als große Demütigung.[44] Aber viel mehr weiß der polnische Mann nicht. Eine Lösung sieht Wojciech Eichelberger u.a. in der Ablösung von der Mutter und von vorgegebenen Rollenmustern, im Kontakt mit den eigenen Gefühlen, in der Suche nach hilfreichen Männerarchetypen, nach einer neuen Ritterlichkeit, die Tugenden wie Mut,

Der Sohn: Ein kleines Kind erkennt die Grenzen zwischen ihm und seinen Eltern nicht. Ein Kind zur Selbstständigkeit erziehen heißt, ihm Grenzen zu setzen. Es sollte zum Beispiel lernen, im getrennten Bett zu schlafen. Ich spürte keine Grenzen zwischen meiner Mutter und mir und nicht einmal zwischen meiner Mutter und meiner Großmutter. Meine Großmutter war die Verlängerung der Ansichten meiner Mutter. Lange Zeit schlief ich noch bei Mama, viel länger, als andere Kinder das durften. Und ich fühlte mich wohl dabei. Ich war neun und setzte mich bei Mama auf den Schoß. Kuscheln mag ich bis heute noch, und deswegen entstehen Unstimmigkeiten zwischen mir und meiner Freundin, für die das nicht so viel bedeutet.

Meine Mutter setzte mir nicht ständig Grenzen. Ich war nicht trotzig. Bei Konflikten wurde nach Kompromissen gesucht und darüber diskutiert.

»Mama, ich gehe heute auf eine Party«, sagte ich.

»Auf eine Party? OK. Nun, Partys sind doch so langweilig«, sagte Mama.

»Ja, da hast du Recht«, gab ich zu. Und blieb daheim.

Der Sohn: Wie sollte ein Mann sein? Mir imponiert ein innerlich starker Mann, der seine Lebensziele bestimmen und konsequent realisieren kann. Zugleich sollte er eine Frau unterstützen können und flexibel sein. Der Mann sollte ein Fels in der Brandung sein.

Wie sollte eine Mutter sein? Sie sollte loslassen können, sie sollte (Körper)Kontakt mit dem Sohn vermeiden können. Sie sollte ihren Sohn als Partner betrachten und seine Persönlichkeit akzeptieren. Da ist es gefährlich nah, den Sohn als Lebenspartner zu sehen, was eine Abhängigkeit herstellt, die wiederum die Partnerin des Sohnes stört.

Monika Redzisz: *Maminsynek* [Mamasöhnchen]. In: Duży Format vom 17. Mai 2012, S. 9.

Tapferkeit und Verantwortung für Schwächere mit einschließen würde, aber jenseits von Gewalt und Unterdrückung.[45] Dagegen hätte ich nichts einzuwenden. Die Feministinnen wollen nämlich weder Weicheier noch Gewalttäter, sondern Männer, die mutig und verantwortungsbewusst, aber auch liebesfähig sind. Eigentlich dürfen sie sogar im Stehen pinkeln – wenn sie nachher die Toilette alleine sauber machen.

42 Michał Walczak: Piaskownica [Der Sandkasten]. In: Dialog 2002, Nr. 1–2.

43 Magdalena Środa: Kobiety i władza [Frauen und Macht]. Warszawa 2009, S. 123; Tomasz Szlendak: Leniwe maskotki, rekiny na smyczy. W co kultura konsumpcyjna przemieniła mężczyzn i kobiety [Faule Maskottchen, Haie an der Leine. Was die Konsumkultur aus Männern und Frauen gemacht hat]. Warszawa 2005, S. 256.

44 Rozumiem duszę kobiet, piszę dla starych bibliotekarek. Wywiad Doroty Wodeckiej z Januszem Wiśniewiskim [Ich verstehe die Seele der Frauen, ich schreibe für alte Bibliothekarinnen. Gespräch von Dorota Wodecka mit Janusz Wiśniewski]. In: Wysokie Obcasy extra vom 26.2.2013, S. 26.

45 Rycerz XXI wieku. Wywiad Beaty Pawłowicz z Wojciechem Eichelbergerem [Der Ritter des 21. Jahrhunderts. Gespräch von Beata Pawłowicz mit Wojciech Eichelberger]. In: Zwierciadło 6/2013, S. 153–155.

Dariusz Muszer

Gedichte

Ich bin ein Kerl

Ich hab gesoffen, geschlagen,
konnte mich nicht beherrschen.

Hab gekotzt,
vergewaltigt, Kinder umgebracht.

Wollte es eigentlich anders.

Wer ist dieser gütige Gott,
der solch ein Tier hinausgeschickt hat
in die Welt.

Einfacher Arbeiter Nr. 28595

Sie beraubten mich meiner Jugend,
meiner Gesundheit,
meines harten Schwanzes
in dieser Lack- und Farbenfabrik.

Und nun sagt
meine Alte, dass ich schon immer ein Drecksack gewesen sei
und immer nur an mich gedacht habe,
und geht anschließend zum Abendkurs
für Seidenmalerei.

Und ihr verlangt von mir,
dass ich die Welt endlich
verstehen muss.

Diese Lacke und Farben
werden sich aus meinem Kopf
nicht mehr verflüchtigen
bis zum Ende meines Lebens.
Sie sind stärker
als die Liebe einer Frau.

Sorgen

Er hat einen kleinen Penis
und hätte gern einen größeren.

Das macht ihm Sorgen
und lässt ihn nachts nicht schlafen.

Seine Frau hat einen großen Fuß,
mit dem sie ihn oft tritt.

Alter Schwätzer

Dreht die Zeit zurück,
und ihr werdet mich dabei sehen,
wie ich mit einem einzigen Faustschlag
ein Kalb erschlage.

Dreht die Zeit zurück,
und ihr werdet sehen,
wie ich Nacht für Nacht drei Mädchen nehme,
eines hübscher als das andere.

Dreht die Zeit zurück, und ihr werdet sehen,
wie meine Muskeln
in der Sonne zittern
und wie die Vögel am Himmel flattern.

Dreht die Zeit zurück, und ihr werdet euch davon überzeugen,
wer ich in meinem Innersten immer noch bin
und warum ich mein Gesicht verberge
auf dem Boden einer Flasche.

Ein Vierundvierzigjähriger

Als ich nachts
mit einem vollen Müllbeutel zum Container ging,
begegnete ich drei
jungen Mädchen.

Sie unterhielten sich mit gedämpften Stimmen,
während sie an mir vorbeigingen
und nicht einmal versuchten,
mich zu vergewaltigen.

Solch eine Gelegenheit
werdet ihr womöglich nie wieder bekommen,

sagte ich in die Dunkelheit
und warf den Beutel in den Müll.

Kehrte zurück
in die leere Wohnung
und freute mich darüber,
dass sie leer ist.

Moos

Ich erzog einen Jungen,
den ich nicht gemacht hatte.

Ich hätte nie erfahren,
dass er nicht meiner gewesen war,
wenn er nicht von Zuhause getürmt
und die Polizei nicht da gewesen wäre.

Er verschwand im Oktober,
und man fand ihn im Frühling wieder,
im Wald, unterm Moos.
Doch sie erkannten nicht sofort, dass es um ihn geht.
Erst nach den Untersuchungen
war klar geworden, wie und weshalb.

Man fand raus, dass er die Hälfte
von meiner Angetrauten trägt, von mir aber nur so viel,
wie viel ich von den sibirischen Wildgänsen trage.

Als wir ihn beerdigten,
sagte ich keinen Ton.
Auch später habe ich geschwiegen.
Eine Tochter, auch nicht von mir, hab ich noch,
ich muss sie so erziehen,
dass sie lernt, nie allein
in den Wald zu gehen
und nie mit dem Moos zu spielen.

Angst

Was bist du für ein Mann?
sagte sie, nachdem sie sich ausgezogen
und er keinen Ständer bekommen hatte.

Er kratzte sich am Kopf,
zog seine Socken an
und knallte die Tür zu.

Die Nacht war hell,
der Mond hing tief über der Stadt,
als wäre er ein riesiger Dauerlutscher.

Er ging und pfiff
aus vollem Hals.

Erst bei sich zu Hause
begriff er, warum sie große Augen gemacht hatte,
als er von ihr wegging.

Seine Kleidung zurückholen wollte er nicht.
Er zog die Socken aus und warf sie
in den Mülleimer.
Dann ging er ins Internet
und rief seine Seiten auf.
Da stand er ihm wie ein Soldat auf Wache.

Aus dem Polnischen von Artur Becker

Alle Gedichte stammen aus dem Band »Jestem chłop«, Szczecin 2004.

Rafał Kosik (1971)
ist einer der erfolgreichsten polnischen Science-Fiction-Autoren. Zwischen 2004 und 2012 gab er eine Reihe von elf SF-Romanen für junge Leser unter dem Titel *Felix, Net i Nika* heraus, die bereits Kultstatus genießen. Er schrieb für diverse SF-Zeitschriften (NOWA FANTASTYKA, ESENCJA, FAHRENHEIT) und gab auch mehrere Romane heraus (*Mars, Vertical, Kameleon*). 2009 erhielt er den renommierten polnischen Janusz-Zajdel-Preis für SF-Literatur.

Kuba Wojewódzki (geb. 1963) – Journalist, Showman, Publizist, Feuilletonist des polnischen Nachrichtenmagazins Polityka. Von vielen Leuten geliebt, von noch mehr gehasst, fast allen bekannt (der Name Kuba Wojewódzki wird von 99% der Polen richtig identifiziert). Popularität hat ihm das Programm *Idol* (polnische Schwestersendung des *DSDS*) gebracht, in dem er als Jury-Mitglied immer wieder bewiesen hat, wie scharf seine Zunge sein kann. Seit 2006 hat Wojewódzki seine eigene TV-Show mit dem Namen *Kuba Wojewódzki*, in der er Personen aus der gesamten Medienwelt (u.a. Politiker, Schauspieler und Sänger) interviewt. An den von ihm eingeladenen Gästen übt Wojewódzki oft harsche Kritik, die nicht selten in feinste Ironie verpackt wird. In einem Interview zu seinem 50. Geburtstag (Polityka 31/2013, S. 19–22) sagte er über seine Talk-Show: »Jedem Nachwuchsstar, wie jedem Politiker oder Abgeordneten, liegt es sehr am Herzen, wiedergewählt zu werden. Es ist für sie von entscheidender Bedeutung, für sich noch mal eine Rolle in einer Serie zu finden, der eine will in einer politischen Serie spielen, der andere in einer Spielserie. Und ich regele den Verkehr ziemlich gnadenlos.« Und über seine Karriere meint er: »Ich bin ein erfolgreicher Mann, Vater meines eigenen Erfolgs. Und ich habe das Gefühl, dass an mir, sorry für die Phrase, immer noch ein Bedarf besteht.«

Krzysztof Arcimowicz

Männlichkeitsmuster im heutigen Polen
Über das Patriarchat und eine entstehende
neue Vision des Mannes

1. Die System- und Gesellschaftstransformation in Polen nach 1989

Die grundlegenden ökonomischen, sozialen und rechtlichen Veränderungen, die sich seit fast fünfundzwanzig Jahren in Polen vollziehen, führen dazu, dass ein anderes Modell von Staat und Gesellschaft entstanden ist als vor 1989. Ein Teil dieses Prozesses stellt die Umdefinierung der sozialen Rollen sowie des Status von Männern und Frauen dar.

Der wirtschaftliche Liberalismus, den der Systemwandel von 1989 mit sich brachte, bewirkte, dass den Platz von Gemeinschaften immer öfter das Individuum einnahm, das gemäß den Regeln des Kapitalismus beginnen musste, um den eigenen ökonomischen Erfolg zu kämpfen. Die mit dem freien Markt verbundenen Änderungen in der Wirtschaftsstruktur hatten auch Einfluss auf Veränderungen der Mentalitäten. Man sollte aber betonen, dass die gewaltigen Änderungen im ökonomischen und kulturellen Bereich von dem gesellschaftlichen Gefühl eines Wertechaos begleitet waren – und weiterhin sind. Einerseits funktionieren die Regeln des Kapitalismus und der mit ihm verbundenen Werte wie wirtschaftlicher Erfolg und Individualismus, andererseits gibt es aber auch die Suche nach einem Gefühl von Sicherheit und Nähe im familiären Leben. Das axiologische Durcheinander tritt in der individuellen, gesellschaftlichen, aber auch in der Dimension des Staates als Institution in Erscheinung. Der Widerspruch steckt auch in der Art, in der die Familie im gesellschaftlichen System verankert ist. Es ist dies die Konsequenz einer Inkohärenz im Bereich der Ideologie, in der neben einem modernen Konsumptionismus und Liberalismus das patriarchalische Modell von Familie existiert, das sich auf einen traditionellen Katholizismus stützt. Auch spielt bei der Herausbildung der heutigen Modelle des Familienlebens in Polen die Globalisierung (in ihrer kulturellen Dimension) eine gewisse Rolle. Die Öffnung zum Westen begünstigt nämlich den Transfer neuer Werte und Verhaltensmuster. Man sollte jedoch nicht der naiven Vision erliegen, nach der die Prozesse der Globalisierung die nationalen Kulturen verschlingen.

2. Die patriarchalische Prägung der heutigen polnischen Kultur und die neue Vision des Mannes

Die Transformation der Verhaltensmuster von Frauen und Männern sowie der Beziehungen zwischen den Geschlechtern ist mit der Krise des Patriarchats verbunden. Diesen Prozess beobachten wir beinahe auf der ganzen Welt, aber in den einzelnen Ländern verläuft er in unterschiedlichem Tempo. Die Kategorien Männlichkeit und Weiblichkeit sind in Bezug zueinander konstruiert. Deshalb spreche ich in diesem Artikel überall da, wo es nötig ist, auch von den Frauen.

Der niederländische Psychologe und Kulturwissenschaftler Geert Hofstede hat auf der Basis von in etwa 40 Ländern durchgeführten Untersuchungen den Versuch unternommen, die Kulturen im Hinblick auf ihren männlichen oder weiblichen Charakter zu charakterisieren. Hofstede ist der Meinung, die männliche Kultur sei eine solche, in der – ganz allgemein gesprochen – die männlichen und die weiblichen Rollen deutlich unterschiedlich sind, wo der Prozentsatz von Frauen in den Organen staatlicher Macht gering ist, die dominierende Religion Nachdruck auf männliche Vorrechte legt und die Emanzipation der Frauen als Bedrohung der Position der Männer wahrgenommen wird. Überdies existiere in patriarchalischen Kulturen eine moralisierende Haltung zur Sexualität – Abtreibung, moderne Verhütung und Homosexualität würden als Bedrohung der Gesellschaft dargestellt. Alle diese Merkmale zeichnen die heutige Kultur Polens aus.

Die letzten Parlamentswahlen, die im Jahre 2011 stattfanden, hatten zur Folge, dass heute im Sejm 24% und im Senat 13% Frauen sitzen, was vor dem Hintergrund der anderen europäischen Länder kein allzu hoher Prozentsatz ist. In den beinahe zwanzig Jahren, seitdem es die Demokratie in Polen gibt, kam es nicht ein einziges Mal vor, dass eine Frau das Amt des Staatspräsidenten bekleidete. Hinzu kam, dass der Sejm 1999 einen Gesetzentwurf zur Gleichstellung von Frauen und Männern ablehnte, dessen Grundgedanke die Schaffung gleicher Chancen zur Selbstverwirklichung im öffentlichen wie im privaten Bereich sowohl für Frauen als auch für Männer war. In Polen gibt es eines der restriktivsten Abtreibungsgesetze in Europa. In den Schulen gibt es keine gründliche Sexualerziehung, die Lehrbücher für das Fach »Vorbereitung für das Familienleben« sind voller Geschlechterstereotypen, sie fördern das patriarchalische Familienmodell und haben einen homophoben Unterton. Zwar ist infolge der letzten Parlamentswahlen Robert Biedroń, der offen über seine Homosexualität spricht, Abgeordneter geworden und die Abgeordnete Anna Grodzka ist eine transsexuelle Frau, aber das hat nichts an der grundsätzlich homo- und transphoben Haltung der Mehrheit der Gesellschaft geändert.

Die katholische Kirche in Polen spielt seit Beginn ihrer Existenz eine sehr wichtige Rolle – unvergleichlich größer als in den anderen europäischen Staaten. Eine Umfrage des Zentrums für Soziale Meinungsforschung (CBOS) von 2013 hat gezeigt, dass sich 93% der Bevölkerung als Katholiken verstehen. Allerdings macht sich in Polen eine Laizisierung bemerkbar, wenngleich sie in viel langsamerem Tempo verläuft als in anderen europäischen Staaten. Selbst wenn die innere oder teilweise auch äußere Identifikation einiger Menschen mit der Kirche geringer wird, muss das überhaupt nicht bedeuten, dass die Kirche ihre gesellschaftliche Position verloren hat. Sie ist in Polen weiterhin ein zu berücksichtigendes »center of influence«.

Der skizzierte sozio-kulturelle Kontext ist wichtig, weil er auf die Art und Weise Einfluss nimmt, wie Männlichkeitsmuster gebildet werden. Welche dieser Muster gibt es demnach in Polen?

Ähnlich wie in den anderen Ländern, die zum westlichen Kulturkreis gehören, gibt es in Polen zwei miteinander konkurrierende Paradigmen von Männlichkeit. Das traditionelle Paradigma fasst Männlichkeit als Dominanz und Spezialisierung in bestimmten Bereichen. Es stützt sich auf den Dualismus der Geschlechterrollen, eine Asymmetrie männlicher und weiblicher Eigenschaften. Es fordert vom Mann, dass er sich andere Männer, Frauen und Kinder unterordnet, und bedeutet den Zwang, Gefühle und Emotionen zu unterdrücken. Die gegenwärtige Gestalt des traditionellen Paradigmas vom Mann hat sich unter dem Einfluss vieler Faktoren herausgebildet, unter denen die jüdisch-christliche Religion und die patriarchalische Vorstellung von der Gesellschaft eine wichtige Rolle spielen. Das neue Männlichkeitsparadigma akzentuiert Gleichheit und Partnerschaft von Männern und Frauen, weil es diese Werte für fundamental bei der Schaffung einer neuen gesellschaftlichen Ordnung hält. Dieses Paradigma ermöglicht es, sowohl männliche als auch weibliche Eigenschaften zu betonen. Zur Lebensdevise des Mannes wird das Zusammenwirken – und nicht die Dominanz, er ist Partner für die Frauen und Kinder. Die neue Vision von Männlichkeit hat sich vor allem unter dem Einfluss der Emanzipationsbewegung der Frauen und der postmodernen Reflexion herausgebildet.

Anna Grodzka (geb. am 16. März 1954 als Krzysztof Bęgowski), Absolventin der Universität Warschau im Fachgebiet Klinische Psychologie, sitzt seit 2011 als Abgeordnete im polnischen Parlament. Sie ist Polens erste bekannte transsexuelle Abgeordnete, zurzeit die einzige weltweit.
Viele Jahre lang lebte Grodzka im Körper eines Mannes und versuchte die gesellschaftlichen Erwartungen, die mit dieser Rolle verbunden sind, musterhaft zu erfüllen. Infolgedessen schloss sie – noch als Mann – eine Ehe und ihre Frau brachte einen Jungen zur Welt. Für die Geschlechtsumwandlung entschied sich Grodzka erst im Jahre 2005, nachdem sie einen erfolgreichen Kampf gegen den Krebs geführt hatte. Nach diesem Erlebnis begriff sie, dass sie nicht mehr gegen ihre verborgene weibliche Natur leben konnte. Mit dieser Entscheidung konnte aber Grodzkas damalige Frau nicht zurechtkommen, deshalb wurde die Ehe geschieden.
Der Prozess der Geschlechtsumwandlung wurde offiziell 2010 beendet. Inzwischen gründete Grodzka den Verein »Trans-Fuzja«, der sich für die Belange von transsexuellen Personen einsetzt. Ihre Lebensgeschichte wurde von dem Fernsehsender HBO in einer Dokumentation verfilmt.
Bis 2011 war Grodzka Mitglied des Bundes der Demokratischen Linken (Sojusz Lewicy Demokratycznej, SLD). Sie wurde aber dazu gezwungen, aus der Partei auszutreten, nachdem sie bei den Parlamentswahlen 2011 für eine andere Partei – die Palikot-Bewegung (Twój Ruch) – angetreten war. In der Palikot-Bewegung übt sie zurzeit die Funktion der stellvertretenden Vorsitzenden aus.

In Polen wirken viele feministische Organisationen, die um die Frauenrechte
kämpfen, aber auch die Notwendigkeit eines größeren Engagements von Männern
im Familienleben unterstreichen. Bei den Änderungen der Männlichkeitsmuster
spielte auch der Beitritt Polens zur Europäischen Union im Jahre 2004 eine Rolle.
Besonders wichtig erscheint in diesem Zusammenhang das EU-Projekt *gender
mainstreaming*, das die Mitgliedsstaaten dazu ermuntert, juristische und soziale
Lösungen einzuführen, die die Garantie einer wirklichen Gleichheit der Geschlechter in vielen Lebensbereichen anstreben. Von der immer größeren Kraft des neuen
Männlichkeitsparadigmas im heutigen Polen können folgende Fakten zeugen: das
vom Sejm im Jahre 2001 beschlossene Recht von Männern, einen Teil des Mut-
terschaftsurlaubs in Anspruch zu nehmen, sowie die Tatsache, dass die Parteien
Frauen mindestens 35% aller Plätze auf den Wahllisten für die Parlamentswahlen
von 2011 garantiert haben.

Wenn ich die Muster von Männlichkeit beschreibe, die sich mit einer traditionellen
und einer neuen Vision von ihr verbinden, berufe ich mich auf die Ergebnisse von
Forschungen über die Bilder von Männern in der polnischen Kultur, die in meinen Büchern *Obraz mężczyzny w polskich mediach* (Das Bild des Mannes in den
polnischen Medien, 2003) sowie *Dyskursy o płci i rodzinie w polskich telesagach*
(Geschlechter- und Familiendiskurse in polnischen Fernsehsoaps, 2013) veröffentlicht worden sind. Im Hinblick auf den begrenzten Rahmen des Beitrags werde ich
ausgewählte Männlichkeitsmuster beschreiben, die am häufigsten erscheinen, aber
auch die, die zwar seltener auftreten, aber wichtig sind, weil sie auf die Richtung
der soziokulturellen Veränderungen hinweisen können.

3. Traditionelle Männlichkeitsmuster

Ernährer und Familienoberhaupt

Die grundlegende Rolle, die dem Mann in Polen zugeschrieben wird, ist die des
Vaters, der dank seiner beruflichen Arbeit der Familie die materielle Existenzgrund-
lage sichert. Dabei sind die persönliche Befriedigung des Mannes über die ausge-
führte Arbeit und seine Ambitionen unwichtig, Hauptsache, er kann der Familie
die entsprechenden finanziellen Voraussetzungen bieten. Väter, die diese Aufgabe
nicht bewältigen, werden in den Medien häufig so dargestellt, als wären sie keine
vollwertigen Männer. Das Vorbild des Ernährers der Familie ist mit der Dichotomie
des beruflichen und des familiären Bereichs verbunden – ersterer wird von den
Männern dominiert, letzterer von den Frauen. In Polen behaupten viele Politiker,
eine solche Rollenverteilung sei ein natürlicher Zustand und man solle sie deswegen
auch nicht ändern.

Der Typ des Ernährers der Familie verbindet sich mit der Rolle des Familienoberhaupts, die von einem traditionellen Bild von Männlichkeit herrührt, bei dem die
Herrschaft und Dominanz über die übrigen Familienmitglieder in den Vordergrund
treten, aber auch die Ungleichheit des Status von Männern und Frauen verfestigt
wird. Dieses Muster erwartet vom Vater, dass er entschlossen und konsequent ist. Er
ist es, der die Regeln festlegt, die in der Familie gelten, und er kümmert sich darum,
dass sie beachtet werden. Im Muster des Familienoberhaupts wird die Überlegenheit

Denkmal des Präsidentenpaars Lech und Maria Kaczyński in Radom

des männlichen Geschlechts betont, indem man zeigt, dass die Ehefrau der Fürsorge durch den Ehemann bedarf. Der Mann hat wegen seiner Führungsrolle das Recht zu bestimmen, ob er sich an den häuslichen Arbeiten beteiligen möchte (normalerweise tut er das nicht und wälzt diese Pflichten auf die Schultern der Frau ab).

Analytiker der polnischen Kultur, wie zum Beispiel Roch Sulima, glauben, die gesellschaftliche Bewusstseinskrise habe das Bedürfnis ausgelöst, sich auf eine Tradition zu berufen, die die Quelle dauerhafter Werte und Normen darstellt. Eine wichtige Rolle im Prozess der Wiederherstellung und/oder Verfestigung traditioneller Muster haben die Massenmedien gespielt, die einen therapeutischen Traditionskult verkünden. Das Fernsehen (vor allem das öffentlich-rechtliche) hat sich für die heutigen Formen dessen interessiert, was man als allgemeines kulturelles Gedächtnis bezeichnen kann. Ein Faktor jenes Gedächtnisses ist die im Bewusstsein vieler Polinnen und Polen tief verwurzelte traditionelle Kernfamilie.

Wie in vielen anderen Ländern der Welt erfreuen sich auch in Polen Seifenopern großer Popularität. Die von vielen Millionen Zuschauern gesehenen Serien spielen eine wichtige Rolle bei der Festigung des traditionellen Familienmodells. Die Analyse der sieben polnischen Fernsehserien (*M jak miłość*, *Na dobre i na złe*, *Klan*, *Plebania*, *Barwy szczęścia*, *Na Wspólnej*, *Samo życie*[1]), die 2010 die höchsten Einschaltquoten hatten, erlaubt es festzustellen, dass in den Familien die Männer dreimal seltener als die Frauen häusliche Arbeiten verrichten (Kochen, Putzen, Wäsche waschen usw.). Die Protagonistinnen führten zweimal häufiger als ihre

---

1   Man sollte ergänzen, dass die Serien *Na Wspólnej* (Unter uns) sowie *Na dobre i na złe* (Gute Zeiten, schlechte Zeiten) auf deutschen Lizenzen basieren, aber an die polnischen soziokulturellen Realitäten angepasst wurden. Man sollte auch vermerken, dass einige Folgen dieser populärsten polnischen Serien über zehn Millionen Zuschauer hatten.

männlichen Partner mit der Kinderbetreuung verbundene Pflichten aus. In den polnischen Serien ist in der klaren Mehrheit aller Haushalte der Mann der Haupt- oder einzige Ernährer der Familie. Die Väter treffen auch die wichtigsten familiären Entscheidungen.

Die traditionellen Muster von Männlichkeit können wir auch im Katechismus der katholischen Kirche finden, dem ersten allgemeinen Katechismus seit den Zeiten des Tridentinischen Konzils aus dem 16. Jahrhundert, der auf Initiative Papst Johannes Pauls II. verfasst wurde, der eine große Autorität für die meisten Polinnen und Polen darstellt. Im Übrigen wurde das Buch unter der Leitung von Kardinal Joseph Ratzinger, dem späteren Papst Benedikt XVI., redigiert. In diesem in den 1990er Jahren veröffentlichten Werk können wir Formulierungen finden, die davon zeugen, dass die grundlegenden Rollen, die ein Mann in seinem Leben zu erfüllen hat, mit dem Vater-Sein als Haupt und Ernährer der Familie verbunden sind. Es geht unter anderem um einen Bezug zum biblischen Buch der Schöpfung (Genesis), in dem suggeriert wird, die Pflicht der Frau sei es, Kinder zu gebären und zu betreuen, die Rolle des Vaters dagegen, für das materielle Wohl der Familie zu sorgen.

Zu den Rollen von Frau und Mann äußern sich oft auch polnische Politiker. Während der Sejmdebatte über die Gleichstellung von Frauen und Männern (1999) sowie über den Elternurlaub (2001) stellten rechtsgerichtete Abgeordnete fest, es wäre am besten, wenn der Mann so viel verdienen würde, dass seine Frau nicht berufstätig sein müsste und sich ausschließlich der Kinderbetreuung sowie dem Haushalt widmen könnte. Jarosław Kaczyński, der Anführer der größten Oppositionspartei »Recht und Gerechtigkeit« (Prawo i Sprawiedliwość, PiS), sagte im Präsidentschaftswahlkampf 2010, dass Berufstätigkeit nicht der traditionellen Mutterrolle entgegengestellt werden sollte; er bemerkte aber auch, dass die Entscheidung von Frauen, zugunsten der Familie auf eine berufliche Tätigkeit zu verzichten, geschätzt und respektiert werden solle, weil eine solche Wahl großen Wert besitze. Er nannte als Beispiel seine Schwägerin, die bei einem Flugzeugunglück ums Leben gekommene Ehefrau des Präsidenten Lech Kaczyński, die sich der Familie, wie es der PiS-Chef nannte, »mit großem Nutzen für ihre Tochter und ihren Ehemann« gewidmet habe. Jarosław Kaczyński gab zu verstehen, dass die Funktion des Ernährers einer Familie – da die Frau zu Hause bleiben soll – der Mann ausfüllen sollte. Das von rechten Politikern, der katholischen Kirche, den Schulbüchern und Fernsehserien aufgedrängte Vorbild des Ernährers der Familie lässt sich unter den polnischen ökonomischen Bedingungen nur schwer verwirklichen. Viele Männer sind nicht in der Lage, dieser Aufgabe gerecht zu werden. Vielleicht ist es das, was Frustration und daraus resultierend Aggression und Gewalt erzeugt bzw. familiäre Missstände hervorruft.

Der strenge Vater

Gemäß dem Stereotyp von Männlichkeit hat der Vater aufgrund der Tatsache, dass er ein Mann ist, eine natürliche Autorität bei den Kindern. Im Zusammenhang damit sollten sie ihm Achtung und Respekt erweisen. Er beteiligt sich an der Erziehung der Kinder, aber anders als die Mutter. Er muss ein entschlossener Erzieher sein, der sich auf seine männliche Autorität stützt, und nicht der Partner oder Be-

treuer der Kinder. Das Vorbild eines strengen Erziehers hebt die instrumentelle und
kontrollierende Funktion hervor. Ein Mann, der seine Autorität einsetzt, verlangt
entschlossen von den Kindern Gehorsam gegenüber den Eltern. Das Vorbild des
strengen Erziehers stellen der Katechismus der katholischen Kirche und die Lehrbücher für die Vorbereitung des Familienlebens ebenso heraus, wie es auch in den
populärsten polnischen Fernsehserien präsent ist. In den 1990er Jahren genossen
publizistische Sendungen des öffentlich-rechtlichen Fernsehens wie *Credo* oder
Fronda, in denen auf die Notwendigkeit hingewiesen wurde, dass der Vater Strafen
anwendet, um die Sittlichkeit des Kindes richtig zu formen, hohe Popularität. In
Fronda wurde auch das schwedische Modell der Familie und Kindeserziehung, in
dem die Väter Partner ihrer Kinder sind, kritisiert.

Man sollte jedoch festhalten, dass das Muster des strengen Vaters heute in den
polnischen Medien nicht dominiert, sondern ziemlich oft infrage gestellt wird. Im
ersten und zweiten Jahrzehnt des 21. Jahrhunderts hat sich die Einstellung zum
Schlagen von Kindern geändert (besonders im großstädtischen Milieu unter den
gebildeteren Vertretern der jüngeren und mittleren Generation). In Fernsehsendun-
gen und Zeitungsartikeln, aber auch in Sejmdebatten werden immer häufiger die
negativen Seiten der Anwendung von Körperstrafen als Erziehungsmethode angesprochen; es gibt jedoch weiterhin Familien, in denen vom Vater versetzte Prügel
als gute pädagogische Methode empfunden werden.

Macho und Playboy

Die Muster des Playboys und des Machos sind im traditionellen Männlichkeitsparadigma, in dem das Gebot der Dominanz des Mannes in Beziehungen mit Frauen
enthalten ist, tief verwurzelt. Im Einklang mit dem traditionellen Imperativ von
Männlichkeit ist ein Mann, der der Frau erlaubt, eine Entscheidung zu treffen,
unmännlich.

Ein Playboy ist ein narzisstischer Mann, der sehr wenige oder überhaupt keine
tiefergehenden Beziehungen zu Frauen unterhält. Er ist an Unterhaltung und Spaß
interessiert, kümmert sich um sein Aussehen und verwendet Kosmetika. Das Bild
des Playboys steht im Gegensatz zu der traditionellen Vorstellung vom Mann, der
schwer arbeitet, um seine Familie zu ernähren, es ändert aber nicht im Geringsten
den Charakter der Verhältnisse zwischen den Geschlechtern und die dominierende
Position der Männer. Deshalb verbinde ich es auch mit dem traditionellen Männlichkeitsparadigma. Das Muster des dominanten Liebhabers ist in der Fernsehwerbung, in Filmen und Zeitschriften sichtbar, die in Polen erscheinen und die einen
hedonistischen Lebensstil propagieren (z.B. Playboy, CKM, Maxim, Logo, Men's
Health). Das Muster des Playboys kann man auch mit Kuba Wojewódzki identifizieren, der beim Sender TVN eine populäre Talkshow moderiert.

Das Bild des Machos ist dem des Playboys ähnlich, wenn auch zwischen diesen
beiden Männlichkeitsmustern gewisse Unterschiede existieren. Charakteristisches
Merkmal des Machos ist die Vulgarisierung der Beziehungen zu Frauen, auch im
Sprachlichen. Er ist aggressiv und vermeidet nicht die Anwendung von Gewalt gegen Frauen und Männer. Der Macho ist entweder rücksichtslos und aggressiv oder

Staatspräsident Bronisław Komorowski beim Bad in der Menge

er trägt die Maske des »harten« Mannes, um seine Schwäche zu verbergen. Dieses Modell von Männlichkeit war im polnischen Kino in der ersten Hälfte der 1990er Jahre sichtbar. Besonders stark drang ins Gedächtnis der Öffentlichkeit die Kultrolle Bogusław Lindas, der in dem Film *Psy* (Hunde) die Rolle des Polizisten Franz Maurer verkörperte. Auch in seinen nächsten Filmen wie *Słodko-gorzki* (Bitter-süß) und *Demony wojny* (Dämonen des Krieges) kreierte der Regisseur Władysław Pasikowski das Bild eines brutalen Mannes, der die Frauen wie Objekte behandelt.

Der Politiker

Einerseits hat kein Beruf nach 1989 eine solche Popularität in den Massenmedien erzielt wie der des Politikers, andererseits bewertet die Gesellschaft keine andere Berufsgruppe derart negativ wie eben diese Politiker. Auch wenn es Frauen gibt, die sich mit Politik beschäftigen, so wird dieses Feld in Polen nach wie vor für ein ausgesprochen männliches gehalten. Viele Männer schätzen die Politik als einen Weg ein, um schnell Karriere zu machen.

Fast alle Politiker bemühen sich um ein positives mediales Image. Sie erscheinen bei Sportveranstaltungen, bei denen der Erfolg polnischer Sportler erwartet wird, oder auf Feiern, wo Preise für herausragende Leistungen übergeben werden. In den meisten Fällen sind Politiker bekannte und zugleich von einem großen Teil der Gesellschaft ungeliebte Menschen. Mehr noch, die Menschen vertrauen Politikern normalerweise nicht. Vom CBOS im Juni 2013 durchgeführte Umfragen zeigen, dass nur Präsident Bronisław Komorowski mit dem Vertrauen der meisten (72%) Polinnen und Polen rechnen kann, die übrigen Politiker dagegen von der Mehrheit der Befragten misstrauisch behandelt werden (dem Ministerpräsidenten sowie den Führern der größten Parteien trauen zwei Drittel der Gesellschaft nicht).

Das Ergebnis der Umfrage sollte nicht überraschen, denn die Politiker haben sich die wenig schmeichelhaften Zensuren selbst zuzuschreiben. Die Gesellschaft bewertet sie nach den Entscheidungen, die sie treffen, nach ihrem Verhalten und nach den in den Medien getätigten Äußerungen. Von Journalisten befragte Politiker vermeiden konkrete Antworten und konzentrieren sich auf wenig wichtige Dinge. Fernseh- und Radiosendungen, an denen sie teilnehmen, enden oft im Streit. Sie machen den Eindruck, mit sich selbst beschäftigt zu sein, und nicht damit, wichtige gesellschaftliche Probleme zu lösen. Hitzig halten sie einander vor, Wahlversprechen nicht eingehalten und Fehler begangen zu haben, was zu einem Konfliktherd wird und die – normalerweise ohnehin schon kurze – inhaltliche Diskussion über das jeweilige Problem abreißen lässt. Darüber hinaus wird dieses schlechte Image noch durch die von den Medien enthüllten Affären unter Beteiligung von Politikern verstärkt: Steuerbetrug, Korruption, die weit verbreitete Verletzung der Straßenverkehrsvorschriften.

Die meisten prominenten Politiker haben patriarchalische Ansichten zu Männer- und Frauenrollen. Häufig sind ihre Äußerungen stark ideologisch gefärbt und werden mitunter nicht nur gemacht, um Beifall bei den Wählern mit konservativen Ansichten zu erhaschen, sondern sie sind auch darauf ausgerichtet, die Gunst der katholischen Kirche zu gewinnen. Dazu gehört, dass die Abgeordneten von »Solidarna Polska« (Solidarisches Polen) mit Unterstützung anderer rechter Politiker (vor allem von »Recht und Gerechtigkeit«) einen Gesetzentwurf zur Verschärfung des Abtreibungsrechts, das sowieso schon eines der härtesten in Europa ist, unterbreiteten. Jarosław Kaczyński hat viele Male seine negative Haltung zur Abtreibung geäußert und während der Sejmdebatte im April 2012 nannte er die Methode der *in vitro*-Befruchtung unter Bezugnahme auf die katholische Kirche eine »vielfache Abtreibung«. Jarosław Gowin, der damalige Justizminister (von Oktober 2011 bis April 2013) in der Koalitionsregierung der Bürgerplattform mit der Polnischen Bauernpartei (PSL) sprach sich aus ideologischen Gründen dagegen aus, dass Polen die Konvention des Europarates zur Verhütung und Bekämpfung von Gewalt gegen Frauen und häuslicher Gewalt unterzeichnet. Gowin argumentierte, die in der Konvention vorgeschlagenen rechtlichen Lösungen trügen zum Verlust eines Teils der Souveränität Polens bei, griffen das traditionelle Familienmodell an und trügen zur Legalisierung homosexueller Beziehungen bei.

4. Neue Männlichkeitsmuster

Der Partner der Frau

Der Mann als Partner hebt im Verhältnis zu einer Frau offen seine Emotionen und Wünsche hervor. Im Unterschied zum dominanten Mann und Macho versucht der einfühlsame Partner nicht die in ihm steckende Weiblichkeit zu unterdrücken, und er will dies auch nicht. Er ist ein androgynes Individuum in dem Sinne, dass er eine Garnitur von Eigenschaften besitzt, die traditionell als weiblich gelten: Sanftheit, Sorgsamkeit, Hingabefähigkeit. Der Mann legt diese Eigenschaften offen, ohne Angst zu haben, dass seine Männlichkeit darunter leidet. Sein Ziel ist es nicht, die Frau zu dominieren, sondern mit der Partnerin ein tiefes emotionales Band zu knüpfen.

Ein wichtiger Begriff im Kontext der Analyse neuer Männlichkeitsmuster ist die partnerschaftliche Familie. Diesen Begriff kann man auf die Beziehung von Frau

und Mann, die eine Ehe oder eine informelle Beziehung bilden, anwenden. Der
Begriff Partnerschaft kann in vielen Dimensionen analysiert werden: 1.) auf dem
Gebiet der häuslichen Pflichten, 2.) im Bereich der Fürsorge und Erziehung der
Kinder, 3.) bei der Aufnahme beruflicher Tätigkeit, 4.) in emotionaler Hinsicht,
5.) in Bezug auf die Machtverhältnisse in der Familie. Vom CBOS durchgeführte
Studien zeigen, dass sich in Polen zwischen 1994 und 2004 die Unterstützung
für das partnerschaftliche Modell von 35% auf 56% erhöht hat. In vielen Untersuchungen stimmten die Befragten einer gleichen Verteilung der Pflichten zu, die
Präferenzen bezüglich des Modells von Ehe und Familie entsprachen aber nicht der
tatsächlichen Verteilung der Pflichten in den Familien. Am häufigsten ist in Polen
ein gemischtes Modell, in dem sowohl der Mann als auch die Frau berufstätig ist,
aber die meisten Pflichten, die mit der Haushaltsführung und der Kinderbetreuung
verbunden sind, die Frau erledigt.

Obwohl das Modell der partnerschaftlichen Familie im gesellschaftlichen Leben
nicht dominiert, können wir in den Massenmedien das Muster des einfühlsamen
Partners finden – vor allem in Serien, Sendungen des Frühstücksfernsehens sowie
in manchen Zeitschriften. Dieses Vorbild taucht auch in polnischen romantischen
Komödien auf, die im ersten Jahrzehnt des 21. Jahrhunderts große Popularität
erlangten. Ich denke hier zum Beispiel an solche Produktionen wie *Nigdy w życiu!*
(Nie im Leben!, 2004), *Ja wam pokażę!* (Ich werde es euch zeigen!, 2006) oder
Rozmowy nocą (Nächtliche Gespräche, 2007). In den populärsten Seifenopern treten Helden auf, die – zumindest eine bestimmte Zeit lang – eine partnerschaftliche
Beziehung mit einer Frau eingehen. Es sind dort ganz häufig junge Männer oder
solche mittleren Alters, die sich bemühen, ihrer Partnerin in schwierigen Momenten beizustehen, und an den häuslichen Pflichten mitwirken. Bei der deutlichen
Mehrheit der Serienfamilien ist das Modell der emotionalen Beziehungen das
partnerschaftliche, was bedeutet, dass sich die Partner gegenseitig unterstützen; sie
sind empathisch und sensibel für die Bedürfnisse der anderen Person. Dagegen sind

Partnerschaft in der Fernsehserie *M jak miłość* (TVP)

die Machtverhältnisse in den Serienfamilien eher nicht ausgeglichen. Zwar bespre-
chen die Eheleute oder Partner für die Familienmitglieder wichtige Entscheidungen
im Allgemeinen gemeinsam, das letzte Wort jedoch hat oft der Mann.

Partnerschaft in einer Beziehung betrifft auch die Unterstützung, die der Mann der
schwangeren Partnerin leistet. Dieses neue Männlichkeitsmuster umfasst Väter, die
Schwangerschaftskurse besuchen und bei der Geburt dabei sind, wo sie die Nabelschnur des neugeborenen Kindes durchtrennen oder der Frau psychischen Beistand
leisten. In den 1990er Jahren erschienen in der Presse und im Internet Artikel über
gemeinsame Entbindungen. Aber von einer diesbezüglichen Mode in Polen kann
man erst seit dem Beginn des ersten Jahrzehnts dieses Jahrhunderts sprechen. Nach
Daten von 2006 gebaren etwa 70% aller Frauen in Anwesenheit einer nahestehen-
den Person, während dies 1994 nur bei jeder vierten Geburt der Fall war. In den
meisten Fällen findet die familiäre Geburt in Anwesenheit des Kindsvaters statt.

Der fürsorgliche Betreuer des Kindes
Theoretische Grundlage des Modells vom Betreuer des Kindes ist der Wandel der
traditionellen männlichen Rolle, die Ablehnung des »Männlichkeitsmythos« und
die Dekonstruktion des Dimorphismus der Geschlechterrollen. Das neue Muster
akzentuiert androgyne Verhaltensweisen, die vor allem mit der Pflege und der
physischen Betreuung des Nachwuchses verbunden sind. Es bietet dem Mann die
Chance, seine Möglichkeiten als Mensch voll zu entwickeln. Dieses Modell ist an
alle Väter gerichtet, die enge emotionale Verbindungen zu ihrem Kind entwickeln
möchten, aber es umfasst auch die Männer, die sich unentgeltlich um kleine Kinder
kümmern. Das Modell des Betreuers zeigt, dass ein Mann erfolgreich Pflichten
erfüllen kann, die traditionell Frauen zugeschrieben werden. Die französische Philosophin und Kennerin der Männerproblematik Elisabeth Badinter behauptet, dass
die Krise des Patriarchats zum Beginn der Epoche des neuen Vaters geworden ist.
Die Tatsache, dass sich das partnerschaftliche Familienmodell, bei dem der Vater
einen Teil der mit der Kinderbetreuung verbundenen Pflichten übernimmt, in der
westlichen Kultur ausgebreitet hat, hat Widerhall in den Medien gefunden.

Das neue Männerbild kann man in der Fernsehwerbung wahrnehmen. Am Anfang
dieses Jahrhunderts tauchten in Polen Werbespots auf, die das Stereotyp des
Mannes aufbrachen, indem sie fürsorgliche und emotionale Funktionen des Vaters
akzentuierten. An dieser Stelle lohnt es sich, die große Werbekampagne von Hand-
lobank aus dem Jahre 2000 zu erwähnen, in der man sich zum ersten Mal in Polen
in breitem Maßstab des neuen Männerbildes bediente.

Wenn man die Konstruktionen von Männlichkeit im polnischen Kino nach 1989
analysiert, kann man die These riskieren, dass nach der Mode von Gangsterproduk-
tionen (in den 1990er Jahren), in denen die wichtigsten Helden »harte« Männer
waren, sowohl im künstlerischen wie im kommerziellen Kino die Zeit für den
sensiblen männlichen Helden anbrach. Eine der bekanntesten Produktionen Anfang
des 21. Jahrhunderts in Polen war Piotr Trzaskalskis Werk *Edi*. In diesem Film gibt
es viele Szenen, die die Hauptfigur Edi während der physischen Betreuung des
Kindes zeigen.

Junge Familie in der Fernsehserie *Barwy szczęścia* (TVP)

Das Muster des Kinderbetreuers taucht immer häufiger in polnischen Soaps auf,
was wichtig ist, da diese eine Erziehungsfunktion erfüllen können. Am häufigsten
wird dieses neue Modell der Vaterschaft mit Figuren jüngerer Männer oder solchen
mittleren Alters verbunden. Sie sind nicht immer die biologischen Väter, was sie
aber nicht daran hindert, eine tiefere emotionale Bindung mit dem Kind zu knüpfen. Zur Kategorie der Kinderbetreuer sind auch die alleinerziehenden Väter zu
zählen, ein Bild, das in den populärsten polnischen Fernsehserien vorkommt. Die
Macher der polnischen Serien verfolgen die sich dynamisch wandelnde gesellschaftliche Realität durchaus und berücksichtigen die beobachteten Veränderungen in
den Serien, sei es, indem sie einen Mann im Vaterschaftsurlaub zeigen oder einen,
der sich an einem Unterrichtskurs zur Kinderbetreuung beteiligt. Allerdings gibt es
verhältnismäßig wenig Protagonisten, die in ihrem Leben ein modernes Modell von
Vaterschaft realisieren, sie stehen im Allgemeinen nicht im Vordergrund.

Das Modell des Mannes als Betreuer des Kindes beginnt immer populärer zu
werden, wovon die zahlreichen Fotos von Prominenten (Schauspieler, Journalisten,
Sportler und einige Politiker) in Begleitung ihrer kleinen Kinder zeugen, die man in
den bunten Magazinen findet. Das muss aber nicht automatisch bedeuten, dass die
Väter in ihrem Leben ein partnerschaftliches Familienmodell verwirklichen und in
gleichem Maße wie ihre Partnerinnen an der Kinderbetreuung partizipieren, nur
weil sie ihren Kindern gegenüber Emotionen und Verbundenheit demonstrieren.

5. Männlichkeit in der Zukunft

Heute spricht man in Polen wie in anderen Ländern auch von einer »Männlich-
keitskrise«. Sie ist vor allem mit der Schwierigkeit verbunden, eine Antwort auf
die Frage zu geben, was es denn bedeutet, ein »echter« Mann zu sein. Noch vor
wenigen Jahrzehnten war man sich darüber einig, dass ein guter Vater dank seiner
Arbeit der Familie die Existenz sichert. Heutzutage gibt es eine solche Einigkeit

nicht mehr. Man muss jedoch feststellen, dass das, was für viele Personen eine Krise ist, für andere neue Möglichkeiten bedeuten kann. Ich habe hier vor allem diejenigen Männer im Auge, die patriarchale Geschlechterkonstruktionen ablehnen und in ihrem Leben ein neues Muster verwirklichen möchten, zum Beispiel das des feinfühligen Kinderbetreuers. In den Gesellschaften Nord- und Westeuropas unterliegt das Verständnis von Männlichkeit, die sich auf Erwerbsarbeit stützt (*work based gender*), einer Entwicklung in Richtung einer solchen, die sich auf die Fürsorge für andere konzentriert (*caring masculinity*). Allerdings laufen die Veränderungen von Männlichkeit in den einzelnen Ländern unterschiedlich schnell ab und sind von vielerlei Faktoren abhängig: sozio-kulturellen, religiösen und ökonomischen. In Polen vollziehen sich ebenfalls Änderungen der Männlichkeitsmuster, wenngleich der Widerstand gegen diese Änderungen, der aus dem Traditionalismus der polnischen Gesellschaft und der starken Einflussnahme der katholischen Kirche herrührt, größer ist als in anderen Staaten. Besonders deutlich hervorgehoben wird die vermeintliche, aus dem Verwischen der Unterschiede zwischen männlichen und weiblichen Rollen abgeleitete Bedrohung. Es wird suggeriert, es drohe ein Verlust der Geschlechteridentifikation. In Polen existieren dynamische Spannungen zwischen den traditionellen und den neuen Männlichkeitsmustern und wenngleich die traditionellen Muster weiter dominieren, lässt sich die Entwicklung nicht aufhalten, man kann sie höchstens, so meine ich, etwas verlangsamen.

Aus dem Polnischen von Markus Krzoska

Seit einiger Zeit findet in Polen eine Debatte über die Männlichkeit der polnischen Männer statt. Es deutet nichts darauf hin, dass dies ein leichtes oder angenehmes Unterfangen wäre. Schwierig wird es gleich am Anfang, wenn wir das Problem näher bestimmen möchten. Die gegenwärtigen Veränderungen werden entweder als Krise oder als Wandel bezeichnet, je nach Antwort auf die Frage, was die männliche Identität eigentlich ausmacht. Ich glaube, dass man Männlichkeit verschiedenartig verstehen kann. Ihre in unserer Kultur dominierende Ausprägung, nach der die Welt der Ideen, des ausdauernden Kampfes und der Veränderung der Wirklichkeit fest mit dem Mann in Verbindung gebracht wird, hat heute ausgedient. Übrigens gab dies die Wirklichkeit nie ganz wider [...]

Marta Duch-Dyngosz: *Atlas polskich mężczyzn* [Atlas der polnischen Männer]. In: ZNAK Nr. 11 (2013), S. 13.

Robert Kuśmierowski (1973)
Bildender Künstler und Schöpfer von Rauminstallationen
und Performances. Studierte Bildhauerei an der Marie-Cu-
rie-Skłodowska-Universität in Lublin und an der Universität
Rennes 2, Frankreich. Von Kritikern zum genialen Fälscher
und Manipulant der Wirklichkeit ausgerufen.

Marek Rymsza

Der polnische Ritter gegen Gender und die Welt

Was ist aus dem Ritter geworden?

Wenn man die Bilder von Männlichkeit und männlichem Verhalten in der Werbung betrachtet, kann man den Eindruck gewinnen, dass das typische Attribut des heutigen Mannes das Bierglas ist. Ein Mann ist jemand, der leidenschaftlich gern Bier trinkt. Er trinkt es in Gesellschaft anderer Männer, in der Kneipe, vor dem Fernseher beim Fußballschauen oder unter freiem Himmel, wenn er sich von einer großen Anstrengung erholt. Der Biergenuss ist eine von wenigen Enklaven, in denen die heutige Konsumkultur ein Männlichkeitsmuster benutzt, das irgendwie noch mit dem traditionellen Bild des Mannes zu tun hat: dem eines unerschrockenen Eroberers, eines abenteuerlustigen Kameraden anderer *richtiger* Männer, eines starken, nicht verweiblichten Kerls. Kurzum, von jemandem mit einer Reihe nicht-weiblicher Eigenschaften, die – nach dem Komplementärprinzip – analog zu den Eigenschaften positioniert werden, welche das Ideal der Weiblichkeit bilden. Der moderne Mann aus der Bierwerbung wird jedoch so nicht mehr positioniert. Er verteidigt nicht mehr – wie noch der Ritter in alten Zeiten – die Ehre der Dame seines Herzens. Auch ist er kein wohlerzogener Gentleman, nicht einmal dann charmant gegenüber den Frauen, wenn er ihnen gegenüber seinen Willen durchsetzt. Er setzt sich auch nicht für Schwächere ein, wie weiland John Wayne im Western. Er konsumiert einfach. Bier. Und damit geht es ihm gut.

Nicht ohne Grund habe ich den modernen Biertrinker einem mittelalterlichen Ritter, einem englischen Gentleman und einem Wild-West-Sheriff gegenübergestellt. Maria Ossowska stellte in der bekannten Studie *Ethos rycerski i jego odmiany*[1] eben den Gentleman der viktorianischen Epoche und den amerikanischen Westernhelden ins Pantheon der Ritter-Nachfolger. Damit versuchte sie, die Kontinuität eines grundlegenden kulturellen Codes unserer Zivilisation durch die wechselnden Epochen hindurch aufzuzeigen. Jede dieser Epochen brachte ihr eigenes Männlichkeitsmuster mit sich, in dem man jedoch Elemente ein und desselben Ethos wiederfinden konnte: des Ritterethos. Würde Maria Ossowska noch leben und ihre Zeitreise bis zum Beginn des 21. Jahrhunderts fortsetzen wollen, hätte sie ein Problem damit, ihre Erzählung weiterzuführen. Der Held der Westernfilme der 1960er Jahre hat sich mit der *Star Wars*-Trilogie von George Lucas ins Weltall begeben, wo er seinen Revolver gegen ein Laserschwert umgetauscht hat. Um sich dann mehr oder weniger unbemerkt davonzumachen.

---

1   Dt.: Das ritterliche Ethos und seine Spielarten. Aus dem Polnischen von Friedrich Griese. Frankfurt am Main 2007.

Dirty Harry und ähnliche Ordnungshüter mit immer großkalibrigeren Waffen in der Hand waren keine Ritter mehr, selbst wenn sie als solche gelten wollten (sollten). Allein die körperliche Fitness und Gewalt, selbst wenn sie für die richtige Sache eingesetzt werden (wirklich die richtige? – Clint Eastwood, der Dirty Harry geschaffen hat, hat auch hier ein Fragezeichen gesetzt), machen noch keinen Ritter. Die aus dem Fernseher strömende Gewalt ist natürlich hauptsächlich das Werk von Männern, denen es jedoch an Ritterlichkeit mangelt. Diese wird ersetzt durch Rücksichtslosigkeit, die wiederum, im Gegensatz zur Ritterlichkeit, kein Attribut von Männlichkeit mehr, sondern Ausdruck von Macht/Gewalt als solcher ist. Frauen greifen als Protagonistinnen von Action-Filmen seltener zu Gewalt, aber wenn sie sie anwenden, unterscheiden sie sich dabei in nichts von den Männern; manchmal sind sie sogar noch grausamer.

Das Verschwinden der Ritter ist Ausdruck eines umfangreichen Verfallsprozesses der positiven Bilder von Männlichkeit in der heutigen Massenkultur. Die Krise der traditionellen, also althergebrachten und allgemein akzeptierten Männlichkeitsmuster (ohne diese Akzeptanz gibt es keine Tradition) ist laut dem französischen Soziologen Émile Durkheim eine gesellschaftliche Tatsache. Sie ist daher nicht für das Verhalten einzelner Personen, sondern für die Gesellschaft als Ganzes bezeichnend. Wir sollten uns fragen, wie es zu dieser Situation kommen konnte. Ob man jene Leerstelle irgendwie ausfüllen kann. Und vor allem wie. Auf diese Fragen werde ich versuchen, kurze Antworten zu geben.

Zur gegenwärtig spürbaren Abdankung des Mannes von seinen traditionellen gesellschaftlichen Rollen trägt vieles bei. Aber zwei Phänomene scheinen die tradierten Männlichkeitsmuster besonders stark aufzuweichen: die Metrosexualität, die unter den *Yuppies* um sich greift, welche die Massenkultur der Großstädte prägen, sowie die Gender-Ideologie. Ein paar Worte über beides.

Die Metrosexualität der modernen Yuppies

Metrosexualität bedeutet nicht Verweiblichung, die simple Angleichung von Männern an Frauen. Vielmehr geht es um eine spezifische Übernahme bestimmter Elemente des weiblichen Verhaltens oder Lebensstils in die Männerwelt, die weniger den Mann der Frau angleicht, als vielmehr – metaphorisch gesprochen – dem männlichen *Körper* die männliche *Seele* nimmt. Prominente Vorbilder metrosexueller Männer sind zum Beispiel zwei Fußballer: der Engländer David Beckham und der Portugiese Christiano Ronaldo.

In der Umkleidekabine, in den direkten Beziehungen zu anderen Fußballern, sticht Beckham in keiner Weise hervor. Vielmehr hat er sein Privatleben außerhalb des Fußballplatzes dem Showbusiness geopfert und sich in dieser Hinsicht offenbar von seiner Frau Victoria beeinflussen lassen, einer gescheiterten Sängerin (die als Mitglied der Band Spice Girls kurzfristigen Ruhm errang), Tänzerin, Parfüm-Designerin, vor allem aber dem Inbegriff eines Promis. Beckham als Promi wurde zu einem metrosexuellen Model. Denn Metrosexualität zeichnet sich dadurch aus, dass sich jemand um die Attribute seiner Männlichkeit in einer typisch weiblichen

Weise kümmert. Eine tadellose Figur zu haben (soll heißen, einen halb entblößten Oberkörper ohne Bauchansatz) bedeutet hier weniger das Streben nach physischer Vitalität als solcher, sondern erinnert vielmehr an die von der Gesellschaft diktierte weibliche Obsession des Kampfes gegen Übergewicht. Dazu kommen die Verwendung von Männer-Kosmetika, das In-Anspruch-Nehmen von Stylisten, die Abhängigkeit von Modetrends und der für *Yuppies* typische Markenfetischismus. Am weiblichsten ist hier die Enthaarung des Körpers aufgrund einer Abneigung gegen das Körperhaar, ein unverzichtbares Attribut des Machomannes. Am folgenschwersten ist jedoch der Verlust der männlichen Seele durch die so typische Selbstverliebtheit. Der metrosexuelle Mann hört definitiv auf, ein Ritter zu sein. Denn er kämpft nicht mehr für eine gerechte Sache, und wenn er um etwas konkurriert, hält er die Regeln und Prinzipien eines ehrlichen Wettkampfes nicht ein. Aber im Grunde genommen hat er keine »größeren« Ziele mehr. Das Ego des traditionellen Mannes war (ist) auch überdimensioniert, aber es verwirklichte sich darin, die Welt um sich herum zu verändern. Der Ritter war kein narzisstischer Peter Pan.

Während Beckham innerhalb eines Teams spielte (2012 beendete er seine Fußballerlaufbahn), ist Christiano Ronaldo auf dem Platz ein Egoist, dem es nicht um das Ergebnis der Mannschaft, sondern nur um seine eigenen Leistungen geht. *Alle gucken auf mich, auf dem Platz bin ich der wichtigste, ich schieße aus jeder Position, und wenn ich kein Tor machen kann, bin ich sauer auf die ganze Welt* – so das Verhaltensmuster des Fußballers, der im Internet »CR7« (ein Akronym seines Vor- und Nachnamens plus Trikotnummer) oder »Christine« genannt wird. Dieser zweite *Nick* spiegelt die mentale Metrosexualität des portugiesischen Sportlers wider, eines Peter Pan des Fußballs. Diesem Bild ist auch nicht abträglich, dass Ronaldo – anders als Beckham, der Vater von vier Kindern und Ehemann einer Frau ist – laut Boulevardpresse nach dem Muster eines launischen Macho angeblich »Frauen konsumiert«. Denn, so ist hervorzuheben, Metrosexualität ist die Verbindung von Egozentrismus und einem konsumbetonten Lebensstil, ohne die Grenzen der Heterosexualität zu überschreiten. Nur dass diese Verbindung allmählich dazu führt, dass die traditionellen Muster der Männlichkeit verblassen.

Die Gender-Ideologie

Während Metrosexualität ein kulturelles Phänomen ist, eine von der Bekleidungs- und Kosmetikindustrie gesteuerte Anpassung eines Teils der Männer an den sich verändernden urbanen Lebensstil, mündet die Gender-Ideologie direkt in eine Kulturrevolution. Deren Grundlage ist der radikale Feminismus. Der Radikalfeminismus ist eine besondere Form des Egalitarismus und eigentlich eine neue Spielart des Marxismus, bei der die Idee des Klassenkampfes durch die Idee der Befreiung der Frauen von ihrer Unterdrückung durch das Patriarchat ersetzt wird. Formell steht der Feminismus gegen jegliche Formen der Diskriminierung von Frauen, aber in der Praxis befördert er weniger (nicht nur) die Gleichstellung der Rechte von Frauen und Männern (die Pflichten werden von Emanzipationsbewegungen gewöhnlich ausgeblendet) als die Verwischung der Unterschiede zwischen Frauen und Männern, die sich irgendwie auf eine in der Biologie und der traditionellen

Męskie Granie / Männerspiele

Die Konzertreihe Męskie Granie (MG) gilt als eine bemerkenswerte Kulturveranstaltung in Polen. Im Rahmen des seit 2010 organisierten Festivals hat das breite Publikum die Möglichkeit, die talentiertesten polnischen Künstler kennenzulernen.

MG bedeutet in erster Linie »männliche« Musik, deshalb treten während der Konzertreihe in den größten Städten Polens die innovativen und inspirierenden männlichen Musiker auf. MG ist jedoch mehr als nur Musik. An dem Projekt wirken auch Mode-Designer und Lichtkünstler mit, um den besten Rahmen für das, was auf der Bühne und neben ihr geschieht, zu schaffen.

Mit jeder neuen Auflage änderte sich das Projektkonzept und nahm einen neuen Charakter an. Der erste künstlerische Leiter, der legendäre VooVoo-Leader Wojciech Waglewski, lud 2010 ausschließlich männliche Sänger und Gruppen zur Teilnahme ein. Nach zwei Jahren entschied sich die neue künstlerische Leiterin Katarzyna Nosowska (Hey), das Projekt um die weibliche Sensibilität polnischer Künstlerinnen zu bereichern.

2013 wurde Adam Ostrowski (O.S.T.R.) künstlerischer Leiter. Seit dieser Zeit zeichnet sich die Veranstaltung durch Unvorhersehbarkeit, musikalische Experimente und Veränderungsbereitschaft aus. Die Musiker verschiedener Stilrichtungen verbindet die Überzeugung von der Notwendigkeit, ständig nach der Musik zu suchen und das, was für sie wichtig ist, auf eine eigene, ihnen gemäße Weise zu äußern. Dank der Tatsache, dass ganz unterschiedliche Persönlichkeiten auf einer Bühne vereint sind, kann eine neue außergewöhnliche Qualität entstehen.

www.meskiegranie.pl

Kultur verankerte Kategorie beziehen. Jede solche Differenzierung wird als Ausdruck der Diskriminierung von Frauen interpretiert. Die traditionelle Kultur muss man – um einen Begriff der Gender-Ideologie zu verwenden – dekonstruieren, was *de facto* ihre Demontage bedeutet.

Die radikalen feministischen Vorschläge kristallisierten sich erst allmählich als Programm einer Kulturrevolution heraus. Der Feminismus der ersten Generation war darauf ausgerichtet, dass Frauen dieselben bürgerlichen, politischen und gesellschaftlichen Rechte erlangten wie die Männer. Die traditionelle viktorianische Kul-

tur gegen Ende des 19. und Anfang des 20. Jahrhunderts, die auf der bürgerlichen
Ethik basierte (wie sie auch treffend von der hier bereits zitierten Maria Ossowska
in ihrem Werk *Moralność mieszczańska* [Bürgerliche Moral] charakterisiert wurde),
wertete faktisch den Status von Frauen ab, indem sie für beide Geschlechter ungleiche Verhaltensregeln, ja sogar ungleiche ethische Normen im öffentlichen Raum
einführte (die berüchtigte Doppelmoral).

Der Feminismus der zweiten Generation besteht nicht mehr aus Frauenrechtlerin-
nen, die für Gleichberechtigung kämpfen, sondern ist eine ideologisch bedingte
»Verbesserung der Kultur«, nach dem Motto: Gender statt Geschlecht. Es wurden
die Unterschiede zwischen den Geschlechtern auf der Ebene der Sprache betont.
Die Umgangssprache wurde als Träger des Patriarchats angesehen, die politisch
korrekte Sprache hingegen als Schlüsselinstrument, um Frauen diskriminierenden
»Geschlechterstereotypen« entgegenzuwirken. Und wieder war die Umgangssprache in einem gewissen Maße tatsächlich ein Spiegelbild der männlichen Dominanz
im öffentlichen Raum, ähnlich wie sie Spiegelbild aller anderen traditionellen
Elemente einer Kultur ist, die von der Sprache ausgedrückt und mitgestaltet wird.
Die politisch korrekte Sprache stellte allein das Gender-Spezifische heraus; zugleich
strebte der Feminismus die Abschaffung der durch die traditionelle Kultur geprägten geschlechtlichen Eigenheiten an (die als Merkmale des Patriarchats angesehen
wurden), insbesondere derjenigen, die gewöhnlich als Ausdruck psycho-biologi-
scher Unterschiede zwischen Mann und Frau wahrgenommen wurden. Daher die
Proteste gegen getrennte öffentliche Toiletten für Männer und Frauen, aber die Forderung, männliche und weibliche Formen bei offiziellen Berufsbezeichnungen oder
Stellenausschreibungen zu verwenden. Der Feminismus der zweiten Generation
verstrickte sich manchmal in Widersprüche, veränderte seine Prioritäten, förderte
aber immer Vorschläge in Opposition zur traditionellen Kultur.

Der Rapper O.S.T.R. mit dem legendären Jazz-Geiger Michał Urbaniak beim Męskie Granie-Konzert
in Krakau 2013

Die dritte Generation des Feminismus bringt nun eine radikale Kulturrevolution mit sich: die Hinterfragung der psycho-biologischen Geschlechterunterschiede, die als gesellschaftlich unbedeutend hingestellt werden. Von der Forderung, biologisches und kulturelles Geschlecht (*sex* und *gender*) voneinander zu unterscheiden, sind die Befürworter der Gender-Ideologie zu dem Versuch übergegangen, die Bedeutung des biologischen Geschlechts im gesellschaftlichen Leben zu zerstören. Von daher erklärt sich die Vermehrung der Anzahl der Geschlechter: Einen dem Geschlecht gleichgestellten Status erhalten (so die revolutionären Forderungen) nicht mehr nur Homosexuelle, sondern auch Menschen mit bisexuellen Neigungen oder Asexuelle; die Liste solchermaßen konstruierter »Geschlechter« lässt sich beliebig verlängern. Wenn das Geschlecht ein von der Sphäre der Biologie losgelöstes Konstrukt ist – und wenn doch gebunden, dann nur locker, ohne determinierende Elemente –, ist die Anzahl der Geschlechter nicht ein für alle Mal festgelegt. Aber das Geschlecht ist hier nicht einmal mehr ein objektiviertes kulturelles Konstrukt, es wird fast zu einer individuellen Projektion. Die neueste Erfindung der kulturellen Revolution ist das Recht des Individuums nicht mehr nur zu einer Änderung des Geschlechts »auf Wunsch«, basierend auf einer Anpassung der äußeren biologischen Geschlechtsmerkmale an die psychische geschlechtliche Selbstdefinition, sondern das Recht auf eine freie Definition des Geschlechts ohne Berücksichtigung der äußeren Geschlechtsmerkmale. Wenn ein Mann sich als Frau fühlt (oder eine Frau als Mann), sollten die anderen – so die Forderung – einen solchen Menschen auch als Frau betrachten.

Um die wesentliche Bedeutung des biologischen Geschlechts eines Menschen bestreiten zu können, flüchtet sich der radikale Feminismus in intellektuelle »Verrenkungen«, die erstaunliche taktische Bündnisse ermöglichen, sowie in die Anwendung symbolischer Gewalt. Ein solches Bündnis ist das mit der homosexuellen Bewegung. Die Ideologie des *gay pride* basiert auf Dekonstruktionsforderungen, die denen des Feminismus genau entgegengesetzt sind, nämlich auf der Annahme einer biologischen Determinierung des menschlichen Sexualtriebes (in der Sprache dieser Ideologie: »sexuelle Orientierung«), die man nicht »wählt«, sondern »entdeckt«, äußert (*coming out*) und auf die man stolz ist (*gay pride*). Daher rührt die demonstrativ gezeigte Ablehnung von Aktivisten der Homosexuellenbewegung gegen eine psychologische Therapie homosexueller Neigungen, die sie als unwissenschaftlich und unethisch ansehen. Das wirft die Frage auf, wie man auf der einen Seite von der Beständigkeit und biologischen Bedingtheit der sexuellen Orientierung überzeugt, auf der anderen jedoch zugleich Anhänger einer vollständigen Beliebigkeit bei der geschlechtlichen Selbstdefinition jedes Individuums sein kann, ohne Rücksicht auf jene biologische Bedingtheit. Kann es eine dauerhafte biologische Ausrichtung auf etwas geben, was allein ein kulturelles Konstrukt darstellt? Die Klärung derartiger Unstimmigkeiten wird »auf später« verschoben, nach dem Sieg über den gemeinsamen Gegner, die traditionelle Kultur, die sich den Postulaten sowohl der Gender-Dekonstruktion als auch der Homosexuellenbewegung widersetzt.

Ein Ausdruck des Sich-Flüchtens in Lösungen aus dem Bereich der symbolischen Gewalt (und immer öfter auch der rechtlichen Regelungen mit Strafsanktionen) ist wiederum der Versuch, die Begriffe Mutter und Vater aus dem Sprachgebrauch zu

Die Umfrage der Wirtschaftshochschule in Warschau (SGH) zeigt, dass die Hälfte der kinderlosen jungen Polinnen bis heute keinen Partner gefunden hat, mit dem sie eine beständige kinderreiche Familie planen würde. Es gebe keine geeigneten Kandidaten, die für die Zeugung ihrer Kinder infrage kämen, geschweige denn für die Verantwortung in Sachen Kindererziehung. Ein Viertel der Bevölkerung im Alter zwischen 24 und 32 Jahren ist Single. Das Hauptamt für Statistik stellt die Prognose, dass bei der aktuellen Zunahme der allein lebenden Personen in Polen deren Anzahl im Jahr 2030 7 Millionen erreichen wird. (Nach den gerade bekannt gewordenen Ergebnissen der Volkszählung leben 60% der Frauen und 76% der Männer in der Gruppe bis zum 30. Lebensjahr als Single.) Warum schließen sie keine Ehe? Single zu sein bedeute, einen komfortableren und wohlhabenden Lebensstil führen zu können, geben sie in den Umfragen an. An erster Stelle wird jedoch ein anderer Grund genannt: »Ich habe Angst, dass meine Ehe scheitern könnte« (62%). Ist das also der Kern der Sache? Entscheiden sich die Frauen deshalb nicht für Kinder, weil sie an der Hilfe der Männer zweifeln? Sind die Frauen der festen Überzeugung, dass die Männer »hoffnungslose Fälle« sind, wenn es um Verantwortung, Zuverlässigkeit und eine langfristige Planung geht?

Ewa Wilk: *Beznadziejni* [Hoffnungslose Fälle]. In: POLITYKA Nr. 16 vom 17. April 2013, S. 23.

verdrängen (und somit auch ihrer gesellschaftlichen Existenz zu berauben) und diese durch den geschlechtsübergreifenden Begriff »Elter« oder noch besser »Bezugsperson« zu ersetzen, denn der Begriff »Elter« hat auch biologische Konnotationen. Diese Frage bedarf einer gesonderten Erörterung. Für die hier angestellten Überlegungen ist es von wesentlicher Bedeutung, dass das Sich-Flüchten in Zwangslösungen (rechtliche Regelungen, eine von oben verordnete Sprachzensur usw.) ebenso Folge des großen Einflusses radikaler Lobbys wie auch ein Beleg dafür ist, dass die Aktivisten selbst spüren, dass sie nicht genug Argumente haben, um sich in einer offenen Diskussion behaupten zu können. Die politisch korrekte Sprachpolizei an den westeuropäischen Universitäten erweist sich an »vorderster Front« als nicht weniger wachsam und entschlossen als die in arabischen Wohnbezirken westeuropäischer Städte umherstreifenden männlichen »Sittenpatrouillen«, die bei den Frauen, insbesondere den Musliminnen, eine (nach islamischen Vorstellungen) angemessene Bekleidung erzwingen. Nur dass die Letzteren zumindest nicht behaupten, es gehe ihnen um die Freiheit des Individuums gegen eine unterdrückerische Kultur.

Die Tragweite der angestrebten Veränderungen

Ich schreibe über dies alles, um den radikalen Charakter der geforderten und in einem Teil der europäischen Staaten bereits umgesetzten Veränderungen vor Augen zu führen. Die bekannte Bloggerin Kataryna hat angemerkt: Wenn das Geschlecht ausschließlich von den Gefühlen und Präferenzen der Betroffenen selbst abhängen sollte, wieso sollte man dann nicht dieselbe Vorgehensweise auch in Bezug auf das Alter und jedes andere objektiv markierte Element des gesellschaftlichen Status von Individuen anwenden? Warum etwa einen Menschen als Rentner behandeln, der zwar bereits 40 Jahre gearbeitet hat, sich aber immer noch fühlt, als wäre er biologisch erst 35?

Für die hier angestellten Überlegungen ist nicht nur der Inhalt der Forderungen des radikalen Feminismus von Bedeutung, die sich in direktem Gegensatz zur traditionellen Kultur und ihren Männlichkeitsmustern befinden. Die Kulturrevolution unter dem Gender-Motto reicht nämlich noch tiefer. Sie unterhöhlt nicht nur den Inhalt konkreter kultureller Muster, wie dies die Metrosexualität tut, sondern die Existenz dieser Muster selbst. Ein Beispiel dafür sind die gesellschaftlichen Rollen. Eine gesellschaftliche Rolle ist nach Definition der Soziologie ein Komplex von internalisierten gesellschaftlichen Erwartungen von Individuen gegenüber anderen Individuen, von Erwartungen, die an einen bestimmten Status, Beruf oder übernommene Aufgaben gebunden sind. Vater, Arzt oder Nachbar zu sein, wird entsprechend dadurch bedingt, dass man ein Kind hat, ein Medizinstudium abgeschlossen hat oder in der Nähe anderer Menschen wohnt, also bestimmte objektive Rahmenbedingungen erfüllt und dann die gegebenen Rollen gemäß den von der Öffentlichkeit entworfenen Szenarien spielt. Ungewöhnlich überzeugend hat dies Erving Goffman in seiner wichtigen soziologischen Studie mit dem bezeichnenden Titel »Wir alle spielen Theater. Die Selbstdarstellung im Alltag« beschrieben. In jeder gesellschaftlichen Rolle gibt es, wie Goffman zeigt, Raum für eine eigene Improvisation des Darstellers, sofern der grundlegende Kanon der Erwartungen der anderen (der Öffentlichkeit) erfüllt wird. Die radikale Individualisierung dreht die Perspektive um: Jeder wählt sich Rollen und entwirft für sie Szenarien, und die anderen (die Öffentlichkeit) haben diese Rollen anzuerkennen. Jegliches Vorgeben von Inhalten der Rollen oder von Bedingungen für deren Ausfüllung durch die Allgemeinheit, also bestimmte und differenzierte Erwartungen von Seiten der Gemeinschaft gegenüber ihren Mitgliedern, wird als Mangel an Toleranz ausgelegt.

Das Programm des radikalen Feminismus der »dritten Generation« ist ein klassisches Beispiel für eine Utopie, bei der die Versuche ihrer Verwirklichung andere Ergebnisse bringen als erwartet: Die radikale Individualisierung bringt weniger die radikale Freiheit von Individuen mit sich als vielmehr deren Einsamkeit und eine fortschreitende Zerrüttung sozialer Bindungen. Und der Versuch, allgemeine Erwartungen an das Verhalten von Individuen zu eliminieren, endet damit, dass Urteile und Überzeugungen einer Minderheit von oben herab aufgezwungen und gewaltsam im öffentlichen Raum aufrechterhalten werden, die nicht nur von den Erwartungen, sondern auch von der Lebenserfahrung der Mehrheit abweichen und dem landläufigen gesunden Menschenverstand widersprechen. So verhält es sich gerade mit dem Versuch, gesellschaftliche Rollen und Verhaltensweisen von Männern und Frauen zu bestreiten, die an die traditionellen psychologischen und biologischen Geschlechterunterschiede gebunden sind.

Was kann man tun?

Was kann man in dieser Situation tun? Entsprechend dem Thema dieses Artikels habe ich ein paar Vorschläge zur Ausprägung männlicher Rollen und Muster anzubieten. Generell schlage ich Folgendes vor: Angesichts des dekonstruktiven Radikalismus der Anhänger der Gender-Ideologie und des fortschreitenden Verblassens männlicher Muster durch den Konformismus der Konsumgesellschaft (Metrosexualität) sollte man sich nicht nach der anderen Seite hin radikalisieren und um jeden Preis versuchen, traditionelle Männlichkeitsmuster aufrechtzuerhalten, wie sie früher gegolten haben. Man sollte beachten, dass der Feminismus, bevor er sich radikalisierte und ideologisierte, von einer Kritik an der Frauendiskriminierung ausging, die in einer auf Beziehungsmustern zwischen den Geschlechtern basierenden Kultur tatsächlich vorhanden war; diese Muster waren in der viktorianischen Zeit geprägt worden und hatten die Ungleichheit des Status von Frauen und Männern gerechtfertigt.

Der Prozess der allgemeinen Angleichung des Status von Männern und Frauen, der am Anfang der Kämpfe um das Frauenwahlrecht stand, ist positiv. Der Fehler des sich allmählich radikalisierenden Feminismus besteht darin, dass er begann, jeden wahrgenommenen und irgendwie durch die Kultur bedingten Unterschied zwischen den Geschlechtern (mit Ausnahme natürlich der Unterschiede, die von den Revolutionären selbst eingeführt wurden, die im Gegensatz zu den übrigen Bürgern mit dem sogenannten richtigen Bewusstsein ausgestattet waren) als Ausdruck von Frauendiskriminierung zu interpretieren. Der radikale Feminismus wird wie auch andere linke politische Ideologien durch den Hegelschen Glauben an die Vorbestimmtheit der Geschichte und die marxistische Sicht von den antagonistischen gesellschaftlichen Beziehungen gekennzeichnet, die angeblich auf einem unlösbaren Widerspruch basieren. Der klassische Marxismus ging davon aus, dass die Beziehungen zwischen Arbeitgebern und Arbeitnehmern nicht zu zivilisieren seien (obwohl genau darauf bekanntermaßen der Erfolg der westlichen Wohlfahrtsstaaten in der Nachkriegszeit beruhte). Ausbeutung ist nach marxistischem Verständnis eine unverzichtbare Kategorie der sogenannten industriellen Beziehungen. Danach gibt es keine andere Lösung, als die dichotomische Spaltung auf dem Arbeitsmarkt durch die Abschaffung des Privateigentums zu beseitigen und eine der beiden Seiten, nämlich die privaten Arbeitgeber, faktisch zu vernichten. Entsprechend sind die Beziehungen zwischen den Geschlechtern nach Auffassung des radikalen Feminismus Dominanzbeziehungen, die sich nicht anders abschaffen lassen als durch Abschaffung der Geschlechtertrennung selbst und indem man den Mann zumindest auf das Niveau eines ideologisch ungefährlichen metrosexuellen Mannes dekonstruiert.

Die Gnade setzt die Natur voraus, wie Thomas von Aquin prophetisch bemerkte. Nichts spricht dagegen, dass auch die Kultur die Natur voraussetzt und dass man

Der Schriftsteller Marek Kochan, Autor u.a. des Romans »Der Spielplatz« [Plac zabaw], der sich mit der Vaterschaft befasst, äußerte sich vor Kurzem [...] wie folgt: »Die Generation der Männer, die nach dem Krieg heranwuchs, war zum größten Teil beeinträchtigt und verkümmert. Der Kommunismus tötete die Männlichkeit, beraubte die Männer der Macht und des Einflusses, es sei denn, sie gehörten der Partei oder der Stasi an. In den Familien herrschte ein Scheinpatriarchat, da die Männer keine wirklichen Erfolge vorweisen konnten. Die eigene Welt war anspruchslos, klein und bescheiden.«

Ewa Wilk: *Beznadziejni* [Hoffnungslose Fälle]. In: POLITYKA Nr. 16 vom 17. April 2013, S. 23.

nicht versuchen sollte, diese Natur zu korrigieren (eigentlich zu deformieren) oder
ihre Existenz zu leugnen. Die Kultur sollte nicht als Ursache für die Einschränkung
der sexuellen Freiheit von Individuen gesehen werden (obwohl die Kultur hier
Einschränkungen auferlegt, ähnlich wie in anderen Lebensbereichen), sondern als
unsere gemeinsame zivilisatorische Errungenschaft, die es weniger ermöglicht, sich
sein Geschlecht zu »wählen« oder zu »definieren«, als vielmehr seine Geschlecht-
lichkeit zu entdecken, zu erleben und in einer für sie charakteristischen Weise
auszudrücken, die aber zugleich mit dem anderen Geschlecht (denn mehr Geschlechter gibt es nicht) kompatibel ist. Eine solche Kultur ist es wert, mitgestaltet
zu werden.

Mini-Programm für Männer

Die Skizzierung eines umfassenden Programms zur gemeinsamen Gestaltung einer
beiden Geschlechtern wohlgesinnten Kultur würde den Rahmen dieses kurzen
Beitrages sprengen. Bezüglich der männlichen Muster möchte ich jedoch kurz
ein Miniprogramm zur »Eigenförderung« vorstellen, das drei Postulate umfasst:
(1) Grenzen des Konsums aufzeigen, (2) Verantwortung übernehmen, (3) Treue
praktizieren.

Sich selbst Grenzen des Konsums setzen

Bewusst gesetzte Grenzen des Konsums sind der beste Impfstoff für Männer
gegen Metrosexualität. Das Geldausgeben – insbesondere für die persönlichen
Hobbys – einzuschränken, nicht unter dem Zwang zu stehen, nur bestimmte
Marken konsumieren zu müssen, bringt langfristig ein Gefühl von Freiheit, die
Möglichkeit, sein eigenes Profil zu finden und sich nicht an andere anpassen oder
ein von Moden gesteuertes Leben führen zu müssen; es bringt die Chance, Herausforderungen anzunehmen und nicht die Rolle eines prominenten Erfolgstypen
nachahmen zu müssen. Besonders wichtig ist es dabei, in dem Kreditrahmen zu
bleiben, der – wenn er einmal zur Befriedigung des laufenden Konsums überzogen
wurde – wie ein Damoklesschwert über einem schwebt und das *männliche* Verantwortungsgefühl »für die Welt« untergräbt. Die Freiheit von solchen langfristigen
finanziellen Verbindlichkeiten ist die Fähigkeit, über ein Kreisen um sich selbst
hinauszukommen, das die männliche Ritterlichkeit zerstört. Ein beschränkter
Konsum ist auch ein vernünftiger, ein auswählender und gesellschaftlich verant-
wortlicher Konsum.

Verantwortung übernehmen

Das ist das wichtigste Postulat des Miniprogramms: Verantwortung übernehmen,
aber die Männlichkeit dabei von der Dominanzorientierung befreien. Verantwortung übernehmen bedeutet für den ökonomischen Status der eigenen Familie
nicht, der eigenen Frau eine Erwerbstätigkeit zu verwehren oder seine Einkünfte
auf dem eigenen Konto zu horten und die anderen dadurch zu demütigen, dass
man ihnen das Geld zuteilt. Gemeint ist vielmehr die Verantwortungsübernahme
für einen finanziell gut funktionierenden Haushalt, das bedeutet, dass die Bedürfnisse der Familie unter allen Umständen gesichert sind und das häusliche Budget
ausreicht. Die Frau kann dann ohne Druck entscheiden, ob sie zu Hause bleibt

Warum reagiert man in Polen auf das Wort »Gender« mit Angst?

Die einfache Antwort lautet: aus Unkenntnis. Das Wort ist fremd, die Menschen denken, es handele sich um eine Geheimwaffe der Feministinnen. »Gender« ist, um es einfach zu erklären, die kulturelle Geschlechtsidentität, parallel zum biologischen Geschlecht. Eine Bildungsaktion bringt hier nicht viel, da die Gegner der »Gender-Ideologie« berechtigte Angst vor ihr haben. Ja, die Ansicht, dass die Beziehungen zwischen Mann und Frau unter einem kulturellen Aspekt gestaltet wurden, impliziert die Möglichkeit einer Rollenänderung. Dieser einfache Gedanke zerstört den Frieden der »ewig bestehenden« und »natürlichen« Ordnung, der Ordnung des Patriarchats.

Sukienka dla feministki [Ein Kleid für die Feministin (Interview mit Inga Iwasiów)]. In: Gazeta Wyborcza vom 2.–3. November 2013.

oder erwerbstätig ist. Wichtig ist, und daran erinnern Brigitte und Peter Berger in dem großartigen, in Polen praktisch unbekannten Buch *The War over the Family. Capturing the Middle Ground,* dass die von der feministischen Bewegung so kritisierte männliche Rolle des Brötchenverdieners im Amerika des 19. Jahrhunderts keineswegs eine häusliche Dominanz, sondern *de facto* eine dienende Funktion bedeutete. Die Dominanz des Geld verdienenden Mannes setzte sich durch, als die männliche Verantwortung für die Familie schwand und damit begonnen wurde – ebenfalls durch den Feminismus (d.h. durch einen Teil dieser Bewegung, denn es gibt auch andersdenkende Feministinnen) –, die häusliche Arbeit von Frauen abzuwerten, indem man behauptete, diese sei schlechter als eine Berufstätigkeit, ja sogar demütigend.

Der Mann als Oberhaupt der Familie ist nach diesem Verständnis eine Funktion, die mit einer verinnerlichten Verantwortungsübernahme für die Geschicke der Familie verbunden ist und dem Zugeständnis, dass die Frau sich auf »ihren« Mann stützen kann, soweit sie dies selbst will. Unter Wahrung partnerschaftlicher Beziehungen im Bereich der Kindererziehung, des Lebensstils und aller gemeinsam in der Ehe getroffenen Entscheidungen.

Verantwortung zu tragen sollte allerdings über den Rahmen der eigenen Kernfamilie hinausgehen. Wer meint, dass es gelingen kann, die Familie vor ihrer Dekonstruktion zu bewahren, indem man den Verantwortungsbereich »für die Welt« auf ihren Rahmen beschränkt, ist im Irrtum. Nur eine schwache Männlichkeit beschränkt sich darauf, die Familie sicher in den Urlaub zu bringen (und weil sie sich nur darauf beschränkt, darf kein anderer auch nur das Lenkrad berühren). Die Kernfamilie ist eben deshalb in die Krise geraten, weil sie sozusagen aus dem größeren Familien- und Nachbarschaftsverbund herausgerissen und auf konsumierende Individuen reduziert wurde, denn die Arbeitsstätte wurde aus dem eigenen Haus ausgelagert, und der Staat hat beträchtliche Teile der Kindererziehung und -betreuung übernommen.

Ein wesentliches Attribut von Männlichkeit sollte auch die Übernahme von Verantwortung am Arbeitsplatz sein: für die Ergebnisse des eigenen Engagements und für die einem vom Unternehmen anvertrauten Menschen (Untergebenen). Die Leugnung von Verantwortung zeigt sich in der für viele moderne Manager typischen persönlichen Absicherung durch vertraglich zugesicherte hohe Abfindungen und das riskante bis spekulative Umgehen mit Finanzkapital sowie das inhumane Umgehen mit Humankapital, ohne persönliche Haftung für das Endergebnis. Schließlich sollte sich Verantwortung auch in sozialem und bürgerschaftlichem Engagement ausdrücken, in seiner reinsten Form als Sorge für das Gemeinwohl, über das Private hinaus.

Hinzuzufügen bleibt, dass das Gegenstück der hier skizzierten Verantwortung
der Männer in einem »partnerschaftlichen« Programm auf Seiten der Frauen das
Dienen wäre, befreit jedoch von Elementen der Unterordnung. Verantwortung
und Dienen knüpfen an traditionelle positive Muster gesellschaftlicher Haltungen
an, die jeweils männlich und weiblich konnotiert sind; sie werden hier jedoch von
Elementen der Dominanz bzw. Unterordnung befreit, wie sie für den ungleichen
Status von Männern und Frauen in der traditionellen bürgerlichen Kultur typisch
sind. Beide Seiten haben die Fähigkeit, über sich selbst hinauszugehen bzw. sich
für die Erwartungen und Bedürfnisse anderer zu öffnen, sodass jede die psychologischen Komponenten des jeweils anderen Geschlechts berücksichtigt. Umso mehr
sind Verantwortung und Dienen miteinander kompatibel und ergänzen sich gewissermaßen. Die in den »postmodernen« Gesellschaften beobachtete Verkümmerung
der sozialen Bindungen ist nicht nur eine Konsequenz der Individualisierung und
der Konsumgesellschaft, sondern auch der abnehmenden Fähigkeit und Bereitschaft
der Individuen, Verantwortung für andere zu übernehmen bzw. ihnen zu dienen.

Treue sich selbst und anderen gegenüber

Es geht um Treue im weitesten Sinne, verstanden als Lebenshaltung, als die
Fähigkeit, Wort zu halten, ein stabiles Familienleben zu führen (das nicht nur die
Familie im engeren Sinne, sondern auch andere gemeinsame Lebensformen umfasst), gegenüber einer bewusst übernommenen Lebensaufgabe Treue zu wahren.
Eine Treue, die ohne die Rücksichtslosigkeit des männlichen *Macho* auskommt,
der bereit ist, über die sprichwörtlichen Leichen zu gehen, um das zu erreichen,
was er versprochen oder zumindest angekündigt hat. Treue ist die am meisten
verinnerlichte, um nicht zu sagen, intimste Disposition (unter Disposition versteht
die Psychologie eine dauerhafte Wertorientierung) in diesem drei Punkte umfassenden Miniprogramm. Mit ihr müsste man wohl das Programm einleiten. Denn die
Treue und die mit ihr verwandte Ehrenhaftigkeit sind die ritterlichste der drei hier
beschriebenen Haltungen, und mit dem Ritterethos haben wir die Suche nach den
Mustern der Männlichkeit begonnen. Schließlich kann Treue immer und überall
praktiziert werden. Bei der Absteckung der Grenzen des Konsums müssen wir mit
den Erwartungen anderer, uns nahestehender Menschen rechnen. Die Herausforderungen, die die Verantwortung stellt, überfordern uns manchmal, denn hier zählen
nicht nur gute Absichten, sondern auch berufliche und soziale Kompetenzen. Treue
kann man jedoch unabhängig von den Umständen praktizieren. Vielleicht bildet
gerade sie das Fundament der wiederentdeckten Männlichkeit.

Aus dem Polnischen von Ulrich Heiße

ONA W JEGO OCZACH
ZNANI MĘŻCZYŹNI O KOBIETACH
ILONA ADAMSKA

SIE in seinen Augen

Die Journalistin und Philosophin (und Model!) Ilona Adamska gab 2013 einen Sammelband mit Gesprächen heraus, in denen polnische Männer ausschließlich über Frauen sprechen. Die Herausgeberin: »Die Zeiten ändern sich, aber jede Generation von Frauen will Antworten auf gleiche Fragen kennen: Was denken Männer über Frauen, was schätzen sie, was nicht.« Adamska befragte 35 bekannte Vertreter aus der Kunst-, Film- und Theaterszene, der Wirtschaft, dem Sport und den Medien, die ihr Honorar allesamt für einen guten Zweck spendeten. Unten einige Aussagen mit freundlicher Genehmigung der Herausgeberin.

»Die Psychologen behaupten, es ist die Frau, die sich einen Mann aussucht und ihn zur Kontaktaufnahme ermutigt, und nicht umgekehrt. Da steckt was drin. Flirten ist ein schönes Spiel, in dem jeder Spieler denkt, er würde das Endergebnis bestimmen. Im Grunde genommen gehört der letzte Zug der Frau. Es ist nicht einfach, eine Frau zu verstehen. Wir unterscheiden uns in so vielen Aspekten, dass es wirklich schwierig ist, die Reaktionen einer Frau vorauszusehen. Abhängig vom Wetter, von ihrer Stimmung oder Laune finden die Frauen für ein und dasselbe Problem unterschiedliche Lösungen.«
Andrzej Krzywy – Musiker, Komponist, Sänger, Texter

»Was wäre, wenn die Welt der Frauen nicht existieren würde? Ich würde zweifellos im Nichtstun verkommen. Wozu sollte ich mich anstrengen? Wozu sollte ich mit anderen Männern rivalisieren? Diese Konkurrenz, die seit vielen Generationen anhält, hat unsere Zivilisation aufgebaut. Diese Konkurrenz kann aber auch unsere Zivilisation zerstören, was jedoch für diese Erwägungen irrelevant ist. Fakt ist, dass das Vorkommen beider Geschlechter einen Sinn für jegliches menschliche Tun gibt.

Das ganze Leben in Monogamie zu verbringen, ist nicht gerade einfach, ich bin mir jedoch sicher, dass ich eine gute Entscheidung getroffen habe. Wenn wir uns für immer binden, d.h. wenn wir zumindest die Absicht haben, uns für immer zu binden, sollten wir einen Partner suchen, der für uns da ist, uns festhält, wie beim Klettern an einer Wand, wenn man loslässt und fallen sollte. Denn das Leben ist wie das Klettern an einer Wand. Wir sollten uns mit einem Menschen verbinden, der uns Sicherheit gibt. Und dem wir selbstverständlich Sicherheit geben, auch in den Momenten, die unser eigenes Leben gefährden.«
Andrzej Saramonowicz – Drehbuchautor, Regisseur, Filmproduzent, Dramatiker, Journalist, Absolvent der Andrzej Wajda-Meisterschule für Filmregie

»Ich würde lügen, wenn ich behaupten würde, dass ich bei der Wahl einer Partnerin ihr Äußeres nicht beachte. Für jeden gesunden Mann stehen die Ausstrahlung und die Körperlichkeit einer Frau an erster Stelle. Die Ausbildung, ein abgeschlossenes Hochschulstudium, Karriere sind nur eine Ergänzung in der Wahrnehmung einer Frau, eine interessante Beilage. Die Haarfarbe spielt für mich keine Rolle, wichtig ist, dass die Frau gepflegt ist. Ich mag selbstbewusste Frauen, die wissen, was sie im Leben erreichen wollen. Ich kann es nicht leiden, wenn eine Frau eine selbstbewusste Pose annimmt oder sich provokativ verhält, ihre Komplexe jedoch hinter einem Geschrei verbirgt. Ich mag, wenn die Frau eine eigene Meinung hat und unabhängig ist.«
Przemysław Saleta – Sportler, Schwergewichtsboxer, Weltmeister im Kickboxing

»Richtige Männer – die trifft man heutzutage selten. Selten trifft man souveräne, ehrliche Männer mit Phantasie, mit den Eigenschaften eben, die die Männlichkeit ausmachen. Wenn mich meine Bekannten ansprechen, die auf der Suche nach einem Partner sind (einige mit Kindern, nach einer gescheiterten Ehe), sage ich, dass 95% der Männer aus meinem Bekanntenkreis nicht zu empfehlen seien. Reife, verantwortungsvolle Männer sind rar, es sind etwa 5% in diesem Kreis und bereits vergeben.«
Bartek Kasprzykowski – Film-, Theater- und TV-Schauspieler, Absolvent der Theaterhochschule Breslau

»Im Grunde genommen gefällt den Frauen die Eifersucht der Männer. Sie genießen es, wenn sich die Männer um sie bemühen. Eine Frau will erobert werden, sie sucht nach der Bestätigung der eigenen Attraktivität und Weiblichkeit. Eine kluge Frau weiß, dass das Erobern in der Natur eines Mannes liegt. Es geht hier nicht um die Eroberung der Frauen, sondern um das Erreichen eines beruflichen Ansehens, um den Gewinn neuer Fähigkeiten oder eines neuen Lebensraums. Hinter jedem Erfolg eines Mannes steht eine kluge Frau. Ein kluger Mann weiß, dass es nicht ausreicht, einmal das Herz einer Frau zu gewinnen, um es für immer zu besitzen. Hört ein Mann auf,

sich um die Frau zu bemühen, verwelkt sie. Oder sie blüht bei einem anderen auf.«
Marcin Kwaśny – Schauspieler, Drehbuchautor, Theaterregisseur, Absolvent der Theaterakademie Warschau

»Ich mag keinen Männer-Stammtisch, keine Kneipen, in denen geraucht und Bier getrunken wird. Fußball bzw. Formel 1 interessieren mich nicht. Die Frauen sind viel interessanter und eine angenehme Gesellschaft. Sie sind lebensklug. Ich genieße es, mich mit Frauen über verschiedene Themen zu unterhalten, auch über Kinder (ich habe selbst vier), was viele Männer langweilig finden. Die Frauen haben ein höheres Kunstempfinden. Sie sind es, die zuerst meine Arbeiten sehen (meine Frau und die Grafikerinnen im Büro), da sie diese Projekte anders wahrnehmen und beurteilen.
Leider wissen die Männer die Frauen nicht genügend zu schätzen. Für die Mehrheit der Männer sind die Frauen dümmer als sie. Das ist selbstverständlich ein Stereotyp, das das Selbstbefinden der Männer verbessert, wobei einige Frauen diese Überzeugung absichtlich und raffiniert unterstützen. Die Männer denken, die Frauen sind ihr Eigentum. Es gibt keinen größeren Irrtum als diesen!«
Andrzej Pągowski – Absolvent der Staatlichen Hochschule für Bildende Künste in Posen. Plakatdesigner, Grafikdirektor in diversen Zeitschriften, Inhaber der Firma KreacjaPro

»Der Glauben ist in einer Beziehung wichtig. Der Glauben ist die Grundlage einer Beziehung, er darf jedoch nicht blind sein.
Die Weiblichkeit, ähnlich wie die Männlichkeit, ist leicht zu verletzen, deshalb müssen Gefühle stets gepflegt werden. Ich sage da nichts Neues, doch man sollte sich immer wieder daran erinnern. Man sollte an Aufmerksamkeiten denken und die für eine Beziehung besonderen Jahrestage und Ereignisse pflegen. An diesen Momenten sieht man die Frau aufblühen, reifen und strahlen.
Ich bewundere Frauen und ihre Weiblichkeit und kann nicht genug davon bekommen. Ich appelliere an die Männer, seht und pflegt die Weiblichkeit in jeder Frau! Das ist der angenehmste Weg, sich als Mann zu behaupten.«
Łukasz Płoszajski – Theater- und Filmschauspieler, Absolvent der Filmakademie Lodz

»In der ersten Phase der Faszination von einer Frau ist für den Mann die Erkenntnis wichtig, dass nun ausschließlich er ihre augenblickliche Ausstrahlung ausgelöst hat und diese ausschließlich ihm gilt. Wir Männer brauchen das Gefühl, dass wir für die gewählte Frau etwas Außergewöhnliches sind und dass wir die Frau beeindrucken können. Damit sind die erotischen Signale verbunden, die Körpersprache wie Haare zurechtmachen, sich über die Lippen lecken, und die Bewunderung in den Augen.
Ich denke, die echten Männer dürfen weinen. Ich sehe darin nichts für einen Mann Unwürdiges. Die Polen geben an, sie seien knallharte Typen, für die

das Weinen nur ein Ausdruck der Schwäche ist. Das Weinen legt Emotionen offen, offenbart die Sensibilität und sagt, dass sich ein Mann nicht geniert, seine Gefühle zu zeigen. Gibt's einen anderen Grund, weswegen wir Männer weinen, als nicht wegen der Frauen?«

Paolo Cozza – Italiener, lebt seit 1995 in Polen, tritt in polnischen TV-Unterhaltungsprogrammen auf

»Männer sind in einer Beziehung sachlicher und konkreter als Frauen. Einer der Unterschiede zwischen uns ist ein anderes Erleben und Äußern der Gefühle. Wir Männer sind mit einem Problem schneller fertig. Wir analysieren nicht ewig und bauschen Probleme nicht auf und beschäftigen uns nicht ständig mit ihnen. Selten haben die Emotionen Vorrang, wir handeln eher, als dass wir erleben. Männer brauchen mehr Unabhängigkeit als die Frauen und die Grenzen, die sie zwischen sich selber und dem Umfeld schaffen, sind deutlich größer.«

Marek Włodarczyk, Film- und Theaterschauspieler, lebte in den Jahren 1981–2008 in der Bundesrepublik, Schauspiellehraufträge an den Universitäten in Berlin und Straßburg

»Wir Männer haben zu hohe Erwartungen an die Frauen, wir wollen, dass sie immer gepflegt aussehen, gut kochen und putzen, gut Auto fahren. Und was geben wir im Gegenzug? Sind wir Götter, wie Zeus? Nein, wir haben auch viele Macken.«

Roman Rogowiecki – Musikjournalist, Publizist, langjähriger Moderator des polnischen Rundfunks

»Früher gaben sich die Frauen mit Casanovas Kunst der Verführung zufrieden, heutzutage müssen wir für sie Partner, Freunde, Geliebte, Psychologen und Kamele zum Tragen der Einkaufstaschen in einem sein. Häufig ist das allzu schwierig.«

Ryszard Rembiszewski – Fernseh- und Rundfunkmoderator, Showmaster

»Ich würde lügen, wenn ich sagen würde, dass die äußere Erscheinung einer Frau nicht von Bedeutung ist. Die Wahrheit ist brutal und lässt sich durch die Evolution belegen. Das attraktivere Weibchen findet mehr Verehrer. Und wenn jemand sagt, dass das Äußere nicht von Bedeutung ist, dann glaube ich es ihm nicht. Es wurde außerdem bewiesen, dass hübsche Menschen es leichter im Leben haben, für die weniger attraktiven sieht es weniger rosig aus.«

Robert Moskwa – Film- und Theaterschauspieler, Schauspielstudium an der Theaterhochschule in Breslau

Aus dem Polnischen von Ewa Dappa

Alle Zitate aus Ilona Adamska: *ONA w jego oczach. Znani mężczyźni o kobietach* [SIE in seinen Augen. Bekannte Männer über Frauen]. Sanok 2013.

Herz und Rückgrat

Katarzyna Kubisiowska im Gespräch mit Jacek Masłowski

Jacek Masłowski: Darf ich zu Anfang erzählen, worüber ich mich neulich aufgeregt habe? Das war das Motto des nationalen Frauenkongresses – »Gewalt hat ein Geschlecht«. Da frage ich mich sofort, von welchem Geschlecht da die Rede ist. Und natürlich sind die Männer gemeint.

Katarzyna Kubisiowska: Gewalt hat also kein Geschlecht?

Masłowski: Nein. Es ist wahr, dass Frauen häufiger als Männer physische Gewalt erfahren. Und gleichzeitig wissen wir nicht, inwieweit die Männer selbst davon betroffen sind. Wir reden definitiv weniger darüber, wissen nicht, an wen wir uns damit wenden sollen. Und welche Art von Gewalt wir zur Sprache bringen sollten, denn physische Gewalt ist nur eine von vielen.

Kubisiowska: Vielleicht etwas in der Art: dass meine Frau mich mit Worten traktiert, mich demütigt und auslacht.

Masłowski: Meistens ist die Gewalt zwischen Menschen nicht verbaler, sondern emotionaler Art: durch diverse Formen des Ausschlusses, der Erniedrigung, der psychischen Kastration. Gewalt kann sich auf vielerlei Weise zeigen. Z.B. verbietet eine Person einer anderen den Kontakt zu Freunden oder stellt Bedingungen, deren Nichterfüllung Sanktionen zur Folge hat.

Kubisiowska: Welche Bedingungen können Frauen stellen?

Masłowski: »Wenn Du weiter mit Deinen Kumpels zum Fußball gehst, dann läuft im Bett nichts mehr.« Beliebt sind auch »Schweigetage«, durch die der Partner sein falsches Verhalten einsehen soll. Gewalt kann sich auch ökonomisch ausdrücken, als Kontrolle des Partners durch die Zuteilung von Geld.

Kubisiowska: Woher kommt die emotionale Gewalt?

Masłowski: Von Verhaltensweisen, die man sich abgeguckt hat. Eine Frau, die in einem Zuhause aufgewachsen ist, wo die Mutter ihrem Mann Wertschätzung entgegengebracht hat, wird auch ihren Mann auf diese Weise behandeln. Wenn dagegen in einer Familie von Generation zu Generation ein Muster kopiert wird, bei dem die dominierende Frau den Mann unterdrückt, dann ist es wahrscheinlich, dass sich die Tochter mit demselben Typ Mann zusammentut, den Großmutter und Mutter sich ausgesucht haben, da sie annimmt, dass dies das »normale« Modell sei, wie eine Beziehung funktioniert.

Kubisiowska: Wirkt das nur in eine Richtung?

Masłowski: Nicht nur. Jedes Kind hat ein sehr stark entwickeltes Bedürfnis danach, akzeptiert zu werden. In gesunden Familien wird ein Kind von den Eltern so angenommen, wie es ist. Leider sieht die Situation häufig anders aus. Stellen Sie sich bitte einen Jungen vor, dessen Eltern in Feindschaft auseinandergehen. Der Vater ist in seinem Leben nicht mehr präsent und es entsteht das Risiko, dass die Mutter beginnt, das Kind zu erniedrigen.

Kubisiowska: Zu erniedrigen?

Masłowski: Die Frau nimmt auf diese Weise an den Männern Rache für ihr Leiden. Ein unter solchen Bedingungen aufwachsender Junge lernt, dass er sich sehr anstrengen muss, um von einer Frau akzeptiert zu werden. Und tut dann dasselbe, wenn er als nun Erwachsener eine Bindung eingeht.

Eine Mutter kann ihren Sohn auch verführen, das ist eine andere Form der Erniedrigung. Sie umwirbt ihren heranwachsenden Jungen mit ihrer sexuellen Anziehung, gewöhnlich stellt sie sie heraus. Der Jugendliche reagiert zwangsläufig darauf und ist nicht in der Lage, seine Reaktionen zu beherrschen. Wenn sich der Sohn dann verstärkt der Mutter nähert – sie zum Beispiel beobachtet –, dann reagiert sie, als wäre es ihr unangenehm. »Wie kannst du dich so benehmen?!«, sagt sie dann zu ihm, »ihr seid alle gleich, du bist genau wie dein Vater, das ist unmöglich!« Sie verbietet ihm also seine Sexualität.

Kubisiowska: Bewirkt ein solches in der Kindheit erfahrenes Verhältnis, dass ein Mann später nicht fähig ist, wesentliche Entscheidungen zu treffen?

Masłowski: Bei einem passiven Mann wurde die Nabelschnur nie durchgeschnitten, seine Mutter hat immer über ihn bestimmt, und sei es mit Aussagen wie: »Sieh nur, was dein Vater mir angetan hat, aber du, mein Kleiner, wirst mich nie sitzen lassen.« Also hat er bei sich beschlossen, seine Mutter niemals zu verlassen. Selbst wenn es ihm im Erwachsenenleben gelingt, eine Partnerin zu finden, bleibt Mutti weiterhin die Instanz, um deren Meinung sich die Welt des ein Junge gebliebenen Mannes dreht. Und weil in einer Beziehung einer die Entscheidungen treffen muss, wird dies an die Frau delegiert.

Ein anderer Typus – der »Macho« – folgt in seinen Beziehungen dem Modell: »Ich bin gut, und du bist schlecht. Also sei glücklich und dankbar, dass ich dich ausgewählt habe.« Der »Inquisitor« wiederum denkt: »Frauen können Verwüstungen anrichten, sie sind unberechenbar. Deshalb muss man ihre Souveränität einschränken.« Der »Don Juan« dagegen hat Angst, sich einzubringen, also nimmt er das Ganze nicht ernst. Er hat gelernt, dass die Mutter, also auch die anderen Frauen eine Bedrohung sind, also geht er nur bis zu einem bestimmten Moment eine Beziehung mit ihnen ein. Sobald es zu eng wird, zieht er sich zurück.

Was ich hier sage, sollte man jedoch nicht als psychologischen Ratgeber betrachten – all das sind komplexere Strukturen.

Kubisiowska: Aber auch so ergibt sich daraus, dass die Verantwortung dafür, dass ein Mann sich nicht in der Welt zurechtfindet, hauptsächlich bei der Mutter liegt.

Masłowski: Wir leben in einer Wirklichkeit, in der große Verwirrung herrscht – Männer und Frauen haben sich verloren, sie wissen nicht, was heutzutage ihre Rollen sind.

Und wenn Gewalt im weiteren Sinne generell etwas ist, das die Familie zerstört, dann bleibt als Konsequenz vor allem den Frauen die schwierige Aufgabe überlassen, emotional gesunde Männer heranzuziehen – in einer Situation, wo sie selbst emotional versehrt sind. Den Männern von heute fehlen kluge und emotional präsente Väter. Und am besten wäre es natürlich, könnten sie ihre Vaterschaft in gesunden Beziehungen zu den Müttern verwirklichen.

Kubisiowska: Die polnischen Väter waren lange Zeit nicht präsent: Sie fielen in Kriegen oder saßen in Gefängnissen.

Masłowski: Man muss nur an Katyn erinnern, das große Trauma unserer Gesellschaft, für das wir bis heute zahlen. Dort wurden nicht nur Väter ermordet, sondern Mentoren, die über Wissen und Erfahrung verfügten, die nachahmenswerte Einstellungen aufwiesen. Menschen, die einst Stärke vermittelt hatten, wurden durch Marionetten des Systems ersetzt, die die Anordnungen unseres Brudervolkes ausführten.

Während der Europameisterschaft habe ich Kommentare gehört, dass die russische Mannschaft auf das Spielfeld hinausgehe, um zu gewinnen: Sie manifestiere die Haltung von Siegern. Die Polen dagegen würden die Strategie verfolgen, ein Team zu sein, das sich bloß halten kann, sie würden ihre eigene Schwäche von vornherein voraussetzen. Auch wenn das heftig klingen mag, es illustriert gut, was mit einem Volk geschieht, wenn es an starken Männern fehlt, die sich in die Erziehung ihrer Söhne einbringen.

Früher war das nicht so – Pole zu sein galt etwas in der Welt. Die anderen hatten uns auf der Rechnung, weil wir selbst uns auf der Rechnung hatten. Heute wird dies allzu oft mit der Haltung eines Mannes assoziiert, der im Alltag nicht zur Tat schreitet, um etwas zu erreichen, weil er sich angewöhnt hat, sich für ein Opfer zu halten.

Kubisiowska: Wie schlägt sich diese fehlende Präsenz des Vaters im Leben eines Sohnes noch nieder?

Masłowski: Er hat seinem Sohn nicht gezeigt, wie man mit einer erwachsenen, normalen Frau zurechtkommt, die ihre besseren und schlechteren Tage, ihre Bedürfnisse und Schwächen hat, die manchmal Recht hat und manchmal nicht. Er weiß deshalb nicht, dass er ihr in einer schwierigen Situation nicht bloß deswegen nachgeben muss, weil er vor ihr Angst hat. Dass er sagen kann: »Ich finde, du irrst dich, ich bin damit nicht einverstanden. Und ich brauche es, dass du auch meine Werte achtest.«

Kubisiowska: Ein Mann kann vor einer Frau Angst haben ... Ist das tatsächlich nur deshalb so, weil er mit Eltern aufgewachsen ist, die eine schwierige Beziehung zueinander hatten?

Masłowski: Dazu trägt auch ein rechtliches und gesellschaftliches System bei, das männliche Bedürfnisse vielfach nicht berücksichtigt. Zum Beispiel dann, wenn eine Frau die Scheidung beschließt, ihren Mann verlässt und die Kinder mitnimmt. Ein solches Verhalten ist allgemein akzeptiert. Ganz anders sieht die Sache aus, wenn die Situation umgekehrt ist – dann spricht man von Entführung. An mich wenden sich reihenweise Väter, die mit dieser Art von Problemen kämpfen. Frauen zensieren und beschränken gern den Kontakt zwischen Vätern und Kindern. Warum eigentlich sollte ein elfjähriger Sohn *per definitionem* bei der Mutter wohnen, wo es doch für seine Entwicklung besonders wichtig wäre, nah beim Vater zu sein?

Eine weitere Quelle männlicher Ängste können Presseberichte sein, dass Väter ungestraft eines angeblichen pädophilen Verhaltens beschuldigt werden, ein von Frauen bei einer Scheidung immer häufiger verwendetes taktisches Element, das mit der Wahrheit nichts zu tun hat. Das ist einfach nur ein Schuss vor den Bug, denn wie soll man das beweisen? Dass diese Art von Aktionen in den Medien öffentlich gemacht wird, bremst die Männer aus. Für einen Kerl, der um seine Kinder kämpft, ist es schwieriger, Unterstützung in irgendwelchen Institutionen zu finden. Die Frauen dagegen haben sehr viele davon, mit dem erwähnten Frauenkongress voreweg.

Kubisiowska: Der »Kongress« der Männer tagt permanent, es sind die Männer, die die wirkliche Macht ausüben – in den Parlamenten, im Geschäftsleben, in den Medien.

Masłowski: Und was tun viele Frauen, und besonders diejenigen, die lautstark darauf hinweisen? Sie ziehen sich Hosen an und versuchen, dasselbe Stück von der Torte zu essen, das man bisher ausschließlich den Männern gegeben hat. Die Frauen setzen mit ihrer Handlungsweise ein patriarchales Muster um: Ein anderes Programm für ihre Präsenz in der Welt haben sie nicht vorgeschlagen. Auf einem Frauenkongress sollten weibliche Qualitäten vertreten werden, aber dem ist nicht so: Verbreitet werden Gewaltparolen zum Thema Gewalt. Frauen kämpfen um Arbeit, Macht, Geld, Einfluss – all dies sind Bereiche, die bislang Teil des patriarchalen Projektes waren. Und sie verwenden in diesem Kampf männliche Mittel.

Kubisiowska: Welche?

Masłowski: Viele Frauen vermitteln: Solange ich nicht bin wie ein Mann, bin ich nicht gleichberechtigt. Um Karriere zu machen, muss man aggressiv sein wie ein Mann. Das ist ein Paradox, dass wir feminin-passive Männer und maskulin-aggressive Frauen haben möchten.

Ich dagegen würde lieber denken: »Ich sehe diesen wunderbaren femininen Kern, aus dem möchte ich schöpfen.« Nur dass viele von uns Männern nicht sehen, was uns in dieser Hinsicht die heutige Kultur der Frauen anzubieten hätte.

Kubisiowska: Sehen die Männer das wirklich nicht?

Masłowski: Was ich sehe: Die Frauen von heute könnten, sofern sie sich dazu entschließen würden, für die Männer wie ein Spiegel sein, mit dessen Hilfe diese, falls sie den Mut hätten hineinzusehen, sich selbst so sehen könnten, wie sie sind, und nicht, wie es ihnen scheint, dass sie sind. Das würde es ihnen erlauben, sich gut um sich selbst und um die Dinge zu kümmern, für die sie die Verantwortung übernommen haben.

Kubisiowska: Immer häufiger gibt es Paare, bei denen die Frau Karriere macht und der Mann sich um den Haushalt kümmert.

Masłowski: Aber entspricht das dem Geist, der in ihm schlummert, seinem Bedürfnis, tatkräftig zu sein, Güter zu erwerben und Räume zu erschließen?

Frauen sind nach einer Weile frustriert von einem Partner, der ausschließlich fürsorglich und behütend ist. Dieser hört dann auch auf, sexuell attraktiv zu sein. Den Frauen beginnt das zu fehlen, was für einen Mann wesentlich ist: Mut, Entschlossenheit, Stärke. Zu mir kommen Männer in Therapie, die seit Jahren ihre Kinder erziehen. An einem bestimmten Punkt sagen ihre Ehefrauen: »Ich habe genug davon, den Lebensunterhalt zu verdienen, mach du das jetzt mal.« Meistens sind es die Ehefrauen, die die Männer zur Therapie schicken. Doch nach einer gewissen Zeit stellen sie fest, wie gut sie sich mit sich selbst und andere sich mit ihnen fühlen, wenn sie an Selbstbewusstsein gewinnen, an Entschlossenheit, Stärke und Mut. Und es geht nicht darum, dass sie eine besondere Karriere machen, sondern es ist eindeutig die Qualität ihrer Beziehungen, die sich verbessert.

Kubisiowska: Es existiert auch noch folgendes Beziehungsmodell: Der Mann arbeitet ununterbrochen, gewinnt Prestige und hat materiellen Erfolg, aber die Frau verlangt noch dazu, dass er viel Zeit mit dem Kind verbringt.

Masłowski: Es wäre prima, könnte man alle diese Elemente miteinander verbinden, doch der Tag hat nur 24 Stunden und die Energie eines Menschen bestimmte Grenzen. Deswegen ist es nicht möglich, im Verlauf eines Tages ein hervorragender Vater und Firmenmitarbeiter, ein superverständnisvoller Partner und ein großartiger Liebhaber zu sein. Und es gibt keine Möglichkeit, das im Alltag umzusetzen. Wenn Männer und Frauen versuchen, dasselbe zu machen, dann wählen sie für sich selbst die besonders attraktiven Dinge, und die Sachen, die mehr Anstrengung erfordern, würden sie am liebsten an jemand anderen abgeben.

Kubisiowska: Zum Beispiel die Kindererziehung. Die vertrauen sie dann den Omas und Nannys an.

Masłowski: Die Erziehung ist für die Gesellschaft wichtig und wertvoll. Aber im Alltag ist sie mühsam: sich mit jemand anderem zu beschäftigen, sich selbst zurückzunehmen, der Lebensrhythmus wird über den Haufen geworfen, insbesondere, wenn die Kinder klein sind. Arbeit ist mit Glanz, Macht, Geld, Weiterentwicklung verbunden. In der Arbeit kann man auch mal nachlassen, ein bisschen schummeln, etwas runterfahren. Mit einem Kind gibt es diese Möglichkeit nicht, es fängt dann an zu schreien, zu fordern, wird im Umgang unerträglich.

Die Gleichberechtigung geht in eine gefährliche Richtung: Männer und Frauen laden die Verantwortung für unterschiedliche Pflichten beieinander ab. Es gibt zu wenig Dialog und mehr Versuche, den anderen anzuklagen, in dem Stil »Ihr habt es besser und wir schlechter«. Keines der beiden Geschlechter hat es besser, es geht uns allen mies.

Kubisiowska: Lassen sich aus diesem Grund immer mehr Menschen scheiden?

Masłowski: Die Menschen bauen ihre Beziehungen immer häufiger auf Defiziten auf. Ein Mann betrachtet eine Frau und kalkuliert, welche seiner Bedürfnisse sie zu befriedigen vermag. Er denkt nicht: »Was kann ich ihr anbieten?«, sondern bloß: »Was kann ich für mich aus ihr rausholen, was könnte mir nützlich sein?« Umgekehrt wirkt derselbe Mechanismus. Wenn ein Paar aufeinandertrifft, bei dem sich die Partner gegenseitig benutzen, dann geht das so lange gut, wie dabei etwas zu holen ist. Es hört in dem Moment auf, wenn nichts mehr zu holen ist oder wenn ein Kind geboren wird, das diese Konstellation komplett verändert und intensive Aufmerksamkeit und Präsenz fordert. Dann zeigt sich, dass diese Leute einander nichts zu bieten hatten, außer sich gegenseitig die Löcher in den Taschen zu flicken.

Kubisiowska: Welches ist das größte Bedürfnis der heutigen Männer?

Masłowski: Sich selbst zu begegnen: ihre Möglichkeiten und Beschränkungen zu testen, ihre Träume und Grenzen kennenzulernen. Aber dazu ist es notwendig, individuelle Bedürfnisse zu benennen und zu artikulieren. Viele Männer lernen von frühester Jugend an, diese nicht zu spüren und zu erproben, denn das ist riskant, wozu sich selbst frustrieren. Gleichzeitig nimmt der emotionale Hunger zu ...

Kubisiowska: Ich finde, dass Männern in diesem Prozess der Selbsterkenntnis das Gespräch mit einem Freund helfen könnte. Aber sie bitten definitiv öfter eine Frau um solch eine Beziehung.

Masłowski: Frauen wachsen in der Regel in einer weiblichen Gemeinschaft auf: Zuerst sind da die Mutter und die Frauen am Bettchen, später die Erzieherinnen im Kindergarten und die Lehrerinnen, sie halten sich hauptsächlich unter Frauen auf. Dasselbe geschieht leider mit den Männern. Eine solche Situation bewirkt, dass man sehr viel seltener auf einen Mann trifft, der als Junge eine für ihn wertvolle, enge Beziehung zu einem Mann erlebt hat. Also warum sollte er, daran gewöhnt, dass sich schon immer die Frauen ihm zugewendet haben, Bindungen zu Männern suchen?

Männer brauchen also nicht nur den Vater, sondern auch kluge Freunde, die sie wirklich unterstützen und ihnen einen Bezugsrahmen liefern. Einen solchen Freund zu finden, ist wahrscheinlich schwieriger, als eine Frau zu finden. Ich selbst hatte damit Probleme.

Kubisiowska: Warum begegnen wir immer häufiger Männern, die ihre Leidenschaft verloren haben und deswegen frustriert sind?

Masłowski: Weil jede Leidenschaft Gefühle braucht – die völlige Hingabe an das, was man tut. Es kann eine Leidenschaft sein, Suppe zu kochen, für eine Stiftung zu arbeiten, mit dem Sohn mit Bauklötzen zu spielen. Ein Mensch mit dieser Art von Energie sendet der Welt ein Signal und zieht sofort Aufmerksamkeit auf sich.

Für Frauen ist Leidenschaft etwas Natürlicheres, denn es fällt ihnen leichter, ihr Herz zu öffnen.

Kubisiowska: Auch das ist etwas, was Männer von Frauen lernen können: von ihren positiven Emotionen Gebrauch zu machen.

Masłowski: Die Männer müssen es zulassen, ihr Herz zu öffnen, und sie müssen genügend Stärke besitzen, um in einer Welt zu bestehen, die ihnen sehr gern Gelegenheiten bietet, um dieses Herz zu verschließen. Ein leidenschaftlicher Mann hat Zugang zur Liebe, nur dann wird er glücklich sein.

Bei den von mir geleiteten Begegnungen spreche ich mit den Männern über ganz intime Dinge. Wir überlegen: Was ist Liebe? Die einen sagen, sie sei ein Band, andere, sie sei die Substanz der Welt, und wieder andere, sie sei etwas, was sie erleben möchten, aber nicht erleben. Alles läuft ohne Zensur ab. Niemand regt sich auf, wenn ein Mann zugibt, dass er sich vor einer Schwangerschaft seiner Frau fürchtet, davor, dass ein Kind ihn erschöpfen könnte, oder davor, dass er seine Zahlungsfähigkeit verlieren könnte.

Kubisiowska: Das ist wirklich eine Ausnahmesituation, denn Männer sprechen selten offen über ihre Ängste und Schwächen.

Masłowski: Es kommt vor, dass ich bei einer Sitzung, wenn ein Mann weint, zu hören bekomme: »Nicht im Leben hätte ich von mir erwartet, dass ich das einmal vor einem Mann zeigen würde.« Aber das bedeutet, dass dieser Mensch von seinem Vater zurückgewiesen wurde. Oder dieser zu ihm gesagt hat: »Hör auf zu flennen und reiß dich zusammen, du kleiner Scheißer.«

Kubisiowska: Was braucht ein Mann noch für ein erfülltes Leben?

Masłowski: Einen privaten Raum, wo er mit sich selbst allein sein kann. Das kann in einer Frau Ängste hervorrufen. Sie fragt sich dann: »Was tut er da, wenn ich nicht dabei bin?« Dann fängt sie an, ihn zu kontrollieren, und zerstört den Absonderungsprozess. Frauen müssen sich bewusst sein, dass das kein Anschlag auf die Beziehung ist, sondern bloß ein Sicherheitsventil. Ein Mann kehrt gestärkt aus einem solchen Raum in die Beziehung zurück.

Kubisiowska: Und was für eine Frau braucht ein Mann eigentlich?

Die Stiftung Maskulinum

wurde 2013 in Warschau von drei bekannten und anerkannten Psychotherapeuten gegründet: Jacek Masłowski, Wojciech Eichelberger und Edward Sebastian Pyrek. Der Ausgangspunkt für die Entstehung der Stiftung war das Bedürfnis ihrer Gründer, das Ethos und die Rolle des Mannes in der heutigen Gesellschaft neu zu definieren. »Wir möchten im Namen der Männer sprechen und dafür Sorge tragen, dass in der Öffentlichkeit beide Welten, sowohl die männliche, als auch die weibliche, zu einer Einigung kommen. Wir möchten auch mit Frauenorganisationen zusammenarbeiten, um das gemeinsame Ziel der Gleichstellung der Geschlechter zu verwirklichen.«
Die Stiftung leistet psychologische und rechtliche Hilfe für Männer in einer schwierigen Familiensituation, für Alleinerziehende, Väter, die um das Sorgerecht kämpfen, sowie Männer, die in Beziehungen mit Frauen nicht zurechtkommen.
»Wir möchten erreichen, dass Männer sich nicht mehr schämen müssen, dass sie Männer sind.«

www.maskulinum.pl

Masłowski: Eine kluge. Also eine, die ihn unterstützt. Eine, der sich ein Mann öffnen kann, zu der er sagen kann: »Hör mal, ich verliere vielleicht meine Arbeit – ich
habe da und davor Angst – ich weiß nicht, was ich jetzt machen soll«, und wo er
nicht zur Antwort bekommt: »Hast du es wieder mal nicht auf die Reihe gekriegt.«
Eine Frau, der man vermitteln kann: »Hör zu, ich muss mal einen Tag wegfahren
und alleine sein, das mache ich einmal im Jahr, das brauche ich.«

Jeder hat sein eigenes Wertesystem, für den einen ist es eine Unterstützung, zu
putzen, zu kochen und die Kinder zu erziehen, und für den anderen, die Hälfte des
Einkommens zu verdienen, das notwendig ist, um den Lebensstandard aufrechtzuerhalten.

Kubisiowska: Und welche Art von Männern begegnet Ihnen am häufigsten?

Masłowski: Ich will Ihnen sagen, welchen ich gern begegnen würde und was ich
selbst anstrebe. Das sind Männer mit Herz und Rückgrat. Das Rückgrat besteht
aus einem Wertesystem und aus Charakterstärke – sie bewirken, dass man sich auf
einen Menschen verlassen und ihm vertrauen kann. Und Herz, das sind zum einen
Leidenschaftlichkeit und Liebe, und zum anderen ist es die Fähigkeit zur Empathie.
An solchen Männern fehlt es in der heutigen Gesellschaft – solchen, die sich nicht
durch Gewalt, sondern durch Deutlichkeit zur Geltung bringen. Die klar definieren:
Das ist meins, das ist mir wichtig, diese Prinzipien habe ich.

Aus dem Polnischen von Heidemarie Petersen

*Das Gespräch erschien im Tygodnik Powszechny Nr. 47 vom 18. Oktober 2012,
S. 6–7.*

Ein Mann sollte sterblich sein

Dorota Wodecka im Gespräch mit Andrzej Stasiuk

Dorota Wodecka: Sie haben aber Gras hier!

Andrzej Stasiuk: Sie meinen, es sieht unordentlich aus? Ich hatte keine Lust zu mähen in diesem Jahr. Weil ich sehe, dass alle Typen auf der ganzen Welt den Rasenmäher anwerfen und das Gras schneiden, damit es überall so kurz ist wie in Österreich. Im nächsten Jahr kaufe ich mir zwei Schafe. Schafe machen im Gegensatz zu Ziegen die Sträucher nicht kaputt, sondern mähen nur das Gras. Und im Herbst esse ich sie ganz einfach, weil ich Hammelfleisch mag. So mache ich es dann jedes Jahr. Das ist meine Idee vom Kreislauf: Ich werde einen lebendigen Rasenmäher haben und ihn im Herbst aufessen.

Wodecka: Und wie geht's Ihnen mit den Nachbarn?

Stasiuk: Wir haben siebzehn Hektar rundherum, das heißt, wir haben keine Nachbarn. Aber im Dorf halten sie mich für einen Trottel. Der nicht sät und nicht erntet, sondern nur Bücher schreibt. Der überflüssige Dinge tut. Ich rufe eher Rührung, eventuell Mitleid hervor als irgendwelche schlimmeren Gefühle. So stelle ich es mir vor. Das hat mich übrigens nie besonders interessiert.

Wodecka: Sind Sie schon von hier?

Stasiuk: Nein.

Wodecka: Woher dann?

Stasiuk: Von nirgends. Ich komme aus der Vergangenheit. Aus allen ihren Bestandteilen. Vom Dorf, von der Reise, von der Familie, von den Menschen, von den Frauen. Ich bin kein Einheimischer. Ich wohne nur hier und schau mir die Welt an vom Küchentisch aus. Aber meine große Jugendliebe zu dieser Gegend will ich nicht verschweigen.

Wodecka: Und was heißt es, dass Sie vom Land sind?

Stasiuk: Ich denke vom Land her, vom Dorf her. Ich schaue vom Dorf her. Durch diese Landschaft. Die Stadt scheint mir in Polen etwas Unwirkliches, etwas Sekundäres zu sein. Ein Vergnügungspark unter dem Motto »Westeuropäische Zivilisation«. Dieser Eindruck drängt sich mir auf. Mit Ausnahme von Przemyśl, wo die Zeit verschwimmt und sich mit dem Licht mischt. Neulich habe ich mich ins Auto gesetzt und bin hingefahren. Ich dachte an Bruno Schulz. In dieses Licht, in die blätternden Mauern und die verschlungenen Gassen hat sich buchstäblich seine Prosa ergossen und ist dort erstarrt.

Wodecka: In der Gegend sagt man, dass Sie´s nicht so mit den Menschen haben.

Stasiuk: Ich bin nicht begeistert davon, Menschen zu treffen, ich empfinde keinerlei Verpflichtung dazu. Die Philosophie der Begegnung war nie mein Ding. Manchmal treffe ich wochenlang niemanden außer Monika und Tośka.

Ich bin ja nicht umsonst hierher gekommen. Ich wollte nicht aus Jux und Tollerei in den Bieszczady ein bisschen Cowboy spielen, sondern ich hatte das Bedürfnis nach Einsamkeit, um nicht immer abgelenkt zu werden. Wirkliche Freiheit ist Einsamkeit. Ohne irgendwelche Meinungen, ohne alles. Leere. Und du definierst deine Einsamkeit gegenüber der Welt, gegenüber dem Tod.

Ich mag das. So wie manche Menschen im permanenten Kontakt mit anderen, im Gespräch Erfüllung finden, dadurch, dass sie im Zentrum leben. Ich verstehe sie, aber mir ist es lieber, dem Denken eines Menschen in seinem Werk zu begegnen als im persönlichen Kontakt, sozusagen. Ich kenne mehr Bücher als Menschen, und es geht mir gut damit.

Aber Sie sind gekommen, um über die Liebe zu sprechen. Und über die Frauen. Ich weiß nicht, ob ich der richtige Gesprächspartner bin. Was ist das für ein Typ? Zwanzig Jahre mit derselben Frau, betrügt nicht, trinkt nicht ..., na ja, nicht mehr so viel wie früher, haut nicht ab von zu Hause.

Wodecka: Ich muss zugeben, für manche ist das recht unpopulär.

Stasiuk: Populäre Dinge sind im Allgemeinen für den Arsch. Mit Ausnahme von Autos.

Wodecka: Woher haben Sie gewusst, dass sie die Richtige ist?

Stasiuk: Das weiß man nie. Das stellt sich heraus. Ich hab mir das nie überlegt. Meine Selbstreflexion ist nicht besonders effizient, aber das vertreibt mir nicht den Schlaf.

Wodecka: Kann ein Einzelgänger eine Frau glücklich machen?

Stasiuk: Ich weiß nicht. Da müssen Sie sie fragen.

Wodecka: Sie wissen nicht, ob die Frau, mit der sie seit zwanzig Jahren zusammen sind, glücklich ist?!

Stasiuk: Na ja, manchmal sagt sie, sie liebt mich (lacht). Und lächelt mich an.

Wodecka: Und Sie sagen ihr das auch?

Stasiuk: Nicht allzu oft. Ich mag das Demonstrative nicht. Gefühle sind dazu da, sie zu erleben, nicht um über sie zu reden.

Aber wir unterhalten uns sehr viel, obwohl Monika, wenn wir eine halbe Stunde schweigen, meint, wir reden zu wenig. Ich denke mit Entsetzen an Menschen, die zusammenleben und sich langweilen und jahrelang nicht miteinander reden.

Wir kehren erleichtert in die Gesellschaft des anderen zurück, wenn wir uns irgendwo gelangweilt haben. Mit Monika habe ich mich noch keine Sekunde gelangweilt. Ich bin neugierig auf ihre Gedanken, auf ihre Gefühle, auf das, was sie sagt, auf ihr Leben. Wenn ich irgendwo hinfahre und sie sitzt nicht neben mir im Auto, fühle ich mich unvollständig. Dann habe ich niemanden, dem ich sagen kann, was ich sehe, wie es da aussieht. Ohne sie bin ich wie viertel oder halb.

Wodecka: Immer zusammen auf die Reise?

Stasiuk: Immer! Denken Sie, ich würde nach Albanien fahren? Ich?! Wozu?! Das hat sie sich ausgedacht!

Wodecka: Und Sie haben die Herausforderung angenommen, um ihr zu imponieren?

Stasiuk: Fast alles, was ich im Leben mache, mache ich im Bewusstsein, dass sie damit in Kontakt kommen wird, dass sie darauf stoßen wird. Ich habe die schwierige Kunst des Essays in den Griff bekommen. Ich, der Einfaltspinsel aus den Niederen Beskiden, habe ein strikt intellektuelles Buch, »Das Flugzeug aus Karton«, geschrieben, um Monika zu imponieren. Das war in einer Phase ungewöhnlicher intellektueller Belebung. Monika arbeitete damals an ihrer Doktorarbeit in ihrem Fach, der Anthropologie. Wir wohnten in Czarne, in einem Häuschen ohne Strom, und wir redeten tagelang, wochenlang nur über anthropologische Essayistik. Sie hatte niemanden zum Reden und war auf mich als intellektuellen Partner angewiesen. Und irgendwo am Rande ihres »Narren«[1] sind meine Essays entstanden. Aber das sind eben die Kulissen der Literatur (lacht). Wenn nicht das Geld, dann die Liebe.

Wodecka: Aber »Kohle ist doch Scheiße«.

Stasiuk: Das nehme ich zurück. Kohle ist ein Element, da muss man sich nichts vormachen. Nur Schöngeister sagen, Geld sei nicht wichtig, weil sie es nicht fertigbringen, welches zu verdienen, beziehungsweise keines haben. Aber wenn sie es haben, sagen sie, es ist eine feine Sache.

Wodecka: Und – ist es das?

Stasiuk: Ich hatte nie eine Idee, wie ich welches verdienen könnte. Das hat sich so ergeben.

Monika und ich lebten viele Jahre in malerischer Armut. Wir sahen monatelang kein Bargeld. In allen Läden der Umgebung machten wir Schulden für Lebensmittel. Einmal im Monat brachte der Briefträger ein Honorar vom TYGODNIK POWSZECHNY oder von der GAZETA WYBORCZA, und dann zahlten wir sie ab.

Aber es war eben eine malerische Armut, an die man sich romantisch erinnern kann. Mit bitterer, schmerzlicher Armut hatte das nicht viel zu tun. Manchmal vielleicht, wenn wir die Kinder zur Schule bringen mussten, oder wenn kein Geld für Schuhe da war und wir in eine größere Stadt fahren mussten. Nach Gorlice konnten wir in Filzgummistiefeln fahren.

Wir waren jung, hatten jede Menge zu tun, schrieben Bücher, und diese Armut war zwar unbequem, aber sie war auch der Geschmack des Lebens. Monika kam nie in den Sinn, dass ich zur Arbeit gehen sollte und Geld verdienen. »Du sollst schreiben«, sagte sie immer wieder. Unsere Armut war der Preis für die Freiheit. Wir waren nicht verstrickt, wir waren keine Gefangenen ohne Ausweg. Wir standen nicht mit dem Gedanken auf, dass wir arm sind, und legten uns nicht damit schlafen. Das Armsein tat auch nicht besonders weh, denn die Welt attackierte uns dort in Czarne nicht mit Reichtum und materiellen Verlockungen.

Wodecka: Und jetzt tut es mehr weh?

Stasiuk: Ja, denn jetzt hat nur ein Teil der Menschen kein Geld, und damals hatte keiner etwas. Aber das Schmerzlichste heute ist, dass die Leute den ganzen Scheiß nicht haben können, den eigentlich kein Mensch braucht. Dass sie den sprichwörtlichen Flachbildschirm nicht haben können.

1 Monika Sznajderman: Błazen. Maski i metafory [Der Narr. Masken und Metaphern]. Gdańsk 2000. (A.d.Ü.)

In diesem Land verhungert niemand, im Biedronka und anderen Läden gibt es billiges Essen, und das Gejammer, dass die Leute Not leiden, ist ziemlich verlogen. Ich spreche jetzt nicht von extremen Fällen, die arbeitslos sind, die sich nicht zu helfen wissen oder an den Rand der Gesellschaft gedrängt sind, sondern vom allgemeinen Empfinden.

Wodecka: Reicht es Ihnen für Luxusartikel?

Stasiuk: Ich muss zugeben, mit dem Geld ist das so eine Sache. In kultivierten Gesprächen existiert es nicht. Ich ertappe mich sogar dabei, dass ich mir blöd vorkomme, wenn ich frage, wieviel ich für eine literarische Veranstaltung bekomme. Aber so langsam lege ich das ab.

Ich weiß nicht, wieviel wir haben, wo das liegt, wo und wieviel ich verdiene. Für die Finanzen ist Monika zuständig. Ich bin es nicht gewohnt, darüber nachzudenken. Das habe ich nie getan, und jetzt ist es dafür zu spät. Wenn mir das Geld ausgehen würde, wäre ich sicher irritiert und müsste mir was einfallen lassen.

Mit Sicherheit ist es besser, als es war. Ich kann mit dem Auto nach Istanbul fahren. Aber außer den Reisen gönne ich mir nichts. Abgesehen davon, dass ich mir aus einem alten Haus eine Hütte gebaut habe, in der ich arbeite. Und auch was Autos betrifft, habe ich eine Macke. Zum Glück in vernünftigen Grenzen, obwohl es manchmal mit mir durchgeht.

Wodecka: Was ist denn da dran, am Autofahren?

Stasiuk: Die Erfahrung der physischen Berührbarkeit des Raums. Das Gefühl, dass man ihn überlisten, ihn überholen kann.

Wodecka: Und die Geschwindigkeit?

Stasiuk: Wir wollen es nicht dämonisieren. Es ist manchmal toll, schnell zu fahren, aber in Polen gibt es keine Straßen, wo man das kann, und keine Partner für die Geschwindigkeit, weil alle aggressiv fahren. Mir ist es am liebsten, wenn außer mir niemand auf der Straße ist. Autofahren schenkt uns einen engen Kontakt mit dem Raum, es ist sozusagen ein erotisches Gefühl, die Erfahrung, mit der Landschaft zu verkehren.

Es ist ein Unterschied, ob man in den Bergen spazieren geht oder dreihundert Kilometer fährt und die Veränderungen sehen kann. Du fährst durch die Oberthrakische Tiefebene, und plötzlich wächst Istanbul aus der Erde. Wie in Tausendundeiner Nacht. Das gibt uns das Auto! Es ist eines der wenigen männlichen Dinge auf der Welt. Es ist angenehm, in der Endzeit der männlichen Werte zu leben. Die Zeit der Männer geht zu Ende.

Wodecka: Das klang jetzt traurig.

Stasiuk: Warum sollte sie nicht zu Ende gehen? Aus welchem Grund? Es ist schön zuzusehen, wie Frauen die bisher nicht besetzten Regionen der Männlichkeit einnehmen. Mich interessiert und amüsiert das, manchmal ist es recht komisch. Schauen Sie mich nicht so an, seien wir nicht so ernst. Eine Frau in der Rolle des Mannes ist komisch und ein Mann in der Rolle der Frau ebenfalls. Mit der Weiblichkeit ist es heute so, dass sie keine radikal anderen Verhaltensweisen braucht, sondern die männlichen zu vervollkommnen oder zu modifizieren versucht. Die Frauen nehmen sie den Männern weg und eignen sie sich an. Dass das männliche Geschlecht eingeschränkt wird, finde ich sehr interessant. Wenn mir etwas wirklich Sorgen macht, dann der Untergang des Benzinmotors und des Hochdruckmotors (lacht).

Wodecka: Sammeln Sie gebrauchte Gegenstände?

Stasiuk: Ja, das tue ich. Ich umgebe mich mit Müll. Wertvolle Dinge wollte ich nie sammeln, immer nur irgendwelchen Blödsinn. Ich habe zwanzig tote Computermäuse und ein gutes Dutzend alte Mobiltelefone. Und jede Menge Fahrkarten von verschiedenen Reisen. Und Geld, etwa vierzig Kilo Kleingeld aus Mittel- und Osteuropa. Vielleicht bin ich ein Messie. Ich habe lieber Müll um mich herum als Menschen (lacht).

Wodecka: Und dann noch die Klamotten aus den Second-Hand-Läden.

Stasiuk: Die kaufe ich, weil sie billig sind. Man kauft zehn Hemden, wäscht sie alle zwei Wochen und kann im Sommer jeden Tag ein weißes Hemd anziehen. In »Taksim«[2] geht es um den Handel mit gebrauchter Kleidung. Das ist eine Erzählung über die zivilisatorischen Veränderungen, darüber, dass in dieser Wegwerfgesellschaft manche Dinge doch länger halten. Sie können noch jemandem nützlich sein. Und wenn wir selbst sie nicht mehr wollen, kann man die gebrauchten Klamotten nach Afrika schicken, dort kann sie noch jemand tragen. Die Second-Hand-Läden sind ein Bruch mit der Wegwerfkultur, wo man die Dinge benutzen und wegschmeißen soll.

Es rührt mich, wenn sich arme Frauen, die kein Geld haben, ein französisches Kleidungsstück kaufen können. Sie halten es gegen das Licht, probieren es an, berühren eine andere Welt. Wenn man etwas aus Leder kauft, ist der Duft des Parfüms noch darin zu spüren. Die Stoffkleidung ist gewaschen, aber mit dem Leder wandert ein Teil einer anderen Wirklichkeit ein. Ich wollte meinen Helden eine Beschäftigung geben, die für diese Gegend charakteristisch ist. Und in Gorlice, wie überhaupt in der Provinz, gibt es eine Menge dieser Second-Hand-Läden. In jeder Stadt gibt es von allen Handelssparten am meisten Second-Hand-Läden.

Wodecka: Aber in den Einkaufspassagen könnten Sie ihre Helden auch finden.

Stasiuk: In der Tat, es ist unglaublich, wenn man sich die Leute anschaut, die in diesen Einkaufspassagen leben. Eine Scheinwelt aus Glanz, eine Nachahmung von Luxus, aus Sperrholz gemacht. Und in den Gesichtern das Ländliche, Bäuerliche,

2   Auf deutsch erschienen unter dem Titel: Hinter der Blechwand. Berlin 2011. (A.d.Ü.)

schön. Und abgeschaffte Hände. Das ist die Begegnung zweier Epochen. Der Postmoderne und der vorindustriellen Gesellschaft.

Und die Mädels da? Ihre Gesichter sind plebejisch. Und sie verkleiden sich mit all diesen Fetzen. Betrachten das alles, fassen es an ...

Aber am besten sind die Jungs. Fünfzehn-, Sechzehnjährige, mit diesen ärmlichen, blassen Gesichtern und den abstehenden Ohren, wie sie auf diese Klamotten abfahren! Nicht mehr auf Autos, sondern auf Klamotten! Und sie probieren so ein Hemd an, irgendeinen Schrott, den kein Mensch anschauen würde, und drehen sich wie Mädchen auf dem Laufsteg. Unglaublich. Das Verlangen nach diesem Scheißzeug, nach Gegenständen, nach diesen Fetzen. Ein Mann darf doch keine Kleidung begehren, um Gottes Willen! Ein Mann kann eine Frau begehren oder ein Auto. Aber keine Kosmetika!

Wodecka: Er soll nach männlichem Schweiß riechen?

Stasiuk: Na, er sollte sich, verdammt nochmal, waschen, aber alles mit Maß und Ziel. Es gibt Typen, die haben vierzig Fläschchen für jede Stunde des Tages! Leute! Ein Mann sollte sich verbrauchen, sich abnutzen; aber hier spiegelt sich eine weiterreichende Erscheinung, ich meine, die Obsession der Unsterblichkeit. Doch gerade ein Mann sollte sterblich sein. Sollte die Herausforderung annehmen! Deshalb ist der Balkan so anziehend, dort ist noch nicht alles auf den Kopf gestellt. Die Welt erinnert noch an die alte Welt; die war, wie sie war, aber es gab eine größere Würde.

Wodecka: Von der alten Welt sind Sie mehr als genug umgeben. Lauter Friedhöfe in der Gegend.

Stasiuk: Allein in der nächsten Umgebung sind es etwa zehn. Nicht nur die der Lemken, in der Einöde, in den Tälern, die früher Dörfer waren. Auch Militärfriedhöfe, österreichisch-ungarische aus dem Ersten Weltkrieg, in der Nachbarschaft ziviler orthodoxer oder unierter.

Am meisten mag ich die Militärfriedhöfe. Schließlich bin ich ein Junge. Autos und Militär. Gemetzel und Eleganz. Ich stelle mir gern vor, wie es gewesen ist. Das Leben dieser Jungs ist ein bisschen an mir vorbeigegangen. Auf dem Balkan betrachte ich die Ruinen. Dort ist das Blut noch nicht ganz getrocknet. Man soll sich nichts vormachen. Ich bin ein Repräsentant meines Geschlechts.

Und dann noch diese Namen: Antoni Nemec, Gottlieb Kyselka, Sandor Szasl, Petro Santoni, Tadeusz Michalski, Batto Delazer, Karel Swoboda, Alojz Nahaczek ... Europäische Union.

Ich versuche sie alle zu besuchen um Allerseelen herum. Ich zünde Grablichter an und rezitiere die Namen. Das ist mein privates Ritual, eine stille Messe, der heidnische Brauch, für die Toten ein Feuer anzuzünden Anfang November.

Wodecka: Sind Sie der Wächter ihres Andenkens?

Stasiuk: Ich möchte nicht in Pathos verfallen. Aber wenn ich ihre Namen ausspreche, dann bewirke ich, dass sie nicht für immer gestorben sind. Nur das kann ich tun. Laut die Namen aussprechen, die für immer mit ihrem Leben verbunden sind.

Wodecka: Und wieviel kostet ein Platz auf dem Friedhof in Wołowiec?

Stasiuk: Sie werden mich umsonst beerdigen! Ich gehe mit Monika ab und zu hin. Wir schauen uns das an. Es gibt einen schönen Platz neben der orthodoxen Kirche, mit weitem Ausblick, unter alten Bäumen. Dort will ich liegen, in Wołowiec. Dort gefällt es mir besser als an allen anderen Orten in der Umgebung. Man wird sich ja wohl den Friedhof aussuchen dürfen?

Wodecka: Deprimiert Sie nicht die Abwesenheit, die in die Landschaft eingeschrieben ist?

Stasiuk: Nein. Ich wusste, wohin ich ziehe. Aber wissen Sie, Abwesenheit, Leere ist eine Chance für das Potenzielle. Man muss sie unablässig mit seiner Phantasie ausfüllen, mit seinen Gedanken, mit der eigenen Anwesenheit. Für die Literatur ist das kein schlechter Ort. Außerdem scheinen Sie die ungemein intensive Anwesenheit der Natur, der Landschaft nicht zu bemerken. Sie ist genauso wichtig wie die Anwesenheit der Menschen. Ich habe hier alles in den für mich angemessenen Proportionen. Anwesenheit, Abwesenheit und Landschaft.

Wodecka: Sie haben keine Lust mehr, über Ihre Reisen zu reden.

Stasiuk: So viele waren es dann auch wieder nicht! An »Unterwegs nach Babadag«, das ein Reisebuch ist, habe ich zehn Jahre geschrieben. Die Tatsache, dass ich darüber schwafeln, dass ich daraus ein Buch machen kann, bedeutet nicht, dass ich ständig reise. Das sind einfach meine Ferien mit Monika.

Wodecka: Haben Sie dabei ungewöhnliche Frauen getroffen?

Stasiuk: Wie ich schon sagte, ich suche keine Menschen. Weder Männer noch Frauen. Aber ich erinnere mich an eine faszinierende Begegnung. In Albanien. Die Frauen sehen dort sehr östlich aus. Make-up, Schmuck, Absätze, Kleider. Und plötzlich diese Frau: wie eine emanzipierte Frau aus dem Westen. Kurze Haare, Hose, eine Weste mit vielen Taschen. Das war unglaublich in einem Land, wo eine Frau eine Frau in dieser althergebrachten Aufmachung ist. Sie war eine eingeschworene Jungfrau, was ihr erlaubte, das Familienoberhaupt zu sein, ohne Mann zu leben und das Recht auf Blutrache zu haben.

Wodecka: War sie schön?

Stasiuk: Als Frau nicht, aber sie sah sehr interessant aus. Sie hatte so ein albanisches, gegerbtes, rauhes Gesicht.

Wodecka: Und welche Frauen sind schön?

Stasiuk: Weibliche. Große. Dünne Bohnenstangen kann ich nicht ausstehen. Es ist doch das Körperliche, das uns anzieht, die Wärme, Berührung, wie soll man denn ein Skelett in den Arm nehmen?! Entschuldigen Sie, dass ich so rede, aber die heutige Kultur, überall die gleichen Exemplare zu züchten, ist etwas Schreckliches. Eine Frau dreht durch, wenn sie ein paar Kilo zuviel hat! Das bringt den Menschen um! Leute! Die Obsession von Gesundheit und Magerkeit! In Hamburg bin ich nachmittags im Park spazieren gegangen und habe gedacht, die trampeln mich tot, verdammt. Da war kein einziger Spaziergänger! Alle in diesen Aufzügen, alle dünn wie Gerippe, und ich denke: Wo bin ich denn hier!? Eine Attacke von Skeletors! Und ich hatte ein Bier getrunken, wollte gemütlich ein bisschen umhergehen und bin etwas dicker. Ich fühlte mich diskriminiert und ging weg. Warum lachen Sie?

Wodecka: Weil Sie sich wirklich aufregen.

Stasiuk: Das ist kein Witz. Es ist ein unerträgliches Gefühl, wenn eine Menge von Besessenen auf dich zurennt, die denken, dass sie unsterblich sind! Dass sie dem Tod davonlaufen. Grässlich. Die menschliche Gattung hat total die Würde verloren. Sie kommt nicht mit dem eigenen Tod zurecht. Will ihn in Grund und Boden laufen. Das ist das Ende der Menschheit! Diese Zivilisation der Gesundheit und der Unsterblichkeit ist eine Zivilisation des Todes. Weil sie es nicht fertigbringt, die Herausforderung anzunehmen, weil sie sich vor der Anstrengung drückt, ihrer wahren Bestimmung zu begegnen. Wir laufen weg. Und dann spritzen wir uns Botox, kaufen uns die Niere eines erschossenen Chinesen und pflanzen sie ein. Es gibt keinen Heroismus, kein menschliches Schicksal, alles ist verlogen. Wir verstricken uns in die totale Verzerrung.

Die ganze zeitgenössische Kultur, die Popkultur, ist eine Fälschung, auf nicht existierenden Werten errichtet. Sie soll uns nicht in unserem Dasein helfen, soll uns nicht definieren, sondern sie ist eine Vampir-Institution, die alle Energie aus uns wegsaugt, um selbst daran zu verdienen, sich zu vervielfältigen, zu regenerieren. Damit sie als Zombie existieren kann.

Nicht-Authentizität kann ich nicht ausstehen. Und dieses Vortäuschen, besonders von etwas Besserem, Klügerem. Das ist ein altmodischer Standpunkt in der heutigen Zeit, denn wir täuschen permanent etwas vor. Aber dahinter steckt meine Abneigung gegen eine Gegenwart, die eine Zivilisation der Imitation ist. Und gegen die Lüge; in der Sprache gibt es so viele Lügen, die keine linguistischen, sondern existenzielle Lügen sind.

Es gibt total verlogene Phänomene, und ich bin mir sicher, dass die Welt nichts verlieren würde, wenn es sie nicht gäbe.

Wodecka: Wen verachten Sie?

Stasiuk: Dumme und selbstsichere Menschen, manchmal hat man keine andere Wahl, als sie zu verachten. Vor allem bei denen, die dumm und selbstsicher sind und in irgendeiner Form Macht besitzen. Bei Politikern kommt es am häufigsten vor, dass ich sie verachte. Ich kann mich diesem unchristlichen Gefühl nicht widersetzen, ich weiß, dass es ekelhaft und hässlich ist. Entschuldigen Sie. Ich werde mich bessern. Seit einem halben Jahr kaufe ich keine Zeitungen mehr, das heißt, das Problem wird bald eines natürlichen Todes sterben. In der Realität treffe ich kaum auf solche Exemplare.

Wodecka: Was ist wichtig im Leben?

Stasiuk: Einzelheiten. Details. Einfachheit. Von Gefühlen, Landschaften, Tätigkeiten. Ruhe.

Und dass man mit einem relativ niedrigen Niveau an Wehmut, an Bedauern den Abgang macht. Klar, wir werden immer unversöhnt sterben, aber ich möchte sagen können: Okay, lieber Gott, es war halbwegs in Ordnung. Gehen wir.

Wichtig ist, dass man nutzt, was man bekommen hat. Dass man es nicht verplempert. Mehr bekommen wir nicht. Aber was fragen Sie da überhaupt?! Ich muss Dachrinnen kaufen! Mein Vater ist zu Besuch gekommen, und ich muss mit ihm in die Slowakei fahren! Ich möchte ihm Spiski Hrad zeigen, die größten Ruinen in diesem Teil Europas.

Wodecka: Und was ist wichtiger, Verstand oder Intuition?

Stasiuk: Intuition. Sie ist wichtiger als Rationalismus, als Überlegung, Vernunft. Dafür ist Monika zuständig. Sie hat zwar auch eine geschärfte Intuition, aber sie kann wesentlich besser denken als ich. Ich hab mich damit abgefunden, und der Rest der Familie auch; wenn es ums Denken geht, um den Diskurs, muss man damit zu Monika. Für mich ist Intuition wichtiger, im Schreiben und im Leben. Ich werde nie rational handeln im kartesianischen Sinn. Meine rechte, fürs rationale Denken zuständige Gehirnhälfte ist nicht besonders effizient. Ich verliere mich da und bin hilflos. Auch in dieser Hinsicht ist unsere Ehe gelungen.

Wodecka: Ungeachtet dieser Ineffizienz bewundern Ihre Mädels Sie.

Stasiuk: Können Sie sich einen Mann vorstellen, der nicht von Frauen bewundert wird?! Er ist mit ihnen zusammen, damit sie ihn bewundern, was sie ganz bewusst, vorsätzlich und berechnend tun (lacht). Aber ich bin auch ständig voller Bewunderung für ihre Gegenwart.

Manchmal tut mir das Herz weh, weil Tośka sich schon langsam entfernt. In einiger Zeit wird sie mir über die Schulter schauen und sehen, wie ich alt werde und verschwinde.

Wodecka: Haben Sie Angst um sie?

Stasiuk: Natürlich habe ich Angst, aber ich kann sie weder vor Schmerz noch vor Trauer bewahren.

Ich wünsche mir, dass ihr keine bewusste, raffinierte Grausamkeit von jemandem widerfährt, vielleicht würde sie das nicht erkennen. Und dass sie glücklich ist und intensiv lebt.

Ich habe Angst, aber ich sage mir: So soll das sein. Ich muss sie in dieses Leben entlassen und von Weitem aufpassen. Sie muss hart werden, Kraft sammeln. Wenn Tośka Auto fährt, ermahnt Monika sie, sie soll langsamer fahren. Ich umgekehrt: Die Strecke ist gerade, also fahr! Ach, Tośka hat ein tapferes Herz!

Wodecka: Was heißt »intensiv leben«?

Stasiuk: Sein ganzes Potenzial zu erfahren: das geistige, intellektuelle, emotionale. Und jemanden zu treffen, der das freisetzt. Das nicht zu verpassen.

Wodecka: Erinnern Sie sich, wie sie geboren wurde?

Stasiuk: Ja. Monika war im Krankenhaus, ich feierte ein bisschen im Voraus, und als ich zurückkam, sagte es mir der Nachbar. Damals gab's noch kein ausgebautes Telekommunikationssystem.

Es war ein Gefühl von Schrecken, von Glück und von Drama zugleich. War das schon das Ende der Ferien? Würde es nie mehr werden, wie es früher war? Und dann veränderte die Welt sich radikal. Sie wurde einerseits enger, weil es diese wilde Freiheit nicht mehr gab, und andererseits größer. Denn ich betrachtete sie jetzt mit den Augen des Kindes oder versuchte es zumindest.

Wodecka: Sie sind gerührt.

Stasiuk: Ich erinnere mich an all das. An dieses kleine, krabbelnde Tierchen, das in den ersten Monaten weiß Gott was war. Ein Mann ist nicht die Mutter, er hat es nicht in sich getragen und sich daran gewöhnt, er muss das lernen.

Wodecka: Und als Sie es dann gelernt hatten, entfernte sie sich langsam. Sie haben einen anrührenden Text darüber geschrieben in »Fado«.

Stasiuk: Vielleicht wird er ihr eines Tages gefallen. Für den Vater ist die Tochter ein Glück. Ich fürchte, ein Junge wird immer ein Junge bleiben, wird immer ein Typ bleiben, aber eine Tochter blüht auf, verändert sich. Ein Junge ist nur ein Junge, aber eine Tochter ist außerdem noch schön. Doch mehr will ich dazu nicht sagen, weil sie das vielleicht lesen wird.

Wodecka: Sind Sie als Vater besitzergreifend?

Stasiuk: Ich habe mich sehr davor gehütet. Ich mag es nicht, wenn jemand ungebeten in mein Leben tritt, also habe ich mich bemüht, meinen Angehörigen das nicht anzutun. Ganz einfach.

Wodecka: Habt ihr sie auf Reisen mitgenommen?

Stasiuk: Als sie kleiner war, hat sie sich natürlich mit uns gelangweilt, wie ein Päckchen, das man auf den Rücksitz wirft. Sie fragte ständig: Wann sind wir da? Später hatte sie ihr eigenes Leben, aber in letzter Zeit deutet sie manchmal an, sie könnte ja mit uns fahren. Vielleicht in die Ukraine? Alles offen. Aber sie hat so viele Dinge, so viele Freunde, mit denen sie irgendwo etwas machen will, dass die Alten in den Hintergrund treten. Neulich war sie mit einem Freund in Rumänien und kam nach einer Woche rumänisiert zurück. Ich war eigentlich glücklich, als sie begeistert sagte: Papa, was für ein Land!

Wodecka: Weil sie das gleiche empfindet wie Sie?

Stasiuk: Ja. Rumänien ist ein herrliches Land. Seine Oberfläche, seine Haut, seine Gestalt sind ganz wunderbar geformt. Ein landschaftlich-geografisches Märchen. Außerdem ist es megaverrückt in seiner Verlorenheit zwischen Barbarei und der Verwurzelung im römischen Mythos. Wenn man dort hinkommt, sieht man eine solche Vermischung der Materie, da mischen sich das Erhabene und das Niedrige, Fluch und Heiligkeit, schwarze Industriegebiete und eine solche Natur, dass es einem den Atem verschlägt. Das Land ist wunderbar für eine Meditation über Nationen mit uneindeutiger Identität. Ich freue mich, dass meine Tochter so etwas mitbekommt. Dass sie eine ähnliche Sensibilität hat. Schön, dass sie ähnlich empfindet.

Waren Sie in Rumänien?

Wodecka: Als Kind. Ich erinnere mich an Maisfelder und den Geschmack von starkem schwarzem Kaffee.

Stasiuk: Dann nehmen Sie die Karre und fahren Sie hin. Vier Stunden von hier, und Sie sind in Rumänien. Warum nicht?

Wodecka: Einfach so, von jetzt auf nachher?

Stasiuk: Wieso nicht? Zum Beispiel durch Serbien.

Aus dem Polnischen von Renate Schmidgall

Das Gespräch ist dem Band »Mężczyźni rozmawiają o wszystkim« von Dorota Wodecka, Warszawa 2010, S. 10–23, entnommen.

Sylwia Chutnik
Kulturwissenschaftlerin, Autorin, Warschauer Aktivistin und
»radikale Hausfrau«, Gründerin und Leiterin der Stiftung
»MaMa«, die sich für die Rechte der Mütter in Polen
einsetzt.

Adam Leszczyński

Starke Frauen
Der Erfolg der Emanzipation

1. Kurze Geschichte der Emanzipation

»Gott, was ist das für eine schreckliche Epidemie mit dieser Emanzipation ...«, seufzt in dem am Ende des 19. Jahrhunderts entstandenen Roman *Emancypantki* (Die Emanzipierten) von Bolesław Prus eine der Figuren, eine ehrwürdige Matriarchin, die sich durch die neumodischen Bestrebungen der jungen Frauen vor permanente gesellschaftliche Probleme gestellt sieht. Prus verhehlte nicht, dass es sich bei diesen Ambitionen der jungen Polinnen um einen Kulturimport handelte, ähnlich wie bei den meisten Errungenschaften der polnischen Moderne. Jener herausragende Schriftsteller (und einer der am meisten gelesenen Publizisten in der Geschichte der polnischen Presse) war der denkbar schlechtesten Meinung über das zivilisatorische Potenzial der Polen. *Notabene* hatte er mehrmals darüber geschrieben.

Anlässlich der polnischen Afrika-Expedition erlaubte er sich die folgende Reflexion: »Die Engländer haben die Dampflokomotive erfunden, die Franzosen den Webstuhl, die Deutschen den Buchdruck, andere wiederum den Telegrafen, das Leuchtgas, Kaffee und Tee, diverse Handwerks- und Kunstrichtungen – und wir? Nichts. Wir nutzen lediglich die fremden Errungenschaften, nutzen sie leider nur. Ohne etwas zur allgemeinen Schatzkammer der Menschheit beizutragen. [...] Der Nutzeffekt der Erfindungen für die Menschheit begründet das Fundament des jeweiligen National-stolzes: ›Ich bin Franzose‹, sagt der eine – ›Ich bin Engländer!‹, erwidert der andere. Dies will sagen: Du hast viel für die Zivilisation getan und ich noch mehr! Und du, gutmütiger, schlichter Warschauer Philister, was hast du beigetragen? Wohl nur regelmäßig deine Steuern gezahlt, sofern dir mit dem Vollstreckungsbescheid gedroht wurde – und du warst ein pünktlicher Ehemann, wenn es dir die Zeit erlaubte.«[1]

Die Emanzipation der Frauen in Polen – stets ein Import aus dem Ausland – wies typische Eigenschaften einer modernen Institution auf, die von den Eliten in die gesellschaftliche Substanz des Landes eingepflanzt werden sollte; in eine Gesellschaft hinein, die sich gegen Neuerungen zu wehren wusste. Daher hatten wir im Lande eine progressive Gesetzgebung (die Polinnen durften schon 1918 wählen, viel früher als in den meisten Ländern Westeuropas), die allerdings mit einer gesellschaftlichen Praxis einherging, die Jahrhunderte zurück lag.

---

1   Bolesław Prus: Kroniki [Chroniken], Bd. 4. Warszawa 1960, S. 229.

Noch bis vor Kurzem war die polnische Gesellschaft sehr »macho«, wie es die
herausragende Feminismus-Theoretikerin und Literaturkritikerin Maria Janion
sagte. Sie schrieb: »In der polnischen Kultur der Romantik und Postromantik (deren
Ausdruck auch das Aufkommen der ›Solidarność‹ war) war sehr deutlich die
Auswirkung des Heldenmythos zu sehen. In dessen Zentrum steht – von einem
Nimbus der Größe und Schönheit umgeben – der männliche Held: Ritter, Soldat,
Kämpfer, unbeugsamer Gefangener, Führer.«[2] Für die Frau war eine andere Rolle
vorgesehen: die der Mutter-Polin, der Hüterin des heimischen Herdes. Sie war
diejenige, die sich um den kämpfenden Helden kümmerte, ihm Kinder gebar – und
die, bei Abwesenheit des Vaters, eine neue Generation von Kämpfern heranzog, um
dann die Söhne zu segnen, bevor sie zu einer weiteren (von vorneherein verlorenen) Schlacht um das Vaterland aufbrachen.

Die Wirklichkeit war weitaus komplizierter als diese Ideologie: Die Frauen im Polen
des 19. Jahrhunderts arbeiteten und verdienten Geld (wenn sie auch eher niedere,
untergeordnete Arbeiten verrichteten), doch das oben genannte Bild dominierte das
kollektive Bewusstsein.

Die Volksrepublik veränderte in dieser Sphäre kaum etwas; man war eher bestrebt,
die bestehenden Zustände zu konservieren. Dies zeigt hervorragend das Buch von
Małgorzata Fidelis über die polnischen Arbeiterinnen der Stalin-Zeit, die erste
Veröffentlichung zu diesem Thema.[3] In einem Interview für die GAZETA WYBORCZA
sagte Fidelis, dass die Arbeit im Bergbau, das Herabsteigen der Frauen unter die
Erde, von diesen selbst als Aufstieg betrachtet wurde: »So sahen sie es. Frauen
wurden allerdings nur bestimmte Arbeitsfelder zugewiesen – sie durften beispielsweise nicht als Hauer tätig sein, der die Kohle aus der Wand schlug. Infrage kamen
lediglich mechanisierte Arbeitsstellen, die den Transport der Kohle begleiteten. Es
war Arbeit am Band, wie das Aneinanderhängen der Transportwagen. Die Frauen,
mit denen ich gesprochen habe, waren damit sehr zufrieden. Frau Krystyna (die
Namen wurden geändert) ging extra in das Ziemowit-Bergwerk, um Arbeit unter
Tage zu bekommen; sie hatte gehört, dass es leichte, weil mechanisierte Arbeit sei.
Außerdem war es unter Tage immer warm. Frau Marianna erinnerte sich daran,
dass sie dank jener Stelle so gut verdiente, dass sie sich wie ›eine studierte Frau
Ingenieur‹ kleiden konnte – und sie hatte immer noch genug Geld, um ihre
Schwester zu unterstützen, eine alleinerziehende Mutter (Marianna selbst war zu
jener Zeit noch nicht verheiratet).«[4]

Die Emanzipation in der Volksrepublik beschränkte sich vor allem auf den beruflichen Bereich, weil der Partei die Aktivierung der Frauen als Arbeitskräfte besonders
wichtig war. Diese Art der Emanzipation war aufgezwungen; und der größte Teil
der konservativen, traditionell ausgerichteten Gesellschaft stand ihr negativ
gegenüber. 1956, mit dem Ende des Stalinismus, wurde die stalinistische »Gleich-

2   Zitiert nach: Shana Penn: Podziemie kobiet [Der Untergrund der Frauen]. Warszawa 2003, S. 7.
3   Małgorzata Fidelis: Women, Communism, and Industrialization in Postwar Poland. Cambridge
    2010.
4   Adam Leszczyński: Górniczek siłą pod ziemię nie wpychali [Die Grubenarbeiterinnen musste
    man zur Arbeit unter Tage nicht zwingen]. In: WYSOKIE OBCASY vom 11. Juni 2011.

Eine gewisse Theorie besagt, dass der Flügelschlag eines Schmetterlings am einen Ende der Welt am anderen einen Hurrikan auslösen kann.

Mit diesem Flügelschlag des Schmetterlings kann man sie vergleichen, die Frauen, die in diesem Buch vorgestellt werden, mit ihrem stillen Heldenmut, von dem nur wenige wissen. Ein einzelner Flügelschlag bleibt fast unbemerkt, zusammen genommen führten sie aber zu einem Hurrikan, der den Kommunismus aus Europa hinwegfegte.

Henryka Krzywonos-Strycharska über das Buch von Kinga Konieczny und Andrzej Łazowski »Matki Solidarności / Mütter der Solidarność«

berechtigung« zum großen Teil aufgehoben – in der gesellschaftlichen Praxis, nicht in der Theorie (obwohl die Arbeit in »zu gefährlichen Berufen« den Frauen auch per Gesetz verwehrt wurde).

Durch die Solidarność erfuhr die Emanzipation eine weitere paradoxe Entwicklung. Lassen Sie uns an dieser Stelle innehalten, denn wir haben es hier mit dem Prolog zur Gegenwart zu tun.

Vor einigen Jahren schrieb ich eine historisch-soziologische Analyse von drei großen Streiks der Solidarność-Zeit (1980–1981).[5] Einer jener Streiks, der Aufstand der Arbeiter in den beinahe vollständig von Frauen geprägten Garnwerken in Żyrardów, wurde von meinen Gesprächspartnern allgemein als der »Frauenstreik« bezeichnet. »Die Frauen erhoben sich wegen einem Kilo Mehl«, erzählte mir einer der Führer dieser Proteste. Diese Meinung eines Menschen, der dem Schicksal der Arbeiterinnen der Garnwerke gegenüber sehr empathisch war, beschreibt adäquat den spezifischen Charakter dieses Streiks.

Alle Zeugen und Teilnehmer dieses Aufstands, mit denen ich gesprochen habe, sowie die Verfasser der damaligen Kommentare der Solidarność-Presse waren sich in einem einig: Die Frauen der Solidarność protestierten unter anderen Umständen und auf eine andere Art als die Männer. Die Rolle der Frauen in der Solidarność hatte bis dahin noch keine ausführliche Betrachtung erfahren. Die bekanntesten Bücher zu diesem Thema, von Ewa Kondratowicz und Shana Penn, bestehen hauptsächlich aus Interviews mit Frauen, die stark in der Opposition involviert waren, in vielen Fällen bereits seit den 1970er Jahren. Keine von ihnen fühlte sich

5   Ders.: Anatomia protestu. Strajki robotnicze w Olsztynie, Sosnowcu i Żyrardowie [Die Anatomie des Protests. Die Arbeiterstreiks in Olsztyn, Sosnowiec und Żyrardów]. Warszawa 2006.

diskriminiert oder durch Männer in die Ecke gedrängt, obwohl manche Frauen ein solches Phänomen erwähnten. Die bekannte Journalistin Anna Bikont äußerte sich in einem Gespräch mit Ewa Kondratowicz wie folgt:

»Zu keiner Zeit hatte ich das Gefühl, dass ich von Männern unterdrückt gewesen wäre, die von meiner schweren Arbeit als Frau profitierten. Zugegeben, dies hatte in den Jahren 1980–81 bei der Solidarność stattgefunden [...]: Frauen leisteten großartige Arbeit, doch wenn Wahlen zum Vorsitzenden anstanden, war es stets ein Mann, der gewählt wurde. Es war jedoch keineswegs so, dass Männer Frauen unterdrückt hätten, denn es waren doch auch Frauen, die diese Männer wählten, diese Ordnung anerkannten, keine Rebellion anzettelten. In diesem Sinne war die Solidarność kein Hort eines gesellschaftlichen Umbruchs. Es ist schade, dass in den Jahren 1980–81 gerade in dieser Frage nichts bewegt wurde.«[6]

Sowohl Shana Penn als auch Ewa Kondratowicz haben beobachtet, dass ihre Gesprächspartnerinnen niemals ihre eigene Person in den Vordergrund stellten und nie versucht hatten, eine leitende Stellung bei der Gewerkschaftsbewegung einzunehmen. »Ich habe mich nie als eine Führerin gesehen«, sagte Helena Łuczywo (Chefin der Informationsagentur der Gewerkschaft und Chefredakteurin des Bulletins AS, während des Kriegsrechts Redakteurin des Tygodnik Mazowsze, der größten verlegerischen Unternehmung des polnischen Untergrunds) zu Ewa Kondratowicz – obwohl ihre Kolleginnen und Mitstreiterinnen oft darüber gesprochen haben, dass sie eine solche Funktion durchaus innehatte und sich darin hervorragend bewährte.[7]

Die Propaganda der Volksrepublik behauptete, dass die Gleichberechtigung der Frauen eine Tatsache sei und dass der Staat die Frauen bei ihrer vielfältigen Selbstentfaltung und Selbstbestimmung unterstütze – also gab es keine Notwendigkeit, darüber zu diskutieren. Auch für die demokratische Opposition war der Kampf um die Rechte der Frauen kein Thema. Wenn man nach den Berichten der Streik-Teilnehmerinnen aus Żyrardów urteilt, war es auch für die Beteiligten selbst kein Problem; und wenn es eines gab, so wurde es nicht entsprechend formuliert.

Ähnlich wie die Dissidentinnen, mit denen Kondratowicz und Penn gesprochen hatten, fühlten sich die Teilnehmerinnen der von mir untersuchten Streiks keinesfalls wegen ihres Geschlechts diskriminiert – obwohl es Männer waren, die führende Positionen innehatten und die Mehrheit in den Streikkomitees bildeten. In den Leinenwerken, in denen 80% der Arbeiter weiblich waren, gab es unter den 38 Personen, die die Betriebskommission bildeten, nur 11 Frauen.[8] Dies entsprach den Proportionen in der traditionellen Machtstruktur im Betrieb, denn beinahe alle leitenden Stellen waren von Männern besetzt. In den Streikkomitees hatten Frauen die Funktion von Kassenwartinnen und Sekretärinnen inne: Sie

6   Ewa Kondratowicz: Szminka na sztandarze [Die Schminke auf der Fahne]. Warszawa 2001, S. 188.
7   Ebenda, S. 256.
8   Liste der Mitglieder der Betriebskommission der Solidarność in den Garnwerken »Żyrardów« vom 17. Juli 1981, Privatarchiv von Ryszard Chudzik.

stellten Passierscheine aus, protokollierten die Sitzungen und betreuten die
Gewerkschaftskasse.

Der bekannte Aktivist Henryk Wujec, der im Auftrag des Zarząd Regionu Mazowsze
(Verwaltung der Region Masowien) an den Verhandlungen mit der Regierung in
Żyrardów teilgenommen hatte, erklärt diese Situation wie folgt: »Die Kommissionen
bildeten sich von alleine. [...] Alles war demokratisch: das Entstehen dieser
Kommissionen, die Wahlen; niemand steuerte es von oben. Und das beweist eine
gewisse Kultur des Umgangs und eine Atmosphäre, die im Betrieb herrschte.
Obwohl Frauen in der Überzahl waren und sie die Streiks des Öfteren sogar
initiierten – die dadurch wohl emotionaler und dramatischer waren –, schoben sie
dann die Männer nach vorne, als es darum ging, eine Vertretung zu wählen.
Vielleicht lag dies in der damaligen Atmosphäre begründet, dass man meinte, dass
eben Männer solche Sachen erledigten. Es gab ganz einfach noch keine feministische Bewegung.«[9]

Im Protest der Frauen gab es anfangs keine Spur von Politik. Politische Forderungen
tauchten erst als Folge der Versorgungsprobleme auf und blieben stets im Hintergrund. Einer der Führer des Streiks in Żyrardów erinnert sich: »Mit Männern ist es
einfacher, Frauen sind ängstlicher [...] Es hatte eine große Auswirkung auf die
Gewerkschaft ›Solidarność‹, auf die Tatsache, dass die Frauen sich erhoben. Wir
haben gezeigt, dass es geht, dass man keine Angst haben muss, dass man reden
kann. Die verzweifelte Entschlossenheit dieser Frauen führte dazu, dass die Streiks
ausbrachen. Die Bedrohung, dass man nichts mehr hatte, was man dem Kind zum
Essen vorsetzen konnte – und das im wahrsten Sinne des Wortes.«[10]

Ein anderer Gewerkschaftsaktivist weiß noch, dass die Unterstützung für den Streik
geringer wurde, nachdem Anna Walentynowicz bei ihrem Treffen mit den Arbeite-
rinnen eine hochpolitische, kämpferische Rede gehalten hatte. Sie verkannte die
Stimmung unter den Zuhörerinnen, die meinten, dass sie zu weit gegangen sei.
Anstatt sie zum Kämpfen anzufeuern, vergrößerte sie nur die Angst vor dem
Engagement in Dingen, die über den Horizont jener Frauen gingen.[11]

Ludwika Wujec, Henryks Ehefrau, die, damals ebenfalls in der Opposition aktiv, mit
den Arbeiterinnen in verschiedenen Betrieben kooperierte (unter anderem in der
»Stella« in Żyrardów), erklärt diese Situation mit den Anforderungen des Lebens
und dem Verantwortungsgefühl gegenüber der Familie: »Der Mann ist für die
Politik zuständig, das ist ein großes Klischee. [...] Es gibt eine gewisse ›Prosa des
Lebens‹, den banalen Alltag, und das vergisst man oft. Als wir zu Zeiten des
Komitees zur Verteidigung der Arbeiter, im Jahr 1976, bis zu den Ursus-Werken
vorgedrungen sind – was hat sich da rausgestellt? [...] Es gab keinen Betriebskinder-
garten, das war es, worüber sich die Leute beklagt haben. Die Frauen standen unter
einer Doppelbelastung, weil sie arbeiteten und oft kleine Kinder hatten, um die sie

---

9 Bericht von Ludwika Wujec.
10 Bericht von Grzegorz Popielczyk.
11 Anonymer Bericht, Żyrardów.

sich kümmerten – das war in der Praxis sehr schwer zu vereinbaren. Ich denke:
Dem lag einerseits ein Klischee zugrunde und andererseits die Notwendigkeit, sich
um die Kinder und den Haushalt zu kümmern.«[12]

An die Mauer der 1980 streikenden Danziger Werft malte jemand den Spruch:
»Frauen, stört uns nicht, wir kämpfen um Polen!« Die Solidarność kämpfte um die
Freiheit – aber im Falle der Frauen war es eine »Freiheit« der Rückkehr zur
traditionellen Rolle der Ehefrau und Mutter, die auf den Zwang der beruflichen
Arbeit verzichten und sich so mehr der Familie widmen konnte. Was interessant
ist: Gleichzeitig betonten zahlreiche Gesprächspartner und Aktivisten der Opposition die Stärke und die Entschlossenheit der Frauen. Einem anderen Klischee zufolge
seien sie konsequenter, ausdauernder und psychisch zäher als Männer.

2. Befreiung oder Versklavung?

Der Fall des Kommunismus führte dazu, dass der Konservativismus – in der
polnischen Gesellschaft stets gegenwärtig – unter dem Schlagwort der »Rückkehr
zur Normalität« in die öffentliche Debatte zurückkehrte. Mit »normal« war die
traditionelle polnische Gesellschaft gemeint. Der Fall des Kommunismus brachte
auch andere bedeutende gesellschaftliche Veränderungen mit sich. Frauen waren
härter von der Arbeitslosigkeit betroffen, die nach 1989 aufkam und sehr schnell
zum wichtigsten gesellschaftlichen Problem wurde. Sie wurden außerdem durch die
Schließung vieler staatlicher Kindergärten und Horte belastet; die Schließungen
führten dazu, dass die Pflege der Kleinsten, bisher die traditionelle Aufgabe der
Frauen, zum größten Teil privatisiert wurde.

Ein Symbol der Rückkehr zur traditionellen Rolle der Frau nach 1989 war die
Änderung der Abtreibungsgesetze, die in den 1950er Jahren liberalisiert worden
waren (unter dem Stalinismus waren Abtreibungen verboten gewesen, aus Sorge
um das Bevölkerungswachstum). In den 1970er Jahren gab es in Polen jedes Jahr
mehrere Hunderttausend Abtreibungen, doch der Widerstand dagegen wuchs
immer mehr; spätestens seit der Wahl von Karol Wojtyła zum Papst Johannes
Paul II. im Jahre 1978.

Die Hilfe kam aus dem Westen. 1979 hatte Bernard Nathanson, der Besitzer einer
großen Abtreibungsklinik in den USA, einen Kollegen gebeten, während eines
Eingriffs das Ultraschallgerät an den Bauch der abtreibenden Frau zu halten. Er
nahm es auf Video auf. Nathanson und sein Kollege, die jeden Tag an die dreißig
Schwangerschaftsabbrüche vorgenommen hatten, führten nach diesem Film keine
einzige mehr durch.

Der von Nathanson 1984 veröffentlichte Film *Der stumme Schrei* gelangte schnell
auch nach Polen und wurde zu einer mächtigen Propaganda-Waffe für katholische
Ärzte, die gegen die Abtreibung kämpften. Der Film wurde immerzu gezeigt, in
Kirchen und in Sonntagsschulen. Damals war die Kirche das Hauptbollwerk des

---

12 Bericht von Henryk Wujec.

Kampfes gegen das kommunistische Regime, das Zentrum eines unabhängigen, freien Kulturlebens. Auf diese Weise entstand im Polen des ausgehenden Kommunismus eine moderne Anti-Abtreibungs-Bewegung. Die Aktivisten verteilten Ohrringe mit winzigen Kinderhändchen, Kassetten mit dem Herzschlag eines Fötus, kleine Plastikpüppchen.

Am 1. März 1989 reichte eine Gruppe von Abgeordneten des Polski Związek Katolicko-Społeczny (Polnischer Katholischer Sozialverband) einen Gesetzesentwurf zu einem Anti-Abtreibungs-Gesetz im Sejm ein: Nach diesem Gesetz sollten Schwangerschaftsabbrüche verboten und rechtlich geahndet werden. Nach den Wahlen 1992 verbot ein der Solidarność nahestehender Gesundheitsminister Schwangerschaftsabbrüche in privaten Praxen. Die Frauen-Kommission der Solidarność protestierte anlässlich der Gewerkschaftstagung dagegen, woraufhin die Gewerkschaftsspitze – damals in einer politischen Allianz mit der aufkommenden Rechten und der Kirche – quasi als Strafe die Repräsentation der Frauen abschaffte.

Der Sejm diskutierte über den Gesetzesentwurf, vor allem über das Strafmaß. Drei bis fünf Jahre? Für den Arzt und für die Frau? Oder nur für den Arzt? Die Abgeordneten ignorierten die gewaltige gesellschaftliche Bewegung für eine Volksabstimmung in der Sache. Nach Meinungsumfragen hätten sich 50 Prozent der Polen für eine Liberalisierung des Abtreibungsgesetzes ausgesprochen; dagegen waren 26 Prozent. Bald schon – dank den intensiven Bemühungen der Kirche und der politischen Rechten – sollte sich dieses Verhältnis umkehren.

Am 7. Januar 1993 trat das Gesetz in Kraft. Die Rechtsprechung erlaubte Schwangerschaftsabbrüche in drei Fällen: bei einer Bedrohung für das Leben und die Gesundheit der Frau, wenn mit großer Wahrscheinlichkeit eine schwere Behinderung des Fötus zu erwarten war oder bei einer Schwangerschaft als Ergebnis einer Vergewaltigung oder einer inzestuösen Beziehung. Für illegale Schwangerschaftsabbrüche gab es nun drei Jahre Haft. Prozesse begannen. Bald wurde die Mutter einer Sechzehnjährigen aus Lublin verurteilt, weil sie ihre Tochter angeblich einem »postabortalen Stress« ausgesetzt hatte. Die Zahl illegaler Abbrüche ging stark zurück, auf ein paar Hundert jährlich – dafür schossen im grenznahen Ausland Kliniken aus dem Boden, die sich auf Polinnen spezialisierten. Die Presse schrieb über weitere Fälle, bei denen Frauen ein Schwangerschaftsabbruch verweigert wurde, obwohl sie, juristisch gesehen, das Recht darauf gehabt hätten. Die katholische Rechte machte aus dem Teenager Agata (Name zu ihrem Schutz geändert) eine Märtyrerin. Die Abtreibungsgegner demonstrierten vor dem Krankenhaus, in dem das Mädchen den Abbruch vornehmen sollte. Agata wurde unter enormem Druck gezwungen, das Kind schließlich auszutragen.

Erhebungen weisen darauf hin, dass im Falle einer Volksabstimmung die Befürworter der Liberalisierung des Gesetzes wohl unterliegen würden. Im Zuge der Rückkehr des Konservativismus kommt es paradoxerweise zu einer Revolution bei der gesellschaftlichen Stellung der Frauen. Anders als in Zeiten von Bolesław Prus findet der Wandel von unten statt; auch wenn es den Feministinnen immer noch nicht schnell genug geht.

Selbst ist die Frau

Männer in Polen verdienen immer noch
mehr – laut Statistischem Hauptamt un-
gefähr 9% pro Stunde bei vergleichbarem
Bildungsabschluss und vergleichbarer Stelle
(Stand Oktober 2010). Diese Daten sind
weniger selbstverständlich, als sie auf den
ersten Blick aussehen, weil es stark davon
abhängt, in welcher Branche man tätig ist.
In der Kategorie »Industrie- bzw. hand-
werkliche Arbeiter« verdienen Frauen nur
zwei Drittel vom Lohn der Männer. In der
Gruppe »Büroarbeiter« bekommen Frauen
und Männer praktisch das Gleiche – eine
Prämie für Männer beträgt in dem Bereich
nur 2,1%.

In der heutigen Wirtschaft haben Industrie und Handwerk eine immer geringere Bedeutung:
In den Banken, Programmierfirmen und Projektbüros wird der Wohlstand der postmodernen
Gesellschaft erarbeitet. Wir müssen also davon ausgehen, dass die Unterschiede im Einkom-
men in Zukunft kleiner werden.

Adam Leszczyński: *Mocna płeć* [Das starke Geschlecht]. In: GAZETA WYBORCZA vom 27.–28.
Oktober 2012, S. 20.

Die Grundlage der Emanzipation ist die Ökonomie. Heute verdienen Frauen oft
mehr als ihre Partner. Noch im Jahr 2000 brachte der Mann mehr Geld nach Hause:
67 Prozent. 2013 sind es nur noch 62 Prozent. Obwohl die polnischen Frauen nach
wie vor 15 Prozent weniger verdienen als Männer in vergleichbaren Positionen,
verringert sich dieser Unterschied allmählich. 2006 waren es noch 22 Prozent.

Hinter diesen Zahlen verbirgt sich eine hochkomplexe gesellschaftliche Wirklichkeit. 2013 betrifft das größte Missverhältnis bei Löhnen und Gehältern zwischen
Männern und Frauen diejenigen Berufe, die keine hohe Qualifizierung erfordern. In
Arbeiterberufen und im Handwerk verdienen die Polinnen ein Drittel weniger als
ihre Kollegen, was wohl der traditionellen Arbeitsaufteilung geschuldet ist. Frauen
arbeiten nicht als Bergarbeiter oder Fahrer, die gut bezahlt werden. Männer
arbeiten wiederum nicht als schlecht entlohnte Näherinnen. Nicht einmal die
Berufsbezeichnung lässt eine männliche Form zu: Wenn auch »Näher« grammatika-
lisch richtig ist, so klingt das Wort im Polnischen doch unnatürlich und funktioniert
nicht in der Praxis.

In Positionen, die eine hohe Qualifizierung und gute Bildung erfordern (beginnend
mit dem Abitur), existiert praktisch kein Unterschied beim Einkommen, dieser
beträgt lediglich 2 Prozent. Im heutigen Polen sind Frauen besser gebildet als
Männer: Wir haben 3,6 Millionen Frauen mit höherer Bildung und nur 2,5
Millionen Männer.[13] Diese Überzahl zeigt sich vor allem bei den am besten

13 Angaben des Statistischen Hauptamtes aus dem Jahr 2013, zitiert nach der Zeitung DZIENNIK
    GAZETA PRAWNA (Jakub Kapiszewski; Janusz K. Kowalski: Nie potrzeba parytetów. Kobiety
    świetnie radzą sobie same [Man braucht keine Paritäten. Die Frauen kommen bestens alleine
    zurecht]. In: DZIENNIK GAZETA PRAWNA vom 12. September 2013).

ausgebildeten Personen, bei denen mit einem Magister- oder Doktortitel (oder Gleichwertigem): Bei niedrig qualifizierten Frauen sind es 28,2 Prozent, bei Männern 16,7 Prozent.[14] Es gibt definitiv mehr junge Studentinnen als Studenten – und dieser Unterschied hält sich schon seit circa fünfzehn Jahren, ähnlich wie in den am weitesten entwickelten Staaten der westlichen Hemisphäre, wie beispielsweise den USA. Aus den Untersuchungen des Meinungsforschungsinstitutes CBOS geht hervor, dass sich 86 Prozent der Befragten eine höhere Bildung für ihre Tochter wünschen; seit 1993 gibt es einen Zuwachs von 22 Prozent.[15]

Immer öfter gründen Polinnen auch eigene Firmen. Prozentual gesehen gehört Polen zu den führenden Ländern, was die Anzahl der von Frauen gegründeten und geführten Unternehmen betrifft. 2011 gehörten Frauen 37,1 Prozent aller neu gegründeten Firmen. In manchen Bereichen sind sie sogar entschieden in der Mehrheit, wie z.B. in der Bildung (61,1 Prozent) oder im Hotel- und Gaststättengewerbe (56,1 Prozent). Über die Hälfte aller Manager im öffentlichen Sektor sind weiblich. In Deutschland sind es nur 15 Prozent. Insgesamt arbeiten mehr Frauen als Männer im öffentlichen Sektor.[16]

Was den Anteil der Frauen in der Arbeitswelt angeht, holt Polen sehr schnell die Länder der »alten« Europäischen Union ein. Die größere Selbstbestimmung, sowohl ökonomisch als auch gesellschaftlich, zeigt sich auch in der größeren Mobilität der Frauen. Nach der letzten Volkszählung von 2011 hielten sich zu dem Zeitpunkt über 614.000 Frauen im Ausland auf, 63.000 mehr als Männer. »Frauen sind in den letzten Jahren mobiler geworden, sie sind sich der Anforderungen, die auf sie zukommen, sehr wohl bewusst«, berichtete der Demograf der Universität Lodz, Piotr Szukalski, in einem Gespräch mit der Zeitung DZIENNIK ŁÓDZKI, bei dem er Untersuchungen über die Migrationsbewegung kommentierte. »Im Ausland finden sie oft auch einen Lebenspartner, den sie in Polen nicht finden konnten. Frauen sind eher geneigt, Ehen mit Ausländern einzugehen, als Männer mit Ausländerinnen.«[17]

3. Der Import wurde angenommen

Noch in den 1990er Jahren gab es in Polen nur wenige Feministinnen, und die, die es gab, hatten meist an westlichen Universitäten studiert. Alleine das Wort »Feministin« suggerierte eine gefährliche Radikalität, im besten Falle eine Art Kauzigkeit. Agnieszka Graf, eine der führenden Aktivistinnen der Bewegung, erinnert sich an die Atmosphäre jener Dekade: »Ich kannte keine Feministinnen, schon gar keine kämpfenden. Alleine die Bezeichnung hatte etwas Groteskes. Sie passte

14 Polki lepiej wykształcone od Polaków [Polnische Frauen besser qualifiziert als Männer]. In: Gazetapraca.pl, http://gazetapraca.pl/gazetapraca/1,90444,10285281,Polki_lepiej_wyksztalco ne_od_Polakow.html.
15 Siehe oben.
16 Statistisches Hauptamt: Kobiety i mężczyźni na rynku pracy [Frauen und Männer auf dem Arbeitsmarkt]. Warszawa 2012, unter: http://www.stat.gov.pl/cps/rde/xbcr/gus/f_kobiety_i_ mezczyzni_na_rynku_pracy_2012.pdf
17 Agnieszka Jasińska: Z Łódzkiego emigrowało więcej kobiet niż mężczyzn [Aus der Woiwodschaft Lodz emigrierten mehr Frauen als Männer]. In: DZIENNIK ŁÓDZKI vom 18. Juni 2013.

nicht zu mir. Sie suggerierte Vorwürfe an die ganze Welt, vor allem an die Welt der
Männer. Und ich mochte Männer, sehr sogar. Ehrlich gesagt fand ich sie spannen-
der als meine Geschlechtsgenossinnen. Sie hatten klare Meinungen, sie spielten
sich auf, sie stritten ständig um etwas. Und genauso wie ich wollten sie die Welt
retten. Also warum diese Beschimpfung? Ich verbarg meine Demütigung hinter
Schweigen. Oder hinter einem Witz? Ich weiß es nicht mehr. Die Erinnerung daran
kam Jahre später auf, als in einer weiblichen Runde von unserem ›ersten Mal‹
berichtet wurde. Eine von uns war Feministin genannt worden, als sie sich (ein
kleines Mädchen noch) geweigert hatte, die Socken ihrer Brüder zu waschen; eine
andere, als sie in der Grundschule beim Fußball mitmachen wollte; noch eine, als
sie ihrer Mutter anvertraut hatte, dass sie nicht vorhabe, eine Familie zu gründen,
bevor das Studium nicht abgeschlossen sei. Das schreckliche F-Wort tauchte wie das
Stopp-Zeichen auf: eine Warnung an brave Mädchen, dass sie einen Schritt zu weit
gegangen waren.«[18]

»Frau, rebelliere!«, motivierte die Chefredakteurin der Frauenzeitschrift Wysokie
Obcasy Weronika Kostyrko 1999 ihre Leserinnen. In Polen fand damals eine Diskussion zur Rentenreform statt: Es wurde das Kapitalsystem eingeführt, das heute
von einer weiteren Regierung demontiert wird. Das neue System – in dem die Höhe
der Auszahlung von den eingezahlten Beiträgen des Arbeitnehmers abhängig ist –
diskriminierte Frauen, die oft viel früher als die Männer in Rente gingen. Kostyrko
schrieb: »Es ist allgemein bekannt, dass wir kürzer als die Männer arbeiten. Wir
haben auch mehr Pausen, weil wir die Kinder betreuen. Dieses Gesetz richtet uns
zugrunde, denn es richtet sich nach der kürzeren Arbeitszeit. Es erstaunt mich,
dass weibliche Abgeordnete für dieses Gesetz gestimmt haben. Noch mehr erstaunt
es mich, dass während der Arbeit am Gesetzesentwurf niemand protestiert hat. Die
Feministinnen schweigen, und die Solidarność-Aktivistinnen pochten geradezu auf

18 Agnieszka Graff: Patriarchat po seksmisji [Das Patriarchat nach der »Seksmisja«]. In: Gazeta
    Wyborcza vom 19.–20. Juni 1999.

›das Recht auf Erholung nach der Arbeitszeit‹. Ja, eine solche Lösung haben – nach den bekannten Erhebungen – die Frauen selbst befürwortet, die offenbar dem Klischee anhängen, dass eine Frau im Alter höchstens auf der Bank vor dem Haus sitzen kann, während der Mann sie ernährt. Ihr erlaubt, dass ich euch an die folgende Tatsache erinnere: Männer leben im Durchschnitt acht Jahre kürzer als wir.«

Kostyrko äußerte sich ebenfalls (wenn auch nicht direkt) zu den Feminismus-Vorwürfen der von ihr geleiteten Zeitschrift: »In vielen Briefen fragt ihr nach dem Feminismus in ›Wysokie Obcasy‹. Heutzutage diskutiert sogar die ›Gazeta Wyborcza‹ über den Feminismus. Wir erklären: Wir werden Fällen, in denen Frauen, sei es durch die Rechtsprechung oder durch Tradition, diskriminiert werden, besondere Aufmerksamkeit widmen. Und vor allem dann, wenn Frauen selbst dazu beitragen, die Stereotype hinter der Diskriminierung zu konsolidieren.«[19] Dieser Abschnitt verdient eine genauere Betrachtung. Es ziemte sich nicht, sich zum Feminismus zu bekennen – das hätte, in den Augen sowohl der Leser als auch der Kritiker, die Zeitschrift in eine ideologische und politische Nische gedrängt. Kostyrko erwähnte, dass sogar die Gazeta Wyborcza über den Feminismus diskutiere; also war nichts Verwerfliches an der Tatsache, dass auch sie darüber sprach.

Beinahe zur gleichen Zeit beauftragte die Redaktion der Wysokie Obcasy das Meinungsforschungsinstitut CBOS mit der Erhebung zum Thema: »Wer hat in Polen ein besseres Leben?« 42 Prozent der Frauen und 26 Prozent der Männer waren der Meinung, dass es den Männern besser gehe. Dass Frauen ein besseres Leben hätten, davon ging kaum jemand aus. »Das Bewusstsein der Diskriminierung stieg mit dem Grad der Bildung: Eine Benachteiligung sahen lediglich 33 Prozent der Frauen mit Grundschulbildung, während es bei besser gebildeten Frauen 61 Prozent waren. Besser ausgebildete Frauen haben offenbar höhere Erwartungen und sind empfindlicher, was Ungleichheit und Unrecht angeht«, vermutete die Journalistin von Wysokie Obcasy, die die Untersuchungen analysierte.

Heute erkennen sogar 19 Prozent der befragten Frauen die ungleichen Chancen in der Arbeitswelt. Wird die Diskriminierung der Frauen immer schlimmer? Oder ist nun die Wahrnehmung dafür geschärft, dass die Frauen ein kleineres Stück vom Kuchen bekommen (indem sie weniger verdienen, schwerer aufsteigen können)? Wird den Frauen endlich bewusst, dass es keine natürliche Weltordnung ist, sondern ein Problem, das es zu lösen gilt?[20]

Einige Jahre später ist das, was einem in den Neunzigern noch exotisch vorkam, normal. In der polnischen Presse kommen langsam weibliche Berufsformen auf, für die es bisher nur männliche Formen gab, beispielsweise »Kritikerin«. Feminismus ist kein Tabu-Wort mehr. Die Abtreibungs-Diskussion kommt wieder auf: Es ist nicht klar, wie lange sich das konservative Gesetz von 1992 halten wird. Um in der Sprache der Marxisten zu sprechen: Der Überbau und die Basis haben sich ange-

19 Weronika Kostyrko: Kobieto, buntuj się [Frau, wehre dich]. In: Wysokie Obcasy vom 17. Juli 1999.
20 Aneta Górnicka-Boratyńska: Mężczyźni mają lepiej [Männer haben es besser]. In: Wysokie Obcasy vom 21. August 1999.

glichen. So wie die Emanzipation früher ein von oben aufgezwungenes, gar elitäres Vorhaben war, ist sie heute eine gesellschaftliche Tatsache. Der Diskurs ist auch ein anderer geworden: Niemand weigert sich heute, die Existenz der Benachteiligung von Frauen anzuerkennen. Wir haben die klassische Hegelsche Triade vollzogen: Zuerst war der Feminismus ein elitäres Projekt, dann eine von unten aufkommende Bewegung, die sich dem Konservativismus der politischen Eliten entgegenstellte, und heute ist er eine umfassende Bewegung.

In der polnischen Gender-Debatte tauchte kürzlich ein neues Stichwort auf: Wysokie Obcasy und andere Frauenzeitschriften schreiben immer öfter über die Krise der Männlichkeit. Die den Frauen gewidmete Beilage zur Zeitung Gazeta Wyborcza beauftragte kürzlich zwei Praktikantinnen damit, eine Anzeige aufzugeben: »Wir suchen einen echten Mann.« Aus Dutzenden von Zuschriften wählten sie ein paar aus und besuchten die Herren. Sie alle stellten sich als unreif und unselbstständig heraus. Die Reporterinnen berichteten, lediglich eine Karikatur des »starken Mannes« vorgefunden zu haben – Typen, die sich nicht einmal die Mühe geben, an das Ideal des Kriegers heranzukommen. Sie beschrieben die Männer mit kühler Grausamkeit.[21]

2012 sprach Agnieszka Kozłowska-Rajewicz, die Regierungsbeauftragte zur Gleichstellung von Frauen und Männern, mit der Gazeta Wyborcza: »Viele Frauen behandeln Männer wie kleine Kinder, denen man helfen muss, um die man sich kümmern sollte, die man unterstützen muss, auch bei der Arbeitssuche und Karriere. Ich finde, dass man Männern etwas abverlangen muss. Wenn man wenig verlangt, bekommt man auch wenig.«[22] Solche und ähnliche Aussagen können bedeuten, dass ein im Westen (vor allem durch amerikanische Soziologen) häufig beschriebenes Phänomen auch in Polen angekommen ist: Während die gesellschaftliche und berufliche Emanzipation der Frauen fortschreitet, haben die Männer immer mehr Schwierigkeiten, ihrer Rolle gerecht zu werden. Junge Männer verbringen ihre Zeit mit Computerspielen und unproduktiven Beschäftigungen und geben ihre Träume und ihre Karrieren kampflos auf.[23]

Die emanzipierte Mutter-Polin muss ihren Partner also immer öfter bemuttern. Doch im Gegensatz zu den vergangenen Generationen erträgt sie es immer schlechter.

Aus dem Polnischen von Paulina Schulz

---

21 Siehe S. 133–135 in diesem Jahrbuch.
22 Renata Grochal: »Nie jestem panią Agusią« [Ich bin nicht Fräulein Agusia]. In: Gazeta Wyborcza vom 30. Juli 2012.
23 Charles Murray: Coming Apart: The State of White America, 1960–2010. New York 2012.

Kongres Kobiet

Der Kongress der Frauen ist ein 2009 gegründeter Verein, gleichzeitig aber auch eine soziale Bewegung, die von Privatpersonen, NGOs, Gewerkschaften u.a. getragen wird. Einmal im Jahr findet eine Frauenkonferenz mit mehreren Tausend TeilnehmerInnen statt, die immer eine große mediale Wirkung erzielt. Die Konferenz ist ein Forum, dessen Ziel die Diagnose des Status der polnischen Frauen in verschiedenen Bereichen des gesellschaftlichen und politischen Lebens nach 1989 ist. Dem Programmrat des Kongresses gehören mehr als 250 Frauen aus der Welt der Wissenschaft, Politik und Kunst und aus anderen Bereichen des öffentlichen Lebens an, u.a.: Henryka Bochniarz, Magdalena Środa, Jolanta Fedak, Krystyna Janda, Krystyna Bochenek, Agnieszka Kozłowska-Rajewicz, Dorota Warakomska.

www.kongreskobiet.pl

Pablopavo (Paweł Sołtys, 1978)
Reggae- und Raggamuffinsänger, Mitbegründer der Warschauer Band Zjednoczenie Sound System (Vereinigung Sound
System) und Vavamuffin. Seine Spezialität sind lange und
komplizierte Vokaleinlagen, die auf einem bemerkenswerten
Freestyle basieren. In seinen Texten verarbeitet er die Realität
der trostlosen Warschauer Arbeitervororte.
http://www.karrot.pl/pablopavo

Anika Keinz

»Meine« polnischen Männer
Eine Vorstellung

Dla Macieja i Pawła i Zbyszka (z wąsami i bez)
... i Patrycji i Lukrecji[1]

> »Was macht meine Vorstellung von ihm zu einer Vorstellung von *ihm*?«
> Ludwig Wittgenstein
> »Was macht *meine* Vorstellung von ihm zu einer Vorstellung von ihm?«
> Barbara Köhler

Der Pariser des Ostens

»Die polnische Frau ist die Pariserin des Ostens« ist ein Satz, den ich nicht selten gehört habe.

Warum funktioniert der Satz »Der polnische Mann ist der Pariser des Ostens« in meiner Vorstellung nicht ebenso? Liegt es daran, dass es auch keine nennenswerte Vorstellung von »dem Pariser« gibt? Wie stelle ich mir »die Pariserin« vor? Worin unterscheidet sich diese Vorstellung von »der Pariserin des Ostens«? Und unterscheidet sich meine Vorstellung von der Ihren – werte_r Leser_in?

Ist meine Vorstellung *deutsch* oder *europäisch* oder *weiblich* oder ist sie stets das, was andere aus ihr machen? Ist mein Schreiben *weiblich* oder *deutsch* oder ist das Vorgestellte *weiblich* oder *deutsch*? Und wenn das eine oder das andere zutrifft, was macht das dann mit der Repräsentation, die hier gerade entsteht, oder wenn Sie diesen Text lesen?

Und wenn beides zutrifft: Wenn die Vorstellung, die ich mir mache, und die Vorstellung (die Repräsentation), die ich hier gebe, *deutsch* und *weiblich* ist, handelt es sich dann bei meiner Vorstellung des *polnischen Mannes* um die Vorstellung und Repräsentation einer deutschen Frau?

Ist der polnische Mann dann eine deutsche Frau?

Es sind diese Fragen, die mich bewegen, wenn ich mich auf gefühlt heikles Terrain begebe. Denn ein Essay in einem Polen-Jahrbuch zum Thema polnische Männer zu schreiben, stellt mich nicht nur vor die Frage, ob ich dazu etwas schreiben kann, was wir nicht ohnehin schon immer kennen, sondern auch vor die Frage, ob ich mit einem solchen Text nicht etwas herstelle, was es eigentlich so gar nicht gibt.

---

1 Für Maciej und Paweł und Zbyszek (mit und ohne Schnauzer) und Patrycja und Lukrecja. *Zbyszek mit Schnauzer* sowie *Patrycja* und *Lukrecja* sind Figuren aus Michał Witkowskis Buch *Lubiewo* (Kraków 2004).

Anders ausgedrückt: Trage ich mit einem Text über polnische Männer nicht dazu bei, das, was polnisch ist, und das, was männlich ist, zu definieren? Ich bin nicht nur mit einem Problem der Repräsentation konfrontiert, sondern laufe Gefahr, den polnischen Mann, genauer noch: Polen und Männer, zu essenzialisieren, zu naturalisieren und zu nationalisieren.

Als Kultur- und Sozialanthropologin versuche ich für gewöhnlich genau diese drei Dinge zu vermeiden. Meine Aufgabe sehe ich vielmehr darin zu fragen, welche Funktionen solche Essenzialisierungen und Naturalisierungen haben und wann Menschen Kultur ins Spiel bringen, sich oder andere auf ihre nationale Identität beziehen oder ihr Deutschsein oder Polnischsein betonen und wann und zu welchem Zweck Menschen auf genau das reduziert werden, ihr angebliches Deutschsein oder Polnischsein: ein Sein oder Sosein, das nur eine Erzählung aufruft und erklärt, wie die Welt funktioniert. Als Kultur- und Sozialanthropologin frage ich danach, welche Bedeutungen Menschen ihrem Leben geben, was sie als wichtig erachten, wie sie sich selbst erzählen, wie sie sich und *Andere* herstellen, welche Grenzen sie ziehen zwischen *Ich* und *nicht-Ich* und zwischen *wir* und *ihnen*. Wie sie ihre individuelle Identität behaupten und sich in einem Kollektiv verorten und welchen Zweck dies hat.

Es fällt mir schwer, aus der Rolle der Anthropologin zu schlüpfen – vielleicht will ich das auch gar nicht –, und ich frage mich daher, welche Funktion *meine* Vorstellung des polnischen Mannes einnehmen könnte. Denn schon allein die Frage nach dem polnischen Mann setzt voraus, dass es ihn gibt. Schon wenn ich mir darüber Gedanken mache, was ich denn schreiben könnte über diesen Mann, diesen Polen, setze ich seine Existenz voraus. Und es ist gerade diese Existenz, die mir zu denken gibt. Die ich infrage stellen möchte.

Googelnd erhoffe ich mir etwas Aufschub in dieser Frage und finde ein Forum, in dem sich Frauen über »polnische Männer« unterhalten. Es ist ein deutschsprachiges Forum und die sich hier austauschenden Frauen sind alle in Polen verliebt (in Männer, vielleicht aber auch in das Land). Und alle sind voll des Lobes. Eine, die gerade frisch verliebt ist, hat diesen *thread* gestartet. Sie möchte wissen, wie die Erfahrungen der anderen sind. Sie möchte wissen, wie »sie« sind, die polnischen Männer. Ja wie sind sie denn? Die Antworten sind zahlreich und *summa summarum* erfahre ich, dass der polnische Mann Trinkfestigkeit beweist, ein Familienmensch ist, zuweilen sogar ein Weiberheld. Eine konstatiert einen Unterschied zwischen polnischen Männern in Polen und Polen in Deutschland. Sie scheint eine Art Expertin auf dem Gebiet zu sein. Eine andere wirft ein: »Generell würde ich sagen, sind polnische Männer recht normal.« Es scheint so eine Art Übereinkunft zu geben über das, was normal ist. Der normale Mann. Ich frage mich, wer ist das? Auf diese Kategorie kann ich an dieser Stelle nicht näher eingehen, es ist aber definitiv eines meiner Lieblingsthemen. Eine bemerkt schließlich: »Was schreiben wir hier eigentlich? Hatten wir das nicht neulich schon zu türkischen Männern durchgekaut? Den polnischen Mann gibt es nicht. Genauso wenig wie den türkischen oder den deutschen.«

Ich schmunzle, als ich das lese, und denke: Man muss ja nicht unbedingt Anthropologin sein, um die Existenz des polnischen Mannes anzuzweifeln. Das heißt, genau
genommen ist es ja gar nicht seine Existenz, die ich anzweifle. Ich bin mir ziemlich
sicher, dass sich eine ganze Reihe von Menschen als Männer fühlen und aus Polen
kommen. Ich vermute allerdings auch, dass *mann* nicht aus Polen kommen muss,
um sich als Mann zu fühlen, und ich glaube auch nicht, dass alle, die sich polnisch
und männlich fühlen, in Polen und als Mann geboren sind. Es kommt ja immer
wieder vor, dass Menschen entgegen ihrem Selbstverständnis für Polen oder Männer gehalten werden. Hier haben wir dann schon die nächste Frage: Wann ist einer
denn polnisch? Wenn ich über *den polnischen Mann* schreibe, haben Sie dann dasselbe Bild im Kopf wie ich? Ganz nebenbei gefragt: Woher kommen Sie eigentlich?

Mieszane perspektywy[2]

Vom Hörensagen

Als ich nach Polen fahre, bin ich gewarnt. Gewarnt vor den polnischen Männern.
Sogar ein (nicht-deutscher, nicht-polnischer, männlicher) Professor erklärt mir, wie
das in Polen abläuft. Er weiß, wie Männer sprechen. Miteinander. Untereinander.
Er erklärt mir das anschaulich: »Wenn eine Frau in ein Café kommt und da sitzen
ein paar Männer – und es ist ganz egal, ob diese Männer Arbeiter sind oder Pro-
fessoren, dann schauen sie die Frau erst mal an – also als Frau.« (Er räuspert sich.)
»Also nun ja – als Se... ähm, na, als Frau eben. Es geht erst mal um ihre Attraktivität. Und« – fügt er hinzu – »es ist ganz egal, ob diese Frau eine Arbeiterin oder eine
Professorin ist. Zuerst einmal und vor allem anderen geht es um ihre Weiblichkeit.«
Haben Sie nun – wie ich – eine ganz genaue Vorstellung von Weiblichkeit im Kopf?
Also meine Assoziation folgt auf dem Fuße, denn was er nicht sagt, ich aber denke,
ist: Es geht um ihren Hintern. Ganz einfach. Hintern und Titten, um es mal sehr
simpel auszudrücken.

Natürlich glaube ich ihm kein Wort. Und fahre nach Polen.

In Warschau finde ich alles ganz normal(!). Es ist gar nicht so, denke ich, dass Frau-
en hier mehr auf ihre Körperteile reduziert werden als in Deutschland.

Doch dann bleibt mein Blick an einer Werbung hängen. Es ist eine Werbung von
einem Radiosender. Darauf zu sehen: Eine Frau, deren Brustwarzen stark hervortre-
ten. Bei genauerer Betrachtung sehen sie aus wie Radioknöpfe und darunter steht:
»Weil es uns anmacht.«

Heimaturlaub I

Ela steht vor mir und lacht. Sie ist froh, jetzt in Warschau zu sein. Warschau ist ihr
Zuhause, in Warschau blüht sie auf, in Warschau lebt sie auf. In Warschau lebt sie
und in Warschau liebt sie wie in keiner anderen Stadt. Die meiste Zeit des Jahres
aber lebt sie in Berlin. In Deutschland lebt sie schon seit 20 Jahren. In Deutschland und in Berlin, sagt Ela, fühlt sie sich nicht als Frau. In Deutschland, so sagt

Die polnische crossover-Band Lao Che

sie, wird man nicht als Frau angeschaut. In Deutschland wird man von Männern
behandelt wie ein Kumpel.

Heimaturlaub II – Reverse

In Hannover sitze ich mit meiner Freundin und ihrem Freund in ihrem neuen
Stammlokal. Wir trinken Weizen und plaudern mit dem Kellner. Es ist ihr Kellner
und darum gehen sie in dieses Lokal. Er ist sehr wortgewandt und berlinert, weil
ihm das gefällt, so sagt er (er ist kein Berliner). Er bewegt sich wie eine altern-
de Tunte (das ist jetzt Mode, sagt meine Freundin). Dann bringt er eine Flasche
Prosecco aufs Haus, denn es gibt etwas zu feiern. Er sagt, er ist das erste Mal seit
acht Jahren solo – und zwar seit genau 72 Stunden. So lange war er noch nie solo,
sagt er. Als er sich von seiner Ehefrau trennte, hatte er binnen 24 Stunden eine
Neue. Nicht nur das, die Neue zog binnen 24 Stunden bei ihm ein. Er lacht. Alles
Polinnen, sagt er. Die Polinnen, sagt er, seien noch richtige Frauen. Er sagt, dass er
sich natürlich nie bewusst Polinnen aussuche, dass es einfach immer Polinnen sind,
die ihm gefallen. Er sagt, eine richtige Frau unterstütze ihren Mann, denn dann
könne er sein Bestes geben. Dann sei er super im Beruf und super in der Beziehung
und super im Bett. Wenn eine Frau einen Mann unterstützt, sagt er, dann kann der
Mann alles. Die Polinnen unterstützen ihre Männer. Umkehrschluss: Polen muss
ein Paradies für Männer und Frauen sein: Die Frauen unterstützen ihre Männer
und die Männer geben immer ihr Bestes. Dafür sorgen die Polinnen, denn sie sind
noch richtige Frauen.

Fremdgehen

Oder sie sorgen eben nicht dafür, für das Beste im polnischen Mann. Denn die
polnische Frau geht zusehends fremd. Sie ehelicht Briten und Deutsche und beklagt
sich über die polnischen Männer. Ja, es scheint eine Art Männernotstand in Polen
zu geben (oder ist es eher ein Frauennotstand?). Dies jedenfalls suggerieren die
Schlagzeilen einiger Zeitungen (ja ja, eine davon ist auch Fakt: BILD dir deine Mei-

nung!). Männernotstand oder Notstand der Männer, so deutlich wird das nicht. Die Welt lacht (*Świat się śmieje*): *Polski mężczyzna to porażka*[3]. Oder: *Polska, kraj fatalnych mężczyzn*[4]. Polen über Polen in Polen. Sie haben von sich die schlechteste Meinung. Aber auch das scheint gar nicht so verwunderlich, kennen wir das nicht schon, drückt sich darin nicht die polnische Selbstkritik aus (andere sprechen vom polnischen Minderwertigkeitskomplex, als wäre das etwas ganz Natürliches, Selbstverständliches: So verstehen sie ihr Selbst). Vielleicht ist dieses Selbstverständnis aber nicht ganz so ernst gemeint, wie man vielleicht verführt ist zu glauben. Weil die polnischen Männer das nicht auf sich sitzen lassen wollen, schreiben sie dann eben über die treulosen Polinnen, nicht nur in der Zeitung, sondern auch in Blogs:

»Otóż jestem świadkiem klasycznego zauroczenia polskiej kobiety angielskojęzycznym cudzoziemcem«[5], schreibt einer säuerlich in seinem Blog.

Wiadomości[6]
In der Zeitung steht, es gebe keine Gewalt gegen Frauen in Polen, weil die polnischen Männer gute Männer seien.

Im Dezember 2004 stellt die damalige polnische Beauftragte für die Gleichstellung von Männern und Frauen bei einem Treffen in Norwegen fest, dass die Katholische Kirche zum Teil für die Gewalt in Familien verantwortlich sei. Es gebe Orte in Polen, wo Priester Frauen rieten, bei ihren prügelnden Ehemännern zu bleiben, weil sie durch das erfahrene Leid näher an Christus seien. Sie sollen ihr Leid tragen wie ein Kreuz. Auch polnische Priester sind Männer.

»Homoeroty«

... und nicht alle sind sie schwul, auch wenn die Schlussszene des Films *W imię* (Im Namen) das suggerieren mag. Polen sind nicht schwul. Zumindest, so wird in der Öffentlichkeit unermüdlich konstatiert, waren sie das *za komuny* nicht (das kam erst, als die Grenzen fielen). Übrigens war Polen unter den ersten drei Ländern in Europa, die Homosexualität entkriminalisiert haben (interessanterweise lange vor 1989, im Jahr 1932). Wie leicht das in Vergessenheit gerät, wenn sich die westliche Presse aufregt, dass einige der berühmtesten (berüchtigtsten) polnischen Männer es scheinbar schwer ertragen können, dass es Männer gibt, die Männer lieben. Im Polnischen gibt es dafür einen Begriff: *kochać inaczej* (anders lieben). Lieben Sie auch anders? Manchmal? Anders Lieben hat den Geschmack der Verführung auf den Lippen. Es klingt verwegen, verrucht, finde ich. Vielleicht kommt daher die Angst vor den *homoseksualiści*, den *pedały* oder, wie sie Witkowski nennt, den *»homoerot«*. Wenn *anders lieben* so verführerisch ist, dann könnte es wohl sein, dass sich die polnischen Männer im Frauennotstand mal anders vergnügen (*herrlich!*). Oder schon immer auch anders vergnügt haben, glauben wir Witkowskis

---

3   Der polnische Mann ist eine Niederlage. Titel eines Blogeintrags von Michał Wichowski.
4   Polen, Land hoffnungsloser Männer. Titel eines Zeitungsartikels.
5   Ich bin Zeuge der klassischen Begeisterung einer polnischen Frau über ihren englischen Schatz (meine Übersetzung. Zitat aus einem Blog von Michał Wichowski).
6   Nachrichten.

Fictionary und denken an die *Zbyszek z wąsami*. In seinem Buch *Lubiewo* stellt er dann auch fast spitzbübisch die Frage: »Czy przed wojną było dokładnie tyle samo ›homoerotów‹? Czy gdzieś się spotykali i uprawiali seks?«[7]

Jeszcze raz[8]

Wer bin ich denn, dass ich über polnische Männer etwas sagen könnte? Bin ich dafür passend, befähigt, gerüstet?

Ich kenne sie nicht. Ich kenne sie gut. Ich kenne einen. Nein zwei. Einige. Ich begegne ihnen überall: in Polen, in England, in den Niederlanden, in Deutschland, in der Eckkneipe, auf der Straße, in der Universität, unter Studierenden und Professor_innen. Wo fängt Polen an und wo hört Polen auf? Von welchem Polen soll ich schreiben? Von welchen Polen kann ich schreiben?

Sie sind präsent in den Stimmen von Politikern, Journalisten, Philosophen und Freunden. Sie sind Ratgeber, Gutachter, Zuhörer_innen und Liebhaber_innen.

Ich kenne sie nicht. Mit ihnen rede, streite, lache, weine ich.

Ich habe einen geliebt, nein zwei, keinen. Wäre ich mit einem zusammen, wären wir eine ungewöhnliche Konstellation unter den *polnisch-deutschen* Paaren, so die Statistik (gibt es sie also doch – die Deutschen und die Polen und die Polinnen und die Deutschen?).

Vorstellung einer Begegnung

Wieder, znowu, again: Berlin-Warszawa-Express. Eine Vorstellung. Es stellt sich vor ein Slam-Poet. Die Vorstellung war gestern in der Nacht. Heute sitzt er müde im Zug. Ein übermüdeter Slam-Poet nach der Vorstellung stellt sich vor. Stellt jemanden dar. Ich stelle mir vor, wer er ist. Stelle mir seine Vorstellung vor und stelle mir ihn vor. Frage mich tatsächlich, ob er Pole ist (ein polnischer Mann) – bis er mit seiner *Ehe*frau telefoniert.

Er erzählt: Sein Vater ist Professor für Physik und seine Mutter ist/isst zu viel alleine. Das hat Konsequenzen (ich kenne sie nicht).

Seine Augen sind von einem tiefen Blau und er hat den Blick, die Herausforderung, den Charme und Witz eines Jungen, der noch nie verloren hat. Man/n will gefallen. Trotz Ehering.

Ich mache mir ein Bild, aber ich bin nicht im Bilde. Er gibt mir eine Vorstellung,

---

7   Zit. aus Witkowski, Lubiewo (wie Anm. 1), S. 29. Übersetzt: »Gab es vor dem Krieg genauso viele ›Homoerotiker‹? Trafen sie sich irgendwo und hatten Sex?« (aus der deutschen Ausgabe von 2007, erschienen bei Suhrkamp. Aus dem Polnischen von Christina Marie Hauptmeier, hier S. 33).

8   Dt.: Noch einmal.

will seiner Rolle gerecht werden, will seiner Rolle entfliehen: will sich nicht ausweisen, nicht identifizieren. Will entgehen, wofür man ihn hält. (Ja, wofür halte ich ihn denn?) Will der Vorstellung des Anderen entgehen.

Heute denke ich daran, wie er sich mir vorgestellt hat. Wie ich ihn mir vorgestellt habe.

Die Geburt 1980 in Polen (Unsicherheit liegt in der Luft, Angst, aber auch Widerstand und Hoffnung), eine Reise nach Frankreich (klingt harmlos). Doch Reise meint Aus-Reise. Reist aus und ein. *Tam i z powrotem.* Auf Zeit den Geschmack von Exil auf den Lippen (an der mütterlichen Brust). Die Rückkehr nach Polen: wieder zitternde Herzen, unruhige Zeiten, Befürchtungen, Unsicherheiten und Sehnsucht nach dem, was trotzdem Zuhause meint. Einschulung in einer französischen Schule und französisch bleibt sie bis zur Matura und polnisch bleibt ihr Boden. Parliert Französisch und talks English fluently, liest beim Essen, im Stehen, beim Gehen. Bis zum heutigen Tag trägt er stets zwei Bücher in der Tasche, vorbereitet auf alle Wartezeiten dieser Welt.

Er ist 25 Jahre alt. Verheiratet. Ohne Kinder. Apolitisch (betont er). Katholisch. Polnisch ist der Pass. Slam-Poet. Übersetzer. Dolmetscher. Doktorand.

Vor mir sitzt ein Junge mit tiefblauen Augen, der 25 ist und älter aussieht und sich die Rolle eines erwachsenen Mannes gibt. Er sagt von sich: »Nauczyłem się grać rolę starszego niż jestem.«[9] Tatsächlich weiß er diese Rolle zu spielen, so echt, dass sich Fältchen um seine Augen bilden, wenn er lächelt. Lacht dann und sagt: »Za dużo mówię.«[10]

In *meiner* Vorstellung: ein Bild von Solidarność, die Vorstellung des Ausnahmezustandes (Martial Law), der Gedanke an die 1980er Jahre in Polen. Stelle mir lange Schlangen vor, den Mangel an Zucker und Mehl. Stelle mir seine Geburt vor. Dann 1989, die Wende, der Kapitalismus. Das ist der Hintergrund. Sein Background. Gemisch aus Privilegien und Angst.

Vorvergangenes und Unausgesprochenes sind die Basis, bilden den Vektor für sein Leben.

Das Geburtsjahr stiftet Unruhe und pflanzt Hoffnung. Und so ist er: ruhelos und hoffnungsvoll. Wendet sich ab und gibt sich hin (mit Vorbehalt), wendet sich gegen die eine Richtung, geht in die entgegengesetzte Richtung. Hält gegen die *Veränderung*.

Übersetzungen interessieren ihn. Simultan übersetzt er (sich) in eine andere Sprache. Das ist sein Thema.

9 Ich lernte die Rolle eines Älteren zu spielen.
10 Ich rede zu viel.

Mieszane obrazy[11]

Ich kenne einen Mann.

Dieser Mann hat wunderschöne blaue Augen. Er hat braune Augen. Er hat fast gar keine Haare mehr. Er ist blond. Nein, dunkel. Es heißt, er habe *slawische* Wangenknochen. Es heißt, er sehe aus wie Jude Law (von Jude Law wird übrigens auch gesagt, er habe *slawische* Wangenknochen).

Er hat wunderschöne Lippen. Die Deutschen, so sagen die Polen, haben selten schöne Lippen.

Ich kenne einen Mann. Dieser Mann ist in Polen geboren. Er ist gar nicht polnisch. Er ist sehr polnisch. Er ist in Spanien aufgewachsen. Er hat seine Kindheit in Australien verbracht. Das war 1989. Er ist 1992 aus Spanien zurückgekommen. Er ist in Frankreich groß geworden. Er macht Strandurlaub in Lubiatowo, nein, in Lubiewo. Er kommt aus Breslau und heißt Lukrecja. Sein Freund heißt Patrycja.

Dieser Mann kann sehr gut küssen. Besser als alle anderen. Jetzt küsst dieser Mann am liebsten Männer und am allerliebsten polnische (denn die haben die schönsten Lippen. »Och! Twoje usta!«[12] Wer sagt das?).

Dieser Mann sagt, dass er nicht weinen kann. Er kann ganz wunderbar weinen und er sieht dabei ganz wunderschön aus, so schön, dass man ihn küssen und halten und trösten will.

Er weint heimlich nachts alleine. Er trinkt heimlich nachts alleine. Er trinkt unheimlich mit seinen Freunden.

Dieser Mann ist ganz sanft. Seine Stimme ist dunkel und ruhig und wenn er deutsch spricht, dann rollt er das *rrrrr* wie mein österreichischer Vater.

Seine Stimme ist hoch. Er spricht schnell. Seine Satzmelodie geht rauf und runter. Er sagt »Nieee!« auf eine solch erstaunte Weise, als würde eine Frau sprechen. Es hört sich an wie ein kleines empörtes Plätschern.

Dieser Mann steht am Kiosk um die Ecke und trinkt mit anderen Männern. Sie reden viel und schnell, ich verstehe immer nur zwei / drei Wörter (kurw... piep...).

Dieser Mann befürchtet immer, dass er als Pole erkannt wird. Die Leute sagen dann: »Echt, du kommst aus Polen?? Du sprichst aber gut deutsch.« Und wenn sich herausstellt, dass er nicht nur »so gut deutsch« spricht, sondern auch noch französisch oder spanisch und englisch ohnehin, dann erscheint auf ihrem Gesicht ein betretener Ausdruck und sie fragen mit Ungläubigkeit und einer Nuance Neid

---

11 Gemischte Bilder.
12 Oh deine Lippen!

in der Stimme, wo er denn studiert habe. Denn: Das gibt es doch nicht! Auch nicht, dass ein Pole in Deutschland seine Doktorarbeit schreibt (dass er nicht auf dem Bau arbeitet, Spargel zieht, Erdbeeren pflückt, arbeitslos ist ... dass er Erfolg hat, dass er Geld hat, dass er nicht katholisch ist, dass er keinen Wodka mag, dass er schwul ist – halt, doch, klar, deswegen ist er ja hier, oder etwa nicht?).

Aber ehrlich gesagt: Er selbst glaubt es auch nicht, dass er das ist: erfolgreich, schlau, gutaussehend, sexy: *Kosmo*Pole (»Zarabia źle, a co gorsza, nawet gdy zarabia dobrze, cały czas boi się, że za chwilę znowu będzie zarabiał źle«[13]). Besser weiß er – und damit kann er spielen – er ist ein polnischer Versager!

Er ist ein richtiger, ein echter Pole: bescheiden, gebeutelt, widerständig. Und er weiß: *Polak potrafi*!![14]

Und jetzt, vor allem jetzt ist er Pole! Jetzt in diesem Moment, wo dieser Deutsche dasteht und sich wundert über diesen besseren Polen, den er bisher (so glaubt er) nicht getroffen hat.

Ich kenne einen Mann. Für diesen Mann sind andere Männer wichtig. Es ist wichtig, was andere Männer von ihm denken. Es ist wichtig, dass sie ihn gut finden. Es ist wichtig, sich mit ihnen zu verbünden, und noch wichtiger ist es, sich mit ihnen zu verbünden, wenn diese anderen Männer keine Polen sind. Wenn sie keine Polen sind, so glaubt dieser Mann, dann sind sie irgendwie *richtige* Männer. Sie wissen, was zu tun ist. Sie geben ihm dann das Gefühl, dass auch er ein Mann ist.

Dieser Mann fühlt sich in Deutschland nicht gesehen. *Deutsche Frauen*, so sagt dieser Mann, stehen nicht auf *polnische Männer*. *Polnische Männer*, so heißt es, stehen nicht auf *deutsche Frauen*. Die *polnische Frau* dagegen ehelicht mal Briten, mal Deutsche. Der polnische Mann ist heimatverbunden. Dieser Mann jedoch fühlt sich heimatlos. Und auf der Straße sind ihm die polnischen Männer peinlich. Nicht die dort – in Polen –, sondern die hier – in Deutschland. Die hier (in Belgien, in Frankreich, in England, in Irland ... you name it).

Vorstellungen und Geschichten: Versuch einer Pluralisierung

Ich bin am Ende meiner Vorstellung angelangt, die nichts weiter sein kann als eine subjektive, genährt von Diskursen, Beobachtungen, Wahrnehmungen und Gesprächen.

Die verliebten Blicke auf den polnischen Mann in den deutschsprachigen Foren sind wohl jene, die im deutschen Diskurs am wenigsten wahrgenommen werden. Was würde es ändern, wenn das Bild des liebevollen, leidenschaftlichen Polen

13 Er verdient schlecht, aber was noch schlimmer ist, selbst wenn er gut verdient, dann fürchtet er die ganze Zeit, dass er gleich wieder schlecht verdienen wird. (Meine Übersetzung aus: Polska, kraj fatalnych mężczyzn, siehe: http://facet.onet.pl/polska-kraj-fatalnych-mezczyzn/10txc, zuletzt aufgerufen am 9.8.2013.)
14 Der Pole kann es!

Kaliber 44

dominant wäre? Würde ich dann weniger Bemühungen beobachten, immer so zu werden, wie *mann* glaubt, sein zu sollen? Wenn ein solches Bild vorherrschend wäre, würde dann sein Selbstverständnis nicht über den Blick des Anderen herge-stellt? Seine Augen sehen ihn immer nur gespiegelt. Er ist stets, was der andere in ihm sieht, und daher muss er dafür sorgen, dass der andere ihn richtig sieht, dass der andere ihn so sehen kann *wie sich selbst*. Zu oft haben wir nur ein Bild, eine Geschichte, *eine* Vorstellung – von Ländern, Menschen, Ereignissen. Und Zeitun-gen füttern diese eine Vorstellung, wie die von einem katholischen, traditionellen, rückständigen, homophoben, immer beleidigten, aber immerhin auch widerständi-gen Polen (Anmerkung: widerständig bekommt dann eine trotzige Konnotation).

Wie viel entgeht uns da?

Hier schließt sich der Kreis, mit dem ich begonnen habe. *Nur eine* Vorstellung begrenzt unsere Welt. Wir brauchen mehr Geschichten, mehr Bilder, mehr Vorstel-lungen, damit wir sie in all ihrer Vielfalt sehen können, die Maciejs und Pawełs und Zbyszeks (*z wąsami i bez*) und die Patrycjas und Lukrecjas – aus Polen, in Polen, in dieser Welt.

Aufruf von Karolina Sulej und Urszula Jabłońska
Wir sind zu haben

[...] Wir suchen einen Mann, der uns nicht übel nimmt, dass für uns der Job wichtig ist.
Wir suchen einen Mann, der nicht sauer ist, wenn wir beruflich für einen Monat verreisen, der mit uns nicht konkurriert, weil er eine eigene Leidenschaft hat, und der nicht erwartet, dass wir ununterbrochen von ihm schwärmen.
Wir suchen einen Mann, der nicht gleich beleidigt ist, wenn wir einmal ohne ihn auf eine Party gehen. Wir suchen einen Mann, der sich nicht aufregt, wenn man ihm nicht das Essen auf dem Tisch serviert und nicht die Hemden bügelt, da er es so bei seiner Mutter gewohnt war.
Wir suchen einen Mann, der sich nicht scheut, Verantwortung zu übernehmen, und der zeigt, dass ihm sehr daran gelegen ist. Er soll ein Mann sein, bei dem wir uns sicher fühlen, wenn wir uns für Kinder entscheiden.
Wir suchen keinen Mann, der in unserem Garten alle Rosen pflückt, alle Äpfel aufisst und dann über alle Berge flieht. [...]

Karolina Sulej; Urszula Jabłońska: *Jeden na milion* [Einer auf eine Million]. In: Wysokie Obcasy Nr. 24 vom 15. Juni 2013, S. 7.

Auf der Suche nach einem Mann. Zuschriften an die Autorinnen

[...]
Tomasz
»In der jetzigen Situation kann ich keine Familienplanung machen. Meine Wohnung ist 32 qm groß, zu klein für eine Familie. Ich hätte damals keinen Kredit für den Wohnungskauf nehmen sollen, sondern eine Wohnung mieten. Die Preise sinken und werden in den nächsten Jahren immer tiefer sinken. Ich wohnte bis zum 33. Lebensjahr bei meinen Eltern und wollte ausziehen. Ich fragte meine Kolleginnen, was ein Kind monatlich kostet. 500 Złoty. Soviel Geld habe ich nicht.« [...]

Łukasz
Łukasz sucht eine Frau, mit der er eine Familie gründen kann. Das ist nicht einfach. Er lernt die Frauen im Internet und auf Partys kennen – ohne Erfolg. Das Äußere ist für ihn nicht einmal wichtig, da er die Frauen nicht mehr nur für Sex aussucht. Er vermisst bei den Frauen jedoch die Ernsthaftigkeit, alle scheinen infantil zu sein.
»Ich hätte gern eine Frau in meinem Alter kennengelernt, eine Frau mit Lebenserfahrung. Nur junge Mädchen fühlen sich zu mir hingezogen, Mädchen, die noch nicht verstehen, was Liebe ist und dass die Probleme dazu da sind, um gelöst und bewältigt zu werden. Ich weiß nicht, warum ich bei einer 30-jährigen Frau kein Interesse wecken kann.«

Das ist eine rhetorische Frage. Łukasz hat da eine eigene Theorie entwickelt, und zwar dass 30-jährige Frauen keine Männer brauchen. Sie sind unabhängig, sie kommen für sich auf, sie können sich Handwerker leisten. Der Mann spielt für sie den Unterhalter. Łukasz hat genug davon gesehen. »Die Frau braucht einen Mann, der sie in praktischen Dingen unterstützen kann – ein Haus bauen, das Auto reparieren. Die Grenzen verschwimmen heutzutage. Auf meine Annonce, mit der ich einen Mechaniker suchte, haben sich zehn Frauen gemeldet. Wenn sich eine Frau alles leisten kann, ist der Mann kastriert.« [...]

Marcin
»Nach all den Stimmen über die Krise der Männlichkeit fühle ich mich in die Enge getrieben und muss die Männer verteidigen. Es gibt in Polen viele tolle Männer. Die Missverständnisse in Beziehungen entstehen dadurch, dass wir zu hohe Erwartungen gegenüber dem Partner haben. Die Frauen haben in der Regel mehr Erwartungen.« [...] Je länger die Bekanntschaft dauert, desto höhere Ansprüche werden gestellt: Ein Mann sollte eine eigene Wohnung haben, gut verdienen, aber nur bis 18 Uhr arbeiten und an den Wochenenden Extremsport treiben. [...]
Der zweite wichtige Punkt ist die fehlende Kommunikation. Als Beispiel nennt er Geschäftsverhandlungen. Beide Parteien wollen eine Orange haben, also teilen sie sie in zwei Hälften. Und dann stellt sich raus, dass eine Partei das Fruchtfleisch und die andere die Schale wollte. Und so bekommt jede Partei das Gleiche und keine ist zufrieden. Genauso sieht es in einer Beziehung aus. Sie wollte seinen Antrag, er wollte ihren Antrag. Über die Einzelheiten hatten sie sich nicht geeinigt.
»Kommen wir zu den Erwartungen zurück. Wir wollen in einer Beziehung eigene Bedürfnisse realisieren. Die Liebe erfordert es, den Egoismus zurückzustecken und den Partner zu verstehen und nicht sofort so zu reagieren: Ich will es so und nicht anders und wenn nicht, dann Tschüss.« [...]

Urszula Jabłońska; Karolina Sulej: *W poszukiwaniu mężczyzny* [Auf der Suche nach einem Mann]. In: Wysokie Obcasy Nr. 34 vom 24. August 2013, S. 9–14.

Jungen weinen nicht. Gespräch mit dem Psychologen Zbigniew Miłuński

[...]
Urszula Jabłońska / Karolina Sulej: Wir können also nicht mit einer Revolution rechnen, die uns einen neuen Mann beschert?

Zbigniew Miłuński: Diese Revolution hält an. Ich merke sie auf vielen Ebenen, aber sie ist nicht allumfassend. Die Veränderungen bei den Frauen sind bedeutend, jedoch auch nicht allgemein. Wir haben es nur mit einer Gruppe von Frauen zu tun, die bewusst Änderungen in ihrem Lebensstil vornimmt.

[...]

Immer mehr Männer besuchen eine Therapie. Sie interessieren sich mehr
für ihre Kinder und verbringen mehr Zeit mit ihnen. Nach den Umfragen verbringt ein Vater in Polen aktiv täglich 5 bis 15 Minuten mit seinen Kindern.
Da sieht man die Bandbreite der Aufgaben. Das Ergebnis des stattfindenden
Prozesses ist, dass viele Männer keine Verantwortung für das eigene Leben
übernehmen. Der Prozess hält an und braucht Zeit. Man kann sagen, dass die
Feministinnen zu weit in Richtung »Männlichkeit« gegangen sind und dann
mussten sie die Weiblichkeit zurückgewinnen. Und die Männer, die auf das
Macho-Ideal verzichtet haben, sind passiv und nichtssagend geworden.

Müssen auch die Männer allmählich die Männlichkeit zurückgewinnen?

Ich habe keine Ahnung, wie das gehen soll. Die Frauen stellen Forderungen
an die Männer, sie bestimmen, wie sie sein sollen und was sie zu tun haben.
Vielleicht werden die Männer schließlich doch anders? Ich glaube, dass der
Prozess, in dem wir uns befinden, einen Sinn hat, und es sollte uns bewusst
werden, was mit uns passiert. Dann werden Veränderungen folgen.

*Was sollen die gebildeten, unabhängigen Single-Frauen tun, um einen Mann
zu finden?*

Tatsache ist, dass es in Polen mehr ausgebildete Frauen als Männer gibt. Ich
habe kein Rezept gefunden, was ihr tun solltet. Das Leben und die Verhältnisse sind kompliziert. Wenn wir auf Schwierigkeiten stoßen, dann sollten
wir sie als eine Information betrachten, die uns selbst betrifft. Man sollte sich
die Frage stellen: »Wie wichtig ist für mich eine Beziehung?« Denn vielleicht
brauche ich die Beziehung ja nicht um jeden Preis. Vielleicht gibt es Wich-
tigeres für mich. Und wenn ich keine Beziehung will, dann muss ich diese
Wahl akzeptieren und nicht die anderen dafür verantwortlich machen. Ich
habe eine Entscheidung getroffen.
Statt zu sagen: Der Mann muss so und so sein, sollten wir es so formulieren:
Ich brauche von dir das und das. Kannst du mir das geben? Das kann den
Anfang eines völlig neuen Gesprächs bedeuten.

Dlaczego chłopaki nie płaczą [Warum Jungen nicht weinen]. In: Wysokie
Obcasy Nr. 39 vom 28. September 2013, S. 52–55.

Aus dem Polnischen von Ewa Dappa

Alles ist so furchtbar billig geworden

Anna Dziewit und Agnieszka Drotkiewicz im Gespräch mit Stefan Meller

Stefan Meller: Meine lieben Damen, Sie wollen über Männer sprechen? Dann unterhalten Sie sich als Feministinnen mit einem Feministen.

Anna Dziewit: Sie sind Feminist?

Meller: Ich betrachte den Feminismus nicht nur aus der Perspektive der Frauenbefreiung. Er verändert das menschliche Denken über die Beziehungen zwischen Frau und Mann derart, dass mich – neben wenigem anderen – gerade der Feminismus hoffen lässt, die Dinge könnten sich in eine meines Erachtens gute Richtung entwickeln. Die Männer haben ihr Potenzial im 19. Jahrhundert ausgeschöpft, als sie die Romantik erfanden. Dann gab es auf diesem Gebiet lange Zeit nichts Neues – abgesehen von dem, was etwa Alexandra Kollontai veranstaltet hat. Zwei Weltkriege bestätigten die Stereotype aus der Zeit vor der Romantik und danach kam es in unserem Teil der Welt zum totalen Fiasko. Das Weltende, nach dem nur sowjetische Witze blieben wie »Ich liebe Sie wie mein Auto!«. Die sexuelle Revolution hat sich bereits weitgehend erschöpft. Aber ein richtig verstandener Feminismus trägt das riesige Potenzial in sich, in einer Neuauflage die Beziehungen zwischen Frauen und Männern in die richtigen Proportionen zurückzurücken. Ein falsch verstandener Feminismus, falsch verstandene Feministinnen schaden natürlich sehr. Jeder Verfechter einer Doktrin schadet seiner Idee, und im Umkreis jeder Idee gibt es Fanatiker.

Agnieszka Drotkiewicz: Was ist Ihrer Meinung nach Feminismus?

Meller: Der Kampf der Frau um Gleichberechtigung auf jeder Ebene, auch – vielleicht vor allem – bezüglich der emotionalen Beziehungen zwischen Frau und Mann.

Dziewit: So ist es.

Meller: In meiner Jugend glaubte ich, bezüglich der Sitten radikal zu sein und auf alles zu pfeifen. Heute empfinde ich mich als konservativ. Aber ich bin Feminist. Mein Feminismus wurde mir erst sehr spät bewusst. Aber wenn ich manchmal höre, wie Männer sein können, dann weiß ich, dass mir ein solches Verhalten niemals in den Sinn kommen würde. Vielleicht bin ich ja irgendwie in der Entwicklung zurückgeblieben. Ich wusste, dass die feministische Revolution stattgefunden hatte, allerdings bin ich nie mit ihr in direkte Berührung gekommen. Meine Frau Beata, die Mutter meiner Kinder, war eine sehr ruhige Frau, erzogen entsprechend dem traditionellen Familienmodell. Als sie mich heiratete, war sie noch sehr jung, keine 21 Jahre alt. Eigentlich sind wir zusammen erwachsen geworden, denn auch ich war ja noch ein Rotzbengel – ich war damals 23. Wir haben uns aneinander angepasst und wir wollten uns anpassen. Wir haben das Familienmodell umgedreht. Ich habe mich sehr viel um die Kinder gekümmert. Ich bin gleich nach der Arbeit nach Hause gekommen, hatte Zeit, habe eingekauft und unseren kleinen Sohn ins Bett gebracht, der ohne das Geräusch meiner klappernden Schreibmaschine nicht einschlafen konnte. Aber das war weit entfernt von einem Nachdenken über Feminismus und Gleichberechtigung im gesellschaftlichen Sinn. Ich war einfach vollkommen davon überzeugt, dass es so richtig ist.

Dziewit: Woher kam diese Überzeugung?

Meller: Das weiß ich nicht. Ich habe mein Elternhaus sehr früh, mit 17, verlassen. Das Verhältnis zu meinem Vater war ziemlich kompliziert, denn er war ein klassischer Patriarch. Irgendwann hatte ich die Nase voll, ich wollte mich nicht nur finanziell selbstständig machen, sondern auch meine eigene Familie gründen – und eine ganz andere Beziehung zu meinen Kindern aufbauen als mein Vater zu mir. Wenn ich nach all den Jahren darüber nachdenke, dann verstehe ich mein Handeln als Reaktion auf die Verhältnisse in meiner Kindheit.

Drotkiewicz: Marcin Czerwiński beschreibt in *Przemiany obyczaju* [Die Wandlungen der Sitten] die enge Verknüpfung des patriarchalen Familienmodells der Vorkriegszeit mit finanziellen Fragen: Nicht Menschen, sondern Vermögen wurden miteinander verbunden. Oder aber Menschen taten sich zusammen, weil sie gemeinsam leichter bestehen konnten, auch finanziell. Das hat sich geändert.

Meller: Bei uns traten diese Veränderungen etwas unbewusst ein, infolge des Kriegs und der Verarmung und weil wir – im Mangel – alle einander glichen. In anderen Ländern führten antibürgerliche Proteste zu diesem Wandel – und das ist ein großer Unterschied. Es ist nicht egal, ob man Opfer ist und sich ergibt oder ob man sich auflehnt. Wie Sie wissen, entstand die Liebe in der heute üblichen Definition im frühen 19. Jahrhundert und sie existierte nur kurze Zeit, dann erstarkte das Bürgertum und die Ehe entstand als gesellschaftlicher Vertrag – das war's dann.

Ich bestehe jedoch darauf, dass der Ausgangspunkt für all diese Überlegungen, auch in philosophischen Kategorien, die Beziehung zwischen einem konkreten Mann und einer konkreten Frau sein muss, immer individuell betrachtet. Das ist die Grundlage. Dann erst folgt die gesellschaftliche und politische Situation, die natürlich unterstützend oder störend wirken und der Beziehung mehr oder weniger Bedeutung einräumen kann. Doch für mich sind alle Überlegungen zu diesem Thema – ob aus feministischer oder antifeministischer Perspektive – keinen Pfifferling wert, wenn nicht auf ein konkretes Menschenpaar gezeigt wird. Das erinnert mich an den grundlegenden Unterschied zwischen Historikern und Soziologen. Ein sehr guter Freund von mir, ein Soziologe – seinen Namen nenne ich nicht, weil er ziemlich bekannt ist –, entwickelte bei einem unserer Treffen in den 1970er Jahren eine glänzende Theorie. Als ihn jemand auf einen Denkfehler hinwies, stellte er mit höchster Leichtigkeit alles auf den Kopf und behauptete nun stundenlang genau das Gegenteil.

Dziewit: Hier legen wir ein Veto ein, die gesellschaftlichen Bedingungen beeinflussen die Qualität der zwischenmenschlichen Beziehungen immens.

Meller: Rebellieren Sie nur, meine Lieben, bitte schön. Ich behaupte ja nicht, dass sie keinen Einfluss hätten. Aber bei allem, was ich in letzter Zeit zu diesem Thema lese, in all diesen mehr oder weniger soziologisierenden Theorien über die Liebe sind die konkreten Menschen abhanden gekommen. Das Allerwichtigste verschwindet: die Beziehung zwischen zwei Menschen. Ich denke nicht, dass Verallgemeinerungen immer schlecht sind, aber ich vermisse das Nachdenken über das Wichtigste. Natürlich ist mir bewusst, welch große Rolle dabei zumindest die materiellen Bedingungen spielen. Viele Frauen sind auch heute, noch immer, die materiellen Sklavinnen ihrer Ehemänner. Und das blockiert sie als Frauen und als Mütter. Ich sehe ja in meinem Bekanntenkreis, wie viele Beziehungen in die Brüche gehen würden, wenn die Frauen selbstständig leben könnten.

Dziewit: Aber auch für die andere Seite sieht es oft nicht so rosig aus. Immer häufiger ist der Mann nicht mehr der Ernährer.

Drotkiewicz: Und hier stellt sich die Frage: Wer sollte in diesem Zusammenhang der Mann für die Frau sein? Vielleicht trifft ja Sławek Sierakowskis These zu, »wir sollten einander unnötig werden«?

Meller: Sechs Jahre lang habe ich mich jeden Monat gesorgt, ob das Geld bis zum nächsten Ersten reicht, um die Familie zu versorgen. Zuweilen habe ich keinen müden Pfennig verdient. Beata hatte ein geringes, aber sicheres Einkommen. Für uns war es selbstverständlich, dass sie die eigentliche Ernährerin war. Ich versuche mich an ein einziges Gespräch darüber zu erinnern, aber mir fällt nichts ein. Ich weiß natürlich nicht, was über uns geredet wurde. Ich bin nicht durch die Stadt gejagt, um zu erfahren, ob anderen unser Familienmodell gefällt. Für mich war wichtig, was ich denke und was Beata denkt. Sie wusste ja, dass ich alles Mögliche aufgetrieben hatte, ich gab Nachhilfeunterricht und nahm irgendwelche Nebenjobs an. Wenn sie merkte, dass das Geld in der Schublade knapp wurde, lebten wir eine Weile bescheidener. Aber wenn ich mal viel verdienen konnte, dann haben wir geprasst. Ich wurde im Wesentlichen von meiner Mutter aufgezogen. Und mehr als alles andere hat sich mir die feste Überzeugung eingeprägt, dass es die verdammte Pflicht eines Mannes ist, seine Partnerin zu achten. Meine Frau war 20 Jahre lang schwer krank. Selbstverständlich sind zahlreiche häusliche Pflichten auf mich und die Kinder gefallen – um es ihr möglichst leicht zu machen.

Dziewit: Was heißt es, ein moderner Mann zu sein? Wir haben über das patriarchale Familienmodell gesprochen, über starke, führende Kerle, doch eigentlich stellt die Kultur mehr und mehr den Softie auf den Sockel, dem nicht immer alles gelingt und der – wie auch immer man das sehen will – ein Produkt der feministischen Revolution ist.

Meller: Nach meinem Empfinden werden die Männer gegenwärtig genetisch charakterlos. Jahrhundertelang galt das Stereotyp des »echten Manns«: Er sollte eine Meinung und Charakter haben, entscheidungsfähig und fürsorglich sein. Aber auf einmal gibt es überall jede Menge Typen, denen all das egal ist. Ich sehe diese metrosexuellen, durch und durch modernen Männer, die sagen: »Ich entscheide mich bewusst dafür, mich aus den wirklich weltbewegenden Fragen rauszuhalten. Ich beschäftige mich mit mir selbst, will Geld verdienen, die Welt bietet so viele Vergnügungen. In dieses Abseits wurde ich nicht gedrängt, sondern ich fühle mich damit sehr wohl.« Es ist einfacher, sich die Fingernägel farblos zu lackieren, als sich eine Weltanschauung zu erarbeiten, nicht wahr?

Drotkiewicz: Eine Kultur alter Junggesellen, konzentriert auf sich und ihre Vergnügungen?

Meller: Das ist ja nichts Neues, die Welt hat so etwas immer ermöglicht, man musste nur genug Knete haben, dann durfte man automatisch so ein Leben führen. Eine bewusste Entscheidung dafür ist aber etwas anderes.

Drotkiewicz: Vor Kurzem waren alte Junggesellen noch verhasst, jetzt werden sie privilegiert. Heutzutage ist es eher extravagant zu heiraten.

Meller: Ich denke, zu heiraten ist gegenwärtig aus einem anderen Grund schwierig. Eure Generation ist ungemein realistisch und hat damit auch die Hoffnung verloren, dass sich das, was ihr euch wünscht, auch erfüllen könnte. Ihr bindet euch lieber nicht formell, denn überall seht ihr, wie alles zusammenfällt. Man muss nur mal fünf Jahre an einer Hochschule unterrichten. Wenn da junge Leute zu Beginn des Studiums heiraten, sind sie im fünften Jahr nicht mehr zusammen.

Dziewit: Vielleicht ist das Problem der Überfluss an Möglichkeiten? Dieses wäre toll, aber auch das da …

Meller: Einerseits ja, aber andererseits … Ich habe den Eindruck, dass die Menschen heute nicht so richtig wissen, was Liebe ist, oder aber sie wissen nichts mit ihr anzufangen. Alles ist so schrecklich oberflächlich geworden. Natürlich weiß ich viele unbestreitbare und große Vorteile der sogenannten sexuellen Revolution zu schätzen – die Pille, die freie Liebe und so weiter. Aber andererseits ist alles furchtbar billig geworden. Das geht so weit, dass bestimmte Wörter verdrängt wurden, Begriffe, die die Beziehung zweier Menschen bezeichnen, sind verschwunden. Diese Schäden sind meiner Meinung nach unwiderruflich.

Drotkiewicz: Begeistern Sie sich nicht für die sogenannte freie Liebe?

Meller: Wie Houellebecq, der mich im Übrigen als Schriftsteller schrecklich langweilt. Er ist überhaupt kein Künstler oder Romancier, sondern er hat als erster ein Phänomen aufgezeigt und es benannt. Sein grundlegendes Problem ist aber, dass er die Frauen überhaupt nicht versteht. Er hat auf diesem Gebiet keine Ahnung.

Dziewit: Aber welcher Schriftsteller versteht die Frauen? Gibt es Ihrer Meinung nach jemanden?

Meller: Selbstverständlich. Tadeusz Konwicki. Er weiß alles über die Frauen. Konwicki wird auf verschiedenen Ebenen gelesen, wobei gewöhnlich übersehen wird, dass sein gesamtes Werk von einem absoluten, phänomenalen Wissen über Frauen erfüllt ist. Was diese moderne Liebe aber angeht, das verkrafte ich wirklich nicht; es kam zu einer so schrecklichen Abwertung – zuweilen verstehe ich gar nichts mehr. Sich oft zu verlieben ist immer noch etwas anderes als der gegenwärtige Zustand: Vor unseren Augen verwandelt sich alles in Sodom und Gomorrha. So ist das leider. Und das ist keine negative Folge von Emanzipation und Frauenbefreiung, sondern eine absolute Katastrophe.

Drotkiewicz: Bringt die Emanzipation denn auch Vorteile?

Meller: Selbstverständlich. Aber trotzdem ist alles irgendwie schrecklich. Nach zehn Jahren kam ich an die Hochschule zurück. Und wenn ich diese Flure entlanggehe und mir die Leute anschaue – es ist zum Verzweifeln. Das ist eine vollkommene Befreiung, jenseits jeder Norm. Das Verhalten der jungen Leute schockiert mich einfach. Ich finde mich nicht zurecht.

Dziewit: Aber Sie haben doch so viele Jahre im Westen gelebt, warum wundern Sie sich so? Sie hätten doch wissen müssen, dass es – da es nicht mal dort wirklich gut läuft – bei uns nur schlechter sein kann – schneller, heftiger ...

Meller: Ich beziehe mich gerade gar nicht speziell auf Polen. Aber in einem Land wie Frankreich gibt es eine lange kulturelle Tradition der Romanze und des Flirts und was nach 1968 passierte, war natürlich eine sittliche Revolution – aber trotzdem gewissermaßen an die gesellschaftliche kulturelle Tradition angepasst. Bei uns dagegen – übrigens nicht nur bei uns – brach das eher als Eruption der Unverschämtheit aus, weit entfernt von jeglicher kulturellen Kontinuität. Auch in den USA, diesem sehr puritanischen Land, sind die Ergebnisse dieser Revolution krankhaft. Man wechselte von einem zwanghaften Verhalten direkt zum nächsten. Ich empöre mich aber nicht aus moralischen Gründen. Gott sei mein Zeuge, dass ich davon weit entfernt bin. Es geht darum, dass sich die Menschheit im Laufe ihrer Geschichte einige wunderbare Dinge über sich selbst ausgedacht hat, über die zwischenmenschlichen Beziehungen – und nun möchte niemand mehr darauf zurückgreifen.

Drotkiewicz: Hatte die Vernunftehe womöglich auch etwas Gutes?

Meller: Eine Vernunftehe ist nichts anderes als ein Arbeitsvertrag. Heute, da es keine arrangierten Ehen mehr gibt, kann sich jeder alles arrangieren, wie es ihm gefällt. Und wenn er mit diesem kann, dann warum nicht auch mit jenem und dem da, und noch mit dem dort. Um das herum kreisen wir. Dabei sind viele neue Fragen aufgetaucht, auf die es keine Antworten gibt.

Dziewit: Sie bedauern grundsätzlich sehr, dass alles so ordinär geworden ist, dass die Menschen so obszön sind, dass sie vulgär reden und essen, sich hässlich kleiden und obszön lieben.

Meller: Ich habe das erst bemerkt, als ich in Paris war. Hier in Polen, beim Heim-
spiel, verbrachte ich viele Jahre als Gleicher unter Gleichen in einer einfachen
Umgebung und nichts hat mich gestört. Ich habe zum Beispiel immer auf Tisch-
sitten geachtet, aber es hat mich nicht gestört, wenn es anderen egal war. Und
plötzlich finde ich mich in diesem Paris wieder. Dort gibt es keinen Ausweg, es gilt:
Adel verpflichtet. Und da kommen mir auf einmal all diese großartigen Menschen
in den Sinn, die zugleich am Tisch, beim Essen, ein vollkommener Alptraum sind:
Der polnische Intelligenzler nimmt sein Besteck in die Hand und verhält sich wie
der letzte Primitivling. Ich dachte darüber nach, woher das kommt. Das waren
die Kinder der Intelligenz der Vorkriegszeit. Der Krieg kam und nach dem Krieg
gingen sie in den Kindergarten und zur Schule, ihre Eltern hatten keine Zeit für
ihre Erziehung, sie wollten nichts mehr, weil sie nicht mehr glaubten, dass sich
irgendetwas verändern könnte und überhaupt noch etwas Sinn hat. Unvermeidbar
kam es zu einem gesellschaftlichen Rückschritt bei der Generation der Kinder der
Vorkriegsintelligenz. Und andererseits war inzwischen zuviel Zeit vergangen, als
dass man noch hätte anfangen können, darauf zu achten. Nichts geschah und auch
heute kümmert es nur wenige. Auch in der Volksrepublik Polen wollten nur einige
darauf achten. Aber wenn man Tyrmand liest – der hat das nie vergessen. Sein
bester Freund dagegen war Stefan Kisielewski – so einen Chaoten hab ich im Leben
nicht noch mal gesehen, ein Alptraum.

Meiner Meinung nach ist das weiterhin vor allem eine Folge der Besatzungszeit. Als
ich zum Studium nach Krakau gekommen bin, war ich zutiefst beeindruckt. Dort
hatte das Bürgertum überdauert, die Menschen waren elegant und kultiviert. Die
frischgebackenen Studenten kamen aus der Provinz hierher und einen Monat später
wussten sie schon, dass man auf keinen Fall, niemals, schlampig sein darf, dass man
seine Hose bügeln muss und die Schuhe putzen. Ich hab mal ein sehr interessantes
Interview mit Franciszek Starowieyski gelesen, der sagt, selbst wenn er in einer
Lehmhütte wohnen müsste, läge doch immer eine Tischdecke auf seinem Tisch.
Und dass es ihn wahnsinnig macht, wenn seine Kinder vorbeikommen, irgendwas
aus dem Kühlschrank holen, den Teller auf den Kühlschrank legen, das Essen im
Stehen runterschlingen – und fünf Minuten später wieder gehen.

Indem der polnischen Intelligenz nach dem Krieg die Hoffnung genommen wurde,
wurde auch die Alltagskultur gestohlen. Und auf der sprachlichen Ebene – anders
als auf der materiellen – wirkt dieser Verlust bis heute.

Drotkiewicz: Vielleicht sollte man sich für die Rehabilitation des Rituals einsetzen?

Meller: Das Ritual kehrt zurück.

Dziewit: Oft jedoch in einer schrecklich mutierten Form. Vor allem versnobt. Das
ist nicht mehr normal.

Meller: Das Ritual kommt in einer versnobten Form zurück bei der jungen Generation, die nach 1989 schnell reich geworden ist, die in die Republik Polen und damit
in die Werbebranche hineingeraten ist. Aber es kommt auch in einer sehr anstän-

digen Form zurück – durch diejenigen, die aus verschiedenen Gründen in den Westen gegangen sind und jetzt zurückkommen; das sind außergewöhnliche Menschen. Aber im Allgemeinen sieht es eher schlecht aus, das stimmt. Ich gebe ein Beispiel. Nach Weihnachten fand der traditionelle Schlussverkauf statt. Ich wollte mir das neue Einkaufszentrum beim Zentralbahnhof anschauen und fuhr hin. Wir laufen so rum und gehen dann in irgendeinen Laden. Ich habe mir meine Kleidung nie selbst gekauft. Erstens hatte ich nie Knete für das, was ich mir hätte kaufen wollen, zweitens war die Familie wichtiger und drittens begann irgendwann mein Onkel aus Deutschland, Pakete mit noch nicht abgetragenen, nicht mehr modernen Sachen zu schicken, die ich dann angezogen habe. Jahre vergingen, ich hatte keinen Kopf für solche Sachen und erst Ewa, meine zweite Frau, hat sich mich vorgeknöpft. Sie hat meinen Schrank ausgemistet, bis praktisch nichts mehr übrig blieb – mit Recht! In diesem Einkaufszentrum nun waren großartige Tweed-Westen preisgesenkt, unglaublich elegante britische Professoren-Westen – ein Wunder. Sie waren von 1700 auf 380 Złoty runtergesetzt. Ich rufe den Verkäufer und frage ihn, ob der Preis stimmt. Und dann frage ich ihn, warum das überhaupt nicht läuft. Darauf er: »Mein Herr, wir sind dafür noch nicht reif.« In Europa gibt es gewisse kulturelle Codes, auch Kleidungscodes. Übrigens sind diejenigen, die meinen, dass die Codes bezüglich der Kleidung, des Essens, Trinkens und des Vergnügens bedeutungslos sind, einfach unkultiviert. Bei uns kam es zu einem schrecklichen Kahlschlag auf diesem Gebiet.

Drotkiewicz: Wir sind nicht in der Lage, solche Codes zu schaffen, geschweige denn zu lesen.

Dziewit: Wir sind außerdem sehr zufrieden damit, sogar stolz darauf.

Meller: Das ganze Gerede über die Entwicklungen nach 1989, über unseren Eintritt in Europa, hat keinen Sinn, wenn das übergangen wird. Unsere Vorfahren lebten in Europa und sie beachteten die europäischen kulturellen Codes. Wir kamen nach Europa, allerdings ohne diese Codes, die Europa ausmachen.

Warschau, 12. Juli 2007
bearbeitet von Anna Dziewit

Dieses leider unvollendet gebliebene Interview veröffentlichen wir mit Einverständnis der Familie, aber ohne Autorisierung.

Aus dem Polnischen von Katrin Adler

Das Gespräch ist dem Band »Teoria trutnia i inne«, Wołowiec 2009, S. 164–174, entnommen.

Błażej Warkocki

Polen unter dem Regenbogen
Die drei Emanzipationswellen der Schwulen
in Polen

Als die Ergebnisse der Parlamentswahlen im Jahr 2011 veröffentlicht wurden,
zeigte sich eine ganz neue Qualität. Für die Palikot-Bewegung waren in der siebten
Legislaturperiode Robert Biedroń, ein offen lebender Schwuler (out of the closet)
und langjähriger Aktivist der Schwulenbewegung, und Anna Grodzka, Transfrau

und Transgender-Aktivistin, in den polnischen Sejm eingezogen. An diesem für die
nationale Vertretung so symbolischen Ort gibt es nun zwei so offensichtliche »Sonderlinge«. Betrachtet man diese Tatsache als eine Art Zielpunkt, stehen dahinter
mindestens drei Jahrzehnte des homosexuellen/schwulen Aktivismus.

Seine Rekonstruktion ist keine leichte Sache, weil sich die polnische Zeitgeschichtsforschung fast überhaupt nicht mit Geschichte im homosexuellen Kontext befasst.
Das ist ein weißer Fleck. Dabei wäre Polen ein überaus dankbarer Gegenstand für
derartige Überlegungen. Schließlich bekam es 1932 ein recht liberales Strafgesetzbuch, das die sexuellen Beziehungen zwischen Erwachsenen entkriminalisierte.
Doch, so die Strafrechtlerin Professor Monika Płatek, blieb trotz eines (im Vergleich
zu anderen europäischen Ländern) überaus liberalen Gesetzes eine Art Bestrafung
homosexueller Prostitution, und der Prostitution war bereits eine Einladung ins
Café oder ins Theater verdächtig. Dieser Eintrag wurde jedoch aus dem Strafgesetzbuch von 1969, das 1970 in Kraft trat, gestrichen. Somit kam es, zumindest
theoretisch, in der Volksrepublik Polen zu einer gänzlichen Entkriminalisierung von
sexuellen Beziehungen zwischen gleichgeschlechtlichen Personen. Im Vergleich mit
der europäischen oder amerikanischen war die polnische Gesetzgebung also ausgesprochen modern. Dennoch war das Leben nichtheterosexueller Menschen nicht
rosig, denn Homosexualität wurde im Alltagsleben vollkommen pathologisiert und
tabuisiert. Dieser Stand der Dinge verband zweifelsohne das Regime der Volksrepublik Polen mit den Amtsträgern der katholischen Kirche. Die emanzipatorischen
Aktivitäten konzentrierten sich also nicht auf Fragen, die mit dem Sex zusammenhingen (denn der war in Polen legal), sondern auf eine Fülle von Problemen, die
sich – in Hegelscher Tradition – als die »Anerkennung« eines andersartigen, aber
würdigen Lebens bezeichnen lassen.

Die drei Emanzipationswellen entsprechen in etwa drei aufeinanderfolgenden Jahrzehnten, die in grafischer Verkürzung folgendermaßen dargestellt werden könnten:
- 1981–1990 – die frühe Emanzipationsphase, »die Anderen«
- 1990–2003 – die schwul-lesbische Emanzipation
- 2003 bis heute – die Sichtbarkeit im öffentlichen Diskurs, die Politisierung der
Homophobie.

In den 1980er Jahren tritt in der Volksrepublik Polen eine Art soziokulturelle Liberalisierung ein und es werden Themen wieder aufgegriffen, die bis dato verdrängt
worden waren (darunter beispielsweise die Frage der polnisch-jüdischen Beziehungen). Zu Beginn des Jahrzehnts erscheinen zwei Werke, die offen andere (wenn
auch ähnliche) Versionen männlicher homosexueller Identität thematisieren. Das
ist zum einen Julian Stryjkowskis Erzählung *Tommaso del Cavaliere* (1981), zum
anderen der Roman *Rudolf* (1980) von Marian Pankowski, der im Exil in Brüssel
geblieben war. Das erste Werk erzählt von dem genialen Künstler Michelangelo
aus der Sicht eines von ihm ignorierten Schülers; das zweite Werk beschreibt die
Begegnung eines vorbildhaften Professors mit einem deutschen Homosexuellen (in
der polnischen Literatur waren die Homosexuellen oft Nicht-Polen), der es genießt,
am Rande der Gesellschaft zu bleiben (womit er den Professor natürlich schockiert).

Beide Werke kann man je für sich als Existenzmuster für homosexuelle Männer lesen, als im Grunde einzige Möglichkeiten, denn die Palette vorhandener Rollen war überaus dürftig. Kurz gesagt bot sie: den Künstler und den Perversen. Kompensation in der Kunst oder ein Leben voller Heuchelei am Rande der Gesellschaft. *Tertium non datum.* Die Literatur Ende der 1980er, Anfang der 1990er Jahre (beispielsweise in *W ptaszarni* [Im Vogelhaus] von Grzegorz Musiał, *Ból istnienia* [Existenzschmerz] von Marcin Krzeszowiec und *Grecki bożek* [Der griechische Götze] von Marek Nowakowski) zeigt, wie unzureichend diese Palette an Möglichkeiten war. Von besonderer Bedeutung ist hier der Roman von Krzeszowiec. Sein Hauptprotagonist ist weder Künstler noch Perverser. Krzeszowiec stellt ein neues Existenz- und Identitätsmuster vor, das unter echten Schmerzen entsteht: den Schwulen. Und damit läutet er das neue Jahrzehnt ein (sein Roman entstand Ende der 1980er Jahre und erschien 1992).

Soviel zur Identitätsfrage in der Literatur. Die 1980er Jahre weisen zahlreiche Spuren des stärker werdenden Interesses an dieser Thematik auf. Agata Fiedotow hat in ihrem Artikel *Początki ruchu gejowskiego w Polsce (1981–1990)*[1] diese Frage aus historischer Perspektive untersucht. Vor allem habe sich im öffentlichen Diskurs etwas verändert. Das Thema Homosexualität sei im Zeitraum 1981–1989 etwa 100 Mal aufgetaucht; das ist nicht viel im Vergleich damit, wie oft es allein im Jahr 1990 angesprochen wurde, aber es ist sehr viel im Vergleich damit, wie oft es vor den 1980er Jahren erwähnt wurde. Hier muss vor allem Barbara Pietkiewiczs Reportage *Gorzki fiolet* (Bitteres Violett) aus dem Jahr 1981 genannt werden, die in der Polityka veröffentlicht wurde, also in einem Mainstream-Wochenmagazin.

Erwähnenswert ist auch der Artikel von Krzysztof Darski (unter diesem Pseudonym trat Dariusz Prorok auf) mit dem charakteristischen Titel *Jesteśmy inni* (Wir sind anders), ebenfalls in der Polityka abgedruckt (1985), der eigentlich das erste polnische schwule Emanzipationsmanifest war. Hier ein Zitat: »Verlacht und an den Rand der Gesellschaft gedrängt, diskriminiert von ausnahmslos allen Institutionen und gesellschaftlichen Organisationen, verfolgt von Schwulenfeinden, geschlagen und beleidigt von Flegeln, während die Autoritäten dieser Welt schweigend zustimmen, vereinsamt und vom Staat, der Kirche, der Wissenschaft aufgegeben [...] Haben Homosexuelle irgendwelche Rechte in unserem Land? Ist irgendjemand daran interessiert, sie bei ihren so offensichtlichen persönlichen Problemen zu unterstützen? Liegt irgendjemandem daran, dass eine Beziehung zwischen zwei Männern aufrechterhalten wird?«[2]

Eines der rätselhaftesten Ereignisse bezüglich homosexueller Männer in der Volksrepublik Polen war die polenweite Aktion unter dem Decknamen »Hyacinthus«, die auf das Schwulenmilieu abzielte und Ende 1985 von der Bürgermiliz und dem Sicherheitsdienst durchgeführt (und später mehrmals wiederholt) wurde.

---

1   Agata Fiedotow: Początki ruchu gejowskiego w Polsce (1981–1990) [Die Anfänge der Schwulenbewegung in Polen (1981–1990)]. In: Marcin Kula (Hrsg.): Kłopoty z seksem w PRL. Rodzenie nie całkiem po ludzku, aborcja, odmienności. Warszawa 2012.
2   Krzysztof T. Darski: Jesteśmy inni [Wir sind anders]. In: Polityka Nr. 47 vom 23. November 1985, S. 8.

Robert Biedroń

Sejm-Abgeordneter und Politiker der Partei »Twój Ruch« (früher »Ruch Palikota«). Bekannt wurde Biedroń vor allem für sein Engagement für die Rechte der Homosexuellen in Polen. Auf seine Initiative wurde 2001 eine Nichtregierungsorganisation unter dem Namen »Kampagne gegen Homophobie« gegründet, die gegen Diskriminierung von Schwulen, Lesben und Transsexuellen kämpft. Er ist als Publizist tätig, seine Texte werden in der GAZETA WYBORCZA, der TRYBUNA und der POLITYKA veröffentlicht.
Robert Biedroń wurde 1976 in Rymanów geboren. Er studierte Politikwissenschaften an der Universität von Ermland und Mazuren in Allenstein (Olsztyn).

Noch immer ist über diese Aktion nur wenig bekannt. Obwohl in Polen die Zeit der Volksrepublik recht intensiv untersucht wird und es selbst über das Auto der Marke »Syrenka« eine eigene Monografie gibt, existiert über die Verfolgung von Homosexuellen noch immer keine gesonderte kompetente historische Arbeit. Im Übrigen ist bekannt, dass fast die gesamte Volksrepublik-Zeit hindurch homosexuelle Männer vom Sicherheitsdienst überwacht (unter anderem Jarosław Iwaszkiewicz, Jerzy Andrzejewski und Michel Foucault) und Verzeichnisse für Homosexuelle angelegt wurden. Die Aktion »Hyacinthus« war womöglich eine Intensivierung dieser Vorgehensweisen, sie mag eine sehr eigen verstandene Prävention vor HIV/AIDS zum Ziel gehabt haben, vielleicht war sie aber auch der Versuch, die ersten Schwuleninitiativen einzudämmen.

Wer aber waren die sexuell Andersartigen des achten Jahrzehnts? Wie haben sie sich gesehen, wie haben sie sich definiert? Agata Fiedotows Arbeit liefert hierzu interessantes Material, wie beispielsweise die Information, dass Aktivisten, die im Verband International Gay Association (IGA)[3] organisiert waren, eine spezielle Abteilung für Kontakte mit den Ländern des kommunistischen Blocks gegründet hatten, den East Europe Information Pool (EEIP), der Informationen über die rechtliche und soziale Situation homosexueller Menschen sammeln und zu ihnen Kontakt aufnehmen sollte. Der EEIP wurde innerhalb der mit der IGA zusammengeschlossenen österreichischen Organisation Homosexuelle Initiative Wien (HOSI) gegründet, Koordinator wurde der in Wien lebende Pole Andrzej Selerowicz. Vielleicht waren deshalb die Kontakte zu Polen am intensivsten.

Fiedotow hat etwa 280 Briefe analysiert, die in den 1980er Jahren bei den Vertretern des EEIP und bei den Jugendzeitschriften RAZEM und NA PRZEŁAJ eingegangen

3   Seit 1986 als ILGA – International Lesbian and Gay Association.

waren. Aus diesen Briefen geht eine recht traurige kollektive Autobiografie der Homosexuellen hervor. Die Historikerin listet charakteristische Topoi auf: Feindseligkeit und Intoleranz der Umgebung (aber auch die Klage über schwierige Lebensbedingungen – in den Briefen, die an die westlichen Organisationen geschrieben wurden), unaufhörliche Befürchtungen, Unruhe, Ängste (wiederholter Verfolgungswahn), das Gefühl von Vereinsamung, Zusammenbruch (Alkoholismus, Depression, Selbstmord), aber manchmal auch – wesentlich seltener – die Akzeptanz der eigenen Sexualität (»mir geht es damit gut«). Darüber hinaus beschreibt Fiedotow die Strategie des Versteckens – vom Doppelleben in heterosexuellen Ehen (laut Darski war die Mehrheit der Homosexuellen in Polen verheiratet) bis hin zur selbst gewählten Einsamkeit.

Besonders interessant war das EEIP-Projekt der gesellschaftlichen Entmarginalisierung – ein Versuch, die Schwulenidentität und die sie begleitende Emanzipationsbewegung in die Wirklichkeit, die am Ende der Volksrepublik herrschte, zu integrieren. Dieser Versuch endete in einem vollkommenen Fiasko, weil er an den Realitäten des Lebens in Polen vorbeiging. Die westlichen Aktivisten wunderten sich über den Widerstand gegen gesellschaftliche Initiativen von unten, nicht nur seitens des Regimes, sondern auch von den Betroffenen selbst, die sich nicht darum rissen, ihre eigenen Aktivitäten zu formalisieren (denn das hätte bedeutet, sich zu outen). Sehr lange wurde in schwulen Gruppen überwiegend der private Charakter gepflegt; hier sprach man über »unsere Themen«. Wer Kontaktadressen zum Korrespondieren sammelte, weckte Misstrauen. Der Redakteur des Bulletins EEIP war für die Leser eher eine Art Freund und Berater als ein potenzieller Leader der Schwulenbewegung. Mit Sicherheit ist es nicht gelungen, eine schwule Identität (Öffentlichkeit, Stolz, Beziehungen) und ein gesellschaftliches Bewusstsein als Gegenstück zur »Klappen-Homosexualität« aufzubauen, sprich einer auf Zufalls-Sex begründeten Homosexualität.

Was jedoch Ende der 1980er Jahre nicht gelungen war, wurde Schritt für Schritt im folgenden Jahrzehnt verwirklicht. Die 1990er Jahre waren nämlich die Zeit, in der Schwulenprojekte ins Leben gerufen wurden und die Schwulenidentität stabilisiert wurde.

Beginnen wir am Anfang. Erstens wurde das Gesetz für Vereine geändert, gemäß dem die Legalisierung nun den Bezirksgerichten unterlag und nicht wie bisher den Verwaltungsbehörden. Auf diese Weise wurde 1990 der Verein »Lambda« eingetragen. In manchen größeren Städten bildete sich eine halböffentliche Form des gesellschaftlichen Verkehrs heraus. Den meisten Einfluss hatten sicherlich die Zeitschriften, die an Homosexuelle gerichtet waren. Manche waren recht kurzlebig, andere existierten lange, so zum Beispiel das in Posen erscheinende Magazin

---

Homosexualität existierte und existierte gleichzeitig wiederum nicht. Als ich heranwuchs, passierte mir hier und da etwas mit meinen Freundinnen. Einer meiner ersten Freunde gestand mir, dass er in einen Klassenkamerad verliebt war. Ein anderer Freund erzählte mir, wie er mit gewissen Sachen nicht zurechtkam und zu einem Sexualforscher ging. Dieser schaute ihm tief in die Augen und lud ihn auf ein Wochenende in die Masuren ein. Ich kannte sehr einsame Männer, von denen ich wusste, dass sie Homosexuelle waren, und verheiratete, von denen man aber im Allgemeinen schon tratschte, dass sie lieber Jungs bevorzugten. Das hatte für mich keinen Beigeschmack – wir Woodstock- und KOR-Kinder waren ja liberal, aber auf eine komplett unreflektierte Art. [...] Erst heute weiß ich, dass Emanzipation gerade auf der Manifestation des Verborgenen beruht, und ich bin in voremanzipatorischen Zeiten groß geworden.

Kinga Dunin: *Zadyma* [Rauferei]. Kraków 2007, S. 29f.

INACZEJ (zwölf Jahre). Ihre Bedeutung kann nicht hoch genug geschätzt werden. Das waren keine pornografischen Zeitschriften, sie durften von dem Pressevertriebsunternehmen Ruch vertrieben werden und waren somit im Grunde in ganz Polen erhältlich. Zwar wurden sie ganz bestimmt nicht auf Dörfern und in Kleinstädten verkauft, aber man kann sagen, dass sie recht gut erhältlich waren. Auf diese Weise spielten sie sicherlich die Rolle eines Lehrbuchs für schwule Identität.

Apropos »schwule« Identität: Betrachten wir einmal die Begriffe, die die Betroffenen für sich selbst benutzten, wenn sie ihre Identität beschrieben. In den 1980er Jahren wurde häufig das Wort »inny« (anderer) gebraucht. In manchen Briefen an die Vertreter von EEIP kommt das Wort »Homosexueller« überhaupt nicht vor, und als positive Selbstbezeichnung wurde eben das euphemistische Wort »anderer« benutzt (»Ich bin anders«). Schließlich trug das bereits erwähnte Manifest von Prorok den Titel »Wir sind anders«; das 1990 gegründete Posener Magazin hieß INACZEJ (Anders). Die Andersartigkeit scheint also der Schlüssel zur damaligen Identität zu sein, und gleichzeitig ist sie eine positive Selbstdefinition, wobei es an anderen nicht demütigenden Bezeichnungen mangelt. Ende der 1980er Jahre tauchte in Polen das Wort »gay« auf. Die ersten Ausgaben der Zeitschriften zeigten eine regelrechte sprachliche Aneignung dieses Wortes. Sie benutzten zum Beispiel das Adjektiv »gayowski«, das mit der Zeit dann zu »gejowski« wurde. Das war jedoch nicht nur ein Wort, sondern es stand ein ganzes Identitätsprojekt hinter dieser Bezeichnung, das sich durch die gesamten 1990er Jahre hindurch und auch im darauffolgenden Jahrzehnt entwickelte.

Auch dieses Identitätsprojekt wartet noch immer auf eine historisch-soziologische Beschreibung und Analyse, obwohl das notwendige Material umfangreich ist: die Zeitschriften, die Diskussionen, die geführt wurden, sowie zahlreiche Briefe an die Redaktionen. Eine solche Analyse wäre mit Sicherheit ein interessanter Beitrag zur Charakteristik Polens in der Zeit der politischen Transformation.

Auf ein paar Dinge soll hier noch hingewiesen werden. Erstens erwies sich die amerikanische Emanzipationstradition als bedeutsam, insbesondere der »Stonewall-Mythos«, ein Ereignis, das den Wendepunkt bringen sollte. Viele Male wurden diese Ereignisse angeführt und es wurde gemutmaßt, ob in Polen (nicht) etwas Ähnliches passieren könnte. Ein weiteres Thema ist eine Art Separatismus zwischen Schwulen und Lesben. Sie bilden eher getrennte Gruppen mit unterschiedlichen gesellschaftlichen Interessen. Ausdruck dieses Separatismus war die Zeitschrift INACZEJ – ein Schwulenmagazin mit ein paar Seiten für Lesben. Dabei kam es in den 1990er Jahren in Polen zu einer immer deutlicheren Stabilisierung der lesbischen Identität. Die Tatsache, dass sich damals diese noch immer vorpolitische lesbische Identität herauskristallisierte, wurde von Joanna Mizielińska registriert.

> Es ist kein Geheimnis, dass es in der Volksrepublik Polen als Schwäche wahrgenommen wurde, wenn sich eine Person zum gleichen Geschlecht hingezogen fühlte, und dass das dann als Grund diente, um jemanden damit zu erpressen, für die Staatssicherheit zu arbeiten. Eine solche Geschichte zitiert Grzegorz Musiał in seinem Tagebuch: »Józio erzählt von seinem Bekannten aus Danzig, einem sehr schönen Arzt oder Anwalt, von dem die Sicherheitskräfte wussten, dass er ein ›Solcher‹ war. Er wurde über einige Tage verhört, über 10 bis 20 Stunden täglich – sie wollten über ihn in das ›Milieu‹ vordringen. Er verriet nichts, unterschrieb nichts und als Dankeschön wurde er mit Wiederholungstätern in eine Zelle gesteckt, in der er von fünf Riesen abwechselnd vergewaltigt wurde. Józio hat ihn vor Kurzem gesehen. Er sagt: ›Das ist ein inzwischen komplett zerstörter Mensch.‹«
>
> Krzysztof Tomasik: *Gejerel. Mniejszości seksualne w PRL-u* [Gejerel. Über sexuelle Minderheiten in der VR Polen]. Warszawa 2012, S. 9.

Doch die »homosexuelle Frage« konnte in den 1990er Jahren nicht als wesentliche gesellschaftliche Frage in den öffentlichen Diskurs durchdringen. Den Journalisten wäre es nicht in den Sinn gekommen, Politiker nach ihrem Verhältnis zur Legalisierung von Lebenspartnerschaften und Ehen zu befragen. Diese Frage wurde eher als gesellschaftlich marginal und unpolitisch wahrgenommen. Das änderte sich jedoch nach dem Jahr 2003.

Schauen wir uns einmal die Literatur der 1990er Jahre an. Zu Beginn des Jahrzehnts entstand in Polen eine quasi-emanzipatorische Prosa, die von den Kritikern überhaupt nicht wahrgenommen wurde. Literarisch war sie durchschnittlich (was jedoch besagte Kritiker in keiner Weise entschuldigt). Erinnern wir uns an das umfangreiche Buch *Ból istnienia* von Marcin Krzeszowiec (1992), an *Nieznany świat* (Die unbekannte Welt) von Antoni Romanowicz (1992), an *Zakazana miłość* (Verbotene Liebe) von Tadeusz Gorgol (1990) und *Gorące uczynki* (Frische Tat) von Witold Jabłoński (1989). Diese Bücher sind meistenteils bedrückend, weil sie die pathologisierte Homosexualität in der Volksrepublik Polen verbildlichen (sie entstanden zu dieser Zeit, doch erst in der Dritten Republik wurde es möglich, dass diese Bücher tatsächlich erschienen, auch wenn sie nicht wahrgenommen wurden). Ihre Protagonisten sagen Folgendes: Ja, wir sind homosexuell, schaut einmal, wie schwer wir es haben (weil sie es wirklich schwer hatten), versteht uns also (dazu ist es wohl nicht gekommen). In diesem Zusammenhang kristallisierte sich ein neuer Identitätstyp heraus – der Schwule (und nicht der Homosexuelle der Moderne).

Die polnische lesbische Literatur der 1990er Jahre hatte nicht die gleiche Durchschlagskraft. Die auffallendste Autorin war (und ist weiterhin) Ewa Schilling, deren Buch *Lustro* (Der Spiegel) 1998 erschienen ist. Das war die erste polnische Sammlung von Erzählungen, deren Protagonistin immer eine Lesbe ist (obwohl der Leser nie von Anfang an weiß, welche es ist, was der Lektüre *suspense* verleiht).

Die Volksrepublik Polen bestand formal von 1952 bis 1989. Zu lange, um vorzutäuschen, dass es diesen Zeitraum nicht gegeben hat bzw. dass wir nichts mehr mit ihm zu tun haben. Liest man damalige Texte, zeigt es sich, dass wir der altbekannten Geschichte begegnen, in der Homosexualität als ausländische Mode betrachtet wird, gegen die man sich wehren muss, weil die starke Lobby immer größere Privilegien erzwingt. Entgegen dem Anschein entstand der Diskurs nicht erst aktuell als Reaktion auf die sich verändernde Situation – er entstand in den 70er und 80er Jahren des 20. Jahrhunderts und spukt bis heute herum. In der Zwischenzeit hat sich beinahe alles geändert, aber für viele bleibt der typische Schwule Herr Czesio (Czesław Majewski) aus dem Kabarett von Olga Lipińska. Auch deshalb, weil später nie mehr eine so beliebte homosexuelle Figur im Fernsehprogramm oder in einer Serie auftauchte und wenn doch, dann symbolisierte sie keinen Fortschritt und das, obwohl 35 Jahre seit dem ersten Auftritt von Czesio im Fernsehen vergangen sind.

Krzysztof Tomasik: *Gejerel. Mniejszości seksualne w PRL-u* [Gejerel. Über sexuelle Minderheiten in der VR Polen]. Warszawa 2012, S. 12.

Wollte man ein Datum für den Durchbruch benennen, wäre das mit Sicherheit (obwohl natürlich symbolisch) das Jahr 2003. Damals wurden in polnischen Städten im Rahmen der Aktionen »Niech nas zobaczą« (Sie sollen uns sehen) Plakate mit gleichgeschlechtlichen Paaren aufgehängt. Leider wurden sie schnell heruntergerissen.

Das gesamte künstlerische Projekt von Karolina Breguła kann man sich in mehreren Galerien in Polen ansehen. Fünfzehn Männerpaare und fünfzehn Frauenpaare, eher junge Menschen aus Großstädten, sie halten sich an den Händen und schauen uns in die Augen. Diese Porträts haben eine enorme Diskussion und ungewöhnliche Kontroversen ausgelöst. Sie waren Symptom für etwas

Neues: Die homosexuelle Frage drang in den öffentlichen Diskurs durch und wurde politisch. Mit der Zeit unterlag sie einer Art Kommerzialisierung.

In diesem Zeitraum entstand auch die neue schwul-lesbische Organisation »Kampania Przeciw Homofobii« (Kampagne gegen Homophobie). Allein der Name der Organisation deutet auf eine gewisse Veränderung im emanzipatorischen Denken hin. Das Problem war nicht mehr der Homosexuelle, dessen Normalität bewiesen werden musste. Mit dieser neuen Sichtweise begann man, die Vorurteile gegen nichtheterosexuelle Personen, sprich die Homophobie, als Problem zu benennen.

Homosexualität wurde auch zu einem Brennpunkt der nationalen Identität. Aus dieser – der nationalen – Perspektive wurden Homosexuelle als »Fremde« (und nicht mehr als »Andere« wie in den 1980er Jahren) wahrgenommen. Besonders deutlich wurde dies in der Zeit, als die Gleichheitsparade verboten wurde. Dazu schreibt Przemysław Czapliński: »Im kollektiven Diskurs ist der sexuell Andersartige vom Anderen zum Fremden geworden«[4], wofür das Vorgehen der Polizei am 19. November 2005 in Posen ein deutliches Beispiel war. »Der Gleichheitsmarsch wurde von einer Gegendemonstration aufgehalten, deren Teilnehmer unter anderem ›Schwule in die Gaskammer‹ und ›Wir machen mit euch das, was Hitler mit den Juden gemacht hat‹ riefen. Die Polizei hat gegen die antisemitischen und schwulenfeindlichen Rufe nichts unternommen, dafür aber 65 Teilnehmer des Gleichheitsmarsches festgenommen. Diejenigen, die die feindseligen Parolen gerufen haben, haben ihr Recht darauf zu bestimmen, wer ein Fremder ist, ausgetestet und die Erfahrung

---

4   Przemysław Czapliński: »To ma coś wspólnego z brudem« [»Das hat etwas mit Schmutz zu
    tun«]. In: KRYTYKA POLITYCZNA Nr. 15 (2008), S. 119.

Bildmotiv aus dem Zyklus »Sie sollen uns sehen« von Karolina Breguła

gemacht, dass ein solches Vorgehen nicht nur erlaubt, sondern sogar gesetzlich geschützt ist.«[5]

Tatsächlich wurden für diese dritte Etappe der Emanzipation die Gleichheitspa-raden und -märsche besonders wichtig. Zu Beginn wurden die Paraden von den Medien nicht stark wahrgenommen, erst das Verbot (zunächst in Warschau durch den Präsidenten der Stadt Lech Kaczyński im Jahr 2004) führte dazu, dass der schwul-lesbische Kampf um Anerkennung und gleiche Rechte medial sichtbar und zu einer brennenden politischen Frage geworden ist. Gleichzeitig hat sich damals der schwulenfeindliche Diskurs mit dem Homosexuellen als dem Fremden heraus-

5   Ebenda, S. 119.

gebildet. Mit seinen extremen Versionen haben wir bis heute zu tun. Zuweilen kann man geradezu den Eindruck gewinnen, dass der moderne Homophobietyp, der in den rechtsgerichteten Medien residiert, bereits alle Grenzen des Anstands überschritten hat und teilweise die Gestalt eines Pogromdiskurses annimmt.

Für die schwule Identität hat das neue Jahrzehnt, insbesondere nach dem Jahr 2003, auch Veränderungen gebracht. Vor allem hat sich langsam eine technologische Revolution vollzogen, die neue und effektive Emanzipationstools lieferte. Das Internet und seine Möglichkeiten förderten die Aktivität und eine neue schwule und lesbische Identität. Gleichzeitig jedoch hat es die Papierpresse zu Fall gebracht und die alte schwule Identität der 1990er Jahre, die sich um die Zeitschriften gebildet hatte, anachronistisch werden lassen (denn unterwegs hatte sich auch ein Generationswechsel vollzogen). Langsam wurde der Transgender-Aktivismus immer sichtbarer, besonders im Zusammenhang mit der Organisation »Trans-fuzja« (deren Vorsitzende zuvor die Abgeordnete Anna Grodzka gewesen war).

Es entstand wieder eine schwul-lesbische Literatur, die – anders als die im vorangegangenen Jahrzehnt – wahrgenommen, gelesen und analysiert wurde, weil der gesellschaftliche Kontext ihr besondere Bedeutung verlieh. Besonders bekannt wurde *Lubiewo* von Michał Witkowski (2004), eine Camp-Erzählung über Homosexuelle, die sich nach der Volksrepublik Polen sehnen und mit der neuen kapitalistischen Wirklichkeit nicht zurechtkommen können oder wollen. Denn wie Untersuchungen gezeigt haben, hat sich in Polen die gesellschaftlich-ökonomische Kluft vergrößert, die immer stärker von innen an dem liberalen Subjekt der schwul-lesbischen Politik nagt. Mit anderen Worten: Es lässt sich kaum von einer schwulen Identität oder »einem Bild des durchschnittlichen Schwulen« sprechen, denn die ökonomischen und sozialen Unterschiede beeinflussen diese Identität. Auch die politischen Interessen unterscheiden die Schwulen.

Dieses Phänomen spiegelt in gewissem Grad die Literatur der dritten Emanzipationswelle wider. Das in der ersten Hälfte des Jahrzehnts erschienene Buch *Lubiewo* spielt am Ende der 1980er und – was vielleicht weniger offensichtlich, aber relativ wichtig ist – in den 1990er Jahren. Es operiert sehr deutlich mit den gegensätzlichen Identitätsmustern »Schwuler versus Tunte«, die in den Kontext der polnischen Transformation gestellt werden. Es fällt ins Auge, dass das pejorative Wort »ciota« (Tunte) in der polnischen Sprache – neben der Konnotation mit männlicher Homosexualität –»Trottel« bedeutet, also jemand, der gescheitert ist. Man könnte *Lubiewo* demzufolge als eine Geschichte über die Gewinner und Verlierer der polnischen Transformation lesen, die in der Sprache einer homosexuellen Quasi-Identität beschrieben werden. In dieser Version sind die »Schwulen« diejenigen, die ihr Leben meistern, sie sind potenzielle Nutznießer des Systemwandels. Man kann nur bedauern, dass in soziologischen Analysen diese Klassen-Unterschiede im Bereich der homosexuellen Identität (die vor dem Hintergrund einer immer stärkeren ökonomischen Schichtenbildung entsteht) selten zum Gegenstand konstruktiver Reflexionen in den polnischen Queer-Studien geworden sind.

In einem Text, der etwa ein Jahrzehnt später geschrieben wurde, in *Tęczowa*

Die Gleichheitsparade in Warschau

Trybuna 2012 (Die Regenbogentribüne 2012) von Paweł Demirski, der als eine Art
Nationaldrama von Monika Strzępka auf die Bühne gebracht wurde, sieht die Sache
bereits etwas anders aus. Diese Erzählung baut auf Randgruppen der nationalen Gemeinschaft auf – weil zweifelsohne nur dort schwule Fußballfans und Verehrer der
Nationalmannschaft zu finden sind. In diesem Stück geht es um schwule Fußballfans, die während der EURO 2012 in Polen einen Platz auf der nationalen Tribüne
fordern. Hier jedoch wurden »Schwule« eher als die Verlierer der Modernisierungs-
illusionen der 1990er Jahre dargestellt, die unaufhörlich (und vergeblich) nach dem
Image der Mittelklasse streben. Mehr noch, es wird deutlich, dass sich – innerhalb
einer neoliberalen und konservativen Hegemonie – die Interessen von schwulen
Fußballfans und Künstlern der höheren Klasse deutlich voneinander unterscheiden.
Deshalb kann man heute nicht von *den Schwulen* sprechen.

Wir sind von der Unsichtbarkeit von Schwulen und Lesben zur Sichtbarkeit gelangt,
von der vorpolitischen Phase zur Politisierung von Homosexualität und Homophobie. Dennoch bleibt mit Sicherheit noch viel zu tun.

Aus dem Polnischen von Antje Ritter-Jasińska

Tomasz Budzyński (1962)
Sänger der Punkband Siekiera, Mitbegründer und Leader der
Musikgruppe Armia. Gegenwärtig meistens mit persönlichen
und religiös motivierten Themen in der Musik befasst, u.a.
als Mitglied der Band 2TM2,3 (s. Jahrbuch Polen 2011
Kultur) und als Solo-Musiker.
Auch als Filmregisseur und bildender Künstler tätig.
www.budzy.art.pl

Peter Oliver Loew

Bestien, Machos oder Galane?
Wie polnische Männer deutsche Träume und
Wirklichkeiten bevölkern

Es schien alles so einfach zu sein. Hätte man vor zwanzig Jahren aufmerksame
Deutsche gefragt, was ihrer Meinung nach einen typischen »polnischen Mann«
ausmache, so wären mit an Sicherheit grenzender Wahrscheinlichkeit folgende
Merkmale genannt worden: Schnauzbart, Handkuss, ein Hang zum Hochprozen-
tigen. Doch Zeiten ändern sich, und mit ihnen nicht nur der polnische Mann,
sondern mit gewisser Verzögerung auch das deutsche Bild von dieser nachbarli-
chen Spezies.

Wenn eines klar ist, dann dieses: Stets waren die deutschen Vorstellungen vom
polnischen Mann geprägt durch Stereotype, durch Bilder im Kopf – oder in den
Illustrierten – beziehungsweise durch die Konfrontation mit lebendigen Exemplaren. In längst vergangenen Jahrhunderten, als die polnische Nation im Grunde
eine Gemeinschaft des Adels war, verhielt es sich grundsätzlich anders mit diesen
Bildern: Der »edle Pole«, ein galanter *szlachcic* mit gewinnendem Wesen, entlockte
deutschen Damen und Herren anerkennende Worte. Der aus dem Kurland, einer
seit Langem zu Polen gehörenden Provinz mit deutschsprachiger Oberschicht, nach
Warschau gereiste Joachim Christoph Friedrich Schultz beschrieb in den 1790er
Jahren keinen geringeren als Józef Poniatowski:
»Prinz Joseph [Poniatowski] ist eine der vollkommensten, männlichen Figuren, die
man sehen kann. Sein Fuß, wie sein ganzes Bein, ist fein und voll, ganz ohne Tadel,
und das lange Beinkleid schließt sich, ohne Grube und Fältchen in einem Guß,
daran. Die Kurtka legt sich eng an einen feinen, geschweiften Wuchs, ruhet mit den
Schößen auf zwei vollen Hüften, und ist über einer gewölbten Brust fest zuge-
knöpft. Seine Züge haben viel männlichen Ausdruck, und ein paar große schwarze
Augen verbreiten ein Feuer über sie, das, die letzte Zeit, mehr für den Krieg als für
die Liebe zu brennen schien.«[1]

Nun war Poniatowski, der als napoleonischer Heerführer und Stolz der polnischen
Nation nach der Völkerschlacht von Leipzig sein Ende in den Fluten der Elster
finden sollte, zwar ein polnischer Hochadliger, doch als in Wien aufgewachsener
Aristokratenspross kein Vertreter jener großen Schar weniger vermögender Adliger,
die nicht nur mit ihren exotisch anzuschauenden Gewändern, sondern auch mit
ihren sarmatischen Schnurrbärten das »besondere Etwas« besaßen.

Ein Mix aus polnischen Krautjunkern und Hochadeligen bevölkerte die deutsche
Bilderwelt des 19. Jahrhunderts. Der »edle Pole« wurde gar zur literarischen

1   Joachim Christoph Friedrich Schultz: Reise nach Warschau. Eine Schilderung aus den Jahren
    1791–1793. Frankfurt am Main ²1986, S. 154.

Gestalt, vor allem nachdem er sich 1831/32 bewaffnet den russischen Besatzern
entgegengestellt hatte:

Ihr, des Löwen Kampfgenossen,
Deren Namen weltbekannt,
Die Ihr tapf'res Blut vergossen,
Fahret wohl im fernen Land![2]

Die Vorstellung von den edlen, aber »geschlagenen Helden« sollte lange nachwir-
ken: Wenn in den folgenden Jahrzehnten in deutschen Landen von Helden die Rede
war, so handelte es sich oft um gleichermaßen feurige wie melancholische Polen,
denen Fryderyk/Frédéric Chopin als transzendente Lichtgestalt voranschwebte.
Aber auch als 1847 Ludwik Mierosławski, Anführer des Posener Aufstands gegen
die Preußen vom Vorjahr, in Berlin vor Gericht stand, geriet die liberale deutsche
Öffentlichkeit – offenbar vor allem die Frauenwelt – ins Schwärmen. Eine Braun-
schweiger Zeitung schrieb begeistert:

»Neun Zehntel unserer heiratsfähigen Damen würden Herrn von Mieroslawski
ohne weiteres heiraten [...]. Dieser schöne heldenmütige Mann, dieser gebildete
Cavalier, der nichts leugnete, der mit dem Feuer und dem Pathos eines Mirabeau
redete [...]. Der die ganze, kolossale Schuld auf sein eigenes Haupt beschwor und
für Alle bluten und sterben wollte wie ein Heiland!«[3]

Mierosławski, der Revolutionsheld, sollte nach seiner Befreiung aus dem Gefängnis
Moabit zu Beginn der Revolution von 1848 noch als General des Badischen Aufstands 1849 von sich reden machen. Und das Bild vom »edlen Polen« lebte weiter.
Der Schweizer Gottfried Keller zeichnete es zum Beispiel in seiner Erzählung *Kleider machen Leute*, wo der edle Wenzel Strapinski ganz typisch wohlerzogen und
ewig melancholisch daherkommt. Polnische Männer waren aber vor allem dann
edel, wenn sie fern der Heimat – und fern des preußischen Teilungsgebiets – für
eine abstrakte Freiheit einzustehen schienen.

Dieses Polenbild lebt noch in der Schilderung des dänischen Literaturkritikers
Georg Brandes fort, die 1886 auf Deutsch erschien:

»Die Männer sind wohlgewachsen, oft magere Erscheinungen; am häufigsten mit
scharf geschnittenen Gesichtern und starkem, lang herabhängendem Schnurrbart.
Dieser Typus lässt sich vom Bauer bis zum Aristokraten verfolgen. Eine oft vor-
kommende Variation ist der schwerfällige, kindlich offene Landedelmann, der seine
Freunde zum Willkomm und Abschied mit einem Kusse begrüßt und das Herz auf
den Lippen trägt, aber nichtsdestoweniger eine männliche Haltung und viel natürliche Würde bewahrt; es ist der Typus, den Mickiewicz in *Pan Tadeusz* in verschiedenen Exemplaren verewigt hat.«[4]

2   Friedrich Mann: Gruß an polnische Helden. In: St. Leonhard (Hrsg.): Polenlieder deutscher
    Dichter. Bd. 2. Krakau 1917, S. 72f.
3   Der Leuchtthurm, Braunschweig, zitiert nach Daniela Fuchs: Der große Polenprozess von 1847
    in Berlin und Bettina von Arnims Engagement für den Angeklagten Mierosławski. In: Julia
    Franke (Hrsg.): Ein europäischer Freiheitskämpfer. Ludwik Mierosławski 1814–1878. Berlin
    2006, S. 19–38, hier S. 29f.
4   Georg Brandes: Polen. Aus dem Dänischen von Adele Neustädter. Paris, Leipzig, München
    1898, S. 77.

Daniel Olbrychski als Leo Jogiches in »Rosa Luxemburg« von Margarethe von Trotta (D 1986)

Derweil hatten preußische Beamte und Kolonisten in den von Preußen annektier-
ten polnischen Teilungsgebieten bereits lange Gelegenheit gehabt, sich jenseits
von medial vermittelten Vorstellungen mit den Polen an sich vertraut zu machen.
Auch im Westen des Reichs hatten sich im Zuge der Arbeitsmigration Hunderttau-
sende Polen niedergelassen oder verrichteten Saisonarbeit. Diese Konfrontation
mit anderen als adligen Polen prägte andere Bilder. Ein Reisender schrieb 1784 aus
dem wenige Jahre zuvor zu Preußen gekommenen Pommerellen: »Der Landmann,
und besonders der Nationalpole verräth ungemein viel Liebe zur Unwissenheit, ist
verdrossen und träge, unaufgelegt zu allem was nur irgend eine Mühe kostet.«[5]

Die Notwendigkeit, den preußischen Besitz der polnischen Teilungsgebiete zu
legitimieren, ließ derartige Interpretationen der neuen Provinzen und ihrer
nicht-deutschen Bevölkerung gang und gäbe werden. Selbst der »edle Pole« wurde
immer häufiger ins Negative gewendet. In den Romanen Theodor Fontanes ist er
zwar noch ausgesprochen hübsch anzusehen, doch meist leichtsinnig, oberflächlich und unzuverlässig. Schriftsteller wie Gustav Freytag oder Max Halbe, aber
auch jede Menge Autoren der dritten oder vierten Garnitur, verbreiteten Bilder
von den Polen, die alles andere als anziehend wirkten. In Halbes Liebesdrama *Die
Jugend*, einem Sensationserfolg auf den deutschsprachigen Bühnen des ausgehenden 19. Jahrhunderts, ist der Kaplan Gregor von Schigorski »der polnische
Geistliche in Haltung und Redeweise«: »All seine Leidenschaft hat sich in dem
kirchlichen Gedanken konzentriert. Er ist kein Intrigant, sondern ein Fanatiker.«[6]
Schigorski ist es, der mit seinem katholisch-polnischen Denken die traute deutsche
Familie zerstört. Und so wird, befeuert vom Kulturkampf und dem sich gegenseitig
aufheizenden deutschen und polnischen Nationalismus, aus dem »edlen Polen«

5   Carl Heinrich Oesterlein: Bemerkungen auf einer Reise von Berlin nach Bromberg in Westpreu-
     ßen in Briefen an G.F. Schlicht. Berlin, Leipzig 1784, S. 101, zitiert nach Bernhard Struck: Nicht
     West nicht Ost. Frankreich und Polen in der Wahrnehmung deutscher Reisender zwischen
     1750 und 1850. Göttingen 2006, S. 394.
6   Max Halbe: Die Jugend. Berlin 1911 (20. bis 25. Tsd.), S. 7.

in der Stereotypie langsam ein verwahrloster, betrunkener, ungehobelter und beschränkter Kerl, der mit seiner polnisch-slawischen Unkultur die schöne deutsche Ordnung gefährdet.

Als der Erste Weltkrieg über den alten Kontinent hinweggefegt war, Niederlagen, Revolutionen und neue Grenzen in Ost wie West das Selbstbewusstsein der Deutschen arg beschädigt hatten, wurden polnische Männer zumindest in der medialen Kollektivzuschreibung zu ungehobelten und deutschhassenden Militärs: Mit »Lüge« und »Meineid«, »Willkür« und »nächtlicher Hinterlist« unternahmen sie »raubtückische Überfälle« und vergewaltigten die schönen, einst deutschen und nun dem wiedergegründeten Polen zugeschlagenen Gebiete, ja sie schienen überhaupt die von biedermeierlichen und völkischen Vorstellungen bevölkerte, idealisierte deutsche Heimat zu gefährden, eine nationale Familienidylle, die in Wahrheit ein ähnliches Trugbild war wie die nun überall gezeichnete Fratze des polnischen Mannes.[7] Käthe von Schirmacher, Frauenrechtlerin und eifernde, ja – man muss es so sagen – schließlich auch geifernde Nationalistin, schilderte das Tun polnischer Männer gegenüber den Deutschen in Polen in einem 1925 veröffentlichten Büchlein mit folgenden Worten:
»Mit dem Schrei ›Masuren und Ermland haben die Deutschen gestohlen, *ihr* sollt es bezahlen!‹ stürzten die Polen sich auf die wehr- und schuldlosen Leute. Sie wurden nackend aus den Häusern geholt, Frauen liefen, Schutz suchend, kilometerweit im Hemde, Arbeiter, Besitzer wurden mißhandelt, die Höfe von oben bis unten durchwühlt, Eltern und Kinder getrennt, eine Besitzerstochter dabei von einem polnischen Arbeiter vergewaltigt. Die ganze Nacht hindurch hausten die Bestien von Gehöft zu Gehöft; dann forderten sie noch Frühstück und zogen ab.«[8]

Dieser nationalistische Fanatismus schien aus deutscher Perspektive den polnischen Mann der Zwischenkriegszeit zu beseelen. Manchmal überwog noch das Edle im Mannsbild, etwa in der Sicht auf Józef Piłsudski. Und wer sich als Deutscher zwischen den Weltkriegen nach Polen bemühte – abgesehen von denen, die private Beziehungen oder geschäftliche Kontakte hatten, waren dies nicht viele –, der kam nicht umhin, die Menschen zu betrachten, wie sie wirklich waren, Polen wahrzunehmen, die nicht gerade Knechte auf deutschen Gütern oder vom Nationalismus verzehrte Kleinbürger der westlichen Städte waren. Die Männer fielen bei diesen Einblicken in das so nahe, doch merkwürdig fremde Nachbarland jedoch blass aus: Als ruhte ein unvergänglicher Zauber über dem weiblichen Geschlecht der Nachbarn, richteten sich die Blicke der Beobachter fast unweigerlich zunächst auf dessen holde Vertreterinnen. Alfred Döblin notierte seine ersten Eindrücke auf seiner *Reise in Polen* (1925):
»Die jungen Mädchen, Fräulein, jungen Frauen [...] gleiten mit hellen und fleischfarbenen Strümpfen, eleganten Schuhen sehr graziös aus den Konditoreien, Restaurants, gehen die Kirchentreppen herunter. Gepudert, geschminkt, bemalt sind sie

---

7   Die Zitate aus dem zeitgenössischen Schrifttum nach Angela Koch: DruckBilder. Stereotype und Geschlechtercodes in den antipolnischen Diskursen der »Gartenlaube« (1870–1930). Köln, Weimar, Wien 2002, S. 240, 334.
8   Käthe Schirmacher: Grenzmarkgeist. Langensalza 1925, S. 45.

alle.«[9] Von den Männern weiß er nur zu sagen: »Die Männer massiv, kräftig, ja es
sind ganz gewaltige Exemplare darunter.«[10]

Traten sie nicht in den holzschnittartigen Verallgemeinerungen der Politiker,
Schriftsteller oder Journalisten auf, sondern als Individuen, die zu den Deut-
schen sprachen (oder sangen), so stellten sich aber auch ganz andere Bilder ein.
Jan Kiepura beispielsweise, einer der großen Tenöre seiner Zeit, Leinwand- und
Operettenheld der 1930er Jahre auch und gerade im Deutschen Reich, lagen die
Deutschen – vor allem die Frauen – zu Füßen, wenn er mit Schmelz den Schlager
anstimmte: »Ob blond, ob braun, ich liebe alle Frau'n«. Oder nehmen wir den
ebenfalls blendend aussehenden Rittmeister Jerzy Sosnowski, der mit polnischem
Charme und adligem Gestus gleich mehreren Sekretärinnen des Reichswehrmi-
nisteriums den Kopf verdrehte und so dem polnischen Geheimdienst zu kaum
glaublichen Erfolgen verhalf.

Über alles Zwischenmenschliche legte sich zwischen den Kriegen jedoch wie ein
unheilvoller Schatten der Wahn des Rassismus. Vielleicht war es dem Unbewuss-
ten geschuldet, dem unausgesprochenen und ungedachten Wissen über die vielen
Ähnlichkeiten, die Deutsche und Polen verbanden, dass die Rassenkunde versuchte, genau das Trennende, das Andere hervorzuheben. Die Polen wurden – neben
anderen Nationen – überwiegend der »ostbaltischen Rasse« zugeordnet. Hans
F. R. Günther, einer der führenden Rasseexperten der Zwischenkriegszeit, schrieb
in seinem bahnbrechenden und weit gelesenen, bald jedoch auch berüchtigten und
schließlich in höchstem Maße fatalen Werk *Rassenkunde des deutschen Volkes*
über diese Ostbalten:
»Das Grobe und Gedrungene eignet allen Einzelheiten des Körpers: dem breiten
kurzen Hals, den kurzen Händen und Fingern, den kurzen dicken Waden [...].
Besonders trägt zum Eindruck des Gedrungenen der verhältnismäßig schwere
und große Kopf bei.« [...] »Der ostbaltische Mensch wird leicht zum Phantasten.
Er kann sich in allerlei weitschweifige Hirngespinste hineinleben und kann dann
Vertrauteren gegenüber wortreich und begeistert, ja geradezu fiebernd begeistert
werden, ein nie ganz klar sehender, oft verstiegener, ja verbissener Plänemacher,
zugleich bereit, sich für wirre Pläne mit Eiferwut (Fanatismus) einzusetzen.« [...]
»Überhaupt bewegt sich die ostbaltische Seele gerne an äußersten Grenzen und
zeigt eine Neigung zu Unmaß.«[11]

Dieses Blut schien Günther und vielen seiner Zeitgenossen Verderben zu bringen,
nicht nur, weil es in Polen und anderen Ländern des Ostens vorherrschte, sondern
auch, weil es bereits von einem Teil des deutschen Volkes Besitz ergriffen hatte.
Das »deutsche Leben« könne nur »aus dem Blut und Geist der Nordrasse heraus«[12]
gesunden; der »drohende Untergang« nur abgewendet werden, wenn »das nordi-

---

9 Alfred Döblin: Reise in Polen. München 1987, S. 13.
10 Ebenda, S. 14.
11 Hans F. R. Günther: Rassenkunde des deutschen Volkes. München [16]1934 (78.–84. Tausend),
    S. 239.
12 Ebenda, S. 463.

sche Blut [...] wieder erstarkt und nordische Menschen wieder zahlreich, kinder-
reich und führend werden«[13].

Es ist bekannt, wohin Gedankengänge wie diese führten: Im Zweiten Weltkrieg
versuchten die Deutschen, die Polen – sofern sie nicht »eindeutschungsfähig«
waren – zu verdrängen, zu versklaven und zu vernichten, ganz zu schweigen von
den polnischen Juden. Die Gefahr ging offensichtlich vor allem von den virilen
polnischen Männern aus: Wenn sie mit deutschen Frauen anbandelten – oft als
Zwangsarbeiter in der Landwirtschaft –, wurden sie in vielen Fällen ermordet. Bezeichnenderweise wurden polnische Frauen, wenn sie ein Verhältnis mit deutschen
Männern hatten, weniger streng bestraft.

Nach dem Krieg, als so vieles anders war, schien eines unverändert: Polnische
Frauen überstrahlten ihre männlichen Mit-Polen in den Augen westlicher Betrach-
ter. Während die polnischen Männer in korrekten Anzügen die Politik machten und
die Wirtschaft organisierten oder in nicht minder korrekten Uniformen neue Kriege
oder den Frieden planten, überraschten die Frauen Besucher aus der Welt des Kapitalismus. Hansjakob Stehle war genauso fasziniert wie Alfred Döblin vier Jahrzehnte
zuvor: »Mit einer seltsamen Mischung aus romantischem Charme und slawischer
Liebenswürdigkeit überspielen sie das Graue, das Lieblose.«[14]

Doch selbst in Anzug und Uniform – eines schien polnische grundlegend von
den deutschen Männern zu unterscheiden: ihre Haltung zu den Frauen. Was in
Warschau, aber auch in der Provinz durchaus positiv auffiel – der Handkuss, das
Aufhalten der Tür, die Allgegenwart des Blumenstraußes als Zeichen geschlechtskor-
rekter Wertschätzung –, sozusagen als Residuum einer in die Tristesse des realen
Sozialismus hineinragenden Vorkriegswelt, rief bei Besuchern aus der gefühlskal-
ten westdeutschen Wirtschaftswunderwelt diffuse Erinnerungen an den eigenen
emotionalen Verlust hervor. Man, vielmehr Frau, konnte es aber auch anders sehen.
Die bundesdeutsche Vorzeigeemanze Alice Schwarzer erkannte noch Ende der
1980er Jahre bei einem Polen-Besuch um sich herum verstört nur Machos: »Der
polnische Mann hat es gerne sexy. Er küßt auch der ihn bedienenden Frau galant
die Hand. Und noch die müdeste Warschauerin wankt auf Stöckelschuhen durch
ihren 15-Stunden-Tag.«[15] Bei einem Besuch in einem Café der Warschauer Altstadt,
so Schwarzer weiter, »spielt sich vor unseren Augen eine der schon gewohnten,
banalen Szenen des sexistischen polnischen Alltags ab: Die Kellnerin, die uns, vier
Frauen, nur sehr zögernd und sehr mürrisch bedient hat, rennt plötzlich hektisch
hin und her, lächelt ihr charmantestes Lächeln und wird zur perfekten Bedienung.
Grund: Ein Mann hat sich an den Nebentisch gesetzt, ein richtiger Mann, hoch-
gewachsen, gutaussehend, uniformiert. Die Szene ist typisch. Polinnen verachten
Frauen und bewundern Männer. Und sie tun das noch ungebrochen.«[16]

13 Ebenda, S. 464.
14 Hansjakob Stehle: Nachbar Polen. Frankfurt am Main 1963, S. 18.
15 Alice Schwarzer: Ein langer Weg. In: Emma 1989, H. 12, S. 22.
16 Ebenda, S. 23.

In den 1980er Jahren suchten viele junge Polen das Glück in (West-)Deutschland. Zu ihnen gehörte auch Jerzy (Mirosław Baka) in dem Film »Überall ist es besser, wo wir nicht sind« von Michael Klier (D 1989).

Zu diesem Zeitpunkt hatte sich das deutsche Bild vom polnischen Mann eigentlich schon weiterentwickelt. Die Signale waren allerdings ganz unterschiedlicher Art. Auf der einen Seite trat 1978 ein polnischer Bischof, Karol Wojtyła, an die Spitze der katholischen Kirche, als Papst Johannes Paul II. eine Person von seltener Integrität und Intelligenz, ein leuchtendes Beispiel für die tiefe Verbundenheit Polens mit der westlich-lateinischen Welt, gleichzeitig konservativ bis in die Fußspitzen und in diesem seinem Konservativismus in deutschen Landen vielfach umstritten. Auf der anderen Seite trat 1980 ein polnischer Mann, Lech Wałęsa, an die Spitze der Gewerkschaft Solidarność, ein Elektriker, der nicht minder katholisch war und mit seinem charakteristischen Schnurrbart und einer burschikos-antielitären Haltung bestens für die aufständisch-romantischen, sozusagen eigenlogischen Tugenden der polnischen Nation zu stehen schien, ein Proletarier in der einst dem Adel vorbehaltenen Rolle des Aufständischen. Karol und Lech verkörperten zwei grundverschiedene, einander aber bestens ergänzende Typen des »polnischen Mannes«, der europäisch anschlussfähig und urwüchsig anders zugleich sein konnte.

Weitere Männer traten hinzu, keine Funktionärstypen, die man aus Zeitung und Fernsehen kannte, sondern Idole der breiten Öffentlichkeit: Schauspieler wie Daniel Olbrychski (der eine Zeitlang mit der deutschen Schauspielerin Barbara Sukowa verheiratet war), aber vor allem Fußballer, die seit den 1980er Jahren im Westen Geld verdienen durften oder aber mit polnischem Namen in Deutschland als Deutsche Karriere machten: Was wäre die deutsche Nationalmannschaft ohne die oberschlesisch-rheinische Frohnatur Lukas Podolski oder den bescheidenen Miroslav Klose, zwei als Spätaussiedlerkinder nach Deutschland gekommene Ballkünstler? Und was wäre Borussia Dortmund ohne seine Helden Łukasz Piszczek, Jakub Błaszczykowski und vor allem Robert Lewandowski? Gerade Letzterer passt mit seinem Fleiß, seiner Zurückhaltung und seiner Effizienz bestens zu einem ganz neuen Bild von den polnischen Männern, das sich seit zehn, fünfzehn Jahren in Deutschland ausbreitet: Der emsige Fußball-Künstler gehört in die gleiche Riege wie die nicht minder emsigen Fliesenleger, Trockenbauer, Parkettleger oder Anstreicher, die aus deutschen Wohnungen und von deutschen Baustellen nicht mehr wegzudenken sind. War zuvor, getragen von der deutschen Propaganda der Zwischenkriegszeit und von der planwirtschaftlichen Indolenz der Volksrepublik, das Bild vom »faulen Polen« noch allgegenwärtig gewesen, so ist es mittlerweile fast restlos hinter das Bild vom »arbeitsamen Polen« zurückgetreten.

Auffällig ist eines: Während deutsche Männer in großer Zahl polnische Frauen ehelichen (in den letzten zwanzig Jahren mehr als 100.000!), so halten sich deutsche Frauen sehr zurück, wenn es um den polnischen Mann geht: 2011 schlossen gut 2.600 Männer mit deutscher Staatsangehörigkeit den Bund der Ehe mit einer Frau, die im Besitz der polnischen Staatsangehörigkeit war, aber nur 382 deutsche Frauen gaben einem polnischen Mann das Ja-Wort.[17] Während deutschen Männern die Polinnen – da offensichtlich weniger emanzipiert als die »widerspenstigen« deutschen Frauen – zu behagen scheinen, stehen die traditionellen Werte polnischer Männer bei deutschen Frauen weniger hoch im Kurs. Wenn man in Stereotypen denkt, so ist das kein Wunder, denn auch Polinnen beklagen bei ihren Landsmännern häufig Überbleibsel aus patriarchalischen Zeiten: Alkohol, körperliche Züchtigung und starre Geschlechterrollen gelten als negative Eigenschaften polnischer Männer. Auch wenn sich diese Verhaltensweisen gewiss auf dem Rückzug in die ländlichen und kleinstädtischen Traditionsreservate befinden, so leben sie in den Vorstellungswelten dies- und jenseits von Oder und Neiße immer noch fort und lassen polnische Männer zumindest in der Disziplin »Ehemann/Lebenspartner« recht wenig attraktiv erscheinen. Eines kommt noch hinzu, wie Lisaweta von Zitzewitz bereits vor Jahren erkannt hat: »Materiell kann ein polnischer Mann der Frau seines Herzens in der Regel so gut wie nichts bieten.«[18]

Das fehlende Geld ist sicherlich ein Grund für das mangelnde Interesse der Germaninnen für polnische Männer, doch seit auch in Polen neue Karrieren möglich sind und Vermögen aufgehäuft werden, trifft das nicht mehr für die gesamte Gesellschaft zu. Jemand wie Robert Lewandowski kann seiner Frau sicherlich eine bürgerliche Existenz garantieren. Allerdings muss gerade Lewandowski damit leben, von der deutschen Frauenwelt keineswegs als Sexidol und Traummann angesehen zu werden. Die Versuchsanordnung, um diese These zu belegen, ist denkbar einfach: Es genügt ein Computer mit Internetanschluss und die Suchmaschine Google. Wenn man die Namen führender deutscher Fußballspieler eintippt – Götze, Reus, Schweinsteiger –, so schlägt Google automatisch als nächsten, da am häufigsten ergoogelten Suchbegriff »Freundin« vor: Offensichtlich möchten viele deutsche Mädchen herausfinden, ob ihre Stars noch »frei« sind. Bei »Lewandowski« sind

---

17 Statistisches Bundesamt Fachserie 1, Reihe 1.1: Bevölkerung und Erwerbstätigkeit, Natürliche Bevölkerungsbewegung.
18 Lisaweta von Zitzewitz: 5mal Polen. München, Zürich 1992, S. 227.

im Dezember 2013 die ersten vorgeschlagenen Begriffe »Bayern«, »Wechsel« und »Gehalt«.

Wenn sich in Deutschland Frauen nach polnischen Männern sehnen, dann sind das oft selbst Polinnen, die mit der teutonischen Gefühlskälte hadern. Zwei letzte Beispiele hierzu. Die seit 1992 in Deutschland lebende Małgorzata Lewandowska klagt: »Einmal versuchte ich im Zug, meinen schweren Rucksack ins Gepäckregal zu hieven. Gleich drei deutsche Männer standen neben mir und sahen zu, wie ich mich abmühte. Angepackt hat keiner. Ein polnischer Mann hätte mir den Rucksack aus den Händen gerissen und gefragt, was er noch für mich tun könne.«[19]

Und die in Berlin lebende Künstlerin Anna Krenz verriet der BERLINER ZEITUNG einmal:
»Gerade beim Flirten könnten sich deutsche Männer ein bisschen an polnischen Männern orientieren. Natürlich ist es sehr generalisierend, aber ich finde polnische Männer romantischer, das fehlt den deutschen Männern. Die sind oft verschlossen, zu schüchtern oder zu cool. Ich frage mich, woran das liegt. Vielleicht haben sie Angst vor Frauen, die sich vor Jahren emanzipiert haben und seither ihre Beine nicht mehr rasieren? [...] In Polen hält dir ein Mann die Tür auf, er macht schöne Komplimente und er lächelt. Das sind ganz einfache Sachen. Ich habe sogar mal auf der Straße von einem Fremden Blumen bekommen. Die Männer verschenken einfach Blumen oder quatschen einen an. Das ist ein schöner Moment zum Genießen. Hier gibt es das nicht. Die deutschen Männer sind irgendwie steif. Obwohl sie bildhübsch sind.«[20]

Und so ist das Bild vom »edlen Polen« offenbar nicht auszurotten: Sehnsüchte nach einem anderen Leben, nach Liebe und Anerkennung, lassen Frauen manchmal eben doch von polnischen Männern träumen. In Wahrheit ist das Spektrum polnischer Männer jedoch riesengroß: Zwischen Chopin und Wałęsa, Piłsudski und Kaczyński, Olbrychski und Lewandowski ist wahrscheinlich für jeden und jede etwas dabei, sei es für den Traum, sei es für die Wirklichkeit. Schnauzbärte besitzen immer weniger von ihnen, der Alkoholkonsum in Polen ist längst unter den in Deutschland gesunken, nur eben der Handkuss hat – als kulturelle Besonderheit, nicht selten auch ironisch gebrochen – noch nicht ausgedient.

19 Migrantinnen über deutsche Männer. »Schüchtern und asexuell«. In: DIE TAGESZEITUNG vom 8. März 2010 (http://www.taz.de/!49402/).
20 Sou-Yen Kim: Ein Strauß Blumen einfach so. In: BERLINER ZEITUNG vom 10. September 2008 (http://www.berliner-zeitung.de/archiv/flirt-schule--teil-9--anna-krenz-wuenscht-sich-von-deut schen-maennern-mehr-initiative-ein-strauss-blumen-einfach-so,10810590,10585522.html).

Adam Gusowski

Club der Polnischen Versager – eine Soap-Opera der deutsch-polnischen Beziehungen

Prolog

»Nein, nein, nein, vier mal nein! Ich bin deine Tochter nicht«, schreit eine
Männerstimme in »Die kahle Sängerin«, dem Drama von Eugène Ionesco. Ein
sonst gewöhnlicher Satz wird zu einer Absurdität. So ähnlich ergeht es uns, sonst
gewöhnlichen Polen, die nicht mal laut, aber in einer für die deutsch-polnischen
Beziehungen ungewöhnlichen Selbstverständlichkeit gesagt haben: »Ja, ja, ja, vier
mal ja! Ich bin ein polnischer Versager!«

Kontaktaufnahme – die erste

Als mich die erste Mail des Rowohlt-Verlags mit einer vorsichtigen Bitte um
einen Kontakt erreichte, war es Frühling 2011. Hinter uns lagen nun zehn Jahre
des Clubs der Polnischen Versager. Zehn Jahre intensiver Kulturarbeit im Club,
unzählige Auftritte auf den Bühnen, große Medienpräsenz, regelmäßige Radiosendungen und eigene Fernsehbeiträge. Die Mail überraschte mich wenig. Es gibt
nicht viele polnische Initiativen in Deutschland, die sich am Rande der beiden,
der deutschen und der polnischen, Gesellschaften bewegen. Der Club musste
schon oft zu den deutsch-polnischen Beziehungen Stellung nehmen und den Kopf
bzw. den Verstand hinhalten. Mal waren es die polnischen Zwillinge, die Europa
bedrohten, mal war es der runde Geburtstag eines deutschen Bundeskanzlers, der
einen Kniefall gewagt hatte. Ein anderes Mal ging es um ein deutsch-polnisches
Jahr, das mit achtzehn Monaten ungewöhnlich lange dauerte, oder einen polnisch-
deutschen Amtswechsel in einem Königreich von Gottesgnaden bei Rom. Diesmal
liefen die Vorbereitungen für die EM 2012 in Polen und der Ukraine auf Hoch-
touren. Seit Monaten fieberten wir dem Ereignis entgegen, wussten alles über die
Austragungsorte, die Mannschaften, die Spieler, Trainer und Trainerfrauen. Wir
sammelten akribisch jede Information, jeden auch noch so kleinen Hinweis, die
kleinste Anekdote. Wir schrieben bereits an verschiedenen Szenarien, wie die EM
ausgehen könnte, und schmiedeten die ersten Verschwörungstheorien, falls die
Gastgeber nicht das Finale erreichen sollten. Es gab bereits die ersten Anfragen
von den Medien. Eine Zeitung und ein Fernsehsender hatten uns zur Mitarbeit
überreden können. So rüttelte uns die Kontaktanfrage eines deutschen Verlages
nicht wach. Vielleicht ist es den vielen Mails geschuldet, dass gerade die Mail
des Verlags, der unser Buch herausgeben wollte, erstmal unbeantwortet blieb.
Unverantwortlich, denn die Idee, ein Buch zu schreiben, begleitete uns bereits
seit Jahren, und jetzt nach zehn Jahren des Clubs fand sich ein würdiger Anlass,
diese Idee in die Tat umzusetzen. Zum Glück arbeiten die deutschen Verlage
gewissenhafter, als der Club der Polnischen Versager es sich in seinen kühnsten

Träumen je vorstellen könnte. Die zweite Mail von Rowohlt kam und war schon viel deutlicher.

Vorgeschichte – Ionesco wäre stolz auf uns

Es waren die 1990er Jahre, die vielen Initiativen in Berlin den nötigen Freiraum, die Luft zum Atmen gaben. Auch der Bund der Polnischen Versager wurde Mitte der letzten Dekade des 20. Jahrhunderts gegründet. Bund der Polnischen Versager! Es klingt nach viel und wichtig, war aber eigentlich eine Handvoll aktiver Polen mit der inzwischen eigenen Zeitschrift »Kolano«, einer satirischen Radiosendung »Gaulojzes Golana«, einem Theater »Babcia Zosia« (Oma Sophia), seit 2000 einem Eintrag im Vereinsregister und seit 2001 einem eigenen Lokal: Club der Polnischen Versager. Es gab Höhenflüge und Bruchlandungen. Mal gab es einen roten Teppich und mal einen steinigen Weg. Die Leute kamen und gingen. Mal waren wir Tausende, mal nur zwei. Doch egal, was passierte, das Absurde war immer dabei. Es erinnerte uns an die Pflicht, stets wachsam zu sein, das Spielfeld immer zu beobachten und zu analysieren, vor allem aber zu verarbeiten. Die Radiosendungen, Fernsehbeiträge und Bühnenauftritte dienten uns als Notizblock, um gar nichts zu vergessen. Nach zehn Jahren des Clubs der Polnischen Versager war unser Notizbuch voll. Sogar den Umschlag haben wir vollgeschrieben. Anfang 2011 waren wir reif für ein Buch. Wir hatten vor, die Wortfetzen erstmal in Sätze zu fassen und aufs Papier zu bringen und uns dann um den Verlag zu kümmern. Also mit dem Einfachen anfangen, mit Aufgaben wachsen und den Verlag als Königsdisziplin im Durchmarsch einnehmen. Erst später mussten wir feststellen, dass das vermeintlich Einfachste das Schwierigste ist und umgekehrt.

Kontaktaufnahme – die zweite

Es ist Sommer 2011. In einem Gartenlokal in Berlin Mitte kommt es zum ersten Treffen zwischen den Vertretern des Clubs der Polnischen Versager, Piotr Mordel und Adam Gusowski, und den Vertretern des Rowohlt-Verlags. Es gibt etwas zu essen und zu trinken. Die Sonne scheint zwischen den Blättern der Kastanienbäume hindurch auf einen Tisch mit vier Personen. Es war ein freundliches Treffen mit viel Smalltalk, einem nicht vorgespielten und durchaus gegenseitigen Interesse. Nicht zuletzt deswegen, weil wir uns unter Rowohlt, dem großen deutschen Verlag, nur wenig vorstellen konnten und viele naive Fragen stellten. Diesmal ohne das übliche schlechte Gewissen zu haben, denn unsere Gesprächspartner wussten genauso wenig über uns, über den Club der Polnischen Versager und über die Polen in ihrem Land. Gerne antworteten wir auf die Fragen, wie viele Polen in Deutschland leben, was sie so machen, wen sie wählen und in welche Kirche sie gehen. Irgendwann mal gelangweilt davon, immer korrekte Antworten zu geben, begannen wir, uns Tatsachen und Halbwahrheiten auszudenken. Jeder hat ein Bild eines Polen vor Augen. Es ist halt wie mit einem Tisch. Für jeden hat er eine Platte und vier Beine. Ein Pole in Deutschland ist so ähnlich einfach aufgebaut: zwei Beine, ein Schnauzer, katholische Weltanschauung, guter Handwerker, schlechter Autofahrer, emotioneller Liebhaber, sparsame Hausfrau. Für so manchen ist ein Pole ein schweigsamer Autodieb mit einer Versicherungsprämiengarantie und für noch einen anderen auch mal eine Putzfrau, die man von der Steuer nicht absetzen kann, was aber bei diesem Preis auch egal ist. Wenn man aber die Freiheit hat, mit diesem Bild eines Polen jonglieren zu dürfen, und das Publikum, mangels eigener Erfahrungswerte, auch alles glaubt, beginnt ein Spiel, an dessen Ende zu diesem Bild auch ein charmanter Versager gehört, so wie ein alkoholkranker Priester, ein in Polen gesichteter Yeti, ein Nachfahre von Jan III. Sobieski, der mit dem Nachfahren von Kara Mustafa um die Imbissbuden Berlins kämpft und die Frage türkischer Döner oder polnische Wurst klären will, sowie eine polnische Initiative in Deutschland »Wähle die Regierung deines Nachbarn« als mögliche Ausweitung der festgefahrenen Demokratie. Zu dem gesamten Polen-Bild kamen noch ein paar historische und aktuelle Richtigstellungen hinzu: Deutschland habe mal mit dem EU-Austritt gedroht, falls Polen den Euro annehme; ein polnischer Priester im Vatikan habe sich selbst verbrannt, dabei habe er »Free Vatikan Now!« geschrien und die Schweizer Garde als Besatzer und Kolonialisten beschimpft; die größte Jesus-Statue stehe im polnischen Świebodzin und sei hydraulisch ausziehbar; seit der Seligsprechung des Papstes Johannes Paul II. boome in Polen der Schwarzmarkt mit päpstlichen Reliquien; die Vertriebenen-Präsidentin Erika Steinbach habe sich für einen offiziellen Gedenktag für die nach dem Zweiten Weltkrieg vertriebenen Deutschen stark gemacht. Unklar sei jedoch, wann und in welchem Land der Gedenktag der vertriebenen Deutschen stattfinden solle. Argentinien habe spontan sein Interesse bekundet und sei neben den USA und der Schweiz wohl der aussichtsreichste Kandidat; der Streit um das einheitliche Rentenalter in der Europäischen Union werde dank des polnischen Premierministers Donald Tusk beigelegt. Nach zähen Verhandlungen habe die Kanzlerin Angela Merkel ihre Äußerungen über »die faulen Südeuropäer« zurückgenommen und dem Vorschlag von Donald Tusk zugestimmt, bei der altbewährten Version von »den faulen Osteuropäern« zu bleiben. Damit war der Weg frei für die sogenannte polnische Lösung. Diese sehe vor, das Rentenalter europaweit an die Rentenbestimmungen für die EU-Abgeordneten anzupassen ... Es sprudelte nur so aus uns heraus. Das Publikum lag uns zu Füßen, lachte und klatschte vor Begeisterung, machte große Augen und stellte zum Schluss die konkrete Frage, ob wir

ein Buch über unser Deutschland schreiben wollten. Da mussten wir nicht lange
überlegen. Die Antwort stand fest, bevor der Verlag überhaupt wusste, dass es uns
gibt. Fast schrien wir heraus: »Ja, ja, ja, vier mal ja …«, aber diesmal reichte ein
kurzes »ja«.

Im Eifer des Gefechts vergaßen wir zu fragen, wieso gerade wir, aber vielleicht
trauten wir uns nicht zu fragen, denn die Antwort hätte sehr ernüchternd sein können. Für uns polnische Versager waren Begriffe wie Marktanalyse und Gewinnpro-
gnose wahre Fremdwörter. Wir verabschiedeten uns. Der Verlag zahlte die Zeche.
Wir stiegen auf die Fahrräder und mit Bananen auf den Gesichtern radelten wir
nach Hause. Schnell wurde aus dem Smalltalk Ernst. Die Verträge kamen mit der
nächsten Post. Zu Fuß trug ich sie zum Anwalt. Der Verlag war fair, wir genügsam.
Unterschrieben trug ich sie wieder zur Post und im Handumdrehen waren wir
ein Teil der Riesenmaschinerie mit dem unscheinbaren rororo auf dem Cover. Die
ersten Termine standen auch schon fest. Wir machten uns an die Arbeit.

Uścikowo – die Flucht nach vorne

Die ersten gescheiterten Versuche, etwas Sinnvolles zusammenzuschreiben,
schoben wir auf einen Mangel an Zeit und die Schwierigkeit, in einer großen Stadt
konzentriert arbeiten zu können. Also zogen wir aufs Land. Nicht irgendwohin,
sondern nach Zentralpolen, in die Gemeinde von Żnin in das Schloss von Uścikowo.
Piotrs Freund verwaltet es seit Jahren, eine Art Agrotouristik für verträumte oder
verarmte Großgrundbesitzer, leider mit nur wenigen Zimmern und noch weniger Gästen. Eine vorerst gescheiterte Idee, die allerdings noch viel Raum zum
Träumen lässt. Für uns bot es also ideale Bedienungen. Wir hatten uns von allen
Verpflichtungen zwei Wochen frei genommen. Leider war es bereits September.
Ein verdammt kalter September. Wir froren in den Schlossgemächern zwischen den
dicken Mauern. Es war so kalt, dass die Fliegen, die tagsüber noch ihre eckigen
Runden um den Kronleuchter drehten, nachts reihenweise vor Kälte erstarrten
und starben. Sie lagen dann jeden Morgen auf dem Fußboden, der vom Kadaver
der Fliegen nun nicht die vorgesehene Farbe »Eichenholz rustikal« hatte, sondern
schwarz war. Einige der schwarzen Punkte auf dem Fußboden machten noch die
letzten Versuche, mit den Flügeln zu schlagen. Die Gastgeber sammelten jeden
Morgen die Überreste der grausamen Nacht ein. Wir wurden vom Staubsauger
verschont, aber innerlich fühlte ich mich wie eine von den Fliegen. Ich zog alles
an, was ich mithatte. Es reichte gerade so, um einen klaren Gedanken zu fassen.
Das Tippen auf der Tastatur glich der Anstrengung, die Hohe Tatra im Winter und
barfuß zu überqueren. Der Plan war einfach. In zehn Tagen einen groben Plan für
das Buch erstellen, Themen sammeln, eine erste Arbeitsform finden. Nach sieben
Tagen gaben wir auf und beschlossen, einfach so nach Bauchgefühl zu schreiben.
Wir fuhren neuen Mutes wieder nach Berlin zurück. Bald waren die ersten Texte
für den Verlag fertig. An die vorgegebenen Abgabetermine hielten wir uns streng,
auch weil der vertraglich vorgesehene Vorschuss bereits auf unseren Konten war,
und die Angst, weniger des Geldes, sondern der Scham wegen, ihn zurückzahlen zu
müssen, zwang uns, korrekt zu sein. Korrekt waren auch die Lektoren des Verlags,
vor allem aber politisch korrekt. Denn die Texte bekamen eine vernichtende Kritik,
die allerdings schön verpackt war. Die Themenwahl schien sehr gelungen, die

Umsetzung jedoch keinesfalls. Es war die Rede vom »szenischen und erzählerischen Schreiben«, vom »Aufbau und Spannungsbogen«. Alles Begriffe, die uns so fremd vorkamen wie einem deutschen Schüler der polnische Religionsunterricht mit einer amtlichen Zensur auf dem Zeugnis. Als ich dem Verlag beichtete, dass wir mit den Vorwürfen nur wenig anfangen könnten, flogen gute Geister nach Berlin, um es uns zu erklären. Alles vergebens. Auch die nächsten Texte, die wir schon für »sehr gut in Szene gesetzt«, »reißerisch erzählt« und »spannend aufgebaut« hielten, befriedigten den Verlag nicht. Zum zweiten Mal bewahrte uns die deutsche »political correctness« davor, ein Vermögen für Psychiater und Psychologen auszugeben, die aus uns die Depressionen von bis dahin bei einem Polen nicht gesehenen Dimensionen hätten herausprügeln müssen. Ich spürte am eigenen Leib, dass die 68er Bewegung nicht nur die Deutschen vor sich selbst, sondern auch die Ausländer schützte. Der zweite Versuch blieb jedoch nicht ohne Folgen. Der Verlag schickte uns einen Erzengel. Thomas Mahler, ein Mann vom Fach, ein Schriftsteller also, der uns helfen sollte. Mit stoischer Ruhe und Gelassenheit bearbeitete er unsere Texte Kapitel für Kapitel. In stundenlangen Gesprächen, Diskussionen, Gedankenkollisionen stellte ich erst bei den einfachen und klärenden Fragen fest, dass es um den Inhalt und weniger um die Form geht. Plötzlich begriff ich, dass die Deutschen kaum etwas über die Polen wissen. Mag sein, dass es hierzulande polenfreundliche Kreise gibt, in denen auch mal ein polnisches Wort zur Begrüßung fällt. Mag sein, dass es Organisationen gibt, die sich seit Jahrzehnten um die deutsch-polnischen Verhältnisse kümmern und in ihren Reihen die besten Polenkenner haben. Mag sein, dass die deutsche Wirtschaft in der polnischen einen verlässlichen Partner fand und die polnische Währung inzwischen »Sloty« und nicht »Schloty« oder gar »Schrotty« ausspricht. Dennoch: Es ist eine absolute Minderheit. Die deutsche Welt beginnt am Rhein und endet an der Havel. Das Gros tappt im Dunkeln. Blindgänger, als Blindhühner verkleidet, denen es ab und zu gelingt, ein Korn zu finden, wenn sie mal Warschau nicht mit Krakau und Tschenstochau nicht mit Auschwitz verwechseln. Es leuchtet dann wirklich ein, wenn mich eine Technikerin beim RBB, an meinem Arbeitsplatz also, verdutzt fragt, ob es in Schlesien noch Deutsche gibt,

weil sie gestern im Fernsehen erfuhr, dass Schlesien in Polen liegt. Polen? War da was? Unsere Arbeit der letzten Dekade machte uns zu blauäugig, wir sind fachblind geworden. Und nun retteten wir dank unseres Ghostwriters nicht nur unser Buch, sondern wir zogen wohl die wichtigste Lehre der letzten Jahre: Die Deutschen und die Polen sind in die Normalität, in die nachbarschaftliche Anonymität, in die gleichgültige Unwissenheit geflüchtet.

Wie Humboldt im Wanderzirkus

Die EM 2012 in Polen und der Ukraine war längst vorbei, damit auch das kurze Interesse an den beiden Ländern, als wir im Oktober 2012 das erste Exemplar des Buches in den Händen hielten. Die offizielle Premiere war für den 1. Dezember angesetzt. Bis dahin sollten wir noch der internationalen Presse zur Verfügung stehen, was wir auch anstandslos taten. Uns wunderten auch keine Fragen mehr. Die Antworten klangen jedoch jedes Mal anders. Die Premiere feierten wir natürlich standesgemäß im Club der Polnischen Versager. Die »SubHumanBros«, also die Sakamoto-Brüder aus Tokio, waren der DJ-Act des Abends, davor eine kurze Lesung aus dem Buch und viel Smalltalk mit den Gästen des überfüllten Clubs. 150 Bücher verkauften wir an diesem Abend, inzwischen sind deutschlandweit rund zehn Tausend verkauft worden. Das trug die Idee des Versagens und auch den Namen des Clubs der Polnischen Versager in die großen Weiten der Republik. Wir wurden in die entlegensten Regionen Deutschlands eingeladen, aus dem Buch zu lesen. Wie einst die Missionare in Südamerika fuhren wir die Donau, den Rhein, die Elbe hoch und runter. Wir sahen »zivilisierte Einheimische«, die uns aus ihren Verstecken hinter akkurat gestutzten Hecken und geradlinigen Zäunen, in gepflegten Mercedes und gestylten VWs misstrauisch, aber auch fasziniert von unserem exotischen Aussehen und der fremden Aussprache beäugten und belauschten. Ähnlich einem Kuriositätenkabinett mit Attraktionen wie der Frau mit Bart und dem Polen ohne Schnauzer starrten uns die Kinder und Erwachsenen an. So manche Mutter hat ihr Kind ins Haus zurückgerufen und ihm schnell noch die Augen zugehalten, als es einen letzten Blick auf die polnischen Versager erhaschen wollte. So mancher Vater sehnte sich nach dem Gewehr vom Opa, machte drei Kreuze und war bereit, für die Familie zu sterben. Und wir? Wir paddelten weiter und staunten nur, dass uns diese Welt, die uns noch vor Kurzem so bekannt gewesen war, nun wie ein geheimnisvoller Garten vorkam, mit Fabelwesen aus dem Nibelungenlied, von denen wir aus Überlieferungen eine flüchtige Ahnung hatten und deren Wirklichkeit wir im Inneren stets leugneten. Bewaffnet mit Buch und Humor, geschützt von »political correctness« und unserem Akzent tauschten wir bunte Kugeln und Korallen gegen Akzeptanz und ein Lächeln. Nach einem Jahr kehrten wir zurück. In den Kisten kein Gold, dafür aber Bilder, Wortfetzen, Sätze, Fragen und Antworten, Beobachtungen und Analysen. Vor allem aber die Erkenntnis: Nicht nur die Deutschen wissen kaum etwas über uns, auch wir kannten sie nicht. Wir paddelten zurück und zogen an einer Leine ein Beiboot hinterher. Das Beiboot war schwer beladen und wir hatten Angst, es könnte die Last nicht mehr tragen und untergehen. Unter einer Plane aus regenfestem Stoff lag die größte und wichtigste Kiste, unser neues Notizbuch. Es ist wieder voll, und es ist an der Zeit, ein neues Buch anzufangen. Eine Richtigstellung des Clubs der Polnischen Versager.

Janusz Głowacki

Aus dem Kopf

SPATiF

Bekanntlich hatte Leo Tolstoi, bevor er mit einer schlichten Schnur umgürtet durch Russland pilgerte und die erotische Zügellosigkeit anprangerte, in seinen Dörfern regelmäßig vom Recht der ersten Nacht Gebrauch gemacht und seinen Geburtstag mit Vorliebe im Bordell gefeiert. Meine Tante Ala trat nach einer stürmischen Jugend im reifen Alter in die Fußstapfen des heiligen Franziskus und begann erst Geld, dann Kleidung und Möbelstücke an die Armen zu verschenken. Da aber Zynismus die Welt regiert, wurde sie nicht zum Objekt der Verehrung, sondern von ihrer Familie in die Klapse gesteckt. Als Janusz Wilhelmi bei einem Flugzeugabsturz ums Leben kam, schrieb Krzysztof Mętrak ein, gelinde gesagt, abfälliges Gedicht über unseren ehemaligen Chefredakteur und wurde zur Strafe aus der »Kultura« rausgeschmissen. Kurz darauf saßen Krzyś und ich morgens im Czytelnik verkatert bei einer Tasse schwarzem Kaffee, als sich der Dichter und Essayist Artur Międzyrzecki zu uns setzte und Krzysztof besorgt fragte, wie es ihm gehe.
»Wie schon«, antwortete Mętrak mürrisch, »ich sitze zu Hause, schreibe und lese.«
»Wären Sie ein russischer Kavallerieoffizier, würde ich mit Ihnen mitfühlen. Aber Sie sind doch ein Schriftsteller«, bemerkte Artur. Tschechow zweifelte daran, das Recht zu haben zu schreiben, solange er auf die Frage »Wie soll man leben?« keine Antwort wusste. In den sechziger und siebziger Jahren suchten nicht wenige polnische Künstler und Schriftsteller, einschließlich meiner Wenigkeit, nach dieser Antwort, wobei sie im Warschauer SPATiF saßen und Alkohol in sich hineinkippten. Das Gefühl der allgemeinen Ohnmacht sorgte dafür, dass ihnen diese Art der Sinnsuche vollkommen logisch erschien.
Klar, wenn man jeden Tag die wunderbare Möglichkeit hat, sich in interessanter Gesellschaft zu betrinken, weiß man das nicht zu schätzen. Mickiewicz bemerkte die Schönheit Litauens erst in Paris. Auch ich musste emigrieren, und erst von New York aus, wo Alkoholiker und Prostituierte, Drogensüchtige und Künstler sorgfältig nach Kontostand eingeteilt werden, erkannte ich das Besondere an der Kneipe in den Aleje Ujazdowskie, die vom Zentralkomitee, der Kirche auf dem Plac Trzech Krzyży, dem Chopin-Denkmal und dem Amt für Zensur in der Mysia umgeben war. Ich habe schon viele Male über das SPATiF geschrieben, aber ich habe dort zu viel Gesundheit und Geld eingebüßt, um jetzt die Gelegenheit, mich zu revanchieren, ungenutzt verstreichen zu lassen.
Im SPATiF diskutierte man über Heidegger und über den aktuellen Dollarkurs, über die Chancen, die Unabhängigkeit wiederzuerlangen, und über den Genuss von unverdünntem Vogelbeerschnaps, über das Patentrezept für einen guten Film und über den Diebstahl an einem reichen Schweden an der Bar. Hier verkehrten Schauspieler und Flittchen, Regisseure und einfache Alkoholiker, regimetreue und

oppositionelle Schriftsteller mit ihrem Agententross im Schlepptau. Einmal brachte ich John Darnton, den Korrespondenten der »New York Times«, hierher. Es war kein Tisch frei, also fragte ich den brillanten Satiriker Janusz Minkiewicz, ob wir uns zu ihm setzen dürften. Er antwortete: »Sag deinem Amerikaner, 1945 hat er sich nicht blicken lassen, dann kann er sich jetzt auch verpissen.« Nach ein paar doppelten Wodka boten die Jungregisseure den am Anfang ihrer Karriere stehenden Absolventinnen der Theaterschule Hauptrollen an.

»Und wie heißt der Film?«, fragten die Erfahreneren unter ihnen und antworteten, als sie erfuhren, dass er zum Beispiel *Asche und Diamant* hieß: »In dem habe ich schon sechs Mal gespielt.«

Hier sammelten vor Europameisterschaften, Weltmeisterschaften und Olympiaden berühmte Sportler wie Andrzej Badeński, Włodek Sokołowski und Witek Woyda die nötigen Kräfte. Hier goss Władek Komar einen Viertelliter Wodka zu seinem Huhn in die Brühe und trank diesen Cocktail in einem Zug. Und ein anderer Korrespondent der amerikanischen freien Presse, der von Władek an die Decke geworfen wurde, gestand, sich mehr gefürchtet zu haben als in Vietnam.

Das SPATiF besuchten sowohl Jerzy Turowicz als auch der blutjunge Marcin Król, Henryk Bereza, Paweł Hertz und der ausgezeichnete Übersetzer Henryk Krzecz-kowski. Jerzy Andrzejewski kämpfte hier mit der einst sehr einflussreichen Kritike-rin Alicja Lisiecka um Krzyś Mętraks Seele. Zdziś Maklakiewicz, Marek Piwowski und ich dachten uns hier das Gespräch über den polnischen Film in *Rejs* aus. Der durch und durch elegante Antoni Słonimski erzählte, wie es war, und um ihn her-um war es, wie es ist. Einmal betrat eine ältere Dame das SPATiF, die zu ihrer Zeit eine große Schönheit gewesen sein musste. Sie heftete den Blick auf Herrn Antoni. Er sprang auf und rief: »Loda!«, sie schrie: »Tosiek!«. Das war Loda Halama, vor dem Krieg ein großer Star des Varietés. Sie begegneten sich zum ersten Mal nach vielen Jahren, denn Frau Loda lebte in London.

Hier suchte ich Trost, als mich die Amerikaner für das Internationale Schriftstel-lerprogramm an der Universität Iowa vorgeschlagen und die sogenannte polnische Seite »nein!« gesagt hatte, weil ich gerade erst vom Stipendium des State Depart-ment zurückgekommen war. Und hier fand ich auch Rat. Es gab immer ein großes Hickhack darum, wer nach Iowa fahren durfte, denn die Kulturabteilung des ZK wollte mitbestimmen, wen die Amerikaner einladen, was diese aber ablehnten.

Als ich also meinen »Invaliden«, Tatar mit einem Ei, mit einem »Fernglas«, zwei doppelten Wodka, runterspülte und mich über die ungerechte Behandlung beklagte, riet mein Trinknachbar, ehemals ein hohes Tier in der Partei, nach seinem Raus-schmiss jetzt ein fanatischer Oppositioneller und Alkoholiker, ohne zu zögern:

»Du musst dich auf jemanden berufen. Ruf am besten den Genossen Łukaszewicz an, der im Politbüro für Propaganda zuständig ist. Er wird überrascht sein, dass du ihn anrufst, und wer weiß, vielleicht stellen sie dich durch zu ihm. Verbinden sie dich mit ihm, sag, worum es geht, und bitte ihn um Hilfe. Er wird dir natürlich nicht helfen. Aber darum geht es nicht. Du kannst dann nämlich den Direktor des Verlags RSW Prasa anrufen und ihn um einen Dienstpass bitten. Du sagst: ›Genosse Łukaszewicz kennt die Angelegenheit‹, was ja stimmt. Außerdem wird der Direktor sich nicht trauen, das zu überprüfen.«

Es geschah, wie er gesagt hatte. Ich bekam nicht nur auf der Stelle einen Reisepass, der Direktor des Verlags fragte mich sogar, ob ich wünsche, dass mich jemand auf dem Flughafen begrüßt.

Sich auf jemanden zu berufen, konnte Wunder wirken, und das gemeine Volk wusste darum. Daher kursierte von dem Schlager »Wer hat dich in der Schule geneckt,
dir Frösche ins Mäppchen gesteckt, wer, na sag schon, wer« eine abgewandelte,
inoffizielle Version: »Wer kriecht da von Arsch zu Magen, Kliszko weiß Bescheid,
Sie können ihn fragen«. Kliszko war Mitglied des Politbüros und nach Gomułka die
Nummer zwei der Partei.

Der elegante Teil der Gesellschaft, also Antoni Słonimski, Paweł Hertz, Julian
Stryjkowski und Adam Ważyk, verließ das Lokal gegen elf. Danach trat, wie Sergej
Jessenin geschrieben hätte, ein Meer von Alkohol über die Ufer. Ein Kritiker der
»Trybuna Ludu« begann zwischen den Tischen umherzuwandeln und schluchzte,
als wäre er eine Figur aus einem Dostojewski-Roman: »Gott, was bin ich für ein
schreckliches Schwein«, und flehte, jemand möge ihm ins Gesicht spucken. Amtie-
rende Olympiasieger wurden in die Garderobe getragen und dort unter der Aufsicht
von Frank Król abgelegt. Spitzel beschwerten sich über die schlechte Qualität der
Abhörgeräte, und der Witzbold vom Dienst Zdziś Maklakiewicz intonierte seine
Erzählung »vom törichten polnischen Helden« oder klimperte auf dem Klavier und
sang: »Gestern ging ich durch Warschau. Eine Taube schiss mir aufs Haupt. Warum
passiert das immer mir? Eine Million Menschen leben hier.«

Das Ganze erinnerte ein bisschen an die »Titanic«, nur dass das Schiff nicht sank
und das Wasser höchstens knöcheltief stand. Ein wenig auch an Mickiewiczs »Ball
beim Senator«. Nur dass man unter seinesgleichen war und die Zeit weniger rau.
Ständig setzte sich jemand zu einem an den Tisch, überhaupt konnte man nie sicher
sein, mit wem man trank. Einmal sagte ich zu einem Typen: »Diese Hurensöhne von
der Staatssicherheit.« Worauf er mir betrübt antwortete: »Lass dir gesagt sein, Janusz, viele dieser Leute, die du verächtlich Hurensöhne nennst, lesen deine Bücher
und sprechen mit großem Respekt von dir.« Ach du liebe Scheiße, dachte ich.

Einmal spielte eine dreiköpfige Band. Alle tanzten, der damalige Leiter der Kulturabteilung im ZK Aleksander Syczewski und die jungen Lyriker der Zeitschrift
»Współczesność«, die keine Gelegenheit ausließen, eine Schlägerei anzuzetteln. Andrzej Brycht, der vor seiner Flucht in den Westen der Liebling der Partei war, und
streng zensierte Autoren. Es tanzten der nationalkommunistische Regisseur Bohdan
Poręba und der im März 1968 von einem sogenannten Aktiv verprügelte Stefan
Kisielewski. Die angehenden Regiestars Janusz Kondratiuk und Janusz Zaorski sowie
alle Kellnerinnen. Der Schriftsteller und Ideologe Oberst Zbigniew Załuski tanzte
würdevoll, weil er wusste, dass vor dem Lokal ein schwarzer Wolga und ein Chauf-
feur in Uniform warteten. Neben ihnen legte Janek Himilsbach, im Kopftuch über
die Tische stürzend, seine »Treblinka-Polka« aufs Parkett.

In Augenblicken des nationalen Aufruhrs politisierte sich die Trinkerschar schlagartig. Ein Devisenschieber und Zuhälter, der heute in der Liste der hundert reichsten
Polen figuriert, brachte von der Mokotowska die Bulletins der Solidarność Mazowsze mit. Er sprach bedächtig, jedes einzelne Wort in die Länge ziehend, wie
Marlon Brando, wobei er berufliche Interessen und freiheitliche Gesinnung munter
durcheinanderwarf: »Es hat wieder eine Provokation gegeben, nimm zum Beispiel
die Zośka, keine in Warschau bläst wie sie, dass sich die roten Socken da mal nicht
täuschen, man muss nur aufpassen, sie klaut auch schon mal was.«

Nach ein paar Jahren im SPATiF merkte ich, dass ich allmählich in Richtung Alkoholismus abrutschte. Um nicht zu schnell zugrunde zu gehen, entwickelte ich mein

persönliches Rettungssystem. Bevor ich zu trinken anfing, suchte ich mir die unat-
traktivste und älteste unter den Trinkenden aus. Ich trank und betrachtete sie, ich
trank und betrachtete. Sobald sie begann mir hübsch und verführerisch zu erscheinen, wusste ich, dass ich betrunken war und nach Hause musste.
Damals gab es in Warschau keine Nachttaxis. Nach Mitternacht warteten vor dem
Lokal mehrere Sprengwagen in einer Schlange. Die Fahrt zur länger offenen »Gos-
se« in der Trębacka kostete hundert Zloty, mit Besprengung hundertfünfzig. Der
Fahrer fragte, bevor er losfuhr: »Spritzen?« Und wenn einem danach war oder man
einer Frau imponieren wollte und keine Kosten scheute, sagte man: »Spritzen Sie
ruhig ab!«

316 East 11 (ohne Sprechanlage)

Irgendwann um das Jahr 1985 herum zog ich mit Ewa und Zuza von Washington
Heights nach Lower Manhattan ins East Village, genauer gesagt von der 196th zur
11th Street, zwischen 1st und 2nd Avenue. Das war ein gewaltiger gesellschaftlicher Aufstieg, ein Sprung nach oben. Im East Village wurde nämlich außer Spanisch
auch Russisch, Polnisch und Ukrainisch gesprochen. Wir wohnten also in einer
dieser kleinen krummen Straßen, die ein Betrunkener entworfen haben musste und
die das Flair einer nicht bestandenen Prüfung verbreiteten. Hier wohnten hauptsächlich Künstler, Prostituierte, Drogensüchtige, abgemagerte Wahrsagerinnen, die
die Sterne mit Tarotkarten überlisteten. Obdachlose en masse und einige wenige
Geschäftsleute.
Das Haus hatte die Nummer 316 und gehörte wie ein paar andere fünfstöckige
Gebäude dem Ukrainer Jan Nazarkiewicz, der akzentfrei Polnisch sprach, da er früher, vor dem Krieg, in den polnischen Ostgebieten bei einem Gutsherrn gearbeitet
hatte. Während dieses Krieges gelangte er unter Zuhilfenahme eines Gewehres
zusammen mit seinen engsten, ebenfalls bewaffneten Freunden nach Rumänien.
Anschließend verpflanzte er sich – wie, darüber sprach er nur ungern – nach New
York. Dort angekommen halfen ihm der orthodoxe Gott und einige Landsleute.
Er sammelte Geld und kaufte sich hier in der Gegend ein paar Häuser, die damals
spottbillig waren. Dann schossen die Preise in die Höhe, und er wurde Millionär.
Nur dass er sich an diesen Reichtum einfach nicht gewöhnen konnte.
Jeden Morgen sah er, schnurrbärtig und von hünenhafter Statur, in seinen Häusern
nach dem Rechten, so wie man auf dem eigenen Hof nach dem Rechten sieht. Er
trug stets, außer an den ukrainischen Nationalfeiertagen, die gleiche abgetragene
Cordhose und eine braune Lederjacke. Die Taschen waren vollgestopft mit allem,
was er brauchte, mit Schraubenziehern, Zangen, Hämmerchen und einer Pistole.
Er kümmerte sich persönlich um verstopfte Spülbecken, reparierte Klos oder baute
Klimaanlagen ein. Er war ein leidgeprüfter Mann, weshalb er uns, erst nachdem
er meine Referenzen in der Bar »U Wandeczki« sowie bei Frau Jola, der damaligen
Geliebten des Priesters der polnischen Kirche in der 7th Street, überprüft hatte,
drei kleine Zimmer mit Küche und Bad vermietete.
Unsere Fenster gingen auf identische Fenster hinaus, die zu der Rückseite eines

Mietshauses in der Nachbarstraße gehörten. Dort wohnten vier junge Homosexuelle, und weil das alles andere als schamhafte Menschen waren und sie keine
Gardinen verwendeten, bekam man einiges zu sehen. Außen am Haus gab es die
obligatorische, aus Filmen bekannte eiserne Brandschutztreppe, die im Alltag von
Dieben benutzt wurde, infolgedessen waren die Fenster vergittert. An den Gittern
hingen dicke Vorhängeschlösser, deren Schlüssel längst verloren gegangen waren,
im Falle eines Feuers war die Treppe also von geringem Nutzen. Alle Zimmer waren
dunkel, das Licht wurde nur nachts ausgeschaltet. Einmal schlief meine Tochter
Zuzia abends kurz ein, und als sie aufwachte, begann sie sich für die Schule fertig
zu machen, da das Licht brannte und sie dachte, es wäre schon Morgen.
So weckten uns also jeden Morgen mehrere Hundertkilowattbirnen mit ihrem
fröhlichen Strahl. In ihrem Schein schrieb Ewa zwei Kinderbücher, deren Helden
die Figuren berühmter Gemälde waren. Und im Licht der wunderschönen, auf
einem Müllhaufen gefundenen Sezessionslampe las sie mit roten Wangen den
Glückwunschbrief von Barbara Bush, der Gattin von George Bush senior, die ihr
versicherte, sie lese das Buch über das Mädchen aus dem Renoirgemälde ihren
Enkeln vor.
Das Haus mit der Nummer 316 war dafür berühmt, dass es als einziges Haus in der
Gegend keine Sprechanlage hatte. Das heißt, es hatte eine, aber nur für zehn Minuten am Tag. Im Erdgeschoss wohnte die sechsköpfige Familie Ramirez aus San Juan.
Die Ramirez arbeiteten als Diebe und verschafften sich mit dem Handel von Drogen
ein Zubrot. Den ganzen Tag gaben sich die Kunden die Klinke in die Hand, die
einen wollten dringend ein frisch geklautes Fahrrad, einen Revolver oder ein Brief-
chen Heroin kaufen, die anderen eine gefälschte Arbeitserlaubnis oder eine Mütze
auf Raten. Die Ramirez wollten nicht dauernd von der Klingel belästigt werden, die
einen verrückt machen konnte. Und sobald Herr Nazarkiewicz die Sprechanlage in
aller Herrgottsfrühe repariert hatte, machten sie sie gleich wieder kaputt.
Da die Tür zur Straße ständig offenstand, herrschte im Treppenhaus reger Betrieb,
der in den Nachtstunden noch einmal zunahm. Kam ich spät nach Hause, musste
ich achtgeben, nicht auf die Verkäuferinnen aus dem nahe gelegenen McDonalds zu
treten, die mit einem Lächeln der Erleichterung und einer zwischen den Schenkeln
steckenden Spritze auf dem Boden lagen. Ich drückte mich an Paaren vorbei und
hörte rührende Liebesbekenntnisse, die angesichts des allbekannten Misstrauens
der Frauen aus dem East Village zügig in knallharte finanzielle Verhandlungen
übergingen. Nach ein paar Monaten wusste ich bereits recht gut Bescheid über die
Schwankungen auf dem hiesigen Markt. Ich bin stolz darauf, dass ich als Pole, der
mit Mickiewiczs *Grażyna* und *Emilia Plater* groß geworden war, aber auch angesichts der Grundsätze, die mir der Wilde Bolek aus Praga eingeimpft hatte, immer
auf der Seite der Frauen stand, wenn man mich bei Verhandlungen zum Zeugen
nahm. Ich gab bereitwillig zu, mit meinem Gewissen übrigens völlig im Reinen,
dass fünf Dollar für einen Blowjob ein unanständiger Preis sind.
Der Wilde Bolek war ein Gentleman und behauptete, dass man einer Frau immer
Respekt entgegenbringen müsse. Ein Kotelett de volaille, ein Pfirsich Melba, eine
Cassata oder ein Filet mignon, nicht bloß eine Dame besteigen, wie ein Krebstier
beißen und *au revoir*.
Da ich mich über nichts beschwerte, waren die Ramirez mir gegenüber freundlich,
ja geradezu fürsorglich. Ein Jahr später wurde anlässlich der gelungenen Premiere

von *Jagd auf Kakerlaken* für die formidable Fernsehsendung *MacNeal-Lehrer* ein Dokumentarfilm über mich gedreht. Ich verabredete mich für Aufnahmen bei mir zu Hause, aber es gab einen furchtbaren Stau, und ich verspätete mich. Als ich die 11th Street erreichte, kam mir Ramirez senior entgegengelaufen und teilte mir mit, es hätten mich Leute mit Kameras gesucht, ich könne aber ganz beruhigt sein, er habe ihnen gesagt, ich wohne hier nicht mehr, und sie seien daraufhin abgezogen. Als dann das Fernsehteam sich wiederfand und aus dem Auto heraus filmte, wie ich die 11th entlanggehe, kamen ständig Bekannte vom Treppenhaus auf mich zu, die mir rieten, mich aus dem Staub zu machen, ich würde gefilmt. Auf diese Weise konnte ich mich davon überzeugen, dass selbst im ruhmsüchtigen und erfolgshungrigen New York Kameras nicht überall Vertrauen erwecken. Natürlich ist ein solches Misstrauen sowohl in New York als auch in Warschau die Ausnahme.

Als die ersten Reality Shows im polnischen Fernsehen zu sehen waren, las ich in den großen Zeitungen Äußerungen von Soziologen und Psychologen, die sich überrascht zeigten, dass die Teilnehmer, zum Beispiel von *Big Brother*, bereit sind, ihre Privatsphäre aufzugeben. Sollte das vielleicht heißen, dass unsere Wissenschaftler nicht vollständig im Bilde sind, was die menschliche Natur und ihr eigenes Land betrifft? Millionen unserer begabtesten Mitbürger, die an Namenstagen Erfolge feiern, weil sie etwas singen, einen Witz erzählen oder ihren Schwanz zeigen, all diejenigen, die im häuslichen Heim ihre Ehefrauen vermöbeln, und niemand zollt ihnen Applaus, gäben schließlich alles dafür, ihre Talente im Fernsehen präsentieren zu dürfen. Es geht nicht einmal ums Geld, obwohl darum geht es auch, sondern um das bisschen Anerkennung, das einem zusteht. Und endlich, dank *Pop Idol* und dergleichen, bekommen sie eine Chance. Ein siegreicher Teilnehmer der amerikanischen Ausgabe von *Big Brother* gab zu, nachdem er den Preis eingestrichen hatte, er habe konsequent den Idioten gespielt, weil er wusste, nur so würden sich Millionen Fernsehzuschauer mit ihm identifizieren und ihn wählen.

Natürlich gibt es auch bei uns Orte, an denen Kameras unerwünscht sind. Und das sind nicht unbedingt die Hauptquartiere der Mafia in Pruszków oder Wołomin. Vor Kurzem aß ich in Gesellschaft einiger Freunde, unter anderem der hervorragenden Fotografin Ania Prus, eine französische Spezialität in einem eleganten Warschauer Restaurant. Ania kam auf die bescheuerte Idee, diesen glücklichen Augenblick festzuhalten. Sie hatte kaum angefangen zu knipsen, da ging das Theater los. Mehrere Kellner kamen angelaufen und teilten uns mit, dass Fotografieren strengstens verboten sei. Es wurde unangenehm, aber nur für einen Moment, die befreundete Ehefrau des Besitzers nahm mich zur Seite und erklärte mir:

»Janusz, versteh doch, wir sind ein exklusives Lokal, zu uns kommen Abgeordnete und Senatoren mit ihren Huren. Sie saufen sich die Hucke voll, sodass sie zu ihrem Auto gebracht werden müssen. Sie wollen sich bei uns so sicher wie zu Hause oder im Sejm fühlen. Selbst wenn nur du fotografiert wirst, kann durch Zufall auch ein Stück Abgeordneter aufs Bild kommen. Und davon hat niemand etwas.«

Ein paar hundert Schritte von meinem Haus in der 11th Street entfernt, gleich hinter dem ukrainischen Haus der Kultur, rechts von der Moschee und links von der Schwulenbar »Tunnel«, direkt hinter der polnischen Kirche, genau an der Ecke 7th Street und Avenue A, unmittelbar am Tompkins Square Park befand sich das Sadomaso-Varieté »Pyramid«. Ich pflegte meine polnischen Freunde dorthin einzuladen, Wissenschaftler, einflussreiche Politiker und lyrische Dichter. Alle waren immer begeistert, nur einmal war es ein Misserfolg. Als nämlich Jacek Kuroń den Club betrat und einen Mann mittleren Alters erblickte, dessen Schwanz mit einer Eisenkette umwickelt war, die an einer Metallstange an der Decke hing, und dem obendrein meine Studentin, Autorin einer Arbeit über den Einfluss Audens auf Brodsky, die so ihr Studium an der Columbia-Universität finanzierte, den Bauch mit der Peitsche bearbeitete, machte Jacek auf der Stelle kehrt und verließ türenschlagend den Saal. Auf der Straße sagte er, er habe, als er den mit Handschellen gefesselten und gefolterten Mann gesehen habe, ihm zu Hilfe eilen wollen, aber in diesem Moment habe das Opfer ihm zugezwinkert, und das sei einfach zu viel für ihn gewesen.

Einmal habe ich Jerzy Kosiński gegenüber geprahlt, ich würde gelegentlich auch einen Sadomaso-Club besuchen. Er fragte, welchen? Ich sagte, den »Pyramid Club«. Er bekam einen Lachanfall.

Der Blick aus dem Fenster

Mein Zimmer in Manhattan hat fünf Fenster. Wenn ich mich weit aus einem der drei Fenster lehne, die auf die 101st Street hinausgehen, sehe ich den Hudson River, der an dieser Stelle schmal, nur vier Weichseln breit ist. Ein paar Straßen von hier beobachtete Isaac Singer, als er von Brighton Beach nach Manhattan zog, die Schatten auf dem Hudson. Singer sorgte sich, dass in New York zu viel geschieht und man deshalb nichts sieht. Damit er also in Ruhe seine Umgebung betrachten konnte, zog er gegen Ende seines Lebens nach Miami.

Durch die beiden Fenster, die auf die West End Avenue hinausgehen, sehe ich, ohne mich hinauslehnen zu müssen, die Synagoge und hundert Meter weiter, über den kleinen Villen in Richtung Central Park, die Hochhäuser vom Broadway. Auf dem Dach eines dieser Häuser steht ein riesiger Sarg mit einem Kranz. Unter ihm die Warnung: »Zigaretten töten dich«. Das ist mir im Grunde egal, da ich nicht rauche.

Marek Piwowski drehte einmal einen Werbespot gegen Alkohol. Dieses Thema liegt mir mehr am Herzen. Im offenen Sarg liegt Himilsbach. Plötzlich setzt er sich steif wie ein Vampir auf und warnt: »Wer trinkt, lebt kurz«, und legt sich wieder hin.

Einmal schrieb ich zusammen mit Marek Piwowski ein Filmdrehbuch mit dem Titel *In die Politik mische ich mich nicht ein*. Das Ganze sollte im Polen der Zwischenkriegszeit spielen. Erst wurde das Drehbuch ohne Angabe von Gründen von meinem ehemaligen Chef Janusz Wilhelmi abgelehnt und gleich danach im Fernsehen von meinem ehemaligen Redaktionskollegen Janusz Rolicki – mit der Begründung, es drehe sich um Michnik, worauf wir nie gekommen wären. In der Psychiatrie gibt es einen Test mit einem weißen Blatt. Zeigt man einem Alkoholiker im Endstadium des Deliriums ein leeres Blatt Papier, beginnt er sehr flüssig vorzulesen, wobei er alle seine Obsessionen aufzählt und die Namen seiner eingebildeten Feinde nennt. Janusz Rolicki trank zwar nicht, aber ähnlich wie die Machthaber aller Couleur und die Zensur las er flüssig.

Piwowski drehte, um nicht länger deprimiert zu sein, auf einem sehr teuren Kodak-Film den einzigen, kurzen, aber schönen Porno, der in der Volksrepublik mit staatlichem Geld gemacht wurde. Der Film stieß auf keine Vorbehalte seitens der Zensur. Er hatte hehre Absichten, denn er warnte vor weitverbreiteten Geschlechtskrankheiten. Die Handlung bestand darin, dass mehrere lächelnde Paare erotische Arbeit in mehr oder minder ausgesuchten Stellungen leisteten und danach auf dem Bildschirm der Satz »Das sind die häufigsten Ansteckungsmöglichkeiten« erschien. Ich erinnere mich an die lange Schlange junger Schauspielerinnen, die auf dem Gang in der Chełmska auf die Probeaufnahmen warteten. Den Film hatte die Gesellschaft für Lehrfilme bestellt, und Marek tat alles, damit dieses Werk vor Krzysztof Zanussis aktuellem Film gezeigt wurde. Die Chefs der Filmgesellschaft sahen sich den Film mehrmals an, sie hielten ihn für große Kunst, hatten aber dennoch ihre Zweifel. Und Zanussis Film war wieder einmal kein Kassenerfolg.

Ich sitze also am Fenster, lese George W. Bushs patriotische Rede in Sachen Irak und Terrorismus, die im gleichen Stil wie Edward Giereks Reden gehalten ist: »Wir werden nicht ruhen, bis auch der letzte Terrorist gefangen wurde«, und überlege mir, wie immer, ob ich nicht nach Polen zurückkehren sollte. Alle paar Minuten werfe ich einen Blick auf die West End Avenue. Vor meinem Haus treiben sich außer den üblichen Passanten und Joggern Journalisten der Boulevardblätter »Daily News« und »New York Post« herum. Sie machen Jagd auf meine dreiundzwanzigjährige Tochter Zuzia, die zur Frau herangewachsen ist und in der »New York Times« arbeitet. Sie wollen sie finden, befragen, vor allem aber fotografieren, denn ihr Freund, der Reporter Jayson Blair, ist der Held eines der größten Skandale in der Geschichte des amerikanischen Journalismus. In der blütenreinen, bis auf den letzten Buchstaben glaubwürdigen »New York Times« veröffentlichte er einen Artikel, den er aus einer kleinen Provinzzeitung abgekupfert hatte, sowie fiktive Gespräche mit Eltern von Marines, die im Irak kämpften. Die Journalisten auf der Straße brauchen unbedingt Bilder von Zuzia, denn sie haben erfahren, dass sie mit Jayson befreundet ist.

In Wirklichkeit geht es darum, dass Zuzia weiß und blond ist, während Jayson schwarz ist. Wären sie also auch noch ein Liebespaar, wäre das eine ganz ordentliche Story. Zuzia wuchs in New York im Eiltempo auf. Aus einem ängstlichen kleinen Mädchen wurde zunächst eine kettenbehängte, klobige Nietenstiefel tragende Schülerin der künstlerisch angehauchten PS 41, also der Public School No 41 in Greenwich Village. Und gleich danach eine brave Schülerin der elitären Privatschule für Töchter aus gutem Hause Nightingale-Bamford. Anschließend eine Studentin der Liberal Arts am Bard College. Und kurz darauf bekam sie einen Job in der »New York Times«. Zwischendurch hatte sie noch einen Flugzeugunfall. Der Jumbojet, mit dem sie nach Miami fliegen sollte, rutschte während eines furchtbaren Schneesturms von der Startbahn und rammte mit dem Tragflügel gegen einen Betonturm, verlor den Motor, erlitt Radbruch und grub sich mit der Nase in den Schnee. Im Flugzeug wurden mehrere Sitze herausgerissen, Koffer flogen durch die Luft, Leicht- und Schwerverletzte stöhnten, und die dreizehnjährige Zuzia nahm das alles mit der Videokamera auf. Einen Augenblick später wurde sie umringt von einer TV-Meute, die auf der Jagd nach menschlichem Unglück war. Sie sahen, dass Zuzia filmte, also dachten sie, sie wäre eine von ihnen, und der Fernsehkanal Fox 5 kaufte ihr die Kassette ab. Der wiederum verkaufte das Band an andere Kanäle. Abends zeigten alle, was Zuzia gedreht hatte. Damals nannte man sie die mutige junge Amerikanerin. Aber jetzt schreibt die »Daily News«: »die geheimnisvolle

Frau aus Polen«. Wie auch immer, Zuzias Foto wird jetzt unbedingt gebraucht.
Ohne Bilder kein Gespräch. Wörter allein taugen zu nichts. Die Leser der Boulevardblätter wollen keine Wörter. Sie wollen Blut und Fleisch, die Wörter sind ihnen
scheißegal. Zumal nicht jeder Leser lesen kann.

Die Reporter warten also, wechseln sich ab, fragen die Nachbarn aus, lassen mir
über die Portiers Briefe zukommen, in denen sie schreiben, »das ist alles für die
Wahrheit«, »nur die Wahrheit interessiert uns«, »Dschanus, help us!«. Aber ich
schreibe fürs Theater und weiß, was Sache ist, und auch sie wissen, dass ich es
weiß, aber sie versuchen es trotzdem. Während sie also Blairs Lügen entlarven,
lügen sie auf der Suche nach der Wahrheit immer mehr. Was sie allerdings nicht
wissen: Zuzia wohnt bereits seit einem Jahr nicht mehr hier. Ich mache mir ein
wenig Sorgen, denn wenn die ausgebufftesten Reporter nicht einmal in der Lage
sind, Zuzias neue Adresse und Telefonnummer in New York ausfindig zu machen,
wird die CIA es dann wirklich schaffen, Osama bin Laden aufzuspüren?

Ich will keinen Hehl daraus machen, dass die Aufregung um Zuzia Ewa und mich
sehr mitnahm. Zuzia beruhigte uns, schließlich hätten wir beide uns doch so sehr
gewünscht, dass sie eine echte Amerikanerin, Teil des Systems werde, und uns
deshalb unheimlich gefreut, dass sie bei der »New York Times« arbeite. Aber dabei
hätten wir irgendwie vergessen, dass sie von Anfang an eine echte Amerikanerin
war, und jetzt sei sie eben Teil einer Sache, die viel amerikanischer ist als das System, nämlich eines Skandals.

Unter die Reporter mischt sich ein japanischer Transvestit. Würden nämlich
Bilder von ihm in den Klatschspalten der »New York Post« erscheinen, wer weiß,
vielleicht wäre das der Beginn einer Karriere. Der Japaner wird also ein bisschen
hysterisch, und ich höre im vierten Stock, wie er an die Gefühle seiner Zuhörer ap-
pelliert. Er erzählt von seiner schweren Kindheit, entschuldigt sich für Pearl Harbor,
aber Transvestiten sind nicht mehr in Mode, und niemand will für ihn seinen Film
verschwenden.

Eigentlich sollte ich den Vorhang zuziehen und mich aufs Schreiben konzentrieren, aber es ist schwierig, das Beschränktsein durch Wände zu ertragen. Nur dass
die absolute Unbeschränktheit es einem auch nicht immer leicht macht. Joseph
Brodsky hat gesagt, er könne den Ozean nicht aushalten, solange er nicht ein
Segel oder den Schornstein eines Schiffes sehe. Sobald es einen noch so armseli-
gen Bezugspunkt gebe, lasse es sich aushalten. Genauso ist es mit der Wohnung,
trotz der Fenster. Auf längere Sicht ist es schwer, alleine zu leben, also lässt man
jemanden rein. Eine Frau zum Beispiel. Ein Augenblick der Erleichterung. Aber
dann kann man diese Enge schon nicht mehr ertragen, man weist der Frau die Tür,
und wieder lässt es sich leben. Und dann beginnt alles von vorne. Eine ausweglose
Situation. Ekel beschleicht einen, wie den Helden in Sartres gleichnamigem Buch.
Aber Sartre brauchte einen ganzen Roman, um das Programm des Existenzialismus
in aller Deutlichkeit darzulegen. Bei uns in Polen kann man das kürzer formulieren.
Jemand geht zum Beispiel auf der Straße, sieht einen Typen, der kotzt, und sagt:
»Ich bin ganz Ihrer Meinung.« Nur dass der polnische Existenzialismus seine Rein-
heit verliert, da er immer eine politische Note hat. Brodski riet mir davon ab, die
Frauen auszutauschen. Nach drei Jahren ist alles wie gehabt, nur dass sich auf dem
Schreibtisch mehr Rechnungen angehäuft haben. Aber er tauschte sie aus.

Michał Kott, Professor Jan Kotts Sohn, einer der intelligentesten Menschen, die ich

kenne, der sich irrtümlicherweise, statt der Schriftstellerei, einer aussichtslosen
Aufgabe verschrieben hat, nämlich den Osteuropäern Demokratie beizubringen,
erhielt im College in den Staaten einen Preis für einen Essay über Perversionen. Er
schrieb, Perversion sei in erster Linie der fehlende Kontakt zwischen den Partnern.
Deshalb hielt er die zweifellos einseitige Nekrophilie zum Beispiel für eine Perversion, eine leidenschaftliche und einvernehmliche Sadomaso-Beziehung aber keineswegs. Dagegen zählte er den ehelichen Geschlechtsverkehr zu den Perversionen,
da dieser mechanisch ablaufe, also ohne Kontakt vonstattengehe. Und wenn schon,
Michał hat Frau und drei Kinder.

Nun ist es aber Zeit, aus dem Fenster zu sehen. Die meisten Reporter sind Kaffee
trinken gegangen zu Starbucks, nur die mit den Fotoapparaten sind geblieben und
der grauhaarige, obdachlose Farbige, der auf dem Bürgersteig schläft. Eine traurige
Prozession schiebt sich an ihnen vorbei. Ein älterer, erschöpfter Mann zieht einen
Bollerwagen mit Eisenrädern. Auf der Ladefläche sitzt ein riesiger, sehr alter Hund.
Von hinten schiebt eine Frau. Bestimmt hat sie Angst, dass ihr Mann einen Herzinfarkt bekommt. Der Hund sitzt traurig und gleichgültig auf dem Wagen. Ich weiß,
wohin sie fahren, zwei Straßen weiter gibt es ein Tierkrankenhaus. Dort werden
alte und kranke Tiere eingeschläfert. Vermutlich befindet sich der Hund auf seiner
letzten Reise, und er scheint das zu wissen. Der alte Mann wacht auf, zieht höflich
die Beine an, um den Wagen vorbeizulassen. Wieso bewegt mich das Leiden der
Tiere mehr als die menschlichen Tragödien. Am besten in Erinnerung geblieben ist
mir aus *Schuld und Sühne*, abgesehen von meinen Lieblingsfiguren Marmeladow
und Swidrigailow, die Szene mit dem Pferd, das von dem mordlustigen Kutscher
zu Tode geprügelt wird. Etwa weil die Wehrlosigkeit der Tiere, kommt der Mensch
ins Spiel, noch wehrloser erscheint? Weil Tiere nicht zum Vergnügen foltern oder
töten? Der berühmte Regisseur Cecil B. DeMille, einer der Hollywood-Altmeister,
sagte, nachdem er sich das Material zu einem Film angesehen hatte: »Ich mag den
Helden nicht. Gebt ihm einen Hund.« Wie auch immer, Hunden wird in Manhattan
mehr Verständnis entgegengebracht als Menschen, was aber nicht heißt, dass man
diesen Leichenzug gleich fotografieren muss. Einen Augenblick später hat der Farbige wieder bequem die Beine ausgestreckt. Der Transvestit drückt sich noch eine
Weile herum und zieht dann ab. Zuzia hat in der »New York Times« erst einmal
Urlaub genommen.

Vom Dach meines Hauses in der West End Ave hat man einen sehr schönen Blick
auf den Riverside Park und den Hudson River. Das Dach ist flach, breit und eignet
sich ideal zum Sonnenbaden. Nur einmal war ich auf dem Dach, am elften September 2001, als das zweite Flugzeug in den zweiten Turm einschlug. Ich fuhr mit
Zuzia hinauf in den neunzehnten Stock. Dort stand bereits eine Nachbarin aus dem
vierzehnten Stock und schaute auf die Flammen und den schwarzen Rauch. Vor
einer Stunde hatte ihr Mann den achtjährigen Sohn auf einen Ausflug zum World
Trade Center mitgenommen. Nach der ersten Explosion rief er vom Handy aus an,
ihnen sei nichts passiert. Nach der zweiten rief er nicht mehr an. Sie umarmte
Zuzia und sagte: »Es tut mir leid, dass du das mit ansehen musst. Das ist unsere
Schuld. Unsere Generation hat es vermasselt, nicht du solltest dafür einstehen müssen.« Dann fuhr sie nach Downtown, ihren Mann und ihren Sohn suchen. Beide
waren tot.

In meinem Zimmer in Warschau in der Bednarska habe ich nur ein Fenster. Aber
man sieht trotzdem eine ganze Menge. Das Fenster geht auf einen Parkplatz hinaus,
der zur Straße hin von einer brusthohen Steinmauer und an den Seiten von Ketten,
wie man sie von Straßenkreuzungen kennt, begrenzt wird. Auf der anderen Seite
des Parkplatzes steht mein Verhängnis, meine kleine private Hölle. Die Strafe für
all die Schweinereien, die ich im Leben begangen habe oder noch begehen werde,
eine Musikschule. Eine Unmenge mehr oder vielleicht auch nicht begabter Schüler
bearbeitet von früh bis spät ihre Instrumente und Stimmen. Im Frühling, Sommer
und Herbst stehen sie im offenen Fenster und spielen auf Trompeten und ähnli-
chem Gerät. Früher schützten mich zwei Pappeln, aber die eine wurde gefällt, weil
sie Allergien auslöst – während die Trompeten und das Geheul als unbedenklich
gelten. Die zweite Pappel steht zum Glück noch. Die Bewohner der umliegenden
Häuser ertragen die Schule in Demut. Sie haben sich in ihr Schicksal gefügt. Der
Sozialismus hat sie gelehrt, dass sich sowieso nichts ändern lässt. Sie glauben nicht,
irgendwelche Rechte zu haben. Ich glaube das im Übrigen auch nicht. Irgendetwas
habe ich mal unternommen, es hat aber nicht geklappt, also schließe ich das Fenster, stecke mir Stöpsel in die Ohren, und wenn es überhaupt nicht mehr auszuhal-
ten ist, fliege ich nach New York.

Wenn ich mich weit aus dem einzigen Fenster hinauslehne, sehe ich eine Begleit-
agentur, die abends in hübschem, rosafarbenem Licht erstrahlt. Auch sie hat eine
Verbindung zur Musik. Ich weiß immer, wann der Chopin-Wettbewerb in Warschau
stattfindet, denn dann stehen die Japaner vor der Bednarska 23 Schlange.

Links vom Parkplatz befindet sich das Restaurant »Pod Retmanem«. Jetzt ist es dort
traurig und ziemlich leer. Von Zeit zu Zeit fährt ein Reisebus mit ausländischen
Touristen vor. Dann umfassen die als Krakauer verkleideten Skinheads und die auf
den Oberarmen tätowierten Krakauerinnen einander und tanzen für die Deutschen
Kujawiak. Als ich kürzlich abends nach Hause ging, guckte von der anderen Seite
der Mauer der Kopf des Parkplatzwächters hervor.

»Herr Janusz«, rief er, »gestatten Sie mir bitte!« Er schüttelte mir ein paar Mal
kräftig die Hand. »Sie wissen gar nicht, wie sehr ich Sie achte. Entschuldigen Sie,
dass ich gerade uriniere.« Wahrscheinlich sollte ich doch wieder nach Polen ziehen,
dachte ich in diesem Moment.

In den sechziger Jahren tobte im Restaurant »Pod Retmanem« das Leben. Stamm-
gäste waren harte Kerle, Handwerker, die sich von der Vendetta der Steuerämter
nicht unterkriegen ließen. Hier wurden Namenstage und Hochzeiten gefeiert.
Schaute ich abends auf einen Wodka vorbei, hörte ich in den Himmel aufsteigende
lyrische Seufzer, leidenschaftliche Versprechen und zärtliche Erinnerungen an heiße
Hochzeitsnächte: »Ich habe ihr eine geklatscht, damit sie Bescheid wusste, und
habe mir einen runtergeholt, damit sie nicht dachte, mir liege was an ihr.«
Später wurden auf dem Parkplatz Rechnungen beglichen. Die Kürschner prügelten
sich mit den Plastikherstellern, die Schuster mit den Tischlern. Gefühle flammten
jäh auf und ebbten genauso schnell wieder ab – wie bei den großen russischen
Schriftstellern. Einmal blieb ein Dieb, der mit einer fremden Brieftasche flüchten
wollte, an der Kette hängen, stürzte zu Boden und brach sich das Bein. Der bestoh-
lene Gentleman lief zu ihm, in der Hand eine zerschlagene Flasche, als er sah, dass
sich der Mann vor Schmerzen krümmte, durchlebte er ein Wechselbad der Gefühle.
Obwohl es regnete, zog er sein Jackett aus, legte es ihm unter den Kopf und tröstete

ihn: »Bleib liegen, ruhig liegen, armer Dieb.« Nur dass er im nächsten Moment aufgrund der durch Cognac, Branntwein, Vogelbeerschnaps und Wodka hervorgerufenen Gefühlsschwankungen »Du Scheißdieb, gib das Jackett her!« schrie.

In diesem Restaurant, genauer gesagt in seinem Keller, habe ich die Handlung der Erzählung *Paradis* angesiedelt. Das war zwei, drei Bücher nach der *Zentrifuge des Blödsinns*, und ich war, wie oft abfällig geschrieben wurde, ein außerhalb des »Café Literacka« völlig unbekannter Milieuschriftsteller, dem zudem jeglicher moralische Instinkt fehlte. Das zumindest wurde mir allseits vorgeworfen. Einerseits, hieß es, arbeite ich nicht dort, wo ich solle, nämlich in der Warschauer »Kultura«, außerdem hege ich gegenüber der Malerin Bożena Wahl, der Schwester von Roman Bratnys Ehefrau, Gefühle, die mit Sicherheit alles andere als uneigennützig seien. Zudem verglich Janusz Wilhelmi meine Schriftstellerei in einem Feuilleton, in dem er eines meiner Bücher lobte, mit dem Werk des von der Partei lancierten und von der Opposition gehassten Andrzej Brycht. Der mir wohlgesonnene Henryk Krzeczkowski fragte mich damals:

»Warum will dich Wilhelmi vernichten?«

Andererseits hatte beispielsweise auch Zdzisław Andruszkiewicz, der Chefredakteur von »Walka Młodych« und spätere Leiter der Presseabteilung des ZK, was mich betraf, seine Zweifel, an denen er 1970 die Leser seiner Zeitschrift teilhaben ließ. In dem mir gewidmeten Artikel *Zweifel wurden geweckt* schrieb er unter anderem: »Soll Literatur erziehen? Soll sie mit der Stimme ihrer Helden von den unternommenen Anstrengungen erzählen, neue moralische Werte, einen neuen Menschen zu schaffen? Soll sie uns zum Handeln anspornen, uns Erlebnisse bescheren und uns Kraft geben, um für eine bessere Welt zu kämpfen, die zweckmäßiger und menschlicher eingerichtet ist? Głowacki sagt ›nein!‹. Głowacki lehnt die gesellschaftliche Funktion der Literatur ab, negiert ihre Pflicht, an der sozialistischen Bewusstseinsbildung teilzunehmen. [...] Es genüge völlig, sagt er, dass die Literatur Zweifel wecke, zum Nachdenken anrege. Das ist Głowackis Credo ...«

Und dann:

»... der kleinste Luftzug führt zu vollkommener Hilflosigkeit, zum Gefühl der Verlorenheit, zur Selbstaufgabe. Erinnert sei an die Haltung vieler Studenten im März 1968, die nicht ausreichend befähigt waren zu erkennen, wer Freund, wer Feind ist.«

Voilà.

Aber trotz allem ging es mir nicht schlecht. Ich freundete mich mit dem großen und dem kleinen Henio an, also mit Krzeczkowski und Bereza. Marek Piwowski und ich realisierten *Psychodrama* und *Rejs*. Iwaszkiewicz, Słonimski und Kisielewski machten mir Komplimente. Und als ich die Erzählung *Fliegenjagd* schrieb, rief mich Andrzej Wajda an und sagte, er wolle sie verfilmen.

Die Erzählung handelt von einem schwachen und hilflosen Mann, der von männerfressenden Frauen manipuliert wird. Diese geben vor, nur sein Glück im Sinn zu haben, stürzen ihn aber, wie das halt so ist, wenn die Menschen zu ihrem Glück gezwungen werden sollen, in eine tiefe Depression. Das war im polnischen Kino, und besonders bei Wajda, etwas Neues. Ein Held, der in den grauen Alltag verstrickt ist, der nachts nicht vom Krieg, nicht vom Lager, nicht einmal von einem Deutschen mit Schäferhund träumt. Und wenn er seinen Hosenschlitz öffnet ... rieseln keine Patronenhülsen heraus.

Es war auch eine ziemlich frische Art, mit dem Thema Frauen umzugehen, und bei der Abnahme des Filmes erklärte die Vertreterin der Frauenliga, der Film beleidige alle Polinnen, die im Krieg heldenhaft ihren Mann gestanden hätten. Die Erzählung war etwas misogyn. Mich hatte gerade die Malerin Bożena Wahl verlassen – die erste Frau, mit der ich zusammengelebt und die erste, die mich überredet hatte zu schreiben. Im Übrigen gab sie mir den Laufpass unter dem dämlichen Vorwand, ich hätte sie ständig betrogen, ich war also bitterlich enttäuscht. Beata Tyszkiewicz wiederum hatte sich von Andrzej Wajda getrennt, dabei waren die Fetzen nur so geflogen, also konnte auch er etwas zum Thema zerstörerische Frauen beisteuern. Lustig war, dass Beata, gleich nachdem sie Wajda verlassen hatte, sich unbeeindruckt zu den Probeaufnahmen für die Hauptrolle meldete – für die Rolle der Männerfresserin. Wajda nahm sie nicht, zumindest hatte er eine kleine Genugtuung. Die Rolle wurde von der wunderschönen Małgosia Braunek ausgezeichnet gespielt. Dummerweise verliebte sie sich während der Dreharbeiten in den Regisseur Andrzej Żuławski, der sogleich begann sie innerlich auszusaugen. Wie man sieht, die Geschichte berührt etwas Wahres. Andrzej Wajda mag den Film nicht, auch ich bin kein großer Fan von ihm. Die Erzählung ist traurig, grau und komisch, während der Film alles farbiger und grotesker machte. Aber auch so war ich glücklich, denn ein Film mit Andrzej Wajda, etwas Besseres konnte einem damals in Polen nicht passieren. Übrigens schrieb Zygmunt Kałużyński, der offensichtlich noch enttäuschter als wir von den Frauen war, eine enthusiastische Rezension, die da hieß *Die von den Damen vergiftete Welt*.

Schon etwas früher, gleich nach der *Zentrifuge*, hatte mich Jerzy Andrzejewski gefragt, ob ich nicht Angst vor dem Erfolg hätte, er habe sich nämlich nach dem Erfolg von *Ordnung des Herzens* erschrocken gefragt, wie es weitergehen würde. Ich war nicht erschrocken, aber ich sagte, ich sei es, denn ich wollte nicht, dass er mich für einen groben Klotz hielt.
Ab und zu schaute ich abends bei Jerzy vorbei – Andrzejewski wurde von allen nur Jerzy genannt, so wie man Michnik bloß als Adam und Wałęsa als Lech kennt. Bei Jerzy stand auf dem Bücherregal das Bild eines hübschen Jungen mit hellem welligem Haar. Der Zahnlücken-Bolek aus der Targowa, der auch gelegentlich hier vorbeikam, ätzte, auf solchen Wellen wäre selbst die »Batory« gesunken. Aber das war pure Eifersucht, denn der Junge auf dem Bild war wirklich hübsch – das war der Dichter Krzysztof Kamil Baczyński. Jerzy war von ihm fasziniert, und jedes Mal, wenn er sich für jemanden mehr oder weniger flüchtig begeisterte, entdeckte er physische Ähnlichkeiten zu Baczyński. An den hübschen Dichter erinnerten ihn sowohl Hłasko als auch Skolimowski, Krzyś Mętrak und der Zahnlücken-Bolek aus der Targowa, aber auch der Schriftsteller Andrzej Pastuszek, über den Jerzy in einem Feuilleton geschrieben hatte: »Heute habe ich wieder Dostojewski beiseitegelegt und bin zu Pastuszek zurückgekehrt. Großer Gott, was für ein Talent«, und sicherlich Antoni Libera, als er Jerzy half, *Miazga* zu schreiben.
Ich besuchte Jerzy in Praga mit dem blutjungen Kritiker Krzysztof Mętrak, der Baczyński tatsächlich ähnelte. Er war damals einundzwanzig Jahre alt und erlebte gerade seine Glanzzeit. Sein Debüt hatte er mit einem hervorragenden Essay in »Twórczość« gefeiert. »Twórczość« fällte damals in Sachen Literatur Urteile, an denen nicht zu rütteln war, und alle großen Schriftsteller dieser Monatszeitschrift,

sowohl Stryjkowski als auch Andrzejewski, verlangten, dass nur Krzyś über ihre
Bücher schrieb. Jerzy war von Mętrak begeistert, aber Mętrak wusste vermutlich
von mir einiges mehr, denn er hatte wirklich Angst, wie es weitergehen würde,
und begann sehr viel zu trinken. Wir tranken damals alle sehr viel, nur dass Krzysztof zu viel trank. Wie viel das war, zu viel, schwer zu sagen. Der brillante Satiriker
Janusz Minkiewicz antwortete, wenn er gefragt wurde, wie viel er täglich trinke:
»Es fällt mir leichter zu sagen, wie viel ich trinke, wenn ich nicht trinke. Wenn ich
nicht trinke, trinke ich einen halben Liter Wodka.« Krzysztof trank, schrieb und
veröffentlichte zu viel, er verschleuderte sein großes Talent. Als Jerzy, dem hin-
und-her-wogende Gefühle nicht fremd waren, Jahre später auf Krzyś angesprochen
wurde, winkte er ab und sagte: »Sie tanzte nur einen Sommer« – der Titel eines
damals beliebten schwedischen Films.

Ich habe zu Mętrak ein sentimentales Verhältnis. Er war der erste Kritiker, der
überhaupt über mich schrieb. Wir verbrachten viel Zeit zusammen, erlebten
gemeinsam manchen schrecklichen, manchen komischen Moment. Wäre er bei der
Literatur geblieben, vielleicht hätte es nicht so traurig mit ihm geendet.

Aber er begann über den Film – überhaupt eine suspekte Kunstform – zu schreiben, und sogleich begann sich ein Haufen häufig suspekter Regisseure und
Schauspieler mit ihm anzufreunden, die hofften, er würde irgendetwas Gutes über
sie schreiben. Und später war es dann soweit, dass Krzysztof immer öfter als Erster
ins SPATiF kam und das Lokal fast immer als Letzter verließ. Einmal war Krzysztof
auf dem Festival des Polnischen Films in Koszalin, auf dem *Diese Liebe muss man
töten* erfolglos im Wettbewerb startete, Juryvorsitzender – was an und für sich
gut klingt. Aber wie hat das so schön und poetisch Präsident Wałęsa mit Blick auf
seinen Lieblingsmitarbeiter Mieczysław Wachowski formuliert – die menschlichen
Schwächen haben es ihm angetan. Und durch sie bezaubert, erschien er kein
einziges Mal zu den Sitzungen der Jury. Als die Juroren mit einem eleganten Nyska-
Kleintransporter zu den abschließenden Beratungen gebracht wurden, begegneten
sie Krzyś, wie er schwankend, aber die Balance haltend, vor dem Haupteingang
zum Sitzungssaal pinkelte.

Nach Bekanntgabe des Juryurteils verspürte Krzysztof ein moralisches Unbehagen.
Er fragte mich um Rat, ob es sich denn auch wirklich gehöre, Geld anzunehmen
für den Juryvorsitz, obwohl er an den Sitzungen überhaupt nicht teilgenommen
habe. Ich redete ihm zu, das Geld zu nehmen, Kohle sei Kohle, und außerdem, was
mache es schon für einen Unterschied, aber Krzysztof schüttelte niedergeschlagen
den Kopf, nein, das könne er nicht. Und er ging das den anderen Juroren mitteilen.
Aber kurz darauf kam er strahlend und mit vollem Geldbeutel zurück.

»Sie haben Panik bekommen. Sie sagten, das würde als Misstrauensvotum und
politische Geste interpretiert werden. Sie flehten mich an.«

Also gingen wir uns betrinken. Zwischen uns gab es eine Art Gentleman's Agree-
ment. Er sah mir nach, dass ich kein Alkoholproblem habe, und ich nahm ihm
nicht übel, was der Alkohol mit ihm anstellte.

Jerzy hatte damals schon *Die Pforten des Paradieses* und *Siehe, er kommt und
hüpft über die Berge* geschrieben. Er begann an *Miazga* zu arbeiten und war in
ausgezeichneter schriftstellerischer Verfassung. Ich will nicht sagen, dass wir so
ehrfürchtig zu ihm aufblickten wie Schatow oder der junge Werchowenski zu
Stawrogin. Aber wir waren felsenfest davon überzeugt, dass Jerzy einer der größten

europäischen Schriftsteller war, man konnte sagen, was man wollte, aber den No-
belpreis hatte er verdient. Im Übrigen war Jerzy in diesem Punkt mit uns vollkommen einer Meinung. In seiner Wohnung wurde viel über Literatur gesprochen, der
Alkohol floss in Strömen, und manchmal las Jerzy etwas vor. Zwar rümpfte Henio
Bereza die Nase, es sei etwas ermüdend, dass man bei Jerzy alles loben müsse,
angefangen von der Prosa bis zu den Socken. Mir aber imponierten Andrzejewskis
Bücher, sein Ruhm, sein goldenes Binokel und seine teuren Anzüge, während wir
alle zerlumpt herumliefen, entweder aus Armut oder aus Gründen der Mode. Und
dann diese Nonchalance, mit der er sich selbst und die Welt ironisierte. Einmal
erklärte er mir, er habe seinen berühmten Brief an den Präsidenten des Tschecho-
slowakischen Schriftstellerverbandes Eduard Goldstücker, in dem er den Einmarsch
der Warschauer Paktstaaten in die Tschechoslowakei verurteilte und der Gomułka
und Kliszko in Rage gebracht hatte, nur aus Hochmut geschrieben: »Ich hatte das
Gefühl«, sagte er, »jemand sollte das tun, und es schien mir, ich sei dafür am geeig-
netsten.« Ob er ehrlich war oder kokettierte, was macht das für einen Unterschied?
Die Kommunisten hatten mit Andrzejewski ein großes Problem, einerseits liebten
sie *Asche und Diamant*, andererseits waren da Jerzys unverhohlene Verachtung,
sein Austritt aus der Partei, der Brief an Goldstücker und später seine Veröffentlichungen in der Pariser »Kultura«. Aber die Dissidenten hatten es auch nicht immer
leicht mit Jerzy.
Jemand erzählte mir, wie er einmal Jerzy besucht hatte, um ihn zu bitten, einen
Protestbrief zu unterschreiben. Aber der große Autor war sehr betrunken und
hatte zudem gerade Besuch von Ryś vom Różycki-Markt, und Andrzejewski sagte,
selbstverständlich unterschreibe er, aber unter der Bedingung, dass Ryś auch unterschreibe. Es dauerte lange, ihn davon zu überzeugen, dass Ryś' Unterschrift nicht
notwendig sei. Zum Schluss gab Jerzy nach, malte aber an den Rand ein kleines
Kaninchen.

Gelegentlich schaute abends auf der Suche nach Geld Janusz Szpotański bei ihm
vorbei. Wir beide hatten etwas früher zusammen Polonistik studiert. Janusz war
wesentlich älter, hatte aber sein Studium zwischenzeitlich unterbrechen müssen. Er
erzählte, dass er einen Parteimenschen getreten hatte, und der hatte bewiesen, dass
Szpot mit seinem Tritt in den Arsch eines Parteimitgliedes der gesamten Polnischen
Vereinigten Arbeiterpartei in den Arsch getreten hätte. Und Szpotański flog von der
Universität. Angeblich hatte ihm auch eine Arbeit zum Thema »Gribojedow, der
Shakespeare der russischen Literatur« geschadet, die bei ihm »Shakespeare, der
Gribojedow der englischen Literatur« hieß. Ich habe diese Geschichte in *Fliegenjagd* benutzt. Und aus seiner Erzählung über die *Zentrifuge des Blödsinns* wurde
später der Titel meines Debütbandes. Dort kommt übrigens Szpot als Jan B. vor, der
eine längere *Speech* über die Zentrifuge hält.
Das war noch vor seinen Opern, dem Gefängnis und bevor er zu einer Dissiden-
tenlegende wurde. Stattdessen freundete er sich mit Janusz Wilhelmi an, mit
dem ihn Jan Józef Lipski bekannt gemacht hatte. Er war ständig abgebrannt. Das
einzige Geld verdiente er mit Schachpartien gegen Gewächshaus-Spekulanten und
elegante Mäzene »oben« im »Café MDM«. Angeblich gehörte er seinerzeit zu den
Top Zwanzig der polnischen Schachspieler. Den Spielgewinn tauschte er sofort in
Alkohol um, und da er nicht genug Spiele gewann, um seinen unstillbaren Durst zu

löschen, stellte er gnadenlos dem kostenlosen Alkohol in allen Ecken und Winkeln
Warschaus nach. Während des Studiums verkehrte ich in bester Gesellschaft, dazu
gehörten die bereits erwähnten Damen Paszcza und Paskuda und ein paar Devisenschieber, die in Geschäft und Politik letztlich Karriere gemacht haben. Aber vor
allem Marek Piwowski, der Schauspieler Jerzy Karaszkiewicz, Tomek Łubieński, der
schon bald seinen ersten Erzählband herausgeben sollte, Doktor Arek Uznański,
der überragende Pädagoge Janek Sosnowski und der Jura studierende Włodek
Jurkowski, Spitzname Söhnchen, den ich zum Helden meiner ersten Erzählung
machte, die den Titel *Am Strand* trägt. Bekam ich ein paar Groschen in die Finger,
vertrank ich sie genussvoll mit Szpot und hörte dabei seinen geistreichen, mit dem
Menschen hadernden Tiraden zu. Getrunken wurde alles, vor allem sogenannter
Wein der Marke »Wein« für drei Zloty die Flasche, viel seltener Brennspiritus,
sogenannter Blindmacher, zu dem man auch schon mal Gras aß. Szpot trank was
auch immer und wie auch immer, aber das Leben und die Kunst mischte er aufs
Sorgfältigste. Er war das Objekt ungeheuren Neides vieler Möchtegerndekadenzler
aus dem sogenannten Künstlermilieu.
Er wohnte wo auch immer, die längste Zeit wahrscheinlich in einem kostenlos
gemieteten Zimmerchen in Powiśle, das er stolz als Hotel bezeichnete und er sei
dessen Direktor. Das Hotelinventar bestand einzig aus einem Schlafsofa mit Tages-
decke und Büchern. Im Winter schützte sich Janusz vor Zugluft, indem er einen
Wall mit deutschen Philosophen errichtete, im Original, versteht sich, und sich
zusätzlich in seinen Lieblingsmantel Emil hüllte. Plötzlich, völlig unerwartet lud er
uns ins Schloss ein, eine elegante Villa in Saska Kępa, die ihm jemand für ein paar
Monate anvertraut hatte. Dort trank er Tee mit der Grünäugigen, der schönen Frau
eines berühmten Rechtsanwalts, für die er schwärmte. Dann landete er wieder in
den Slums, stärkte sich mit klarem Wyborowa, erquickte sich an Schopenhauer und
verfasste Sonette über den Glanz und das Elend seines Lebens.
Gelegentlich schaute er auf seinem Jagdpfad in der Piwna 4a bei den Eltern des
heute reichen New Yorkers Witek Markowicz vorbei.
Witek hat einen filmreifen Lebenslauf. Als der Krieg ausbrach, flüchteten seine
Eltern vor den Deutschen nach Lemberg. Dort nahmen sich die Russen ihrer an,
weshalb Witek hinter dem Baikal geboren wurde. Später kehrte die Familie zurück,
um anschließend in Vorahnung des Jahres 1968 mit Witek und seiner wunderhüb-
schen Schwester Ewa, in die alle verknallt waren, schon etwas früher nach Israel
auszureisen. Von dort zog Witek dann alleine nach New York weiter. Witek ist eine
Spielernatur, also beschäftigte er sich mit dem Glücksspiel, und da er in Warschau
theoretische Mathematik studiert hatte, dachte er sich etwas aus, entwickelte ein
computerisiertes Verfahren und wurde Multimillionär, mit all seinen Konsequenzen.
Den Markowiczs ging es damals viel besser als uns allen, und großzügig, wie sie
waren, stellten sie uns eines ihrer Zimmer mit einem stets vollen Kühlschrank und
Alkohol zur Verfügung. Also fanden dort mehrmals in der Woche Partys statt, auf
denen man den Geologiestudenten Maciek Wierzyński antraf, dessen Lebensweg
sich mit dem meinigen, von der Schulzeit bis nach New York, immer wieder kreuz-
te und der einer der ganz wenigen Polen ist, die ich kenne, denen Neid vollkommen fremd ist. Dort schaute auch mein Studienkollege Adam Budzyński vorbei,
Ewa Frykowska, der Jurist Jurek Wężyk und die ganze bereits namentlich genannte

Gesellschaft, in der ich damals verkehrte. Mit Ausnahme von Paszcza und Pasku-
da, die leider diskriminiert wurden. Zu den Stammgästen gehörte Monika, Janusz
Minkiewiczs Tochter, in die sich diejenigen verliebten, die früher nicht für Witeks
Schwester geschwärmt hatten. Später heiratete Monika in Amerika Witek.

Szpot kam kurz vorbei, hielt eine anklagende Rede über die Grausamkeit des Lebens, die ihn zwinge, Kontakt zu haben mit uns hoffnungslosen Halbintellektuellen
sowie mit unsinnigen Kleinbürgern wie Herrn und Frau Markowicz. Er betonte,
der Kontakt mit einem Genie sei für uns eine unverdiente Ehre, trank alles aus, was
es auszutrinken gab, brach in höhnisches Gelächter aus, als Witeks Vater höflich
fragte: »Haben Sie Ihren Durst schon gelöscht, Herr Janusz?«, und machte sich auf
den Weg.

Er schlief dort ein, wo ihn gerade seine Kräfte verließen, manchmal mit Emil zuge-
deckt auf einer Treppe. Einmal erzählte er entrüstet, ein sich im Hausflur zwanglos
küssendes Pärchen habe ihn in einer ebensolchen Situation geweckt. »Ich habe
mich erhoben«, sagte er stolz, »und meine berühmte *Speech* gehalten, die mit den
Worten ›alle Verliebten sind Vieh‹ beginnt.« Manchmal kam er nachts bei mir in
der Bednarska vorbei. Er trat gegen die Tür, weckte meine Eltern auf, und wenn
ich ihm dann schnell aufmachte, ging er wortlos an mir vorbei in mein Zimmer,
ließ sich auf das kleine Sofa fallen und schlief ein. Einmal wurde ich gegen Morgen
von einem Lärm im Treppenhaus geweckt. Es stellte sich heraus, dass Szpot sich
im Stockwerk geirrt und bei den Nachbarn gegen die Tür gehämmert hatte, und als
man ihm geöffnet hatte, war er an der erschrockenen Frau vorbeigegangen, dort
eingebogen, wo mein Zimmer hätte sein sollen, hatte sich auf eine Couch geworfen
und war eingeschlafen.

Szpot erschien auch bei Jerzy und drohte, wenn dieser ihm nicht sofort ein paar
Hunderter leihe, werde er schreiben, was er von dessen unsinnigem Buch *Siehe, er
kommt und hüpft auf seinen Schwanz gestützt über die Berge* halte. Jerzy lieh ihm
das Geld, und Szpotański sagte stolz: »Eine nüchterne Schwuchtel wirft Zinsen ab«
und setzte seinen Weg fort. Aber auch so schrieb er eine gnadenlose Schmähschrift
und veröffentlichte sie bei Wilhelmi. Er bereute es ein wenig, denn Jerzy hörte auf,
ihm Geld zu leihen.

Unter den betrunkenen Verehrern und Feinden bei Jerzy befand sich auch ein kleiner Junge – der einzige Nüchterne. Jerzy nahm ihn in Schutz, er »hat gerade eine
abstinente Phase«. Wir alle wussten, dass er der Sohn von Marek Hłasko und Andrzejewskis Haushälterin war. Aber Hłasko war schon emigriert, ihn plagten andere
Sorgen, er hatte den Jungen abgeschrieben. Mareks Mutter nahm die Existenz des
Jungen nie zur Kenntnis. Schließlich adoptierte ihn Jerzy, und später verschwand er
irgendwohin.

Er müsste jetzt um die fünfzig sein. Henryk Bereza blieb nach Marek Hłaskos
Warschauer Beerdigung noch etwas länger an seinem Grab stehen. Er erzählte, als
er gegangen sei, sei von der Seite ein Mann ans Grab getreten und habe sehr lange
zwischen den Kränzen gestanden. Vielleicht war er es ... Es muss merkwürdig und
furchtbar sein, der unbekannte Sohn des großen tragischen Stars der polnischen
Literatur zu sein.

Nach *Fliegenjagd* schrieb ich noch das Drehbuch zu dem Film *Diese Liebe muss
man töten*. Eine befreundete Abiturientin, Janeczka Drewnowska (heute Stępińska,

eine hervorragende Kardiologin), hatte die Aufnahmeprüfung zum Medizinstudium
bestanden. Die Prüfung hatte sie bestanden, da sie aber keine Punkte für ihre Herkunft bekam, wurde sie nur unter der Bedingung zugelassen, dass sie das wirkliche
Leben kennenlerne, das heißt ein halbjähriges Praktikum als Hilfspflegerin absol-
viere. Eine solche Hilfspflegerin aus gutem Hause machte ich zur Heldin meines
Drehbuchs, und Janusz Morgenstern verfilmte das sehr schön. Das war ein traurig-
komischer Film, in dem alle Helden nacheinander vom Leben gezwungen wurden,
Kompromisse einzugehen, auf ihre Ehrlichkeit und ihre Träume zu verzichten. Und
in dem die einzige ehrliche Haut ein Hund ist.

Aus dem Polnischen von Andreas Volk

*Die drei Erzählungen (SPATiF; 316 East 11 [bez domofonu]; Widok z okna) sind
dem Band »Z głowy«, Warszawa 2004, entnommen.*

Szczepan Twardoch

Ballade vom Jakub Biela

Jakub Biela ward vor dreiunddreißig Jahren geboren, und in dreiunddreißig Jahren wird er sterben. Jetzt wartet er am Tisch im Haus der Eltern auf seinen doppelten Espresso. Auf Platten liegen dunkelbraune Rindsrouladen. Ferner die sämige und fette Soße. In Terrinen die *Kluski*, weiße und schwarze, daneben das Blaukraut, ferner ein Curry aus Kürbis und Hühnchen, Kalbssaltimbocca, Diätlachs für jene Ehefrauen und Töchter, die noch auf ihre Linie achten, ferner Reis mit Rosinen und Salat mit Honigvinaigrette. All das verschwindet jedoch vom Tisch, unbemerkt dem *Kolatsch*, der *Schpeisa* und dem Eis Platz machend.

Vor dem Essen hat Jakub Biela mit dem Vater ein Bier getrunken. Beide Bielas, der Ältere und der Jüngere, hingen, in haargenau der gleichen Pose, bequem in den Sesseln, tranken dunkles Märzbier und unterhielten sich. Biela der Ältere erkannte in Biela dem Jüngeren sich selbst, Biela der Jüngere erkannte in Biela dem Älteren nicht sich selbst. Darauf zogen sie ins Esszimmer, da man zum Essen rief.

Während des Essens trank Jakub Biela vier Gläser von dem schweren gran reserva, was eine ganze Flasche ausmacht, verdrückte zwei Rouladen, fünf *Kluski* und einen gehörigen Berg Blaukraut. Zu Mittag, bei den Eltern, pflegt Jakub Biela Rouladen, *Kluski* und Blaukraut zu essen.

Nach dem Essen verweigert Jakub die *Schpeisa*, anders gesagt, den Nachtisch, denn er will nicht mehr zunehmen als nötig, um ein gesetzter Mann zu bleiben. Auch das Eis mit Schlagsahne lehnt er ab und stärkt sich mit dem väterlichen Quittenschnaps, darauf nimmt er ein Gläschen Schwarze Johannisbeere und harrt seines doppelten Espressos, ohne den der Abschluss eines festlichen Mahls für ihn undenkbar ist. Zum Espresso wird er noch ein paar Gläschen von dem herben Zitronenlikör kippen. Einen Cognac wird er ausschlagen, denn Cognac mag er nicht. Dreißig Jahre später wird er seine Meinung ändern, drei Jahre vor dem Tod, und wird es schaffen, dem Cognac gründlich auf den Geschmack zu kommen, was doch noch zur rechten Zeit geschieht, da er sich wirklich gute Cognacs schon wird leisten können.

Für gewöhnlich macht sich Jakub Biela seinen Kaffee selbst. Er ist der Ansicht, dass ein guter Kaffee Feingefühl und Sorgfalt erfordert, über die alleine er verfügt. Nur sonntags, nach dem Mittagessen, lässt Jakub Biela sich bedienen, weil es die Tradition so will. Jakub Biela hat enorme Achtung vor der Tradition, solange sie sich in den Mauern seines Elternhauses abspielt. Außerhalb dieser Mauern bringt Jakub Biela der Tradition Wohlwollen entgegen, wenn auch von oben herab.

***

Zwanzig Jahre früher, bei den Großeltern Operschalski, war Jakub Biela nach dem Essen aufgestanden, um seinen Teller hinauszutragen. Der alte Willym Operschalski, das Oberhaupt der Familie, beförderte ihn mit nur einem Blick auf seinen Stuhl zurück. Was soll das heißen, selber hat er keine *Weibsen*, was soll der Jung da mit den Tellern rumrennen?

Damals war Jakub Biela ein bisschen stolz gewesen, aber zugleich auch sehr beschämt.

Auf dem Nachhauseweg ermahnte ihn die Mutter, sich ja nicht einzubilden, daheim würden die Schwestern für ihn auch noch die Teller abräumen.

Damals war Jakub Biela etwas gekränkt gewesen, hatte aber zugleich auch Erleichterung empfunden.

***

Zu Jakub Biela sagen alle Kuba, wir jedoch wollen ihn nennen, wie er selbst sich nennt, sobald er an sich denkt, und er selbst denkt an sich mit Vornamen und Zunamen: Jakub Biela. Er blickt in den Spiegel und denkt: Sieh da! Der Jakub Biela.

Wenn er so in den Spiegel blickt, kommt es ihm bisweilen vor, als sei er etwas jünger, als er ist. Bisweilen wieder kommt es ihm so vor, als sei er etwas älter, als er ist.

Wir hingegen kennen den Verlauf seines Lebens von dem Moment an, da er gezeugt ward dank des Antoni Biela und der Jadwiga Bielowa, geborene Operschalski, bis hin zu jenem Augenblick, da er im Alter von sechsundsechzig ausglitt auf Hotelfliesen und mit dem Hinterkopf aufschlug auf einer Marmorstufe, welche das Schicksal und der Herrgott und ein Maurer ebendort hingesetzt hatten, wo sie nun hingesetzt war, auf dass der Jakub Biela sein gutes und komisches Leben beschlösse.

***

Zum Vater des Jakub Biela sagten die Leute »der Tonik«, zur Mutter des Jakub Biela sagten sie manchmal »die Hyjdwig«, meistens jedoch die Bielowa vom Tonik Biela, die wo die Tochter vom Operschalski is, der da am Bahnhof gewohnt hat.

So hießen sie sie, hier und da. Früher öfter, heute seltener.

Anderswo nannte man sie schlicht die Bielas, Jadzia und Antek. Der Tonik und die Jadzia, wie sie selbst zueinander sagten, bewegten sich in beiden Welten gleich geschickt, so wie die Lachse, die im Salzwasser wie im Süßwasser zu leben vermögen. In ein paar Jahren werden der Tonik und die Jadzia miteinander im Grabe liegen, auf dem Friedhof von Przyszowice, welchen der Jakub Biela, die gelbe Kirche mit dem erkennbar schiefen Turm verlassend, vielmals betreten hat, langsam, im Trauerzug, mit dem Bergmannsorchester die Landesstraße Nr. 44 überquerend.

Zuerst wird Jakub Biela zum Grab von Antoni Biela gehen, der zu Lebzeiten der Tonik war. Ein Jahr darauf wird in eben dem Grab die Jadwiga Bielowa ruhen, die zu Lebzeiten mal die Hyjdwig, mal die Jadzia, mal die Frau Jadwiga, mal die Chefin, zumeist aber die Mutter zweier Kinder, die Frau ihres Mannes und die Tochter ihres Vaters gewesen war.

Jetzt jedoch sitzen die Jadzia und der Tonik bei Tisch, speisen, trinken Wein – einmal einschenken für die ganze Tafel, dafür sind drei Flaschen draufgegangen – und blicken zu ihren Geschwistern und ihren Kindern, unter anderm auch zu Jakub Biela hin. Im Gegensatz zu uns, die wir den Jakub Biela besonders ins Auge fassen, blicken die Jadzia und der Tonik zu jedem ihrer Kinder ganz genauso hinüber.

***

Jakub Biela hält sich bisweilen für jünger, als er ist.

Wenn er in den Spiegel guckt, sieht er Falten, deren Landkarte er von Antoni Biela geerbt hat, und dieser wiederum von seiner Mutter, von der Hilda geborene

Wilczek. Heute, da Hilda tot ist, betrachtet sich Antoni gern im Gesicht des Sohnes, er versucht, darin das Gesicht seiner Mutter wiederzufinden. Auf dieser Landkarte, die die Bielas, Antoni und Jakub, von Hilda geborene Wilczek geerbt haben, befinden sich vier tiefe Falten – auf der Stirn, von Schläfe zu Schläfe. Als nächstes zwei Furchen, welche Wangen und Mund voneinander trennen. Des weiteren Fältchen in den Augenwinkeln.

Jakub Biela meint, die Falten förderten seinen Charakter zutage. Sie seien der an der Oberfläche seines Gesichts hervortretende Gipfel des Eisbergs. Recht hat er. Jakub Biela hat Charakter, und der Charakter ist ein schwieriger. Jakub Biela ist sich dieser Schwierigkeit bewusst, doch er befindet zu Recht, es sei besser, einen schwierigen Charakter zu haben, als gar keinen.

***

Jakub Biela hält sich bisweilen für älter, als er ist, beispielsweise wenn er an die Lebenserfahrung denkt, die er inzwischen schon gesammelt hat und zu der die angetraute Ehefrau, die mit der Ehefrau gezeugten und in Jakubs schwankendem Beisein dem Ehefrauenschoß entschlüpften sowie mit gemeinsamer, allerdings vorwiegend ehefraulicher, Anstrengung großgezogenen Töchter gehören.

Ferner die Feinde und die Freunde, die erworbenen und die verlorenen.

Ferner die Frauen, denen er begegnet ist, die eroberten, erinnerten und die vergessenen gewissermaßen, und dann denkt er noch an jene Frauen, die den Jakub Biela einst nicht wollten, wohingegen er sie wollte, und an die er sich am besten erinnert.

Ferner das Geld, erlangtes und ausgegebenes – erlangtes, weil der Jakub Biela Geld nicht verdient, der Jakub Biela erlangt Geld. Er tut das auf gänzlich legitime Weise, es handelt sich hierbei um sein Verhältnis zu Besitz: Jakub Biela sieht im Geld kein Äquivalent für Mühe, Können oder Arbeit, sondern eine Belohnung, die ihm das Schicksal beschert, weil er der Jakub Biela ist und dafür, dass er getreu dem Pfad des Jakub Biela folgt. Jakub Biela ist fleißig, er liebt seine Arbeit, und ohne Arbeit könnte er nicht leben, die Arbeit macht ihn aus, doch in der Tiefe seiner Seele erkennt er keinen direkten, ursächlichen Zusammenhang zwischen der Arbeit und dem Geld.

***

Jakub Biela wohnt da, wo er aufgewachsen ist: in Przyszowice, in Oberschlesien. Geboren ward er im Spital, ganz in der Nähe, in Gliwice. In Przyszowice wohnt er mit der Frau und den zwei Töchtern in einem Haus, das er von seiner alleinstehenden kinderlosen Tante geerbt hat. Das Haus ist groß und hundert Jahre alt und aus Backstein, und da die Tante in Armut gelebt hatte, waren in den neunziger Jahren die elegante Fassade nicht abgerissen, die Fenster nicht gegen welche aus Plastik ausgetauscht, der rote Klinker nicht mit dem scheußlichen Styropor abgedämmt worden. Darum gibt das Haus des Jakub Biela ein sehr würdiges Bild ab, auch wenn es im Winter darin meist frisch zu sein pflegt.

Jakub Biela meint, er selbst gebe ein ebenso würdiges Bild ab, während in seinem Innern kein Platz für Kälte ist, denn der Jakub Biela hatte und hat nun mal ein heißes Herz und einen heißen Kopf und wird sie immer haben, so lange, bis er stirbt, und dann erst werden sie erkalten.

* * *

Jakub Biela ist froh, dass seine Frau ihm Töchter geboren hat. Jakub Biela findet, die
Frauen geraten heutzutage besser. Die Form der Weiblichkeit sei präziser definiert:
Man weiß, wie man als Frau zu sein hat, doch kaum einer weiß, wie man als Mann
zu sein hat – so will es Jakub Biela scheinen.

Natürlich, auf sich selbst bezieht das Jakub Biela nicht – er ist überzeugt, dass er
nun gerade bestens weiß, wie man als Mann zu sein hat, und er hat recht, er weiß
es wirklich. Desgleichen ist er überzeugt, er kriege dieses Mann-Sein unerhört gut
hin, womit er freilich nicht mehr recht hat, denn das Mann-Sein glückt dem Jakub
Biela ganz verschieden, mal besser, mal schlechter.

* * *

Jakub Biela hält sich für gutaussehend, und als solcher sieht er sich in den Augen
der Frauen. Mag sein, es wirkt hier eine bestimmte Art von Rückkopplung. Er ist
von hohem Wuchs, was allen Frauen gefällt, hat helles Haar und graue Augen,
was einigen gefällt, hat einen mehr grobknochigen Körperbau, dabei ein gewisses,
gesellschaftlich noch akzeptables, Übergewicht, was nun schon herzlich wenigen
gefällt, jedoch wenigstens Jakub Bielas Ehefrau nicht stört.
Jakub Biela ähnelt seinen schlesischen Vorfahren nicht sonderlich, die meistens
klein und zartgliedrig gewesen waren. Jakub betrachtet diese Vorfahren auf Fo-
tografien, die hundert und weit über hundert Jahre alt sind. Er hält sie mehr für
Vorgänger. Er vertritt sie auf der Weltbühne, nimmt ihren Platz ein.
Hartnäckig versucht er, in ihren Gesichtern die eigenen Züge zu erkennen, und er
findet sie schließlich. Keiner von Jakub Bielas Vorgängern hat zum Beispiel ein rück-
gebildetes, fliehendes Kinn, und Jakub Biela hat ebenso kein fliehendes Kinn, er hat
einen kräftigen, kantigen Unterkiefer. Darum wohl hält Jakub Biela ein fliehendes
Kinn für das Merkmal eines niederträchtigen Charakters und traut niemals Männern mit einem fliehenden Kinn.
In den seltenen Momenten von Besonnenheit ist sich Jakub Biela bewusst, dass das
ein ungerechtes Vorurteil ist, aber Jakub Biela hat nichts gegen die eigenen ungerechten Vorurteile. Jakub Biela hätschelt seine ungerechten Vorurteile. Er meint, sie
machen es ihm möglich, die Welt zu zähmen und in Ordnung zu bringen.

* * *

Früher in seinem Leben ist Jakub Biela zehn Jahre alt und kommt aus der Schule
heim. Er hat einen Nylonrucksack, den man mit einem Schloss zumacht. Er ist
sehr stolz auf ihn, weil die meisten Kinder noch altmodische Tornister mit zwei
Schnallen tragen.
Auf dem Nachhauseweg, nicht weit von der zweihundert Jahre alten kleinen
Kapelle, die flankiert ist von zwei Eichen, groß wie die biblischen Drachen, liegt
eine krepierte Maus. Der zehnjährige Jakub Biela dreht sie mit der Schuhspitze
um. Den Bauch der Maus bedecken Fliegenmaden. Weißlichgelb, verfitzen sie sich
unaufhörlich zu wimmelnden Knäueln, wie die Fangarme eines Ungeheuers, das
den feuchten, verwesten Körper der Maus ausfüllt. Jakub Biela steht, von Furcht
gelähmt, vor der krepierten Maus. Er fürchtet sich nicht einfach nur so: Er fürchtet
sich, als hätte er soeben den Teufel erblickt. Oder als stünde er vor dem Herrgott,
vor dem schrecklichsten aller Gesichter Gottes.

Der dreiunddreißigjährige Jakub Biela geht am Sonntag in die Kirche, weil man ihn so erzogen hat. Jakub Biela findet, das sei der einzige Grund, aus dem es lohnt, in die Kirche zu gehen.

***

Wir sagten bereits, dass Jakub Biela meint, er gebe ein würdiges Bild ab. In Wirklichkeit ist »würdig« nicht die richtige Bezeichnung. Jakub Biela gibt kein schlechtes Bild ab, doch seine Bewegungen sind nervös, er will allzu gern gefallen, obwohl er das nicht muss, weil nichts davon abhängt. Jakub Biela liebt Krawatten und hat mehr Schuhe, als seine Frau besitzt, und es sind teure Schuhe. Jakub Biela lässt sich sehr oft die Haare schneiden. Jakub Biela trägt gut geschnittene Jacketts, die den Bauch kaschieren und die breite Brust des Jakub Biela unterstreichen.

Viele alleinstehende und verheiratete Frauen würden sich gern an Jakub Bielas breite Brust schmiegen. Sie machen sich vor, so ein großer und ein bisschen teddyhafter Mann könne ihnen kein Unrecht antun. Sie irren, Jakub Biela hat etlichen Frauen Unrecht getan. Es waren keine großen Gemeinheiten, das Unrecht war nicht schlimmer gewesen als das, was sie ohnehin erwartet hatten – doch gewesen war es, und Jakub Biela weiß, dass er dereinst für das den Frauen zugefügte bisschen Unrecht wird Rede und Antwort stehen müssen. Vor dem Schicksal, vor Gott, vor den Göttern, vor der schwarzen Leere, welche die Welt womöglich ist, vor etwas jedenfalls wird er Rede und Antwort stehen müssen. Nichts, keine Tat, ob gut oder böse, bleibt ohne angemessene Vergeltung.

Wenn Jakub Biela an diese Vergeltung denkt, tröstet er sich damit, dass er seiner Frau nie Schmach bereitet hat. Zu Unrecht, denn dahinter steckt ebensoviel Edelmut wie Berechnung. Er hat schließlich eine gute und anstellige Frau, und überdies vermag er sich ein Leben allein, das die Konsequenz aus einer seiner Frau zugefügten Schmach sein könnte, nicht vorstellen.

Jakub Biela eignet sich nicht fürs Alleinsein. Jakub Biela braucht Bequemlichkeit, braucht, dass jemand für ihn sorgt. Jakub Biela hasst Veränderungen.

***

Veränderungen hatte auch Ewald Biela gehasst, zu Lebzeiten der Ejwald genannt, Jakubs Urgroßvater. Dennoch hatte der Ewald Biela, als sie sein Vaterland aufteilten unter Polen und Deutsche, entschieden, aus dem heimatlichen Gleiwitz wegzuziehen, auf die polnische Seite, denn er hasste die deutschen Besitzer der Fabriken und Gruben noch mehr als Veränderungen.

Leider besaß der Ewald Biela im neuen Polen ebenso viele Gruben und Fabriken wie zu Kaiser Willems Zeiten, das heißt, an Gruben und Fabriken besaß er genau null. Ewald kam rasch dahinter, dass selbst wenn wer Teilnehmer am Aufstand, positiv verifiziert und auf die offizielle Liste gesetzt worden war, ihn das noch lange nicht zum Besitzer auch nur der allerkleinsten Fabrik machte.

Daraufhin ward er nicht nur kein Grubenbesitzer, sondern wurde in der Grube nicht mal mehr gebraucht, und 1931 war er dann ein sogenanntes Schlusslicht, anders gesagt: ein Arbeitsloser. Damals befand er, zum Arsch mit so nem Polen, er scheißt drauf und macht wieder zurück, nach Deutschland, weil HIER DIE POLNISCHE WIRTSCHAFT is. 1932 zog er nach Gleiwitz O.S. und nahm, sich auf die vortrefflichen deutschen Familientraditionen berufend, die deutsche Staatsbürger-

schaft an, das Haus in Przyszowice verkaufte er trotzdem nicht. Ein Jahr später fand
er Arbeit als Kassierer bei der Eisenbahn.

Er hatte zwei Söhne, Herman, der Ältere, blieb auf der polnischen Seite. Ihn zum
polnischen Heer einzuziehen schafften sie nicht, der deutschen Musterung entging
er, er arbeitete ja in den Gruben, schließlich wurde er doch noch zur Wehrmacht
eingezogen und ließ sich alsbald umbringen in der Ukraine, das nämlich war der
Sinn seines kurzen Lebens gewesen, sich in der Ukraine umbringen zu lassen.

Danach erbte Hermans junge Witwe das Haus von Ewald Biela und heiratete nicht
wieder, irgendwie war es halt so gekommen. Sie starb ohne Nachkommen in
gänzlich andern Zeiten, das Haus aber erbte Jakub Biela, der Sohn des Neffen ihres
Mannes, denn so hatte sie sich das zurechtgelegt, er unbedingt sollte es sein.

Jakub Biela wird seinen beiden Töchtern das Haus vererben, doch sie werden nicht
in ihm wohnen wollen. Trotzdem wird eine von ihnen in dem Haus bleiben, sie
wird sich einreden, dass es sich so gehört.

Ewald Biela bekam einigen Ärger, als ein freundlicher Nachbar namens Piontek
1937 jedem, bei dem er es für geboten hielt, zuflüsterte, der Biela, der is ein
großer Pole und ein Aufständischer. Zu Pionteks großer Enttäuschung war Bielas
Ärger nicht weiter schlimm, denn der besaß zufällig einen Klassenkameraden
in der NSDAP, und außerdem herrschte in den polnisch-deutschen Beziehungen gerade ein wärmeres Klima. Er erledigte folglich alles im Handumdrehen und schlug
dem Piontek bei der erstbesten Gelegenheit zwei Zähne aus, indem er ihm den Lauf
einer Nullacht etwas zu brutal in den Mund rammte. Biela drohte dem Piontek, er
werde sofort schießen, es war jedoch klar, dass er, hätte er schießen wollen, längst
geschossen hätte, und so fürchtete sich der Piontek nicht einmal allzu sehr vorm
Tod, sondern wollte vielmehr den Pistolenlauf in seinem Mund loswerden. Biela
schoss nicht, weil die Nullacht nicht geladen war, und ging schließlich fluchend
davon, während sich der Piontek, reichlich blutend, damals gelobte, den Ewald
Biela bei der erstbesten Gelegenheit fertigzumachen, was er jedoch nicht schaffte,
denn noch bevor der Krieg ausbrach, überfiel ein zweiköpfiger kommunistischer
Schlägertrupp die Eisenbahnkasse und verlangte das Geld, Biela mit dem Tode
drohend. Biela öffnete die Kasse nicht, er war nun mal nicht allzu schlau. Die
Kommunisten erschossen ihn also, und entsprechend blödsinnig ging die Geschichte aus: Biela hatte sein Leben verloren, die Kämpfer hatten kein Geld erpresst, statt
dessen hatten sie ihr Gewissen besudelt. Übrigens beichteten die beiden noch vor
Weihnachten, und der Herrgott vergab ihnen vielleicht, aber das Schicksal hat ein
gutes Gedächtnis.

Franz Biela, Ewalds jüngerer Sohn, wohnte mit seinem Vater auf der deutschen
Seite, in Gleiwitz O.S., und war Reichsdeutscher. Er drückte sich nicht vor der
Musterung, das wäre ihm nie in den Sinn gekommen, er kämpfte vom September
1939 bis April 1945, als er in amerikanische Gefangenschaft geriet, aus der er
1946 heimkehrte. Noch bevor er in amerikanische Gefangenschaft geraten war,
hatte er für die Tötung amerikanischer Soldaten das Eiserne Kreuz bekommen und
dann noch ein paar andere Orden, derer er sich später niemals rühmte, vor wem
auch sollte er? Die amerikanischen Soldaten hatte er hauptsächlich getötet, damit
sie nicht ihn töteten, aber auch deshalb, weil sie ihm seine Kameraden aus der
Truppe getötet hatten. Den Heinz hatten sie getötet, der wo aus Bamberg war, den
Josef, der wo Skat gespielt hat, den Karlik, der wo aus Zabrze war und so schön

singen gekonnt hat. Eben deshalb hatte der Franz Biela einen amerikanischen Soldaten getötet, dem er das Leben hätte schenken können, anstatt abzudrücken. Und
trotzdem, er hatte es ihm nicht geschenkt und hatte abgedrückt und hatte getötet,
weil er ihn hasste wegen diesem Heinz, dem Josef und dem Karlik. Der Soldat hatte
Martin Sullivan geheißen und war Katholik gewesen. Das erfuhr Franz Biela durch
die Immortelle, die er vom Hals des toten Martin Sullivan abnahm. Martin Sullivan
wusste nicht, dass es Franz Biela gewesen war, der ihn getötet hatte. Nur eine leise
Hoffnung hatte er noch verspürt – dass dieser Deutsche mit dem weißen Laken
über der Uniform alle fünf Patronen aus dem Magazin wohl schon verschossen
hatte, und betrübt hatte es ihn, als sich herausstellte, dass er im Irrtum war.
Darauf geriet Franz Biela in Gefangenschaft. In der Gefangenschaft wurde er gut
behandelt. Ein paar Kameraden aus dem Kriegsgefangenenlager meldeten sich als
Polen, um sich später den Polnischen Streitkräften im Westen anzuschließen, Franz
Biela jedoch befand, dass wenn er sich meldete, die große Chance bestand, an die
Front zurückzugeraten, und darauf hatte der Franz Biela nicht die geringste Lust, er
meldete sich also nicht, auch wenn das Lager kein angenehmer Aufenthaltsort war.
Dann war der Krieg vorbei, sie entließen den Franz aus dem Lager und redeten ihm
zu, im Westen zu bleiben, ein Bergmann findet immer Arbeit, Franz jedoch kehrte
nach Hause zurück, er wollte daheim sein, und er wollte endlich die Hilda Wilczek
heiraten.
Die Hilda Wilczek wusste nicht, ob sie lieber den Franz oder vielleicht doch lieber
einen gewissen Ignac heiraten wollte, der auf Besuch sogar aus Beuthen rüberge-
fahren kam. Dem Franz gefiel die Hilda sehr, extra für sie hatte er sich nicht töten
lassen. Er wollte sie nicht an irgendeinen Ignac verlieren, darum zeugte er, ohne
ihre endgültige Entscheidung in Sachen Heirat abzuwarten, den Antoni Biela in
ihrem Schoß. Da hatte die Hilda keinen Ausweg mehr und heiratete den Franz, weil
es sich so gehörte. Als fünfunddreißig Jahre später der Franz der Großvater von Jakub Biela ward, da hatte er nicht mehr viel davon, denn er ruhte schon seit zwanzig
Jahren dreihundert Meter tief unter der Erde, in einer von den Strecken der Grube
KWK Makoszowy.
Anfang September 1958, ein paar Tage nach dem Unglück, hatte die Mutter des
Antoni Biela ihrem zwölfjährigen Sohn den Schwur abgerungen: »... dass ich, Ma-
mulka, dieses Jahr lernen will und dass ich nie nich schaffen geh in die Grube und
erst recht nie einfahr nach unten«. Antoni Biela, die Halbwaise, lernte eifrig, lernte
als erster Biela in der Geschichte, ein schönes Polnisch zu sprechen, fuhr zum
Studium nach Krakau, wurde Dichter und erforschte die Lyrik, doch dann kehrte er
nach Schlesien zurück, ließ sich in Gierałtowice nieder und war nunmehr vor allem
Polnischlehrer, Dichter nur manchmal und dann begleitet von Wodka und Gitarre.
Weder den Wodka noch die Gitarre missbrauchte er, denn er war ein verlässlicher
Mann, so wie das alle Bielas sind seit Menschengedenken und es sein werden,
solange die heilige Mutter Erde sie zu tragen gedenkt. Später erschöpfte ihn das
Lehrerdasein, er kündigte, zur Verzweiflung seines Schwiegervaters Operschalski,
in der Gemeindeschule, gründete die erste Privatschule der Gegend und wurde ihr
Direktor, und nach ein paar Jahren wurde er auch noch ein wohlhabender Mann.
Antoni Biela hielt auch seinen zweiten Schwur: Er war nie in eine Grube eingefahren, nicht mal in die von Wieliczka, und dennoch holte ihn der Tod. Im Alter von
zweiundsiebzig Jahren verließ Antoni Biela diese Welt in tiefem Schlaf, durch die

Frontscheibe seines großen Land Cruisers katapultiert, den er sich eben erst gekauft
hatte als Belohnung für sein anständiges Leben und der sehr rasch seine Geschwindigkeit von hundertsechs Kilometer pro Stunde bis auf null Kilometer pro Stunde
reduzierte und an einer schönen Eiche anhielt. Die Eiche war zweihundertachtzig
Jahre alt und hatte bereits vier Tote auf ihrem eichenen Gewissen, davon einen
Erhängten, Antoni Biela war nunmehr der fünfte.

Hinunter, in die Grube eingefahren war er trotzdem nie. Atmete nun die Hilda
Bielowa, geborene Wilczek, erleichtert im Jenseits auf, als sich erwies, dass ihr
zweiundsiebzig Jahre alter Sohn, sterbend im Fluge und im Schlaf, seinem Schwur
am Ende treugeblieben war?

Darüber ist uns nichts bekannt, doch ist es nicht ganz auszuschließen. Aufgeatmet
oder nicht, der Tonik Biela jedenfalls hatte seinen Schwur gehalten.

Etwa, weil er fürchtete, da unten womöglich seinem Vater zu begegnen? Er hatte
ihn in guter Erinnerung und folglich keinerlei Grund, solch eine Begegnung zu
befürchten. Mehr wohl fürchtete er, der Bauch der Erde könne seine Rechte auf ihn
geltend machen, wie ihm seine verwitwete Mutter prophezeit hatte.

In seinen Gedichten aus der Jugendzeit gab es viele Metaphern, in denen DIE ERDE
eine lebendige Bestie war, in deren Eingeweiden Franz Bielas Leib verdaut ward,
dessen, der den Krieg überlebt hatte, aber in der Grube umgekommen war und den
die gewaltige Kohlenglut so gründlich verbrannt hatte, dass der Bergungstrupp den
Leichnam nicht fand, denn es gab nichts mehr zu finden. Und so versteinert der
Franz Biela allmählich in der Grube, inmitten von Bärlapp und Schachtelhalm aus
dem Karbon, so anmutig wie sie drückt er sich jedoch in keinem Gestein ab.

***

Früher in seinem Leben ist der Jakub Biela sechzehn Jahre und acht Monate alt, aber
er hält sich für einen fast Achtzehnjährigen. Jedenfalls für jemand, der erwachsen ist.
Er sitzt auf der Kante eines großen Betts. Das große Bett befindet sich in einem
kleinen Zimmer. Das kleine Zimmer befindet sich auf dem Dachboden eines kleinen
Holzhauses. Das kleine Holzhaus befindet sich in einer kleinen Ortschaft, die
halb ein Ferienort ist. Der kleine halbe Ferienort befindet sich in den Wäldern im
Grenzland zwischen dem historischen Schlesien und Kleinpolen. Das Grenzland
zwischen dem historischen Schlesien und Kleinpolen befindet sich nirgendwo.

In dem kleinen Zimmer steht, außer Jakub Biela, ein Mädchen. Das Mädchen ist ein
paar Monate älter als Jakub Biela, und das heißt, dass sie gut ein paar Jahre älter ist
als er, denn die Mädchen werden schneller Frauen, als die Knaben Männer werden.
Der Jakub Biela beispielsweise ist noch ein Knabe, und sie ist schon eine Frau. Aber
dann, später, werden die Frauen schneller alt.

Das Mädchen ist nackt. Jakub Biela findet, sie ist wunderschön. In Wirklichkeit ist
das Mädchen ganz hübsch, doch das hängt immer davon ab, wer hinschaut. Gleich
wird sich das Mädchen mit Jakub Biela lieben wollen, und er ist merkwürdig gefasst. Merkwürdig, weil er sich bisher noch nie mit einem Mädchen geliebt hat.

Sie sind immerhin seit ein paar Tagen hier, und sie hat jede Nacht eine Lektion aus
ihrem Lehrgang mit ihm durchgenommen, der ihr gesamtes gesammeltes Wissen
darüber enthält, was die Menschen so miteinander im Bett tun.

Sie wusste eine Menge – damals kam es Jakub Biela vor, als wüsste dieses nackte
Mädchen alles, doch das nur, weil er selbst beinahe gar nichts kannte, außer ein

paar Bruchstücken, das waren nämlich Zeiten, als sich ein Jüngling die Pornografie am Kiosk holen musste, was ein schwieriges und Charakterstärke erforderndes Unterfangen war.

Da sie nun schon seit ein paar Tagen hier sind und sie jede Nacht eine Lektion mit ihm geübt hat, ist Jakub Biela gelassen. Ihm gefiel die Rolle, in der er sich befand. Es gefiel ihm, wenn sie ihm zeigte: Hier berühr mich. Küss mich da hin. Schneller. Langsamer. Nicht so. Gut.

Staunen über Jakub Bielas Gelassenheit könnte folglich nur jemand, der nichts weiß von dem kreativen Lehrgang, welchen Jakub Biela erfolgreich abgeschlossen hat. Das könnte beispielsweise Wojtek Leszczyński, Jakubs Kumpel, sein, der zusammen mit Jakub Biela und Marysia – denn so heißt das Mädchen – hergekommen ist und in dem kleinen Holzhaus in den Wäldern im Grenzland zwischen dem historischen Schlesien und Kleinpolen wohnt. Er könnte, aber gerade der Wojtek Leszczyński ist sich bestens bewusst, was Jakub Biela und Marysia in dem kleinen Zimmer auf dem Dachboden so treiben.

Er ist sich bestens bewusst, denn als sich Jakub Biela auf seinem alten Fahrrad aufmacht ins Dorf nach Säften, chinesischen Tütensuppen und nach Wodka, holt sich Marysia den Wojtek Leszczyński rauf aufs Zimmer und macht mit ihm ebensolche Sachen, wie sie sie nachts mit Jakub gemacht hat. Der Unterschied ist der, dass Wojtek das weiß und Jakub es nicht weiß, und obwohl hier keiner keinem etwas schuldig ist, so ist Jakub doch von Wojtek und Marysia betrogen worden.

Eines Abends, als sie zu dritt Wodka trinken, entkleidet sich Marysia, die tut, als sei sie weitaus mehr benebelt, als sie es wirklich ist. Wojtek Leszczyński spielt etwas auf der Gitarre, Jakub singt etwas, und Marysia tanzt nackt. Nackt und zunehmend wütender, weil diese Grünlinge nicht kapieren, worum es ihr geht. Diese Grünlinge haben es mit der Angst zu tun gekriegt, als sie sie nackt erblickten, sie schlagen die Augen nieder, ja sie genieren sich, zu ihr hinzusehen, obwohl sich, getrennt, keiner von ihnen geniert, ihr zuzusehen, aber zusammen, da genieren sie sich. Und wenn sie sich schon fürs Hinschauen genieren, werden sie sich erst recht für das genieren, was Marysia mit ihnen vorhat. Deshalb liest sie ihre Sachen auf, zieht sich an und geht, wütend, nach draußen und raucht Zigaretten. Sie gehen ihr hinterher. Verpfeift euch, ihr Hampelmänner, sagt sie zu ihnen.

Hinzufügen sollten wir, dass Marysia nicht die sogenannte »Braut« von Jakub Biela ist. Sie ist auch nicht die Braut von Wojtek Leszczyński. Marysia wäre gern die Braut des langhaarigen Bassisten von der miesen Punkkapelle, die miese Konzerte im miesen Jazz Club von Gliwice gibt, in dem höchst selten Jazz zu vernehmen ist. Der langhaarige Bassist kennt jedoch bessere Mädchen, darum will er nicht, dass Marysia »mit ihm geht«, obwohl, von der Bettkante schmeißt er sie nicht. Marysia vergnügt sich also manchmal mit Jakub Biela, denn sie mag diesen intelligenten Jungen, trotzdem findet sie, dass er zu zart besaitet, zu unreif und zu hysterisch ist, um sich zu ihrem »Kerl« zu eignen. Sie vergnügt sich auch manchmal mit Wojtek Leszczyński, und sie weiß selbst nicht, wozu sie das alles tut, kann sein: schlicht aus Langeweile. Fünfzehn Jahre später wird Marysia nicht mehr finden, der Jakub Biela sei zu zart besaitet, zu unreif und zu hysterisch, fünfzehn Jahre später wird Marysia, wenn sie alle paar Jahre auf der Straße mal auf Jakub Biela stößt, befinden, der Jakub Biela sei in Wirklichkeit ganz in Ordnung, doch fünfzehn Jahre später wird es schon zu spät sein, sowohl für sie als auch für Jakub Biela.

Da sie nun schon gut ein paar Tage hier sind und sie ihm Nacht für Nacht eine Lektion von diesem Lehrgang beigebracht hat, ist der Jakub Biela gelassen. In den vorangegangenen Nächten haben sie Sachen gemacht, die Jakub Biela weitaus aufregender erschienen sind als die, die sie heute tun wollen – und er weiß, was sie heute tun wollen, denn bei der Einführung in den Lehrgang hat ihm Marysia alles der Reihe nach vorgetragen – diese Nacht das, die nächste jenes und wieder die nächste noch mal was anderes. Wie sie also schon das tun, was für heute geplant war, ist Jakub Biela erstaunt, dass das im Grunde so wenig Eindruck auf ihn macht. Ganz sicher weniger als beispielsweise der Moment, als sie zum ersten Mal den Büstenhalter für ihn abnahm. Oder als der erste Kuss. Oder als das, was sie vorgestern und gestern gemacht haben. Es ist schön, Jakub Biela bewundert die Hüften und die herrlichen schmalen Schultern seiner ersten Geliebten, hauptsächlich jedoch ist er erstaunt, dass das, ehrlich gesagt, alles in allem nichts Besonderes ist.

Dann liegen sie zusammen im Bett und rauchen Zigaretten, weil sie meinen, so müsse man vorgehen, wo sie sich doch eben geliebt haben. Jakub Biela denkt daran, dass er sich eben erst mit einem Mädchen geliebt hat, und wo er versucht, etwas Neues in sich zu finden, irgendeine Veränderung, schließlich müsste er nun ein anderer sein, wenn er sich eben erst mit einem Mädchen geliebt hat.

Er kann nichts finden.

∗∗∗

Franz Biela war seinerzeit ein schmucker Feldwebel gewesen und hatte viele Geliebte gehabt: in Polen, in Deutschland, in Russland, in Belgien und in Frankreich. Gut war er nicht zu ihnen, weil er an die Hilda vom Wilczek dachte, die wo da in Przyszowice zurückgeblieben is, wie er in den Krieg zog, und wo er nicht sicher war, ob sie auch bestimmt auf ihn wartete.

Die Hilda wartete auf den Franz, jedoch nicht fanatisch.

Als er die Hilda schließlich heiratete, da hatte er auch keine Geliebten mehr, denn er hatte sie ordentlich satt bekommen während des Krieges, dafür war er gut zu Hilda, aber zwölf Jahre nach der Heirat verbrannte er in der Grube, und viel blieb von ihm nicht übrig.

∗∗∗

Franz Bielas Enkel, Jakub Biela, ist gut zu den Frauen, denen er hinterher Unrecht tut. Jakub Biela ist empfindsam. Jakub Biela mag Frauen. Bevor er ihnen Unrecht tut, tut er den Frauen viel Gutes. Mehr Gutes zuerst als Böses hinterher. Jakub Biela bemüht sich, möglichst wenig Böses zu tun, doch er weiß, ein wenig Böses wird er tun müssen, denn jeder Mensch hat seinen eigenen Vorrat an Bösem, das zu tun ist. Selbst die Heiligen.

Jakub Biela begegnet den Frauen so, als lese er eine Blume von der Straße auf, um sie vor dem Zertretenwerden durch andere, weniger aufmerksame Passanten zu schützen. Da er jedoch ein gesetzter und verheirateter Mann ist, legt er nach einer gewissen Zeit voller Bedauern die Blumen dahin zurück, wo er sie aufgelesen hat, und dann schert es ihn nicht mehr besonders, was weiter mit ihnen geschieht. Für gewöhnlich geschieht mit ihnen das, was gewöhnlich.

∗∗∗

Renata Biela heißt mit dem Mädchennamen Baron und ist die Ehefrau von Jakub
Biela und ist eine kluge Frau und will von nichts was wissen, was ihrer Ehe mit
Jakub Biela schaden könnte.

Renata Biela geborene Baron findet, es lohnt sich, die Frau von Jakub Biela zu sein,
doch Renata Biela geborene Baron überschätzt etwas den Beitrag, den die Ehe
mit Jakub Biela zu ihrem Leben leistet. Es ist ein positiver und sehr bedeutender
Beitrag, wenn auch nicht ein gar so positiver und bedeutender, wie der Renata Biela
geborene Baron das vorkommt.

Renata Biela geborene Baron liebt den Jakub Biela, aber ein bisschen mag sie ihn
auch nicht. Sie würde ihm niemals verzeihen, wenn er sie demütige, Jakub Biela
demütigt sie also niemals, denn die gesetzten Bielas sind seit Menschengedenken
gut zu ihren Ehefrauen, die dann die nächsten Bielas gebären, die wiederum gut
sind zu ihren eigenen Frauen.

Renata Biela kann sich nicht vorstellen, mit einem Mann zusammen zu sein, der
anders wäre als der Jakub Biela. Gewiss, sie könnte mit einem anderen zusammen
sein, das kann sie sich sehr gut vorstellen, mit dem Mann einer gewissen Arbeits-
kollegin beispielsweise könnte sie das. Die Arbeitsstelle von Renata Biela geborene Baron ist eine Firma mittlerer Größe, in der Renata Finanzdirektor ist. Der
Ehemann der Kollegin sieht gut aus und ist engagiert und gefühlvoll, und er gefällt
der Renata, und die Renata gefällt ihm, aber damit Renata mit ihm leben könnte,
müsste der Mann der Kollegin zuerst genauso werden, wie der Jakub Biela es ist.
Bislang ist er dem Jakub Biela ohnehin schon recht ähnlich, er müsste bloß noch,
so wie Jakub Biela, die Stärke eines schwierigen Charakters mit einer bestimmten
Art von Hilflosigkeit in sich vereinen. Er müsste ihr, ganz allgemein verstanden,
Zuwendung, emotionale, materielle und körperliche, angedeihen lassen und ihr die
Ruhe garantieren, die Renata Biela braucht, wofür er allerdings als Gegenleistung
gründliche Unterstützung in Alltagsdingen sowie große Nachsicht für sich erhoffen
dürfte.

Was übrigens ausgezeichnet den Beschützerinstinkten von Renata entspricht, die
keiner bei ihr vermutet, der sie nur von der beruflichen Seite her kennt. Der Mann
der Kollegin ahnt nichts und ist nicht wie Jakub Biela, also mustert Renata nur
seine Figur, welche ansehnlicher ist als die Figur von Jakub. Jakub hingegen sieht
auf ihn herab, weil er ihn für einen Schwachkopf hält, zudem einen, der allmählich
kahl wird.

Der Mann der Kollegin ist kein Schwachkopf, und die Geheimratsecken nehmen
ihm nichts von seinem Reiz. Wollte Jakub Biela die wahren Beweggründe für seine
Überheblichkeit ihm gegenüber herausfinden, müsste er sich darauf berufen, dass
er, der Jakub Biela, die Renata geborene Baron zur Frau hat und dass jener Ehemann
der Kollegin eine Renata geborene Baron nicht hat. Zu einer Überlegung solcher Art
ist Jakub Biela nicht befähigt, alldieweil er zu sehr mit sich selbst befasst ist.

***

Entgegen seiner einfachen, kleinbürgerlichen Herkunft erheischt der Jakub Biela
wie ein kleiner Prinz, dass man sich um ihn kümmert. Die Bielas brauchten schon
immer viel sorgende Beachtung: zuerst von ihren Müttern und dann von ihren
Ehefrauen.

Das praktiziert man stets auf eine Weise, welche dem Zeitgeist entspricht, jedoch

man praktiziert es irgendwie. Jakub Biela beispielsweise braucht einen Tagesab-
lauf, der stets gleich bleibt. Jakub Biela hasst Veränderungen. Jakub Biela will ein
warmes Essen zu festgesetzter Stunde. Jakub Biela redet abends nicht von Sorgen,
er braucht nun mal Entspannung vor dem Schlafengehen. Jakub Biela mag abends
keine betrübten Leute, sie könnten ihm den Schlaf verderben, wenn er sich ihren
Kummer auflädt, und das passiert ihm leicht, weil er ein sehr empathischer Mensch
ist. Nämliche Ansprüche werden nicht kategorisch oder gar schroff formuliert, ja
häufig werden sie nicht einmal offen ausgesprochen, aber es gibt sie.

Der Jakub Biela ist wie alle Bielas vor ihm leicht verwirrt bei Frauentränen, doch
er erträgt sie ohnehin besser als die meisten seiner schlesischen Vorfahren. Renata
Biela weint im Grunde häufiger als die Frauen von Jakub Bielas schlesischen Vorfahren und Nachfahren, mitunter hat sie sogar einen Grund, und mitunter weint
sie – halt bloß so.
Jakub Biela lässt Nachlässigkeit in Dingen, die das Berufsleben betreffen, durchge-
hen, weil er weiß, dass wir versprechen, was wir gehofft, und halten, was wir befürchtet haben. Das betrifft besonders seine eigene Nachlässigkeit, aber für die der
andern hat er auch Verständnis. Jakub Biela gestattet sich eine gewisse Sorglosigkeit
dort, wo sie ihm nicht zum Nachteil gereicht.
Nachlässigkeit bei Frisören duldet Jakub Biela jedoch nicht, darum geht er seit
seinem zwanzigsten Lebensjahr zu dem einzigen Frisör, den er nie bei einer Nachlässigkeit ertappt hat, und er wird noch zu eben dem Frisör gehen bis zu seinem
eigenen Tod. Der Frisör ist nicht so dreist, vor Jakub Biela zu sterben und ihn den
seines Vertrauens nicht würdigen Barbieren auszuliefern.
Nachlässigkeit erträgt der Jakub Biela nicht bei den angeblich spontanen Vorhaben
und einsamen Fahrten in die großen Städte, die er regelmäßig unternimmt, um
dort Geld zu verdienen, berufliche und private Kontakte zu pflegen und in eine
andere Luft und ein anderes Leben einzutauchen, Wodka zu trinken und durch
nächtliche Straßen zu streifen, mit wehendem Mantel und vergnügter Miene. Die
vermeintliche Spontaneität dieser Fahrten spielt sich irgendwo zwischen bis auf die
Viertelstunde genau vereinbarten Treffen ab. Der Morgen und der Nachmittag sind
ausgefüllt mit Treffen beruflichen Charakters, auf sie folgen die bereits mit Alkohol
begossenen Treffen beruflich-geselliger Art, welche sodann fließend hinüberdrif-
ten in Richtung Wodkatrinken, Durchstreifen der Stadt im Taxi und die letztlich
mit schweren Landungen im Hotelzimmer ihr Ende finden. An diese Landungen
entsinnt sich Jakub Biela dunkel an einem verkaterten Morgen, wenn er sich, gleich
nach Frühstück und Kaffee, an einem Caféhaustischchen mit einem Bier kuriert.
Oftmals gemeinsam mit einem ihm ähnlichen melancholischen und zu Streichen
aufgelegten Herrn mittleren Alters. Einem von denen, die Jakub Biela stolz seine
Freunde nennt.

***

Bei dem Essen in Jakub Bielas Elternhaus obliegt der Kaffee einem Mädchen aus
der Generation, die nach der Generation von Jakub Biela kommt, der Enkelin des
Bruders von Jakubs Mutter. Das Mädchen ist fünfzehn Jahre alt. Die Bedienung der
Kaffeemaschine hat sie gern übernommen, obwohl sie das nicht musste. Aber das
Esszimmer würde sie gern verlassen, denn sie erträgt es nicht, den Familientratsch,

wie man in Schlesien zu gewöhnlichem Geschwätz so sagt, noch länger mit anzu-
hören.

Kasia Operschalska, so nämlich heißt die Tochter eines der Cousins von Jakub Biela,
weiß bereits, dass die Leute an diesem Tisch, ihre ererbte Welt, nicht die ganze
Welt sind. Sie weiß bereits, dass sie im Leben manchmal allein sein wird, so allein,
wie sie es mit einem gewissen Maciek ist, der vor drei Tagen ihre Brüste berührt
hat und jetzt nicht auf ihre SMS antwortet. Und von nun an werden ihr die Leute
an diesem Tisch noch viele Jahre auf die Nerven gehen. Kasia Operschalska wird
sie von sich stoßen, wird aufbegehren und wird Szenen machen. Wird träumen von
einer großen Stadt, wo sie anonym bliebe, selbst für die Nachbarn aus dem Trep-
penaufgang, und wo niemand bei der Mutter anriefe, er habe die Kasia mit einem
Kerl in den Park gehen sehen. Sie wird ihre Träume wahrmachen und zum Studium
nach Warschau fahren.

Dann wird Kasia begreifen, so wie das letztlich jeder an diesem Tisch begriffen hat.
Sie wird begreifen, dass dieser ganze grauenhafte Familienballast, all diese Tantchen und Oheimchen, dazu dient, wozu für gewöhnlich jeder Ballast da ist – dass
man nicht über Bord geht bei einer größeren Woge. Kasia wird nach dem Studium
zurückkehren nach Oberschlesien, sie wird heiraten und zehn Jahre später wird
sie Witwe und eine alleinstehende Mutter sein, wenn ihr Mann mit dem Motorrad
unter die Räder eines Lastwagens gerät, der Geflügel aus dem Schlachthaus trans-
portierte.

Die Eltern, die Großeltern, die Tantchen und Oheimchen werden wie eine Mauer
hinter Kasia stehen. Es wird ihr an nichts fehlen.

Zwei Jahre danach wird Kasia ein zweites Mal eine alleinstehende Mutter werden,
und dieses Kind wird gezeugt sein durch ihre Einsamkeit und ihr Bedürfnis nach
körperlicher Zärtlichkeit, die sie seit langem nicht erfahren hat. Es wird dies auch
ein aus Wollust und durch den Kondom-Ekel eines gewissen Spaniers gezeugtes
Kind sein, den Kasia im Klub kennenlernen und dem sie danach nicht einmal was
von der Schwangerschaft sagen wird, denn er verdient es nicht, und Kasia braucht
sein Geld nicht. An seine Hände, seinen Mund und sein Gemächt wird Kasia noch
viele Jahre denken, bis sie zuletzt auch das vergisst, so wie wir alle schließlich alle
Hände und Münder und Gemächte von Männern und Frauen sämtlich vergessen.

Die Tantchen und Oheimchen werden tuscheln, hecheln, sich an den Kopf fassen
auf eine Art, die für Kasias Warschauer Kommilitoninnen mehr einem Roman des
neunzehnten Jahrhunderts zu entstammen scheint, die Tanten werden die Hände
ringen, weil »das hat's bei uns nich gebn«, als hätten sie keine Ahnung, was sich in
Gottes weiter Welt so abspielt.

Kasia wird das Kind eines unbekannten Vaters gebären, und die Tantchen und
Oheimchen werden, augenrollend, erneut wie eine Mauer hinter ihr stehen, und
Kasias Warschauer Kommilitoninnen werden es nicht fassen, weil sie, Kasias
Familie kennend, erwartet haben, dass die Familie Kasia aus dem Haus jagt – wie-
der haben sie was im Stile eines dem neunzehnten Jahrhundert entstammenden
Romans erwartet. Kasia wird ihnen nichts erklären, denn dies ist nicht die Sache
ihrer Warschauer Kommilitoninnen, die würden es doch nicht verstehen, weil sie
es nicht verstehen können.

***

Jakub Biela ist dreiunddreißig Jahre alt und sitzt am Tisch, an dem auch seine vielköpfige Familie sitzt. Er trinkt seinen doppelten Espresso, den ihm Kasia Operschalska zubereitet hat. Trinkt einen Likör des Antoni Biela.

Antoni Biela sitzt bei Tisch neben seinem Sohn Jakub.

Der Vater von Tonik, Franz Biela, sitzt weder noch liegt er irgendwo, denn es gibt ihn nicht, er ist verbrannt und zu Staub zerfallen und ist verschwunden und ist nicht.

Der Vater von Franz, der Ewald Biela, liegt noch, gewissermaßen, mit einer Kugel in der Brust und im Grabe. Der Sarg ist längst zerfallen, und darum lässt sich schwer entscheiden, ob der Zustand, in welchem sich die Gebeine des Ewald Biela befinden, noch ein Liegen ist oder eigentlich schon nicht mehr.

Am Kopf der Tafel sitzt, sehr alt, der Willym Operschalski, Jakub Bielas Großvater mütterlicherseits, der es noch nicht im Mindesten aufs Liegen abgesehen hat. Er ist schon fünfundneunzig. Er lässt nicht zu, dass einer »Opa« zu ihm sagt – »sag Aler zu mir oder Oller. Opas betteln vor der Kirche«. Als man ihm den Tod seines siebzigjährigen Neffen mitteilte, da hatte der Willym befunden: »Was soll mer drüber sagen, alt war der Lojzik, da isser gestorben.«

Neben Jakub Biela sitzt Jakub Bielas Bruder mit seiner schönen Frau, die Jakub Biela gern genüsslich beäugen würde, wäre sie nicht die Frau seines Bruders, doch da sie es nun einmal ist, sieht er nicht hin. Ferner sitzt da Jakub Bielas Schwester mit Ehemann, schon dem zweiten, worüber man im Hause Biela barmherzig den Vorhang des Schweigens breitet, obwohl die zweite Frau des Willym Operschalski sich niemals damit abgefunden hat, dass ihre Enkelin einen zweiten Mann hat, ohne dass sie je verwitwet war. Die zweite Frau des Willym Operschalski hätte nichts dagegen, wenn ihres Mannes Enkelin Witwe geworden wäre, denn dieser erste Mann ihrer Stiefenkelin hatte ihr nicht gefallen, nicht eine Träne hätte man zu vergießen brauchen. Doch eine Scheidung, das gefiel ihr nicht.

Jetzt aber liegt die zweite Frau des Willym Operschalski im Bett und weiß nichts von Gottes schöner Welt, weshalb sie die Scheidung ihrer Enkelin wohl nicht mehr bekümmert.

Ferner sitzt die zweite Schwester von Jakub Biela am Tisch, mit ihrem ersten und letzten Mann, der den Jakub Biela nicht leiden kann, wozu ihm der Jakub Biela nachgerade allzu viele Gründe geliefert hat.

Ferner sitzen Jakub Bielas Oheimchen und Tantchen mit am Tisch. Ferner sitzen die Cousins und Cousinen von Jakub Biela da, samt Ehefrauen und Ehemännern. Noch ferner, an einem Extratisch, sitzen, unterschiedlichsten Alters, die Kinder. Jakub Biela hat sie nie gezählt, denn Kinder interessieren ihn nicht sonderlich. Jakub Biela weiß ihre Geburtsdaten nicht, weil er weiß, Renata Biela, Jakubs Frau, denkt an sämtliche Geburtstage, Jubiläen und die entsprechenden Geschenke.

Jakub Biela sieht zu den blonden Köpfen seiner Töchter hinüber.

Jakub Biela bedauert ein wenig, dass er noch immer keinen Sohn hat, und umso lieber denkt er an einen Abend, da er, leicht beschwipst von Antoni Bielas Likören, seine Frau an sich ziehen, mit Zärtlichkeit und ehrlichen Komplimenten ihren leichten Widerstand brechen, ihr Brüste, Hals und Mund abküssen und Renata sehr bald aufhören wird: »Lass sein, du bist betrunken« zu sagen, worauf Jakub ihre gesunden, breiten Hüften umschlingen und versuchen wird, einen Sohn zu zeugen, was ihm diesmal nicht gelingt, doch schon der Versuch allein verschafft beiden Befriedigung.

In ein paar Monaten wird der Sohn doch noch gezeugt. Und dann, in ein paar Jahren, noch einer. Und dann, in dreiunddreißig Jahren, wird Willy Biela, Architekt und Sohn des Jakub Biela, am Sarg von Jakub Biela stehen, daneben Maria und Zofia, seine älteren Schwestern, und der jüngere Bruder, Franciszek, dank Jakub Bielas Starrsinn »Franz« genannt.

Es wird dem Jakub Biela gelingen, Söhne zu zeugen, weil dem Jakub Biela alles gelingt, es gelingt ihm auch zu sterben im Alter von sechsundsechzig Jahren, indem er mit dem verkaterten Schädel auf einer Marmorstufe aufschlägt, in einem teuren Hotel, wo er im Kreis von Freunden vierzig Jahre schöpferischer Arbeit gefeiert hat. Jakub Biela wird sterben und wird seinen vier Nachkommen damit Schmerz bereiten. Er wird sterben und damit seiner Frau Renata Schmerz bereiten. Bei ihr wird freilich durch den Schmerz eine Spur Erleichterung durchscheinen, denn Jakub Biela war, über die Fünfzig, noch unausstehlicher gewesen als in jungen Jahren, und die letzten Jahre waren nicht leicht gewesen für Renata. Sie liebte ihn bis zum Schluss, schließlich war er ihr Jakub Biela, aber sie mochte ihn noch weniger als früher. Manchmal hatte sie sogar daran gedacht auszuziehen. Das Andenken an Jakub zu bewahren wird ihr leichter fallen, als seine Marotten zu ertragen.

An Jakub Bielas Sarg werden keine Frauen stehen, die Renata Biela geborene Baron misstrauisch taxieren müsste.

Diejenigen, die zum Begräbnis kommen, werden inzwischen so alt sein, dass alle Sünden längst verjährt sind.

Die jüngeren werden erst ein paar Tage nach dem Begräbnis auf den Friedhof laufen, werden auf den noch frischen Erdhügel verstohlen eine Rose werfen und sich davon machen, gleichfalls Erleichterung empfindend, und es wird sich keiner mehr weiter darum scheren.

All das geschieht jedoch erst in dreiunddreißig Jahren, und es geschieht in einem günstigen Moment.

Jetzt ist Jakub Biela dreiunddreißig Jahre alt, schenkt sich das fünfte Gläschen Zitronenlikör ein, bittet Kasia noch um einen doppelten Espresso und ist zufrieden.

Pilchowice–Warschau, Dezember 2012

Aus dem Polnischen von Roswitha Matwin-Buschmann

Jarosław Mikołajewski

Gedichte

Appell

wir sammeln uns jeden Abend
um die Wunden zu zählen

Marysia hat frische blaue Flecken am Herz
Zosia neue Schürfwunden an der Seele
Magdas gerade vernarbter Kummer bricht wieder auf
ich habe immer tiefere Schnittwunden am Gewissen

kaum zu fassen

zum Glück hat die dreimonatige Julka flinke Hände
die jede einzelne Klage rechtzeitig segnen
selbst wenn wir im Chor klagen

Wiese

Meine Töchter ernähren sich wie Kälber

von Gras
das auf grünen Weiden wächst

von Milch
die frommen Tieren
aus übervollen Eutern tropft

meine Töchter trinken Aufgüsse
von Kräutern
mit lateinischen Namen
und ihre Wangen duften
wie Seidenbeutel voller Lavendel

meine Töchter sind reiner Joghurt
Brot und Sonne

sie kauen die süßen Blüten
von Feldblumen
und ihre Haare duften
nach taufrischen Levkojen

Ich lebe an ihrer Seite wie ein Schwein

wie ein verendeter Hund
am Ufer eines kristallklaren Baches

noch nicht zu Gras geworden

auch nicht zu Tau
der zur Sonne fliegt

oder zum Wasser dieses Baches

Fleischfressende Erde
vertilge endlich mein Fleisch

oder schmücke meinen Atem mit Blumen
balsamiere meine Haut

Träume

Warum wacht ein Kind schreiend auf
das erst ein halbes Jahr ist
und nichts gesehen hat
außer dicken Schneeflocken

welches Leben liegt hinter ihm
und reißt es aus dem Schlaf

welches Leben
das in einem anderen Körper erlosch
beweinen seine Mütter und Kinder

Weiße Mama

ich dachte nicht dass jemand noch kleiner sein könnte
noch zarter und leichter
als meine kleine Tochter
als Julia

dass jemand noch leiser atmet
fast nicht mehr hörbar

mit gebrochenem Arm
mit herausgenommenem Gebiss
kaum wiederzuerkennen
Mama auf einer eisernen Liege
in einem Flur mit der Aufschrift Ruhe

schlaf Mama schlaf
aber so dass ich's höre

Liebeserklärung an meine Frau, die mit den Kindern zu einer Flugreise aufbricht

Verzeih mir aber zuerst
würde ich die Kinder beweinen

die Angst um sie
steckt in bevorzugten
Kanälen meiner Vorstellungskraft

Was ich dort suchen würde
verrate ich nicht

ich möchte nicht wegen Spekulationen
böse Geister heraufbeschwören

Doch für den seltsamen und schwierigen Fall
dass es ein Jenseits gibt

und in diesem Jenseits
Zeit
Enttäuschung
und Tränen aufgrund von Zurückweisung

für diesen seltsamen
und unwahrscheinlichen Fall
muss ich Dich um schwierige Geduld bitten

Du würdest nicht sofort durch
meine Schlaflosigkeit geistern

Deine Abwesenheit würde in mich einsickern
wie fettes Öl
durch eine dünne Nadel

Dein Verschwinden würde langsam in mein Wesen eindringen
wie krebserregender Asbeststaub

Wie in der Erde vergrabenes Quecksilber
träte Dein Schweigen erst
nach Jahrzehnten aus aus den Luftkammern

Einer von denen
die Ich sind

stürbe mit den Kindern
und käme gleich zu euch

Aber ein zweiter
der an Dir hätte sterben sollen
stürbe sehr langsam

Was die anderen täten
ob sie bei diesem zweiten blieben
bei Deinem

ob sie ihn stützen würden
ihm zur Seite stünden

ich weiß es nicht
ich kenne nicht ihren Charakter

ich weiß nicht zu wem sie gehören und warum
ich weiß nicht einmal ob es sie gibt

Hab deshalb Geduld
warte

Geh nicht weg

Fliege weder in dieser
noch in jener Welt herum

Rühr Dich nicht von der Stelle
oder nimm den Zug

Aus dem Polnischen von Bernhard Hartmann

Die Gedichte sind den Bänden »Nie dochodząc Pięknej« (Izabelin 2001), »Którzy mnie mają« (Izabelin 2003) und »Któraś rano« (Izabelin 2005) entnommen.

Hanna Samson

Der Redakteur macht's wahr

Die Midlife-Crisis erwischte Redakteur B. mit einem gehörigen Bäuchlein, im Bett
liegend, in demselben wie seit Jahren, in demselben Zimmer wie seit Jahren, neben
seiner schnarchenden Frau. Vielleicht war er gerade von diesem Schnarchen aufge-
wacht, obwohl er Zeit gehabt hatte, sich daran zu gewöhnen, denn sie schliefen seit
zwanzig Jahren nebeneinander, seit zwanzig Jahren waren sie ein Ehepaar, das immer mehr Platz in immer noch demselben Bett einnahm, das sie von ihren Eltern
geerbt hatten. Das heißt, der Vater lebte noch, aber nach dem Tod seiner Frau hatte
er ihnen das Bett überlassen, das er bis dahin mit ihr geteilt hatte, und so blieb es
dann. Redakteur B. hörte damals die Beatles, das Bett erinnert sich an alle seine
musikalischen Leidenschaften, von den Beatles über Mozart bis zu Mahler. Sein
Geschmack wurde mit der Zeit immer raffinierter, wovon seine Frau keine Ahnung
hatte, die ihn dazu zwang, seine musikalischen Leidenschaften in Kopfhörer zu
sperren. Sie selbst machte sich auf dem Sofa breit und schaute sich ihre Lieblingsse-
rien an. Der Redakteur lag jetzt im Bett neben ihr, jäh geweckt, vielleicht von ihrem
Schnarchen, an das er sich hätte gewöhnen haben müssen, aber gerade jetzt, nach
Jahren, ging ihm das Schnarchen seiner Frau auf die Nerven wie nie zuvor. Vielleicht wegen dieses Schnarchens, vielleicht wegen des immer noch selben Bettes,
vielleicht aber auch wegen der außergewöhnlichen Zeit, denn Redakteur B. hatte
bisher jede Nacht ruhig wie ein Kind durchgeschlafen, überkamen ihn Reflexionen
über den Sinn des Seins, das vergeudete Leben und die Abneigung gegen seine
Frau, die sich mit den Jahren entwickelt hatte, seine Frau, deren ständige Gegenwart in seinem Leben ihn plötzlich zu stören begann.

Einst hatte er sich gefreut, dass er eine Frau hat. Sie hatte sich ihn mit sicherer
Hand gegriffen, und sie zweifelte nie, was ihm das Leben sehr erleichterte. Bisher
hatte er kein Bedürfnis danach verspürt, selbstständige Entscheidungen zu treffen
oder sich ihrem Willen auch nur in Kleinigkeiten zu widersetzen. Er war ein Intellektueller und wusste gut, wie viel Für und Wider in jeder scheinbar belanglosen
Angelegenheit lauern; wenn er begonnen hätte, sie alle abzuwägen, hätte er an jeder Kreuzung anhalten müssen, anstatt sicher an der Seite seiner Frau zu schreiten,
die ohne Zögern den Weg wählte. In dieser Nacht aber überkamen Redakteur B. un-
erträgliche Zweifel, die typisch waren für seine Altersgenossen, aber gänzlich neu
für den Redakteur. Ist die von seiner Frau gewählte Richtung wirklich die richtige?
Verpasst er nicht etwas Wichtiges, wenn er brav neben ihr läuft? Gebühren ihm
nicht irgendwelche männlichen Vergnügungen? Er wollte sich vor diesen Fragen
in den Schlaf flüchten, aber der Schlaf machte sich aus dem Staub. Redakteur B.
schaltete die Lampe an und sah auf die Uhr. Vier. Und sein Verstand war klar wie
am hellichten Tag, als ob er sich auf ein Duell vorbereiten würde. Mit seiner Frau?
Mit der Welt? Mit sich selbst? Er wusste nicht, mit wem, doch er spürte, dass er
um sein Leben kämpfen musste. Seine Frau bewegte sich unruhig, Redakteur B.
löschte die Lampe und schlüpfte behutsam unter der Bettdecke hervor. Ohne Weiteres trafen seine Füße in die am Bett stehenden Pantoffeln, im Dunkeln griff er nach

dem auf dem Sessel liegenden Morgenrock, alles wie seit Jahren, wie seit Jahren, wenn er erblindet wäre, hätte das nicht viel an seinem Leben geändert, zumindest dem häuslichen, weil sich nicht viel in diesem Haus änderte, in das ihn seine Frau gebracht hatte, als er zwanzig Jahre alt war und den Kopf voller Träume hatte.

Redakteur B. stand vor dem Spiegel im Badezimmer und versuchte sich zu erinnern, wovon er damals geträumt hatte, aber von den alten Träumen war keine Spur geblieben. Vielleicht waren sie irgendwo, aber Redakteur B. hatte so lange nicht mehr dort hineingeschaut, dass er keine Ahnung hatte, wo er sie suchen sollte. Heute Nacht sollte sich alles ändern. »Schluss damit«, sagte der Redakteur zu seinem Spiegelbild. »Ich lasse mich nicht lebendig begraben.« Nachdem er diesen männlichen Entschluss gefasst hatte, kehrte er ins Bett zurück. Er lag neben seiner Frau und lauschte masochistisch ihrem heiseren Atem, reizte damit seine Sinne, als würde er sie vor der Schlacht schärfen.

Nachts sind alle Katzen grau, aber Probleme nehmen monströse Ausmaße an. Erst das Tageslicht verleiht ihnen wieder ihre wahren Proportionen. Am Morgen erwachte Redakteur B. gutgelaunt, beim Rasieren pfiff er vor sich hin, blickte zufrieden in den Spiegel. Er sah noch ziemlich gut aus, vorausgesetzt man mag diese Art von hübschen Jungs, die sich zu Männern ausgewachsen haben. Er hatte sich mit den Jahren nur wenig verändert. Er war sogar schöner als in der Kindheit. Die Männlichkeit erlaubte es ihm, seinen Schönheitsfehler unter einem üppigen Schnurrbart zu verstecken. Er stutzte ihn so, dass er weit die Oberlippe bedeckte, ja eigentlich die fehlende Oberlippe, die in seiner Jugend der Grund seiner Komplexe gewesen war. Das ist die Überlegenheit des Mannes über die Frau, der behaarten über die unbehaarte Haut. Was soll eine Frau tun, die ohne Oberlippe geboren wird, mit einer eingefallenen oder so schmalen Lippe, dass sich der erotische Sex-Appeal in einen Spalt verwandelt, der unnötigerweise die oberen Zähne entblößt? Die Frau muss sich schmerzhaften Silikoninjektionen oder chirurgischen Eingriffen unterziehen. Sie kann die Lippen sorgfältig mit Schminke zusammenflicken, wobei sie daran denken muss, diesen Vorgang angesichts seiner Unbeständigkeit alle fünfzehn Minuten zu wiederholen. Der Redakteur lächelte sein Spiegelbild herablassend an, das vielsagend zurücklächelte. Er kannte die Frauen gut und mochte das Gefühl der Überlegenheit. In seinem Fall genügte der Schnurrbart, der nicht nur die fehlende Lippe vor dem neugierigen Blick der Mitmenschen, sondern auch bestimmte Charaktereigenschaften verbarg, die der Redakteur im Grunde genommen an sich akzeptierte und gegen die er nicht beabsichtigte anzukämpfen, die er aber auch nicht zur Schau stellen wollte. Er war sich dessen bewusst, dass das Fehlen der Oberlippe, die eigentlich eingefallen war, anstatt sich normal nach außen vorzuwölben, seine Neigung zur Introvertiertheit verriet, zu zurückhaltenden Emotionen, geradezu zu Emotionslosigkeit. Der Redakteur machte es nicht gerne. Aber warum hätte er mögen sollen, was ihm als sehr unangenehm erschien. Er ließ es sich nicht einmal gerne machen. Er hatte erleichtert aufgeatmet, als seine Frau aufhörte, die Erfüllung der ehelichen Pflichten bei ihm einzufordern, und gab sich einmal in der Woche mit Freude der Masturbation hin. Doch irgendwo tief im Redakteur, weit hinter seiner Oberlippe, war eine Sehnsucht verborgen. Das Schnarchen seiner Frau lockte sie aus dem Verborgenen hervor wie der Klang einer

Flöte, der eine Schlange dazu bewegt, den Kopf zu heben. Der Redakteur lächelte seinen Sehnsüchten schelmisch zu. Es war an der Zeit, sich ihnen zu stellen.

In den Augen seiner Frau war Redakteur B. noch immer ein braver Junge, der morgens die Schuhe putzte, wenn er es nicht geschafft hatte, sie abends zu putzen, die belegten Brote in seine Aktentasche steckte und in den Bus stieg. Redakteur B. hätte mit dem Auto fahren können, ehrlich gesagt fahren Personen in seiner Position selten mit dem Bus. Aber Redakteur B. änderte sich nicht wie andere, sobald er die nächsten Sprossen auf der Karriereleiter erklommen hatte. Er pflegte noch immer denselben kleinen Vergnügungen nachzugehen, und eine davon war das Busfahren. Der Bus verschaffte ihm jeden Morgen die erste Dosis Überlegenheit. Er war süchtig. Die Abstände zwischen einer und der nächsten Dosis durften ein paar Stunden nicht überschreiten. Morgens war er schon auf Entzug, der durch den Kontakt mit seiner Frau nur verstärkt wurde. Der Redakteur nahm die belegten Brote von seiner Frau entgegen, steckte sie in die Aktentasche und begab sich schnellen Schrittes zur Haltestelle.

Man weiß doch, wie das ist. Jemand muss schlechter sein, damit man selbst der Bessere ist. Im Bus ist es nicht schwer, Schlechtere zu finden. Der Redakteur entlarvte sie mit geübtem Blick. Wenn er Glück hatte, war der ganze Bus vollgestopft mit Schlechteren. Mit Sicherheit war niemand von ihnen Stellvertreter der Chefredakteurin eines Luxusmagazins für Frauen. Niemand von ihnen hatte es so weit gebracht, verdiente so viel Geld, der Redakteur betrachtete sie aus der Höhe seiner gesellschaftlichen Position mit herablassender Heiterkeit. Ungewaschene Schweine. Sie waren nicht wie er, der mit dem Auto hätte fahren können. Aber nicht mochte, weil ihm der Bus die morgendliche Dosis Überlegenheit verschaffte. Nach diesem Kick betrat er forsch die Redaktion, wo er sich den ganzen Tag lang eine Dosis nach der anderen in die Adern jagen würde.

Manchmal kommt es vor, dass ein Pantoffelheld auch auf der Arbeit gerade mal ein leises Piepsen von sich gibt, aber das war hier nicht der Fall. Redakteur B. blühte im Dienst auf. Mit jedem Jahr war der hohe Posten, auf dem er Platz genommen hatte, immer bequemer eingesessen, eine Vertiefung umgab weich den Redakteurshintern, da war es undenkbar, dass jemand anders den so gut hergerichteten Platz einnehmen könnte, der sich ideal den individuellen Formen des Redakteurs angepasst hatte. Von einem höheren Posten träumte der Redakteur nicht. Er hatte sich schon vor langer Zeit damit abgefunden, dass er eine gläserne Decke über sich hatte, die nicht durchbrochen werden konnte. Er arbeitete in der Redaktion eines Frauenmagazins, und hier hatte üblicherweise eine Frau die höchste Position inne. Er konnte nur der Erste nach der Göttin sein und darin seine Befriedigung finden, was er ganz besonders tat, seit die Göttin aufgrund einer Krankheit geschwächt war.

Der Redakteur sitzt im Büro, der Tee dampft neben ihm, die Zeitung ist aufgeschlagen, die News im Internet warten nur darauf, dass ein Blick auf sie geworfen wird, sie eingehend kommentiert werden, der Redakteur ist zufrieden, er hat sich schon so weit von zu Hause entfernt, dass er die Schönheit des Lebens empfindet, seinen raffinierten Geschmack, der nur gut aufgestellten Männern mittleren Alters bekannt

ist, und da steckt auf einmal eine Journalistin aus der Beauty-Abteilung ihren leeren
Kopf ins Büro. Sie sieht nicht, dass der Redakteur beschäftigt ist, sondern fragt, ob
er schon ihren Artikel gelesen habe, als ob der Redakteur gerade das zu tun hätte,
ihre beschissenen Artikel lesen, wo so viel Interessantes auf der Welt los ist, über
das ganz andere Journalisten als sie schreiben. Und sie steckt mir nichts, dir nichts
ihren Kopf ins Büro des Redakteurs, und überhaupt, was ist das für ein Büro, ein
Terrarium ganz aus Glas, kein Vergleich mit dem Büro der Chefin, der Redakteur
sitzt darin wie auf dem Präsentierteller, von allen Seiten zu sehen und außerdem
gar nicht allein, er, der Stellvertreter, der Erste nach der Göttin, teilt das Zimmer
mit zwei Redakteurinnen, aber er beklagt sich nicht, denn erstens ist er bescheiden
und das Mineralwasser ist ihm nicht zu Kopfe gestiegen, wovon beispielsweise
seine tägliche Busfahrt zeugt, und zweitens ist es immer besser, jemanden zu
haben, zu dem man sprechen kann, dem man die Welt erklären kann, denn die
Redakteurinnen, anders als seine Frau, interessieren sich für die Welt, sie hören
sich die Kommentare des Redakteurs an, lachen, stimmen ihm zu. Und auch von
ihnen kann man dies und das erfahren, was später irgendwann einmal von Nutzen
sein wird. Aus jahrelanger Erfahrung weiß der Redakteur, dass es früher oder später
ganz sicher von Nutzen sein wird, ein Problem, ein Problemchen, eine kleine
Schwäche, die jemand beim Teetrinken nebenbei erwähnt, der Redakteur lacht,
greift sie auf, wiederholt sie, prägt sie sich ein, vergibt eine Katalognummer, fügt
ein Schlagwort ein, später genügt es, eine Taste zu drücken, und da ist sie. Na bitte,
man hat ein hübsches Argument zur Hand, das jemanden aus dem Gleichgewicht
bringt, ihm gebietet, nicht aus der Reihe zu tanzen, das ihn lächerlich macht, wenn
er zu sehr aufmuckt. Der Redakteur weiß genau, wer wo seinen Platz hat, aha,
damit keine Zweifel aufkommen, der Platz des Redakteurs ist ganz oben, er ist der
hellste Stern am Firmament. Aufgrund der gläsernen Decke lässt er der Göttin den
Vortritt, erhebt sie offiziell über sich, aber er zwinkert dabei, alle sehen, dass es nur
ein Spiel ist, eine Konvention, dass in einer Frauenzeitschrift eine Frau herrschen
soll, mag es den Menschen so scheinen, aber wir wissen Bescheid, nicht wahr,
Kolleginnen?, wir wissen genau, wer in Wirklichkeit die Macht hat in diesem
Luxusmagazin für Frauen, wer ihnen jeden Monat einflüstert, wie man sich
schminkt, epiliert, wie man lebt, arbeitet und dabei glücklich ist und schön wohnt
und die Freude am Sex in der Eheroutine nicht verliert, obwohl der Redakteur
selbst weiß, dass das unmöglich ist. Also sorgt der Redakteur dafür, dass alle wissen,
wo ihr Platz ist. Dass niemand die erste Geige spielt, sich niemand zu weit
hinauslehnt, denn dann, zack, versetzt der Redakteur anfangs einen Seitenhieb,
und danach kann er weiter gehen, aber wie weit er zu gehen imstande ist, das weiß
er selbst noch nicht, er hat die Stärke seines Mutes noch nicht kennengelernt, die
es ihm erlaubt, sich zum Ritter zu schlagen. Einstweilen steckt die Journalistin den
Kopf herein und fragt ohne Sinn und Verstand nach ihrem Artikel, den er lesen
sollte, als gäbe es keine wichtigeren Dinge auf der Welt, aber mit Sicherheit gibt es
viel angenehmere, und da kommt sie ihm am frühen Morgen mit diesem Artikel.
Der Artikel ist ganz sicher für den Arsch, was für ein Artikel?, ein beschissenes
Textchen, und er muss dieses Geschreibsel lesen, diesen Pipifax, dieses aus den
Fingern gesogene trockene Zeug, diese woraus auch immer geblasene Luft,
unverschämte Kuh, sie unterbricht ihn bei seinen Morgenritualen, erinnert ihn mit
der dummen Frage daran, dass er heute wieder kilometerweise von Hühnerhirnen

beschriebenes Papier lesen muss, also blickt der Redakteur von der Zeitung auf, sagt knapp und direkt: Verpiss dich! und bekräftigt das mit einer Armbewegung, die ihr die Tür weist. Die Journalistin schließt empört die Tür, man hatte sie schnell einen Text schreiben lassen, vor einer Woche hatte man sie angewiesen, den Text gestern abzuliefern, also hatte sie drei Nächte gesessen und geschrieben, und jetzt sieht ihn sich kein Schwein an, aber dann fangen wieder alle Heiligen im letzten Moment an zu lesen und herumzunörgeln, dass man hier vielleicht noch dies ergänzen könnte und dort jenes, jeder muss seine Existenz sichern, und sie wird wieder im letzten Moment zusätzliche Informationen einholen, anstückeln, umbauen, damit alles hübsch zusammenpasst, und dann streicht der Redakteur in den Druckspalten genau das, was hinzugefügt wurde, weil gekürzt werden musste, das war im Grunde unnötig, und, bitte schön, wie hübsch es geworden ist, sagt er zufrieden, also geht die Journalistin empört hinaus, o wie empört sie ist, ihre Brust bebt, ihr Herz hämmert, als wollte es herausspringen, es schlägt ihr bis zum Hals, aber die Journalistin schließt brav die Tür und geht, denn was soll sie tun? Ja, was soll sie tun? Wo arbeitet es sich so angenehm wie im besten Frauenmagazin? Und wo verdient man so gut? Das Zeilenhonorar ist ein wenig besser als anderswo, das Grundgehalt ist ein wenig höher, die Position des einzigen unsinkbaren Schiffes auf dem stürmischen Meer der Frauenpresse genügt, um ihr den Mund zu stopfen, damit sie nicht auf die Worte des Redakteurs reagiert, er lebe hoch und regiere uns, schließlich hat er doch wohl das Recht, launisch und frustriert zu sein. Wenn ihr mit so vielen Weibern arbeiten würdet, wäre interessant, wer das überhaupt aushalten würde, mit Männern arbeitet es sich besser, seht euch den Redakteur an, zwei Wochen lang tut er nichts, er liest Zeitung, trinkt Tee, er furzt und dreht Däumchen, alle warten darauf, dass er zumindest einen Blick wirft, ein O.K. gibt, eine Verbesserung fordert oder den Artikel in den Müll wirft, aber der Redakteur hat seine Prinzipien, zwei Wochen scheiße ich auf euch, und die nächsten zwei Wochen mach ich euch das Leben schwer, dass ihr euch noch lange an mich erinnern werdet, ihr werdet euch an die beiden Wochen erinnern, die nächsten zwei Wochen werdet ihr an sie denken, und dann werdet ihr euch so abrackern, dass ihr nicht mehr wissen werdet, woran ihr euch erinnert und was ihr geträumt habt. Also geht die Journalistin hinaus, mit bebendem Busen, geht sich auf dem Klo ausheulen, warum muss ich das ertragen nach so vielen Jahren Arbeit, fragt sie sich selbst. Was heißt da warum? Um nicht die Arbeit zu verlieren, die großzügige Ernährerin, die Spenderin von Kohle und Prestige, die Spenderin unerwarteter und schöner Reisen zu Modeschauen, Interviews, Eröffnungen, für zwei Tage nach Schweden, für fünf in die Staaten, für drei nach Paris, also wird sie sich nicht beklagen, bei wem auch? Abends wird sie ihrem Mann ihr Leid klagen, jetzt bringt sie nur das Make-up in Ordnung, um der Redaktion keine Schande zu bereiten, damit man sie nicht für eine Schlampe hält, denn das könnte schlecht enden. Und sie freut sich sowieso, dass sie nur zufällig etwas abgekriegt hat, weil sie im falschen Moment den Kopf hineingesteckt hat, sie freut sich, dass sie nicht das Ziel systematischer Angriffe ist, für die Redakteur B. bekannt ist; wenn er an jemandem Gefallen findet, ihn sich nach allein ihm bekannten Kriterien auswählt, dann ist erst was los, lasst es krachen, du dachtest, Mädchen, es gebe keine Hölle, aber du riechst schon den Schwefel, es gibt sie, und Redakteur B. führt dich durch die nächsten Höllenkreise, bis du am Schluss angelangt bist, beim Brandopfer auf dem

Scheiterhaufen des Redakteursexperiments. Der Redakteur erforscht seit Jahren, wie weit man gehen kann, wenn man Macht über jemanden hat und dem anderen etwas daran liegt, seine Arbeit nicht zu verlieren, weil die Zeiten unsicher sind, die Zeitungen eingehen und selten neue gegründet werden, dafür dauernd billiger Nachwuchs auftaucht, man kann ihn für Centbeträge einstellen, und wie pfiffig dieser Nachwuchs ist!, er stöbert schnell im Internet, ruft überall an. Nichts wissen die Rotznasen vom Leben, aber sie reißen sich darum, mit den Stars zu sprechen, ohne jede Vorbereitung, in welchem Film haben Sie neulich gespielt?, fragen sie ohne Hemmungen, das ist unglaublich, die ollen Journalistinnen tuscheln in der Ecke, sie wissen genau, wer in welchem Film gespielt hat, aber die Stars gehen lieber mit den Jungen vor, antworten brav, anstatt sie zum Teufel zu jagen, freunden sie sich mit ihnen an, erzählen Details aus ihrem privaten Leben, von den Eheplänen und durchweinten Nächten, nun ja, was kann man tun? Also wäscht sich die olle Journalistin das Gesicht und macht gute Miene, damit man sie noch ein paar Jahre so arbeiten lässt – sie spart seit Langem für die Rente –, damit sie es irgendwie erlebt, also wird sie, wenn sie den Redakteur wiedersieht, lächeln, soll er wissen, dass sie nicht nachtragend ist, übrigens, warum hat sie sich dort reingedrängt, anstatt zu warten, bis sie der Redakteur endlich ruft, irgendwann ruft er sie, warum also ist sie selbst hingelatscht, statt brav zu warten?

»Hör auf, mich mit diesen Piroggen zu mästen«, sagte der Redakteur nach seiner Rückkehr von der Arbeit. Seine Frau sah ihn verwundert an. Bisher hatte er ihre Piroggen geliebt, auf jeden Fall hatte sie das gedacht, wenn sie sah, wie er sie mit ergreifendem Schmatzen verschlang. Schon wollte sie antworten, dass sie sich abrackert und er das nicht zu schätzen weiß, schon wollte sie mit dem klassischen Ehefrauenmonolog beginnen, doch sie ließ es sein. Nach zwanzig Jahren Ehe ist es manchmal schade um jedes Wort. Am nächsten Tag setzte sie ihrem Mann sein geliebtes Eisbein vor. »Eisbein? Mensch Mädchen, kennst du dich nicht mit gesunder Ernährung aus?«, fragte er spöttisch. »Du kannst dich selber an dem Cholesterin vergiften, wenn du willst, ich verzichte auf diese beschissenen Mittagessen.« Frau B. empfand das als Schlag ins Gesicht. Ein linker Haken direkt aufs Auge. Sie war kurz davor, in Ohnmacht zu fallen, obwohl sie nicht zu den schwachen Frauen zählte, die ihre Männer umranken wie eine Winde. Ganz im Gegenteil. Sie war bekannt für ihre Kraft und ihren Mut. Es war vorgekommen, dass Redakteur B. stolz auf sie war. Er prahlte damit, dass, als ein Dieb seiner Frau die Handtasche weggerissen hatte, sie diesen einholte und die Tasche wieder an sich riss, aber in der Hand des Diebes der Gurt zurückblieb, mit dem jener wieder davonlief. »Gib den Gurt zurück!«, rief Frau B., während sie dem Flüchtenden nachsetzte, bis dieser den Gurt fallen ließ und panisch floh. Frau B. erholte sich schnell von dem Schlag. Sie hatte die Wahl, den Monolog der ins Gesicht geschlagenen Ehefrau zu halten oder zu heulen, aber sie wählte einen dritten Weg: »O.K., ab heute werde ich nicht mehr für dich kochen.« Sie war sauer, dass ihr das nicht früher eingefallen war. Dass man erst einen Stoß versetzt bekommen muss, um etwas zu ändern. »Und die belegten Brote machst du dir auch selbst.« Nach zwanzig Jahren fühlte sie sich frei, genau wie der Redakteur, der die Veränderung schon eingeplant hatte. Der erste Schritt bestand darin abzunehmen.

In den zwanzig Jahren seiner Ehe aß Redakteur B. zu Hause zu Mittag. Auf der Arbeit lief er nicht wie die anderen in die Kantine, er gab nicht unnötig Geld aus, sondern holte seine belegten Brote heraus, machte sich einen Tee und aß an seinem Schreibtisch. Nach dem Essen beseitigte er sorgfältig alle Krümelchen, er entfernte sogar die, die sich gewitzt zwischen die Buchstaben auf der Tastatur des Computers verkrümelt hatten. Alle gingen zum Mittagessen und er blieb allein. Bisher hatte er beim Essen Zeitung gelesen. Jetzt aber, seit jener denkwürdigen Nacht, verbrachte er die Zeit lieber mit Betrachtungen. Über sein Eheleben, das vom Fernseher erfüllt wurde. Er stand in der Mitte des großen Zimmers und füllte den Abgrund, der zwischen den Ehepartnern gähnte, er füllte ihn besser aus als die Kinder, die, seit sie größer geworden waren, aus dem Haus verschwunden waren und sie mit dem Fernseher allein gelassen hatten. Redakteur B. fand keinen Geschmack daran fernzusehen. Er erachtete das als ordinäre Unterhaltung, genau das Richtige für seine Frau. Er selbst, auch wenn er aus Ermangelung eines eigenen Arbeitszimmers körperlich im Zimmer anwesend war, ließ sich von der Musik davontragen, durch die Kopfhörer getrennt von seiner Frau und dem Fernseher. Dieser Zustand hätte noch lange andauern können, wenn Redakteur B. nicht beschlossen hätte, ihn zu ändern. Zu Beginn kaufte er einen Hund, der ihm den Vorwand lieferte, spazieren zu gehen. Auf den zweiten Schritt bereitete sich Redakteur B. sorgfältig vor. Er ging weiterhin nicht zum Mittagessen, aber anstatt der belegten Brote aß er Bananen, manchmal Mandarinen. Die Diät und die langen Spaziergänge mit dem Hund bewirkten schnell das Ihrige, bald war die Veränderung auch jenen ersichtlich, die den Redakteur selten und mit Widerwillen ansahen. Man muss zugeben, dass es eine vorteilhafte Veränderung war, zumindest was das Aussehen betraf. Tag für Tag nahm er konsequent ab und wurde sein gehöriges Bäuchlein los. Der graue Teint, charakteristisch für Menschen, die ganze Tage in der klimatisierten Luft moderner Bürohäuser verbringen, nahm Farbe an. Redakteur B. sah deutlich besser aus. In der Redaktion fühlte er sich wie ein echter Leckerbissen. Wie die Made im Speck der begehrlichen Blicke, die die Journalistinnen ihm zuwarfen. Der Redakteur hatte es nicht eilig. Er suchte diejenige, die es am meisten verdiente, seine Geliebte zu werden. Seine Wahl fiel auf eine Journalistin aus der Gesundheitsabteilung. Er blickte ihr Gesicht an, das so gewöhnlich war, dass man es von Tausenden auf dem Roten Platz versammelten Gesichtern nicht hätte unterscheiden können, wären da nicht die Augen gewesen, hell, wässrig wie zwei Bodenseen, in denen er seine Sehnsucht nach einem neuen Leben stillte. Er war sich sicher, dass ihn ihre Jugend und ungewöhnliche Schönheit reizten. Das Unbewusste spielte ihm einen Streich. Er hatte jene ausgewählt, die seiner Frau am ähnlichsten war. Seine Frau wiederum war seiner Mutter sehr ähnlich, von der er sich das ganze Leben zu befreien versucht hatte. Aber ist das Unbewusste nicht vorteilhaft für uns? Ist es nicht besser, mit dem Gefühl der Sicherheit in ein unbekanntes Gewässer zu springen, das aus dem Kontakt mit dem herrührt, was uns wohlbekannt ist, selbst wenn wir gerade davor fliehen möchten?

Die Journalistin fühlte sich durch den Blick ausgezeichnet. Schließlich war Redakteur B. hier der Erste nach der Göttin, und seit die Göttin aufgrund einer Krankheit verschwunden war, war er einfach der Erste und sorgte dafür, dass es niemand vergaß. Von ihm hing das Sein oder Nichtsein der anderen ab. Die Journalistin aus der Gesundheitsabteilung erkannte schnell ihre Chance. Seit Langem wollte sie Abteilungsleiterin werden. Naja, zumindest Redakteurin, aber nicht einfache Journalistin, die schreiben muss, wenn man nach ihr pfeift, zudem nachts. Einer Beförderung stand ihre Chefin im Weg, die die Artikel der Journalistin übermäßig kritisierte.

»Sie ist schrecklich. Sie macht mich vor den anderen lächerlich. Sie unterschätzt mich. Selbst hat sie von nichts eine Ahnung«, informierte die Journalistin Redakteur B., als sie sein zunehmendes Wohlwollen spürte.

»Mach dir nichts draus. Sie ist alt und dumm, aber du hast die Zukunft vor dir. Bestimmt beneidet sie dich um deine Schönheit«, versuchte Redakteur B. ihre Klagen mit einem Kompliment zu beschwichtigen, aber sie ließ sich nicht leicht besänftigen.

»Hast du gesehen, was sie für Flecken auf den Händen hat?«, fragte eines Tages die Journalistin.

Solche Flecken sind eine Schande für das Magazin, das wirft ein schlechtes Licht, denkt der Redakteur. Das können wir uns nicht erlauben, soll sie etwas damit tun, Leberflecken, Altersflecken, wir wollen das nicht in unserer Redaktion sehen, soll sie sich die anmalen oder mit Handschuhen rumlaufen, der Redakteur kann barmherzig sein, er folgt nicht den heimlichen Einflüsterungen der Journalistin, aber er beschließt, die Redakteurin nirgendwo hinzuschicken, soll sie in der Redaktion sitzen und schreiben, sollen die anderen, insbesondere die Journalistin, für sie auf Konferenzen und Modeschauen gehen, soll sie ruhig hier sitzen, vielleicht gibt sie letztlich selbst auf, spürt, dass sie eine Persona non grata ist, schließlich warten so viele Menschen auf ihre Stelle, für so ein Magazin gibt es mehr Interessenten als für Marketing und Verwaltung, was soll sie hier mit ihren Flecken herumspuken, nur weil sie sich verdient gemacht hat. Lieber fürstlich bedient als redlich verdient, lieber Vitamin B als dick und oje!, scherzt der Redakteur in Gedanken und trällert fröhlich: Mit ihren Flecken soll sie sich verstecken, nur mit der Geliebten eben genießt man richtig das Leben, was für ein Abschaum, andere wollen auch Karriere machen.

»Schmeiß sie raus! Schmeiß sie raus!«, wiegelt die Journalistin Redakteur B. auf. Sie sitzt auf dem Schreibtisch der Chefin und schlenkert kokett mit ihren Beinen, denn seit die Chefin krankgeschrieben ist, macht der Redakteur gerne Gebrauch von ihrem Büro.

»Gut, ich schmeiße sie achtkantig raus«, stimmt ihr der Redakteur zu und bringt sie mit einem Kuss zum Schweigen. Die Journalistin befreit sich aus seiner Umarmung.

»Versprich mir, dass sie kriechen und flehen wird, und du bleibst eisern«, bittet sie mit einem süßen Stimmchen, wobei sie ihre stattlichen Fäustchen ballt. Der Redakteur spürt seine anschwellende Männlichkeit, also ist er allem bereit zuzustimmen, er selbst ist bereit zu kriechen und zu flehen, nur um das so schön begonnene Vorspiel fortsetzen zu können. Die Journalistin ist nicht mehr so jung und weiß genau, dass man von einem Mann in dieser Gemütslage, genauer gesagt in diesem körperlichen Zustand, alles bekommen kann, einen Pelz, einen Schlitten, ein Diensthandy und sogar einen Brillantring, dessen Glanz einem den neuen Lebensweg erleuchtet. Sie lässt sich graziös vom Schreibtisch gleiten und stampft mit ihrem Beinchen auf.

»Versprich, dass du sie so richtig durchnimmst!«, kreischt sie, und die Bodenseen ihrer Augen glänzen vor Emotion, als spiegelte sich in ihnen der Mond, dessen Schein den Redakteur in eine andere Zeit und an einen anderen Ort versetzt, als er mit der Tochter von Bekannten seiner Eltern, der wundervoll molligen Hala J., mit dem Kajak über den See fuhr. Der Redakteur erinnert sich an seine ihn damals in Verlegenheit bringende Schüchternheit und seine wie jetzt anschwellende Männlichkeit, er ersehnte es und fürchtete sich, er begehrte und schämte sich, und letztlich traute er sich nicht, Hala auf den Mund zu küssen, obwohl sie ihm diesen unter die Nase hielt, als wünschte sie, dass er sie das Vergnügen lehrte. Wäre er jetzt dort, würde es anders ablaufen. Aber jetzt ist er mit der Journalistin im Büro seiner Chefin, und er ist nicht mehr so schüchtern wie einst. Er fasst die Journalistin an der Hand und bringt sie dazu, sich niederzuknien.

»Jetzt wirst du kriechen«, flüstert er kaum hörbar und öffnet schnell die Hose. Er lässt sie los, als alles vorbei ist. Die Journalistin ist benommen, sie zittert am ganzen Leib vor Empörung und Wonne, dass sie, die anständige und gewöhnliche Joanna, die sich in ihrem Leben nie weit vorgewagt, sondern ausgetretene Pfade beschritten hatte, plötzlich an Ereignissen teilnimmt, die ihr zuvor nur aus Filmen bekannt waren. Und wie im Film, bevor sie es geschafft hat aufzustehen, bevor sie ihre Verlegenheit und Lust überwunden hat, geht die Tür auf und darin erscheint die Chefin der Gesundheitsabteilung.

»Entschuldigung«, sagt sie und verschwindet sofort wieder, sich dessen bewusst, dass sie zuviel gesehen hat.

Die Journalistin wischt sich mit der Hand über den Mund, schnell schüttelt sie die letzte Lust ab. Sie ist entsetzt.

»Erinnerst du dich, was du versprochen hast? Du musst sie rausschmeißen! Sie wird doch allen ausplaudern, was sie gesehen hat!«

»Ich erinnere mich.« Der Redakteur hätte das der Journalistin gegebene Versprechen bestimmt vergessen, wäre da nicht dieses plötzliche Erscheinen, dieses Eindringen in das sich im Geheimen abspielende Privatleben gewesen, mit dem die Redakteurin ihr Schicksal besiegelte. Sie ist selbst schuld, denkt der Redakteur. Er hat nicht die Absicht, Gerüchte am Arbeitsplatz zu tolerieren, umso mehr, als sie zu seiner Frau vordringen könnten. Die Familie ist etwas Heiliges, und der Redakteur hat nicht vor, sie aufs Spiel zu setzen.

»Ich mache sie fertig«, sagt er entschieden. Die Journalistin blickt ihn dankbar an. Redakteur B. fühlt sich wie ein Ritter, der die Ehre einer Frau verteidigt.

Der Redakteur fuhr zur Arbeit, alle im Bus waren so hoffnungslos wie immer, obwohl, nein, seit seinem Abenteuer im Büro blickte der Redakteur wohlwollender um sich. Na, die war irgendwie vielversprechend, sie war etwa zwanzig Jahre alt und hatte lange blonde Haare, vielleicht würde sie es irgendwann irgendwohin schaffen, vielleicht dorthin, wohin es der Redakteur schon geschafft hatte, aber hier wusste niemand davon, diese Tölpel fuhren und wussten nicht, dass er keiner von ihnen war. Was da los gewesen wäre, wenn sie gewusst hätten, dass er es war, der Redakteur, der die Trends setzte, der in den Himmel hob und vom Sockel stieß, der etwas zuließ oder nicht zuließ, was hätten die Weiber gekreischt, manchmal sah er, wie sie mit dem Bus fuhren und sein Magazin lasen, und er stand hinter ihnen und lachte im Stillen. Wenn sie gewusst hätten, dass sie dem Glück so nahe waren, was da los gewesen wäre, wenn sie gewusst hätten, dass er es war, der Redakteur höchstpersönlich, dessen Name nur deshalb nicht im Leitartikel zu finden war, weil er an eine gläserne Decke gestoßen war, schon vor langer Zeit mit dem Kopf dagegengedonnert war und sich schon vor langer Zeit damit abgefunden hatte, denn auch unter einer gläsernen Decke kann man es sich bequem machen, die Macht in Abwesenheit der Göttin ergreifen und sie immer fester im Griff haben, damit die anderen keinen Mucks von sich geben, denn wohin sollen sie gehen? Hahaha, lacht der Redakteur bei seinen Gedanken, er platzt vor Stolz, er platzt vor Mannhaftigkeit. Denn wohin sollen sie gehen? Selbst diese Journalistin, der er gesagt hat, sie solle sich verpissen, lächelt ihn freundlich an, denn wo wird sie es besser haben als hier, im besten Frauenmagazin, für dessen überragende Überlegenheit der Redakteur seit Langem sorgt, er trennt die Spreu vom Weizen, befiehlt die Spreu zu Weizen zu verwandeln, ach, was sie ihm hier anbringen, diese dummen Journalistinnen, der Redakteur lacht im Stillen, wenn er sich an die besten Stilblüten erinnert, über die Jahre ist eine ganze Blumenwiese zusammengekommen, er erinnert sich an alle Fehler, Banalitäten, Lächerlichkeiten, er bewahrt sie liebevoll in Erinnerung, um sie im entsprechenden Moment hervorzuholen, wenn die eine oder andere sich zu sehr aufplustert, es zu etwas bringt, wenn sie vergessen, wer sie vor der Blamage bewahrt, wer den im Schweiße ihres Angesichts geschmorten Textchen den letzten Schliff verleiht, wer aus der Scheiße das Würstchen macht, das die Frauen anlockt, jung, gebildet, aus Großstädten, die, um die es geht, die attraktivsten für die Werbekunden, und sie zu Leserinnen verwandelt. Und ihre Partner anspricht, denn manchmal greifen auch die zum Magazin, was das Ego des Redakteurs stärkt, der dank ihnen nicht nur der Hahn im Korb ist, sondern auch König des Urwalds, seine Stimme dringt zum männlichen Geschlecht vor, das auch begeistert ist, falls nötig kann der Redakteur ein Männermagazin machen, das die Welt noch nicht gesehen hat, aber was heißt da falls nötig, was heißt das, falls nötig? Schließlich droht dem Redakteur nichts, nichts schwebt über ihm, seine Hand entscheidet, über wem das Damoklesschwert schweben wird, er ist Dionysos, den die anderen beneiden, aber er sorgt sich nicht wie jener um die Vergänglichkeit seiner Macht, sie ist überhaupt nicht vergänglich, er ist der Demiurg und der Herr jeder Schöpfung, na, wollen wir mal nicht übertreiben, tadelt sich der Redakteur in Gedanken selbst, er ruft sich zur Ordnung, holt sich auf den Boden der Tatsachen zurück, aber was kann er denn dafür, dass er sich als Herr und Herrscher fühlt, zumindest was Leben, Liebe und Tod dieser angehenden kleinen Journalistinnen betrifft und dieser alten Häsinnen, die er freudlos betrachtet, mit Nachsicht, aber auch mit Mitgefühl, wenn er sich vorstellt, wie sie sich in dieser Höhle der raffinierten Schönheit fühlen müssen,

die sie unter seiner Anleitung mit fleckigen Händen erschaffen. Als er die Redaktion betritt, hat er schon so starkes Mitleid, dass er beschließt, eine Euthanasie
durchzuführen. Ohne ein Wort händigt er der Chefin der Gesundheitsabteilung die
Kündigung aus.

Redakteur B. fühlte sich so, wie sich ein Diktator nach der Ermordung der ersten
tausend Menschen fühlt. Ein wenig Verwunderung, dass es so einfach ist, ein wenig
Furcht, dass er dafür nicht ungestraft davonkommt, und wenn er davonkommt,
Genugtuung, große Genugtuung, dass er über das Recht erhaben ist, über die
Regeln, dass er diese seit der Kindheit eingeschärften Regeln straflos übertreten
kann und das niemanden etwas angeht. Redakteur B. ist kein absolutistischer
Herrscher, er hat niemandes Tod auf dem Gewissen, aber die Genugtuung, dass sich
keiner seinem Willen entgegengestellt hat, keiner auch nur einen Mucks von sich
gegeben hat, als er seine eigene Ordnung aufstellte, ist ähnlich. In seinem kleinen
Königreich war Redakteur B. ganz oben angekommen, und selbst die Göttin stellte,
obwohl sie nach ihrer Krankheit wieder zurückgekehrt war, keine Bedrohung mehr
für ihn dar.

Siehst du, Mama, dachte er. Ich bin nicht mehr dein kleiner Tomek. Ich habe es
weiter gebracht als du, ganz zu schweigen von Romek, deinem geliebten Sohn. Je
mehr er verkommt, desto höher steige ich auf. Als er nach Hause zurückgekehrt
war, setzte Redakteur B. die Kopfhörer auf und gab sich der Musik hin. Er war
glücklich. Nicht nur, dass die Träume seiner Jugend wieder in ihm erwacht waren,
sie waren auch in Erfüllung gegangen. Er hatte eine Frau, Söhne, eine Geliebte und
Macht. Was braucht ein Mann mehr? Redakteur B. beschloss, endlich ein Auto zu
kaufen.

Aus dem Polnischen von Benjamin Voelkel

*Der Text ist dem Band »Projekt mężczyzna. Antologia opowiadań«, hrsg. von
Justyna Sobolewska und Agnieszka Wolny-Hamkało, Kraków, Wrocław 2009,
S. 186–200, entnommen.*

Miłka Malzahn

Eine Schere für den Herrn aus Papier

Ich schnitt ihn aus Papier aus und fertig.

Er sah aus wie der Schatten eines echten Mannes, im guten Sinn dieses Wortes.
Ich war zufrieden. Und dachte: Das ist der Schatten eines Menschen mit wachem
Blick und sanften Händen, gut erzogen, aufmerksam gegenüber jeder Frau in seiner
Gesellschaft, gesprächig und ausreichend gewandt, um ... Genug! Mehr wollte ich
nicht hinzufügen, man nimmt einem Schatten nicht bei den ersten Strahlen der
Sonne das schöpferische Potenzial (auch das Poetische nicht).

Ich schnitt ihn aus und setzte mich mit dem Ausgeschnittenen an den Tisch.

Ich war neugierig, was weiter geschehen würde, aber das Sitzen am Tisch brachte
keine Klärung. Die Zeit verging, er schwieg und rührte auch die Kekse nicht an
(von mir gar nicht zu reden!). Vielleicht knabbert er nicht gern, überlegte ich. So
oder so, ich wartete, knabbern nicht knabbern, reden nicht reden. Reden! Re-den!
Er fing nicht an zu reden.

Vielleicht hätten wir in diesem Augenblick, als noch nicht viel, aber doch schon
etwas geschehen war zwischen uns, vielleicht hätten wir damals ganz pragmatisch
darüber sprechen sollen, was weiter? Was: Also ob wir zusammenziehen, ob ich
uns ein Kind ausschneide, was wir mit der Arbeit machen. Eine Arbeit hatte ich
ihm nämlich nicht ausgeschnitten (oh, wie dumm von mir!). Ich hatte ihm auch
nicht gleich ein Handy ausgeschnitten (für die Arbeitssuche); ich hatte nichts
von dem ausgeschnitten, was später von ihm zurückblieb. Und ich hatte nicht
entschieden, in welcher Form »wir«, das hatte ich von Anfang an nicht gemacht.
Ich nahm bloß ein Stück Pappe, klopfte unsichtbaren Staub ab und wartete. Der
Ausgeschnittene wirkte verschlossen, etwas kantig, absolut präzise. Ich fragte nach
der Marke des Handys, desjenigen, das ich ausschneiden konnte, und auf diese
Weise befanden wir uns in der Phase der Entscheidung (gemeinsam, unser erstes
Miteinander!). Er nickte, das beliebteste männliche Handymodell sei in Ordnung.
Ich gab ihm die Skizze. Er freute sich. Ich sah, dass er zufrieden war. Er mochte
Geschenke. Wie ich.

Doch er schwieg weiter. Er wartete ... worauf? Ich habe keine Ahnung, ob er
überhaupt etwas sagen wollte. Und wenn ... dann zu mir? Plötzlich stand er auf
und küsste mich auf die Wange, das war ganz offensichtlich etwas ... vielleicht hatte
ich ihm nicht den passenden Satz für eine solche Situation ausgeschnitten? Ein
wohlformuliertes »Dankeschön«? Ach nein. Ich konnte ihm nicht alles ausschneiden! Der Herr aus Papier war ja trotz allem ein durchaus komplexer Schatten eines
echten ...

Ich weiß nicht mehr, was genau ich erwartet hatte, aber (irgendwie) doch etwas
mehr. Mein Herr aus Papier saß (zufrieden) mir gegenüber und rechnete nach dem
hübschen Geschenk (der Handyskizze) mit einer Fortsetzung, einem günstigen Verlauf der Ereignisse. Ich sah deutlich: Er hatte es nicht eilig, seltsam, denn ich habe
es mit allem und immer eilig. Ich schäme mich für diese Eile. Die Dinge müssen
sich ja erst entwickeln, und das braucht Zeit. Und Wärme. Auch wir brauchten Zeit
(und Wärme). Wir brauchten Übereinstimmung. Peter Ustinov sagt, das Bestän-

digste an internationalen Übereinkünften sei das Papier. Ich weiß nicht, was er mit
internationalen Übereinkünften zu tun hatte, ich habe nie mit Ustinov gesprochen,
aber was das Papier betrifft – ja. Ja! Außerdem spricht man solche wohlformulierten
Sätze gern nach. Der Herr aus Papier dagegen war einzigartig, zumindest glaubte
ich das damals. Der Herr aus Papier sprach niemandem etwas nach, wenigstens
vorläufig. Ehrlich gesagt sprach er nichts nach, weil er überhaupt nicht sprach.
»Möchtest du die Schere?«, fragte ich. Er wurde lebendig, antwortete aber nicht.
»Die Schere?«, wiederholte ich, als verstünde er die Sprache nicht, in der ich ihn
ausgeschnitten hatte. Er verstand sie doch! »Ich gebe sie dir, ja?«, beharrte ich (pro
forma, denn es war klar, dass er weiter nichts sagen würde).
»Du kannst tun, was du willst«, erwiderte er und sah mich misstrauisch an. Ich
glaube, er wartete, aber sicher weiß ich es nicht. Wenn er wenigstens etwas Konkretes getan hätte ... Das wäre schön gewesen. Der Kuss auf die Wange war mir
ziemlich trocken vorgekommen. Oh je, er war nicht so gut erzogen, wie es auf den
ersten Blick schien. Vielleicht gönnte er uns schlicht und ergreifend die einfache
Freude nicht, die ein Gespräch darstellt? Von Zukunftsplänen will ich gar nicht erst
reden! Oder doch. Ich nehme die Schere und schneide ihm den Kopf ab – ja, das
dachte ich. Und tat es doch nicht. Ich gab ihm noch eine Chance, aber die verdammte Schere gab ich ihm nicht. Ich schaute, er schaute. Ich fragte mich, was er
dachte, während er so schaute (wenn er dachte). Ich kam zu dem Schluss, wenn ich
ihn schon ausgeschnitten hatte, dürfte ich mich nicht über ihn wundern. Und ich
sollte aufhören, mich über mich selbst zu wundern.
Ich hatte also den Herrn aus Papier ausgeschnitten und tat so, als wäre er von sich
aus zu mir gekommen, hätte an meine Tür geklopft und mir einen Strauß Rosen
überreicht, der anschließend im Schlafzimmer auf uns wartete! Seltsam, oder?
Nein, ganz normal. Echte Frauen haben das. Von Zeit zu Zeit.
Natürlich hatte ich gehofft, dass alles glatt läuft. Und dass ich vor mir selbst verbergen kann, wie es ist, und dass er mich im Einklang mit meinem bescheidenen
Verdacht in den Arm nimmt (ohne Rascheln) und mir eine Reise ans Ende der Welt
vorschlägt. Und ich erkläre mich einverstanden (ohne Murren). Und schneide uns
ein Flugzeug aus.
Als ich bei dem Flugzeug ankam, änderte ich die Richtung des Gedankengangs und
beugte mich über die Schere, denn langsam, langsam ... Warum schneidet nicht er
das Flugzeug aus? Er kann es doch! Ich weiß es, ich habe ihn ja selbst ausge...
»Möchtest du die Schere?«, fragte ich, in der vagen (wirklich nur vagen) Erwartung
eines enthusiastischen: »Ja, ja, ja!« Er lächelte so leicht und so geheimnisvoll (ich
hatte ihm ein hübsches, aber auch verdammt rätselhaftes Lächeln ausgeschnitten).
Ich legte den Kopf schief, nicht um ihn anders zu sehen, sondern um überhaupt
eine Bewegung zu machen, irgendeine Bewegung (in diesem Augenblick), die ihn
bewegte. Wir brauchten Bewegung, etwas sollte uns in Bewegung setzen (nicht in
kreisende. Oder meinetwegen sogar das – in kreisende!).
Ich überlegte auch, ob ich das Fenster öffnen sollte, aber ich fürchtete, der Herr
aus Papier könnte davongeweht werden. Manchmal ist das so mit den Herren. Es
genügt ein leichter Wind ... dieser Wind ... und huiiiii.
»Ich weiß nicht, ich weiß nicht«, brummte ich vor mich hin, ohne auszusprechen,
was ich nicht wusste. Er (ganz plötzlich und recht beherzt) griff das Thema auf:
»Und was kann ich für dich tun, echte Frau?«

Ich hatte eine ganze Liste mit Dingen, die er hätte tun können. Und ich wollte ihm
natürlich gleich davon erzählen, wusste aber angesichts der Überfülle an Wünschen
und Bedürfnissen nicht, womit beginnen. Soll man in solchen Momenten von
großen Dingen reden oder von alltäglichen, normalen? Soll man gleich nach einem
Leben als Paar fragen und nach einem gemeinsamen Haus, einer Garnitur Gläser,
einer gemeinsamen Reise ans Meer? Oder eher nach der Aufteilung der Hausarbeit
oder ...? Ich wusste es nicht. Ideen, Themen, Motive schossen mir durch den Kopf,
ein immer verrückterer Wettlauf. Ich konnte weder einen Anfang finden noch ein
Ende bestimmen. Die Gedanken fingen an zu flattern und zu schwirren, es war
kein Ziel in Sicht, wo das erste, deutlich artikulierte Bedürfnis hätte hinfallen kön-
nen (wenn nur nicht vor Ermüdung!).
»Ich weiß nicht, womit ich anfangen soll«, sagte ich etwas zu laut und zu schnell.
Dann machte ich eine lange Pause und sammelte mich innerlich. Von den ersten
Sätzen hing schließlich unsere Zukunft ab. Das machte mich (wohl) nervös.
»Möchtest du die Schere?«, fragte ich leise.
Er antwortete nicht.
(Hallo, Hallo, Hallo???)
Es heißt, die Feder sei spitz und Papier geduldig. Ich bin nicht so geduldig wie
Papier (der Ausgeschnittene ist geduldig). Ich hatte keine Feder, ich hatte und habe
die Schere. Eine spitze und scharfe.
Ich glaubte daran, dass er (gerade er) mich glücklich machen könnte, selbst wenn er
nur ausgeschnitten war, selbst wenn er nur über einen Schatten von Glück verfügte,
einen Schatten mit überaus klaren Konturen (... die scharfe Schere). Ich hatte das
gewollt, ich hatte mich auf die Konfrontation meiner Wünsche mit meinen Möglichkeiten eingelassen. Ich konnte ausschneiden. Natürlich konnte ich das, aber ...
»Also, was ist?«, fragte ich, besorgt, der Ausgeschnittene könnte in totales Schweigen verfallen, in ein Ich-weiß-nicht-was-soll-es-bedeuten-Lächeln, in eine Starre,
die nie zu einem Ergebnis führen würde. Und ich müsste in den nächsten Jahren
meine Enttäuschung über diesen Stand der Dinge verbergen: stärkeres Make-up
auftragen, eine interessantere Arbeit suchen, längere Reisen machen, kleine Liebschaften eingehen und so weiter.
»Was ist womit?«, fragte er unwillig zurück und schaute, und als er so schaute,
glich er einer Eule, einer großen, hellen Eule (ich hatte einen Blondschopf ausgeschnitten).
»Was ist mit der Schere?«, präzisierte ich.
»Was mit der Schere ist?«, wiederholte er.
»Zum Teufel mit der Schere«, sagte ich. »Aber was wird mit uns?«
Und da wirkte er überrascht und bekümmert über eine solche Frage, verwirrt, und
mir kamen von all dem die Tränen. Plötzlich fiel mir ein, dass ich noch gar nicht
dazu gekommen war, den Herrn aus Papier zu imprägnieren, also heulte ich nicht
los. Tapfer war ich!
»Du bist erwachsen«, sagte er beruhigend, auf der Grenze zwischen Flüstern und
Rascheln. »Ich bin auch erwachsen, und was mit uns wird, hängt nur von uns ab.«
Er lächelte wirklich schön, besänftigend. Deshalb antwortete ich nicht, sondern
ließ mich von diesem Lächeln besänftigen. Es war gut. Gut. Besser als vorher. Naja
... anders.
»Möchtest du einen Tee?«, fragte ich. Ich hatte vor, ihm Tee mit Imprägniermittel

zu geben. Solche Dinge muss man sofort erledigen, denn hinterher vergisst man sie und bei der ersten Gelegenheit weicht alles auf. Ein Schluck! Und schon ist er wasserfest. Das wird herrlich!

»Tee?«, echote er (er echote irgendwie ziemlich oft ...), aber er echote ohne Fragezeichen.

»Tee«, bestätigte ich ruhig.

»Werde ich nicht aufweichen?«, fragte er.

»I wo!«, versicherte ich ihm überzeugt. Und er weichte tatsächlich nicht auf. Ich machte Tee, wir saßen und nippten. Wir schauten. Schauen war unser Hauptzeitvertreib. Ich begriff, wenn ich nichts unternähme, würde es so bleiben. Genau so, für immer, wenn es ein Immer gab.

»Möchtest du«, fing ich vorsichtig an, mit einer Kunstpause nach dem »du« – »dass wir nur schöne Augenblicke miteinander verbringen?«

»Das kommt darauf an«, antwortete er nach einigem Nachdenken. Ich fürchtete, dass er nicht verstand, wonach ich fragte. Sei's drum, irgendwie musste er lernen zu leben.

»Worauf kommt es an?« Ich war neugierig (oh, und wie neugierig ich war).

»Weißt du ... ich mache gerade eine schwierige Zeit durch, ich fühle mich, als hätte ich mich gerade erst formiert, ich bin jung ... zu jung für existenzielle Erschütterungen. Außerdem weißt du genau, wie sehr mich die Materie einschränkt.« Er zog die Augenbrauen zusammen. Es raschelte noch etwas, er war noch nicht ganz elastisch. In der Tat, ich wusste genau: Er hatte keine Arbeit.

»Ohne Geld bin ich nicht spontan«, fuhr er fort. »Und Spontaneität ist im Leben das A und O«, erklärte er mir. Er hatte sich gerade aufgerichtet und wirkte geradezu selbstsicher.

Ach, er war damals ganz wunderbar gesprächig, aber es kam nichts Konkretes dabei heraus. Kein Anfang. Und kein Ende. In einem ersten Reflex wollte ich ihm ein paar Hunderter ausschneiden, aber ich riss mich zusammen. Einmal damit angefangen, hätte ich es immer wieder tun müssen. Und er wäre nur der Hunderter wegen zu mir gekommen. Und wie hätte ich dann sicher sein können, dass er mich liebte? Eine Scherenschnittspezialistin ... ich wurde wütend auf mich selbst.

»Dann nimm mich vielleicht mit auf einen Spaziergang oder sonst wohin?«, bat ich. – »Das kostet nichts«, fügte ich hinzu und wurde gleich wieder wütend. Wie jämmerlich, um den Rest seiner (papierenen) Initiative zu betteln.

»Du bist schon groß.« Er lächelte herzlich. »Du kannst selbst losziehen.«

Na klar, dachte ich, ich kann selbst! Und wieder kamen mir die Tränen (herzliche, weil aus tiefem Herzen), und ich war froh, dass er imprägniert war (nach dem Tee), sodass ich mich über ihm ausheulen könnte, ohne dass etwas passierte. Um nicht mich-die-fast-weinte ansehen zu müssen, schaute er in Richtung Schere. Zumindest schien es mir so. Ich erstickte das Tränenmeer in mir, aber viel lieber hätte ich mich selber erstickt für diese idiotischen Aktionen. Ich hatte mich an den Rand der Verzweiflung gebracht, und aus welchem Grund ...?! Was tun ...? Die Schere in Bewegung?

Ich entspannte mich bei dem Gedanken, dass ich die Schere wann immer und jederzeit in Bewegung setzen konnte. Aber ich tat es nicht. Vor mir saß der papierene, echte Schatten eines echten Mannes, der wusste, dass ich wusste, dass er mit allem klarkam, mit mir klarkam, bestimmt! Wenn er nur wollte. Wenn er wollte, dann würde ich schon dafür sorgen. Vorläufig wusste er, dass es unbedingt erforderlich war, mir in der Garderobe den Mantel zu reichen, damit ich angezogen war, dass es unbedingt erforderlich war, mir Feuer zu geben, wenn ich nach einer Zigarette griff (allerdings kam das in seiner Gegenwart nicht infrage – das Papier!). Er ahnte, dass es nicht unbedingt notwendig ist, mir Komplimente zu machen, es sei denn, die Gelegenheit war günstig. Er konnte ohne Komplimente leben und ich kann es auch. Abrakadabra – ich werde zufrieden sein, wann immer ich will. Will ich das etwa nicht? Ich will! Ich will ...

Zusammengefasst: Der Herr aus Papier rauchte nicht, trank wenig (und kaum Süßes, weil er hinterher klebte) und ging nicht fremd (vorläufig), er hielt seine diversen Bemühungen in Grenzen, weil er empfindlich war, er brauchte nicht viel zum Leben und erwartete wenig. Der Herr aus Papier war eine Sorge und eine Freude.

Ich schaute ihn an (und er mich) und wünschte mir insgeheim, er selbst, selbst, aus eigenem Antrieb würde die Schere nehmen und etwas eigens für mich ausschneiden. Irgendetwas. Irgendwann. Am besten dann, wenn ich nicht an diesen Wunsch dächte. Als Überraschung.

Der Herr aus Papier behandelte meine Bitten, als wären es Scherze. Ausschließlich. »Nein«, sagte er. Und sonst nichts.

Der Punkt war, wenn ich einen Wunsch ausgesprochen und er ihn erfüllt hätte – dann wäre er wie ein Schauspieler gewesen. Ein Schauspieler! Was für ein Absturz! Er war doch der echte Schatten eines echten Mannes, der imstande gewesen wäre, lauter echte Dinge zu tun. Immerhin erwies sich der Herr aus Papier (trotz allem) als selbstständig. Ich schaute ihn an und war's zufrieden mit diesem selbstständigen »nein«.

Er gab meiner Bitte nicht nach, aber er blieb einige Zeit bei mir (ich hatte nicht darum gebeten, nur durchblicken lassen, er könnte). Wir saßen oft zusammen am Tisch und erinnerten uns an unsere ersten Blicke. Und an die zweiten. Ich allein (abseits des Tisches) erinnerte mich an mein Warten und sagte mir, ich trainiere meine Geduld, nicht meine Fähigkeit, Leid zu erdulden.

Der Herr aus Papier wurde auf immer wunderbarere Weise selbstständig, und als er endlich ganz auf eigenen Beinen stand, als ich ihm dies und jenes ausgeschnitten hatte, als er mit Wasser, Gas, Telefon und unseren gemeinsamen Bekannten (ein paar hatten wir gemeinsam ausgeschnitten) umzugehen gelernt hatte – da nahm er eines heiteren Morgens meine Schere und ging.

Und (ach, natürlich) kam nicht wieder.

Einige Zeit später (ich hatte diese Zeit für tiefe Trauer und die Kontemplation des Gefühls der Niederlage genutzt) klopfte jemand an meine Tür, der mich an den Ausgeschnittenen erinnerte. Und es war (wie auch anders!) ein echter Mann. Hinter ihm stand der Herr aus Papier, nicht als Schatten (woher denn!), sondern wie ein Leibwächter oder jemand, der sich für irgendetwas schämt. Aber das war reine Spekulation, und mein Ausgeschnittener war alles andere als spekulativ.

»Guten Tag«, begrüßte mich der Mann. »Ich habe hier einen Scherenschnitt.« Er trat gewandt zur Seite und gab den Blick auf den Herrn aus Papier frei. »Ist der nicht von hier?« Dabei zwinkerte er mir kokett zu, was interessant aussah, denn er war wirklich ein sympathischer echter Mann. Und er hatte Humor. Auf den Herrn aus Papier fiel Licht. Ich sah, dass er einige echte Zusammenbrüche hinter sich hatte, die zwar sorgsam ausgebügelt, aber doch auf den ersten Blick erkennbar waren.

Er trug die Spuren der Abnutzung mit Würde. Ich betrachtete den armen Kerl, er tat mir leid.

»Wollt ihr auf einen Tee reinkommen?«, fragte ich.

»Gerne«, antwortete der Mann und gab dem Herrn aus Papier einen Schubs, ehe dieser etwas sagen konnte. Der Herr aus Papier hatte wie üblich auch kein großes Bedürfnis zu sprechen.

Wir saßen zu dritt am Tisch. Ich goss den Tee ein und fragte den Herrn aus Papier, wo er damals hingegangen sei, als er nicht wiedergekommen war (und ließ mich nur wegen des Mannes nicht wieder von Trauer überwältigen). Ich fragte nicht, wie sie sich kennengelernt hatten und weshalb sie wirklich zu mir gekommen waren. Ich betrachtete den Besuch lieber als willkommene Abwechslung an diesem sowieso schon heiteren Nachmittag.

Der Herr aus Papier schwieg, aber der Mann erwies sich als exzellenter Gast. Er machte ein paar Witze über die Ähnlichkeit zwischen dem Ausgeschnittenen und sich, er fragte nach der Qualität des Papiers und zuletzt sagte er, ich hätte ein Talent für Scherenschnitte.

»Ich habe mich gefragt«, fügte er hinzu, gleich nachdem er meinen Tee gelobt hatte, »ob Sie nicht für mich ausschneiden möchten? Ich habe ein kleines Unternehmen für Kunstgewerbe. Haben Sie schon für den Verkauf produziert?«

»Bis jetzt noch nicht«, seufzte ich, immer zufriedener mit dem Verlauf der Ereignisse. Da war ein echter Mann mit Initiative, da taten sich neue Perspektiven und neue Herausforderungen vor mir auf, da war alles, was mir (teilweise) gefehlt hatte. Vielleicht war es auch nur eine weitere Attrappe dessen, was mir (teilweise) gefehlt hatte, aber was kümmerte mich das! Was soll's, dachte ich, ich riskier's, selbst wenn es ein leeres Versprechen sein sollte. So oder so: Ich freute mich.

»Möchten Sie den Herrn aus Papier behalten?«, fragte er, als wir uns verabschiedeten.

»Nein.« Ich schüttelte den Kopf, und der Herr aus Papier schaute mich vorwurfsvoll an. Jetzt hätte er gern die Schere genommen und ein Haus, ein Kind, einen Aufzug, einen Garten, einen Laden gegenüber, eine Wiese voller Blumen, zwei Fahrräder, einen Hund, eine Katze, eine Hecke, einen Wald in der Ferne und schönes Wetter nonstop ausgeschnitten. Aber jetzt war er die Reklame der Firma des echten Mannes. Er war Kunstgewerbe.

»Nein«, wiederholte ich und wies den unausgesprochenen Vorschlag des Ausgeschnittenen zurück. Angesichts der Echtheit des echten Mannes (selbst wenn er echt nur Scherenschnittarbeiten bei mir in Auftrag gegeben hatte) war ich echt zufrieden mit der Situation.

* * *

Na gut, jetzt gebe ich zu: Marcin hat mir einen Jungen gezeichnet. Einen richtigen Jungen, mit Bleistift, als sich die Gelegenheit ergab, während der Arbeit (aber pssssst …). Einen Jungen in zu großen Stiefeln, die Hände in den Hosentaschen. Ich mochte ihn gleich, aber ich konnte ihn nicht ernst nehmen. Eine Weile versuchte ich mich sogar selbst zu überzeugen, dass das Experiment gelingen würde: Leben mit einem Bleistiftjungen. Umso mehr, als seine Gestalt (den Gesichtsausdruck hatten wir nicht präzisiert, für alle Fälle) auf pure, lebendige Intelligenz und eine leicht dekadente Haltung zur Wirklichkeit schließen ließ. Zweidimensional, klar. Er sah selbstsicher aus, richtig schön frech, wirklich. Wer möchte einen Bleistiftjungen? Ich kann ihn nicht festhalten.

Wir verbrachten einige Zeit damit, in eine Richtung zu schauen, aus dem Küchenfenster konkret. Dann legte ich ihn auf den Schreibtisch, damit seine Augen sich ausruhen konnten, und dort blieb er. Ich bedeckte ihn mit einem bedruckten Blatt (wer möchte einen Bleistiftjungen, er vergilbt mir hier noch?). Dann schnitt ich den Herrn aus Papier aus. Was danach war, ist bekannt. Und auch das, was nicht war, war (in gewissem Sinne). Jedenfalls – sie haben sich nicht angefreundet. Ich habe ihnen nicht die nötigen Bedingungen geschaffen. Auch mir selbst ... nur so lala.

* * *

Wenn man sich um etwas nicht kümmert, dann existiert es nicht. Wenn man sich etwas ausdenkt – besteht eine Chance, dass es existiert ... (wenn es mit dem Sichkümmern klappt).
»Gib auf dich acht«, riet mir der Engel aus Salzteig – das tue ich und trinke Tee mit Imprägniermittel.

Aus dem Polnischen von Bernhard Hartmann

Der Text ist dem Band »Projekt mężczyzna. Antologia opowiadań«, hrsg. von Justyna Sobolewska und Agnieszka Wolny-Hamkało, Kraków, Wrocław 2009, S. 145–154, entnommen.

Agnieszka Drotkiewicz

Wo sind diese Knie

> *Das Mädchen im Auto blickte durch die Wimpern.*
> *Nein, diese Knie, um die es ihm ging, hatte sie nicht.*
> *Eigentlich wollte er liegen im Sand und atmen.*
> *Er und die Welt haben nichts mehr gemeinsam.*
> (Wisława Szymborska, *Film – sechziger Jahre*)[1]

Meine Lieben. Ich würde jetzt gern einen Film machen. Einen Film, der vom Mann erzählt. In Wahrheit geht es aber um das Übliche; um die Liebe, um das Leben. Um Kampf und Geld. Um Talent und Erfolg. Um deren Mangel. Um Träume. Wenn ich ehrlich sein soll, dann würde ich das lieber nicht schreiben, jedes Wort fügt mir körperlichen Schmerz zu. Mir wäre lieber, ihr würdet einfach verstehen, worum es mir geht. Aber vielleicht gelingt uns das ja.

Wer ist der Held? Ich weiß es nicht, er muss zu uns kommen. Hoffen wir, dass er kommen wird. Damit das geschieht, müssen wir die Bedingungen dafür schaffen. Wie ich bereits erwähnte, verursachen mir Worte körperlichen Schmerz, doch ich sehe immer noch Gegenstände vor mir. Eigentlich habe ich eine ganze Liste von Gegenständen und Personen vor Augen, die wir brauchen werden.

Also:

1. Ein weißes Hemd. Guter Qualität, denn das Mannsein beginnt doch beim Erfolg. Auch dem finanziellen. Ein Hemd ist unentbehrlich, damit man die Ärmel hochkrempeln und sich an die Arbeit machen kann. Das Mannsein beginnt mit der Tat.
2. Ein Auto. Ein Motorrad. Ein Fahrrad. Ein Pferd. Ein Mann muss einfach sein eigenes Fortbewegungsmittel haben. Damit er jederzeit, wenn er möchte, hier und da hinfahren kann. Damit er sich vom Fahrplan der Busse nicht erniedrigen lassen muss und wegfahren kann, wann immer er sich dazu entschließt. Damit er jemanden, der in Not gerät, mitnehmen kann.
3. Wir brauchen einen Topf. Ein Messer. Gemüse, das in gleiche Stücke geschnitten wird. Gewürze. Ein Mann muss kochen können, schon allein damit er nicht gerade wegen des Kochens eine Frau suchen oder zu seiner Mutter zurückkehren muss.
4. Einen Tisch mit einer Holzplatte, von der man die Splitter abreißen kann. Einen Tisch, auf den man mit der Faust schlagen kann (das kommt vor). Einen Tisch, auf den man in schlaflosen Nächten die Stirn stützen kann.
5. Ein Notizbuch oder Heft – damit er seine Gedanken aufschreiben kann. Fragen, Zweifel. Träume? Das er hervorholen wird, wenn er hoch oben steht und der Wind seine Rockschöße auseinanderweht.
6. Wasser – damit er darin schwimmt. Fruchtwasser. Er soll sich daran erinnern, wie es im Mutterschoß war.

---

1   Übersetzung: Karl Dedecius.

7. Einen Apfel – damit er den Klang hört, wenn er mit seinen Zähnen die Schale zerreißt.

8. Kinder, damit sie ihn aus der Fassung bringen.

9. Geruch. Verbrannter Gummigeruch? Katzenjammer-Geruch? Weihrauchgeruch? Der Geruch von Erde im Frühling?

10. Hunger, Neugierde, Ehrgeiz. Eine Kraft, die ihn jeden Tag auffordern wird, einen Pfeil zu zeichnen, der nach vorne zeigt. Eine andere Kraft, die ihn in dunkler Nacht auf eine Brücke treiben wird, von wo man ihn herunterzerren muss, während man ihm erklärt, dass alles gut wird.

11. Laster, denen er sich hingeben wird, die er aber auch aufgeben kann, um etwas in sich selbst zu besiegen.

12. Einen Kühlschrank! Eine Tiefkühltruhe! Etwas zum Auftauen (als Metapher).

13. Sinn für Humor, der dem Mann – während er auf einen abgenagten Knochen schaut – zu sagen erlaubt: »Welch Überfluss, welch ein Fest!«

14. Was noch? Vielleicht das Geräusch eines zu Boden fallenden Frauenschlüpfers. Immer wieder.

15. Eine andere Frau mit einem Make-up, das – infolge von Verlangen – bereits aufgeweicht ist, die in der Tür steht, als der Mann den Schal sucht, weil es gleich elf ist, und so schön es auch sein mag zu sitzen und zu reden, so fordert der Abend, dass man ihm das zurückzahlt, was ihm gebührt.

16. Noch eine andere Frau, die, während sie an diesen Mann denkt, auf die Rückseite ihrer Gasrechnung schreibt: »Männer! Wenn sie fröhlich sind, ist es schwierig, mit ihnen Schritt zu halten. Und wenn sie traurig sind – ist es schwierig, mit ihnen Schritt zu halten. Oh Augenblick, verweile doch!«

So sehe ich das. Euer Regisseur.

Aus dem Polnischen von Joanna Manc

Der Text ist dem Band »Projekt mężczyzna. Antologia opowiadań«, hrsg. von Justyna Sobolewska und Agnieszka Wolny-Hamkało, Kraków, Wrocław 2009, S. 142–144, entnommen.

Autoren und Übersetzer

Autoren

KRZYSZTOF ARCIMOWICZ ist Assistent am Fachbereich Kulturwissenschaft der Universität Białystok. Er publizierte mehrere Bücher zur Genderproblematik, darunter zum Erscheinungsbild der polnischen Männer.

AGNIESZKA DROTKIEWICZ, Prosaistin und Journalistin. Sie veröffentlichte mehrere Romane und schrieb u.a. für Lampa, Krytyka Polityczna, Gazeta Wyborcza, Wysokie Obcasy, Polityka, Der Tagesspiegel.

ANNA DZIEWIT ist Journalistin. Sie arbeitet für das polnische Radio und Fernsehen, u.a. macht sie Sendungen über Bücher. Sie schreibt für Gazeta Wyborcza, Polityka und Lampa.

JANUSZ GŁOWACKI, geboren 1938 in Posen, Prosaist, Dramatiker, Feuilletonist, Hörspiel- und Drehbuchautor, ist einer der populärsten Autoren und Dramatiker Polens. Sein Debüt gab er 1962 mit der Erzählung *Na plaży* (Am Strand). Er war viele Jahre Redaktionsmitglied der Zeitschrift Kultura und schrieb auch Filmdrehbücher, u.a. für Andrzej Wajda. Seit 1981 lebt er in New York.

ADAM GUSOWSKI, Autor, Filmemacher und Schauspieler, betreibt seit 2001 zusammen mit Piotr Mordel in Berlin den »Club der polnischen Versager«, in dem deutsch-polnische Kulturveranstaltungen stattfinden. Mit ihrer »Leutnant-Show« stehen sie bundesweit auf der Bühne und kommentieren ebenso bissig wie selbstironisch das Verhältnis zwischen Deutschland und Polen.

BRIGITTA HELBIG-MISCHEWSKI, geboren 1963 in Stettin, lebt seit 1983 in Deutschland. Seit 1994 lehrt sie an der Berliner Humboldt-Universität slawische Literaturen und Kulturen; seit dem Wintersemester 2013 ist sie Univ.-Prof. im Deutsch-Polnischen Forschungsinstitut am Collegium Polonicum in Słubice. Autorin, Publizistin, Übersetzerin.

ANIKA KEINZ ist Juniorprofessorin für Vergleichende Kultur- und Sozialanthropologie spätmoderner Gesellschaften an der Europa-Universität Viadrina in Frankfurt (Oder).

KATARZYNA KUBISIOWSKA, Journalistin, studierte Filmwissenschaft an der Krakauer Jagiellonen-Universität. Sie arbeitet u.a. für den Tygodnik Powszechny.

ADAM LESZCZYŃSKI, Historiker und Journalist, ist wissenschaftlicher Mitarbeiter am Institut für Politische Studien der Polnischen Akademie der Wissenschaften. Er publiziert bei der Gazeta Wyborcza und gehört zum Team der Krytyka Polityczna.

PETER OLIVER LOEW, 1967 in Frankfurt am Main geboren, studierte Osteuropäische Geschichte, Slawistik und Volkswirtschaft und promovierte über die Danziger Geschichtskultur im 19. und 20. Jahrhundert. Derzeit ist er wissenschaftlicher Mitarbeiter am Deutschen Polen-Institut, Darmstadt.

MIŁKA MALZAHN ist Prosaistin und Lyrikerin, Redakteurin beim polnischen Radio Białystok und Sängerin. Sie lebt in Białystok.

JACEK MASŁOWSKI, geboren 1972, ist Gruppentrainer und Gestalttherapeut. Studium der Philosophie an der Schlesischen Universität Kattowitz und der Psychologie an der Hochschule für Gesellschaftspsychologie in Warschau und der Krakauer Jagiellonen-Universität. Er veranstaltet Werkstätten im Bereich der Persönlichkeitsentwicklung für Männer.

STEFAN MELLER, geboren 1942 in Lyon, gestorben 2008 in Warschau, war Diplomat, Historiker, Publizist, Professor für Geisteswissenschaften und polnischer Außenminister (2005/06). 1996–2001 war er polnischer Botschafter in Frankreich.

JAROSŁAW MIKOŁAJEWSKI, geboren 1960 in Warschau, Lyriker, Essayist und Publizist. Auch Autor von Kinderbüchern. Er war Direktor des polnischen Instituts in Rom. Übersetzer aus dem Italienischen. Er schreibt in der GAZETA WYBORCZA.

DARIUSZ MUSZER, geboren 1959 in Westpolen, studierte Jura und arbeitete u.a. als Schlosser, Musikant, Kellner, Taxifahrer und Beleuchtungstechniker. Er schreibt auf Deutsch und Polnisch, veröffentlichte Romane, Gedichte, Reportagen, Theaterstücke und ist als Übersetzer tätig. Er lebt in Hannover.

MAREK RYMSZA, Soziologe, Assistent am Institut für angewandte Gesellschaftswissenschaften der Universität Warschau. Berater des Instituts für öffentliche Angelegenheiten in Warschau. Mitglied im katholischen »Laboratorium Więzi«.

HANNA SAMSON, Autorin mehrerer Romane, Psychologin, Journalistin, Feministin. Sie schreibt u.a. für WYSOKIE OBCASY.

MARIUSZ SIENIEWICZ, geboren 1972, Schriftsteller und Essayist. Er veröffentlichte vier Romane und einen Band Erzählungen. Er wurde mehrmals für einen Preis der POLITYKA und für den Nike-Preis nominiert. Seine Bücher dienten auch als Grundlage für Theateraufführungen.

ANDRZEJ STASIUK, geboren 1960 in Warschau, Prosaist, Essayist und Literaturkritiker. Seine Werke wurden in zahlreiche Sprachen übersetzt. Zusammen mit seiner Frau betreibt er den Verlag Wydawnictwo Czarne. Er erhielt u.a. den Nike-Preis. Er lebt in Wołowiec (Niedere Beskiden).

TOMASZ SZLENDAK, geboren 1974 in Thorn, Direktor des Instituts für Soziologie der Universität Thorn. Er befasst sich u.a. mit Kultursoziologie, Evolutionspsychologie, Familien- und Jugendsoziologie sowie Anthropologie. Er publiziert u.a. in ELLE, TYGODNIK POWSZECHNY und ODRA.

SZCZEPAN TWARDOCH, geboren 1979, Schriftsteller und Publizist. Studium der Soziologie und Philosophie an der Schlesischen Universität Kattowitz. Er schreibt u.a. für Polityka, Fabryka Silesia und Znak. Er lebt in Pilchowice (Oberschlesien).

BŁAŻEJ WARKOCKI, geboren 1977, Literaturkritiker, Publizist, Lehrbeauftragter an der Posener Adam-Mickiewicz-Universität. Mitarbeiter der Krytyka Polityczna. Er schreibt Rezensionen und Literaturkritiken für die Internetzeitschrift Dwutygodnik.

DOROTA WODECKA, geboren 1968, Autorin von Interviews und Reportagen. Sie publiziert in Magazyn Świąteczny, Gazeta Wyborcza, Duży Format und Wysokie Obcasy. Sie erhielt den Kazimierz-Dziewanowski-Preis des Polnischen Journalistenverbandes und den Barbara-Łopieńska-Preis für das beste Presse-Interview (3. Platz). Beim Radiosender TOKFM ist sie Co-Autorin der Sendung »Bücher. Ein Magazin zum Zuhören«.

Übersetzer

KATRIN ADLER, geboren 1973, Polonistik-Studium in Berlin und Warschau, übersetzt historische, kunsthistorische und politische Texte, u.a. für das Bundesinstitut für Kultur und Geschichte der Deutschen im östlichen Europa und den Breslauer Verlag Via Nova.

ARTUR BECKER, 1968 im polnischen Bartoszyce (Masuren) geboren, lebt seit 1985 in der Bundesrepublik. Der in deutscher Sprache schreibende Romancier, Erzähler und Lyriker erhielt 2009 für sein bisheriges Lebenswerk den Adelbert-von-Chamisso-Preis und 2012 den DIALOG-Preis.

JUTTA CONRAD, geboren 1966 in Hachenburg, studierte Germanistik, Polonistik, Publizistik und Deutsch als Fremdsprache an den Universitäten Mainz und Warschau. Derzeit ist sie als Dozentin an der Universität Rostock (Deutsch als Fremdsprache) und als freiberufliche Übersetzerin für Polnisch tätig.

EWA DAPPA, Germanistin, als Sachbearbeiterin im Presse-, Audio- und Video-Archiv des Deutschen Polen-Instituts tätig, hat die von der Redaktion ausgewählten und im Jahrbuch eingestreuten Zitate aus dem Polnischen übersetzt.

BERNHARD HARTMANN, geboren 1972 in Gerolstein/Eifel, lebt in Duisburg. Seit 2005 übersetzt er polnische Literatur ins Deutsche (u.a. L. Amejko, J. Hartwig, T. Różewicz, A. Szlosarek, A. Zagajewski). 2013 erhielt er den Karl-Dedecius-Preis der Robert Bosch Stiftung.

ULRICH HEISSE, geboren 1960, Dipl.-Übersetzer und Sozialpädagoge, lebt in Berlin.

MARKUS KRZOSKA, geboren 1967 in Darmstadt, Historiker und Übersetzer, ist Privatdozent an der Justus-Liebig-Universität Gießen. Er ist Vorsitzender der Kommission für die Geschichte der Deutschen in Polen e.V.

JOANNA MANC, 1959 in Gdingen geboren, studierte Slawistik, Romanistik und Germanistik und arbeitet als Übersetzerin. Sie lebt in Frankfurt am Main.

ROSWITHA MATWIN-BUSCHMANN, geboren 1939 in Trier, wuchs in der Oberlausitz auf. Sie studierte am Dolmetscher-Institut der Universität Leipzig Russisch und Polnisch, war Dolmetscherin im diplomatischen Dienst und Verlagslektorin in Berlin, dann freiberufliche literarische Übersetzerin für Polnisch und Russisch. Sie erhielt mehrere Übersetzerpreise.

HEIDEMARIE PETERSEN, geboren 1966, lebt in Leipzig. Übersetzerin aus dem Polnischen, Russischen, Ungarischen und Englischen. Historikerin und Slawistin, Studium in Berlin, Leningrad und Warschau. 1996–2005 wissenschaftliche Mitarbeiterin am GWZO in Leipzig, Gastdozenturen in Budapest, Basel und New York.

ANTJE RITTER-JASIŃSKA, geboren 1975, absolvierte Polonistik, Philosophie und Osteuropastudien in Berlin, Warschau und Breslau. 2006 gründete sie in Berlin den Vliegen Verlag. Seit 2007 gibt sie die Zeitschrift P+, DAS „MAGAZIN AUS DER MITTE EUROPAS" heraus, das 2008 mit dem Viadrina-Preis ausgezeichnet wurde. Sie arbeitet auch als literarische Übersetzerin aus dem Polnischen.

RENATE SCHMIDGALL, geboren 1955 in Heilbronn, studierte Slawistik und Germanistik in Heidelberg. Von 1984 bis 1996 war sie am Deutschen Polen-Institut tätig. 2001 erhielt sie den Jane-Scatcherd-Preis, 2006 den ersten Europäischen Übersetzerpreis und 2009 den Karl-Dedecius-Preis der Robert Bosch Stiftung. Sie lebt als freie Übersetzerin in Darmstadt.

PAULINA SCHULZ, 1973 in Polen geboren, studierte Prosa, Film, Dramatik und als Hauptfach Übersetzen am Deutschen Literaturinstitut in Leipzig. Veröffentlichungen in deutschsprachigen und polnischen Literaturzeitschriften und Anthologien. Zahlreiche Übersetzungen von Belletristik, Lyrik und kunsttheoretischen Texten, mehrere Preise und Stipendien. Langjährige Tätigkeit als Dozentin für Schreiben und Kommunikation. Leiterin der »Schreibschule am Meer« in Stralsund.

SVEN SELLMER, geboren 1969, ist gegenwärtig am Seminar für Orientalistik der Universität Posen als Indologe tätig, aber auch dem nächsten Osten in seiner Eigenschaft als Übersetzer aus dem Polnischen seit Jahren verbunden.

BENJAMIN VOELKEL, geboren 1980, studierte in Berlin und Moskau Polonistik, Russistik sowie Ost- und südosteuropäische Geschichte. Er ist freiberuflicher Lektor und Übersetzer und lebt in Berlin.

ANDREAS VOLK, geboren 1971, studierte Slawistik und Vergleichende Ostmitteleuropastudien. Er lebt als freiberuflicher Übersetzer in Wien.

Bildnachweis

Umschlag und alle Grafiken in der Bildergalerie: Agata Endo Nowicka
Andere Fotos (Seite, Quelle/Autorenrechte):
11 Katarzyna Widmańska
19 Motor-Presse Polska Sp. z o.o.
20, 21 Amica International GmbH
23, 24 Karolina Sobel
25 SIW Znak
29 Privatarchiv Mariusz Sieniewicz
40 Wydawnictwo Czerwone i Czarne
40 Yngwarr Aptrgoengumenn / Erulier Verlag
42 Polityka Sp. Z o.o. S.K.A.
46 Studio Filmowe TOR
48 Krzysiek Krzysztofiak / Chór Kobiet
59 Biuro Poselskie Anny Grodzkiej
61 Marian Strudziński / Urząd Miejski w Radomiu
64 www.prezydent.gov.pl
66, 68 TVP S.A.
69 Miesięcznik Znak
74, 75 D. Kramski / Męskie Granie
79 Grupa Wydawnicza Foksal Sp. Z o.o.
83 Wydawnictwo I.D. Media
87 Privatarchiv Jacek Masłowski
116, 118 Wydawnictwo Bauer Sp. z o.o., Sp.k.
121 Nikodem Szymański / Biuro Prasowe Kongresu Kobiet
126 Radek Polak / Męskie Granie
127 opascinematicartist / Męskie Granie
143, 151 Karolina Breguła
146 Igor Nizio / Biuro Poselskie Roberta Biedronia
150 Suhrkamp Verlag
153 Joanna Erbel
157 Deutsches Filminstitut
161 Stiftung Deutsche Kinemathek
164, 166, 169 Darek Gontarski / Club der polnischen Versager

Dank

an Mitarbeiterinnen und Mitarbeiter des Deutschen Polen-Instituts, Praktikantinnen und Praktikanten sowie an alle Projektpartner.

Maria Jarosz

Spannende Zeiten

Aus dem Leben
einer polnischen Soziologin

Polnische Profile 1

2013. X, 204 Seiten, 18 Abb., br
ISBN 978-3-447-10024-3
€ 24,– (D)

Spannende Zeiten: Die polnische Soziologin Maria Jarosz beschreibt ihr Leben zwischen den Ghettoerfahrungen als Kind und
der wissenschaftlichen Karriere, zwischen
den Freuden an der Forschung und den
Schrecken der Wissenschaftsorganisation
im kommunistischen Staat, zwischen
Inklusion und Exklusion. Dabei analysiert
sie en passant Mechanismen realsozialis-
tischer Lebenswirklichkeit und wirft einen
durchaus kritischen Blick auf die Transfor-
mationszeit.

»Die Beschreibung von Ereignissen aus
dem persönlichen Leben der Autorin (…) –
das sind die bisweilen erschütternden,
bisweilen paradoxen und lustigen Erinnerungen eines Menschen, der zunächst
vor allem um sein Leben gekämpft hat
und später um die wissenschaftliche
Wahrheit.« (Cezary Kosikowski, Państwo i
Prawo)

Maria Jarosz (geb. 1931) gehört zu den
führenden Vertreterinnen der polnischen
Soziologie. Sie ist Professorin am Institut
für Politische Studien der Polnischen Akademie der Wissenschaften sowie Autorin
und Herausgeberin zahlreicher Bücher.

Deutsches Polen-Institut

Jahrbuch Polen 2006

Frauen

Band 17

2006. 205 Seiten, 32 Abb., 7 Diagramme, br
ISBN 978-3-447-05317-4
€ 19,80 (D)

Wieder als Print on Demand lieferbar
und über den Buchhandel oder bei
www.buchkatalog.de zu beziehen.

Aus dem Inhalt:

Essays zum Thema

G. Pickhan, Frauenrollen, Geschlechter-
differenz und Nation-Building in der Geschichte Polens

K. Dunin, Warum ich (k)eine Feministin
geworden bin

I. Iwasiów, Die Frau und die neueste Prosa

A. Graff, Warum „stören" die Frauen in
Polen nicht?

S. Walczewska, Zwei Dekaden des Feminismus

Literatur zum Thema

J. Glowacki, Die untreue Klaudia

M. Luft, Das Lachen des Leguans

Tendenzen

J.A. Majcherek, Polen nach den Wahlen

M. Zajac, Der polnische Papst in Deutschland, der deutsche Papst in Polen

HARRASSOWITZ VERLAG · WIESBADEN
www.harrassowitz-verlag.de · verlag@harrassowitz.de

osteuropa

Verschafft Durchblick.
Von Warschau bis Wladiwostok.

www.zeitschrift-osteuropa.de

Von **Running Gag** bis **Essbesteck**

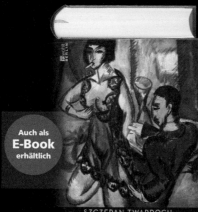